韓國春蘭 文化를 꽃피운

蘭人의 世界

도서출판 蘭과生活社

머리말

　인간과 자연을 분리가 아닌 합일체로 보고 자연과의 접화(接化)를 추구하는 우리 민족에게 난과의 생활은 참으로 좋은 취미이고 반려식물의 으뜸이다. 난만큼 오랜 기간 동안 높은 정신세계와 아름다운 매력으로 인간을 이끌고 매혹시킨 식물은 없었다. 내가 난(蘭)을 한 지도 36년이 된다. 함께한 기간이나 삶에 끼친 영향으로 볼 때 난(蘭)은 내 인생에서 많은 부분을 차지한다.

　한국춘란 문화의 태동에서부터 오늘에 이르기까지 난문화와 난인의 세계, 그리고 긴 세월 난과 함께한 나의 애란이야기를 모아 글로 남기기로 했다. 처음에는 잡히는 이야기가 별로 없는 것 같았으나, 난(蘭)과 같이한 긴 여정을 차근차근 더듬어 살펴보니 다 주워 담지 못해서 고민하게 되었다. 한국춘란이란 어떤 것이며, 난과 생활 이야기, 한국춘란 문화, 난 마니아의 세계, 난에 얽힌 이야기 등 한국춘란 문화를 꽃피운 난인의 세계를 꼼꼼히 찾아서 담았다.

　이 책에 담겨있는 내용은 한국춘란 문화가 싹트고 발전해오는 과정에서 무수히 있었던 이야기의 일부이다. 난과 생활하는 난인들의 모습이 훤하게 보이고, 난인들의 냄새가 풀 풀 나는 글을 쓰고 싶었다. 난초의 정수(精髓)를 말하는 데는 다소 미흡하더라도 이 시대의 난 문화라고 할 수 있는 난과 생활하는 모습과 발자취, 난에 대한 생각과 관점, 난과 함께한 이야기들을 사실적으로 담으려고 노력했다. 난의 미학과 관상(觀賞), 난 문화의 정신세계, 난의 인문학적 접근에 있어서도 보편적인 가치를 담으려고 노력하였으나 나의 주관적인 생각이 다소 가미되었다.

　난인들의 일상은 작은 것 하나하나가 아름답고 재미있는 이야기다. 다만 제대로 바라보는 안목이 부족하고 필력이 못 미침이 안타까웠다. 나의 모자람마저도 부끄러워하지 않고 조용히 관망해도 될 나이에 이르렀다고 생각하면서 용기를 냈다.

　모든 역사가 그렇듯이 난문화와 난인의 세계 또한 다양한 생각과 환경 속에서 시간을 두고 만들어졌고, 한국춘란 문화가 오늘에 이르기까지에는 구도(求道)의 길처럼 난인들 앞에 수많은 어려움과 희생이 있었음을 알 수 있었다.

　한국춘란의 역사는 40년에 불과하지만 우수한 품종의 다수 출현, 수많은 난인들의 애란 열정 등으로 짧은 시간 동안 괄목의 발전을 거듭하였다. 그런데도 난 전시회를 비롯한 난인들의 행사, 난 품종과 배양 방법 등에는 기록이 많이 있으나 난 문화와 난인이 거닐던 세계를 살핀 글은 별로 없었다.

　한국춘란 문화 또한 기록을 해야 다음 세대에 전달되고 역사가 될 것이다. 세종 때, 당시의 원예활동에 대해서 소상히 알 수 있는 것은 《양화소록》의 기록이 있기 때문이다. 이 책을 쓰는 데도 최병로의 《숨어있는 한국의 蘭 역사를 찾아서》, 이어령 책임편찬 《난초》 등을 참고하였다.

　긴 세월을 난과 함께 하면서 겪었던 크고 작은 일들, 남겨진 발자국을 한 권의 책에 담는다는 것이 어렵다는 것을 실감하였다. 그동안 선배 난인들이 남긴 기록을 샅샅이 뒤지고, 내가 경험하면서 마음속에 새겨진 사연들을 끄집어내어 되살렸다.

난문화가 아름답고 훌륭하게 꽃피우기 위해서는 무엇보다도 근본적으로 난인들의 삶, 그 자체가 아름답고 행복해야 한다. 난의 덕성과 심성을 배워 삶의 바탕을 아름답게 하고 난인들과 더불어 즐겁고 행복한 인생을 만들어가는 것이 난인들이 추구하는 길이다. 난은 인간이 즐기는 노리개가 아닌 살아있는 생명체이기에 난인들은 우주만상을 난에서 깨닫게 된다. 오늘도 나는 난(蘭)에 물을 주면서 자연의 오묘한 질서와 섭리를 깨달았고, 한없는 즐거움에 젖어 이글을 쓰고 있다.

이 책이 난의 생리와 의미를 알아가는 그 아름다운 여정에 이정표가 되기를 기대해 본다. 누구든지 난의 아름다움 뒤에 숨어있는 그 놀랍고도 복잡한 속성들을 이해함으로써 난에 대한 보다 깊은 사랑을 가질 수 있을 것이다. 독자 여러분들은 이전보다 더 나은 눈으로 참 난인의 관점에서, 더 차원 높은 의미로 난을 바라보게 되었으면 한다. 다시 말하면 난(蘭)과 더불어 살아간다는 것이 무엇을 뜻하는지, 어떤 생각으로 어떻게 해야 하는지에 대해 보다 넓고 깊은 시야를 가지고 접근하는 통찰력을 가지는 것이다.

그동안 훌륭하고 참하게 만들어진 한국춘란 문화가 근자에 인기와 붐을 타고 문화상품화와 산업화를 시도하는 과정에서 난(蘭)에 대한 관념은 물론, 철학과 정신세계마저도 많이 훼손되거나 내팽개쳐지는 듯하여 걱정된다. 이 글이 난인들로 하여금 자존감과 깨달음을 불러 일으키고 새로운 생각과 비전으로 다시금 열정을 불러오는 바탕이 되었으면 한다. 나아가 우리 한국춘란 문화의 아름다운 전통과 고결한 정신을 잘 지키고 발전해 나가는데 밑거름이 되기를 조심스럽게 기대해 본다.

韓國春蘭文化를꽃피운 蘭人의 世界

차 례

머리말 · · · · · · · · · · · · · · · 5

1장 한국춘란의 본성
1. 한국춘란 이란 · · · · · · · · · · · 12
2. 한국춘란의 매력과 관상 · · · · · · · · 20
3. 난초의 이미지와 본성 · · · · · · · · · 29
4. 난에는 아름다운 미학이 있다 · · · · · · 36
5. 난은 선의 예술이다 · · · · · · · · · · 42
6. 한국춘란과 난향 · · · · · · · · · · · 48

2장 난과 생활
7. 난(蘭)은 좋은 취미이다 · · · · · · · · 56
8. 난 취미는 어떻게 다가갈 것인가 · · · · · 65
9. 난초의 생리적 특성과 배양의 기본 · · · · 73
10. 난초 물주기 3년 · · · · · · · · · · 81
11. 난인의 자세와 예절 · · · · · · · · · 89
12. 난과 난인 간의 관계 · · · · · · · · · 96
13. 난초 수집 · · · · · · · · · · · · 102
14. 난초 선물 · · · · · · · · · · · · 109
15. 난초 가격 · · · · · · · · · · · · 116
16. 난 동호인의 모임, 난회(蘭會) · · · · · · 127
17. 난 채집의 즐거움 · · · · · · · · · · 135
18. 난 하나하나에 이야기를 만들자 · · · · · 143
19. 蘭人 10樂 · · · · · · · · · · · · 153

20. '축하 蘭'을 한국춘란으로 보내자 · · · · · · · 161
21. 난취미와 원예건강 · · · · · · · · · · · · · · · 168
22. 난초 구입하기 · · · · · · · · · · · · · · · · · · 175

3장 난문화와 예술

23. 한국춘란의 선구자 · · · · · · · · · · · · · · · 184
24. 한국춘란 문화의 창달과 융성 · · · · · · · 194
25. 한국 난문화의 정신세계 · · · · · · · · · · · 204
26. 난을 잘 감상하려면 · · · · · · · · · · · · · · 210
27. 진정으로 좋은 난이란 · · · · · · · · · · · · · 217
28. 난 명명 등록의 의미 · · · · · · · · · · · · · · 223
29. 난초 전시회 · 229
30. 한국춘란 문화의 대중화 · · · · · · · · · · · 239
31. 한국춘란 문화의 산업화 · · · · · · · · · · · 247
32. 국제동양란 명품대회(G4대회) · · · · · · 255
33. 시민을 위한 난 무료 강좌 · · · · · · · · · · 264

4장 난 마니아의 세계

34. 진정한 난초마니아 · · · · · · · · · · · · · · · 274
35. 난초벽이 있는 사람 · · · · · · · · · · · · · · 280
36. 한국춘란의 매력에 빠진 나의 애란일기 · · 286
37. 우리 조상들의 애란생활 · · · · · · · · · · · 298
38. 난이란 생명체와의 교감 · · · · · · · · · · · 308
39. 난계의 원로 · 314

5장 난 관련 이야기

40. 기자에몬이도와 한국춘란 · · · · · · · · · · 322
41. 난초그림(묵란도) · · · · · · · · · · · · · · · · 329
42. 가짜난초 · 337
43. 한국춘란 산업과 세금 · · · · · · · · · · · · · 344
44. 외국 난전시회 참관기 · · · · · · · · · · · · · 351

1장 한국춘란의 본성

1. 한국춘란이란
2. 한국춘란의 매력과 관상
3. 난초의 이미지와 본성
4. 난에는 아름다운 미학이 있다
5. 난은 선의 예술이다
6. 한국춘란과 난향

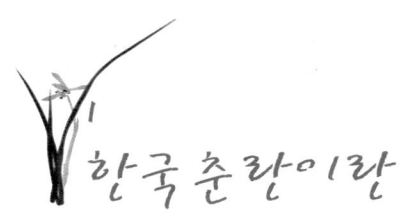
한국춘란이란

한국의 봄, 수줍은 듯 늘어진 푸른 잎 사이에 우리의 심성처럼 수수한 얼굴이 피어난다.

봄을 알리는 꽃이라 하여 보춘화(報春花), 봄에 꽃이 핀다하여 춘란(春蘭)이라고 한다. 우리나라 남부지방 어느 산에서나 쉽게 볼 수 있는 친숙한 식물로 산난초, 꿩밥, 아가다래, 여다래 등 고운이름으로 불리기도 하였다.

이들 보춘화 중에는 다양한 변이를 일으켜 꽃이나 잎의 모양이 변하거나 색이나 무늬가 들어가 아름답고 멋있는 모습으로 나타나는 것이 있다. 한반도 야산에서 서식하는 보춘화 중에서 난인(蘭人)들에 의하여 원예적 가치를 인정받은 난을 일컬어 한국춘란(韓國春蘭)이라고 한다.

춘란(春蘭)은 우리나라 도서지방과 내륙산간에서 자생하는 한국춘란, 일본열도에서 나오는 일본춘란, 중국대륙에서 자생하는 중국춘란, 그리고 대만춘란이 있다. 한국춘란의 학명은 Cymbidium goeringii로 일본춘란과는 식물학상 같은 위치에 속한다. 반면 중국춘란은 학명이 Cymbidium forrestii로 같은 춘란이라도 한국춘란과는 별종으로 나누어진다.

한국춘란과 일본춘란이 같은 학명으로 식물학상 같은 위치에 있음에도 둘을 같이 키워보면 잎의 모양과 자태, 꽃의 모양과 무늬·색감, 전체적으로 느껴지는 기운 등이 확연히 다르다. 이는 반도국가인 한국의 토양과 기후가 섬나라인 일본과 다르기 때문으로 여겨진다.

우리나라에서 자생하는 춘란은 식물도감에 보춘화(報春花)로 올려져 있다. 보춘화는 비

자생지에 서식하고 있는 보춘화

교적 낮은(일반적으로는 해발 600m 이하) 야산에서 자생하고, 식물분류학상으로는 단자엽식물(單子葉植物) 심비디움속(Cymbidium屬)의 일종이 된다.

  거의가 일경일화(一莖一花)로 잎의 길이가 비교적 짧고, 꽃빛깔은 담녹색에서 농록색까지 나타난다. 잎 가장자리는 톱니처럼 까칠하며(거치), 잎의 폭이 좁고 꽃잎은 엷은 녹색, 혀는 백색으로 그 일부분에 붉은점 또는 적색의 줄무늬 등이 들어간다.

  한국춘란은 중국춘란이나 일본춘란에 비하여 그 기(氣)가 충만하고 난의 덕성을 잘 갖추고 있을 뿐만 아니라 모양, 색깔, 무늬의 아름다움이 출중하여 난인들로부터 원예적 가치를 높게 평가받는다. 한국춘란의 역사는 반세기도 채 안 되는 짧은 역사이지만 우수품종이 대거 출현함으로써 동양란을 하는 동양 4개국(한국, 중국, 일본, 대만)의 춘란계에서는 독보적인 자리를 차지하고 있다.

특히, 한국춘란에는 중국춘란·일본춘란에 비해 아름답고 예쁜 소심화가 많다. 색화소심, 무늬화소심, 형태화소심 등 2·3예품이 많이 개발되어 애란인들의 사랑을 받고 있다. 소심화는 바탕색 이외의 일체의 잡색을 허용하지 않는 깨끗하고 순수한 꽃이다. 애란인들은 난(蘭) 하는 마음의 바탕을 지고지순(至高至純)하며 맑고 깨끗함에 두므로 소심꽃을 좋아한다. 또한 한국춘란 잎은 힘이 있고 선이 아름다우며 무늬가 선명하고 곱다. 그중에서도 중투

한국춘란 소심 '영원소(靈圓素)'

계열의 품격은 중국춘란·일본춘란에 비교할 수 없을 정도로 탁월하다.

한국춘란은 1980년 전후부터 난취미인들에 의하여 야생상태에서 채집되기 시작하여 1980년대를 거쳐 1990년대로 접어들면서 다양한 품종의 발현, 난인들의 증가 등으로 난문화가 폭발적으로 확산되기에 이르렀다. 이후 2000년대에 이르러서는 우수품종의 발현, 배양기술의 발달, 국제간 교류 등으로 한국춘란의 국제 난문화 상품화, 난문화의 대중화와 산업화로 나아가는 계기를 마련하였다.

2010년대에 와서는 한국춘란이 도시농업 상품으로 대두되면서 난 산업인의 증가와 난 자조금 설치, 합동배양장과 영농조합, aT에서의 경매 등 본격적인 한국춘란 산업화에 돌입하기에 이르게 되었다.

이미 수많은 명품이 개발되어 현재 3천 개에 달하는 품종이 명명(銘名)·등록되었으며,

1,000여 개의 크고 작은 난 단체가 활동하고 있다. 한국춘란은 그 우수성 때문에 초창기인 1980년대부터 일본난인들이 선호하였고, 오늘날 일본난인들의 애호품종의 주를 이루고 있다. 지금도 지속적으로 명품이 출현되고 있으며, 배양기술의 발전과 난인의 급속한 증가 등에 맞추어 한국춘란문화의 대중화와 산업화가 활발히 진행되고 있다.

지구상의 식물 중에서 가장 진화했다는 난과식물(蘭科植物)은 세계 곳곳에 자생하며 사람들의 사랑을 받고 있다. 그 수는 3천속 3만종 이상에 이르는 실로 방대한 무리의 식물이다.

흔히 난(蘭)은 동양란(東洋蘭)과 서양란(西洋蘭, 일명 洋蘭)으로 구분하는데, 이것은 식물학상의 분류가 아니고 원예상 편의에 의한 분류이다. 난을 원예학상으로 동양란(東洋蘭)·서양란(西洋蘭)·야생란(野生蘭) 세 가지로 분류한다. 언뜻 보기에 서식지를 기준으로 분류한 것 같으나 그렇지 않다. 동양란은 한국, 중국, 일본, 대만을 중심으로 동양에 서식하는 난을 채집하여 원예화한 난을 말하나, 서양란은 서양에서 자라는 난이란 뜻이 아니고 동남아 일대, 남미, 브라질의 밀림지대나 멕시코 등지의 아열대 지방의 고산에서 서식하는 난을 수집하여 영국을 중심으로 개발되어 세계적으로 보급된 난을 말한다.

동양란에는 중국을 중심으로 한국, 일본, 대만 등지에서 자생하는 온대성 심비디움속(Cymbidium屬)의 춘란(春蘭)·한란(寒蘭)·혜란(蕙蘭)·금릉변(金稜邊)과 덴드로비움속(Dendrobium屬)의 석곡(石斛), 네오피네티아속(Nenofinetia屬)의 풍란(風蘭), 에어리데스속(Aerides屬)의 나도풍란 등이 있다.

이들 난(蘭)은 모두 원예적인 예(藝)를 가지고 있다. 잎모양을 관상하는 것(엽예품)과 꽃모양을 관상하는 것(화예품)이 있으며, 여러 가지의 예를 가진 것도 있다. 야생란은 산과 들에서 자생하는 난과식물을 일컫는 말이다.

서양란은 원종(原種)에서 파생된 수많은 인공교배종(개량종)들이 매년 새로이 생겨나고 있으며, 화려한 색상과 풍만한 화형이 눈길을 끈다. 고아한 운치는 없지만 외형적인 미를 즐기는 서양 사람의 기호에 맞는 난이라 할 수 있다. 동양란의 경우도 극히 일부 인공교배종이 개발되어 있으나, 대부분이 가까운 산에서 야생상태로 채취한 난(蘭)을 원종상태로 원예화하고 있다. 자연을 있는 그대로 즐기고자 하는 동양인의 무위자연(無爲自然) 사상과 일맥상통한다.

동양란은 서양란에 비해 화려함은 적으나 의연한 깊이의 선과 자태를 간직하고 있다. 고고하고도 섬세한 곡선을 그리는 잎의 아름다움과 그윽한 꽃향기는 자연을 벗삼아 정신적인 세계에서 노닐기를 원하는 동양인들의 마음을 잡기에 충분하다. 동양인들은 난의 아름다움과 운치를 넘어 덕성을 배우고 심성까지 찾는다. 같은 난과식물 중에서 외형과 내면으로 비교되는 이들의 특성은 각기 동·서양 문화의 단면을 보여주는 것 같기도 하다.

한국의 자생란은 춘란이 주를 이루고 있으나 그 외에도 나도제비란, 주름제비란, 해오라기난초, 석곡, 한란, 천마, 큰방울새란, 금난초, 약난초, 죽백란, 나비난초, 콩짜개란, 섬사철란, 지네발란, 금새우난초, 자란, 닭의 난초, 은난초, 타래난초 등이 있다. 이들 난초들도 그 각각이 아름다움을 간직하고 있으며 잘 보존해야할 귀한 자원이다. 우정사업본부는

금새우란   석곡 '홍매'   자란

자생지의 한국춘란

2001년부터 2005년까지 20종의 난초 시리즈 우표를 발행하여 한반도에서 자생하는 야생란의 아름다움을 알렸다.

식물의 이름에 '난(蘭)' 자가 붙어 있어 난과의 식물로 생각하기 쉬운 식물이 있다. 바로 문주란(文珠蘭), 군자란(君子蘭), 용설란(龍舌蘭), 고란초(皐蘭草) 등이 그것이다. 하지만 이러한 것들은 난초가 아니다. 또 화투에 그려진 5월 난초라는 것도 창포(붓꽃)로 역시 난(蘭)이 아니다. 또 난처럼 잎이 길쭉하게 생긴 맥문동(麥門冬)도 물론 난이 아니다.

옛날부터 난(蘭) 하면 꽃대 하나에 꽃이 한 송이 피는 것을 말하고, 꽃대 하나에 꽃이 여럿 달리는 것을 혜(蕙)라 불렀다. 이러한 이유로 '난(蘭)'이라면 곧 춘란을 연상하게 된다. 중국춘란은 한국춘란과 일본춘란에서 볼 수 없는 청초하고 그윽한 향기가 특징이다. 향(香)이 없는 일본춘란은 색과 무늬로 방향을 돌려 원예개발을 시도, 다양한 엽예품(葉藝品)과 화예품(花藝品)을 갖고 있다.

한국춘란에는 중국춘란에서 나는 청향(淸香)은 아니지만 한국춘란 특유의 담향(淡香)을 풍기는 품종이 제법 발견되고 있다. 무엇보다도 한국춘란은 단아한 자태에 풍겨지는 청초

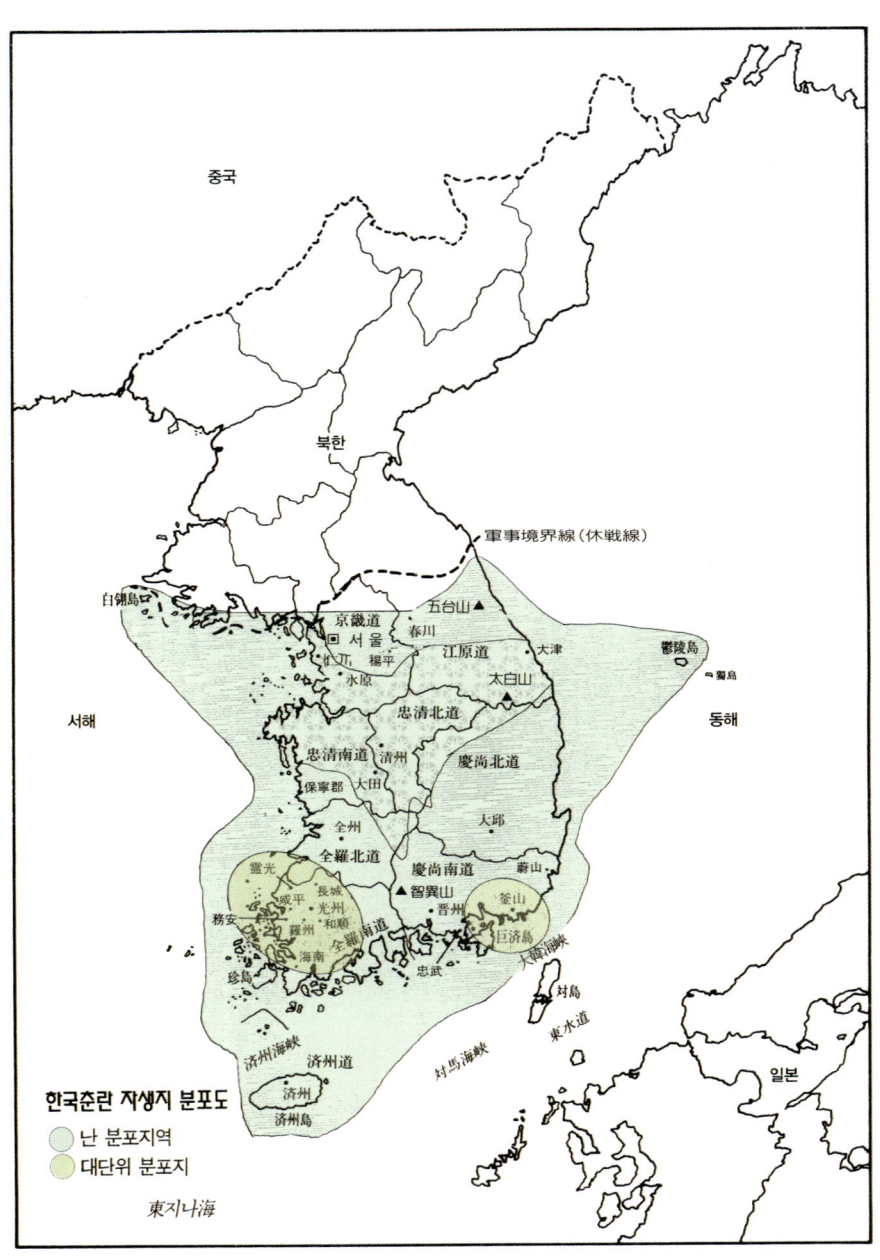

한 인상, 감히 범접할 수 없는 고고한 멋과 운치는 가히 아름다움의 극치라 할 수 있다. 비록 원예화의 역사는 짧지만 발견되는 품종은 자질이 매우 뛰어나 빠르게 동양란의 중요한 자리를 차지하였고, 앞으로도 가능성은 무한하다고 볼 수 있다.

우리나라 춘란의 분포는 남으로는 제주도에서 북쪽의 백령도에 이르기까지 넓게 분포되어 있다. 동쪽으로는 울릉도와 휴전선 근방까지 자생지가 발견되었으며, 내륙에서도 서울 바로 아래 지방인 경기도 양평에서 춘란이 발견되고 있다.

한국춘란은 온대성 다년생 식물로, 주로 전남·북과 경남지방의 해발 100~400m의 낮은 산중턱이나 야산지대에 자생하며 높은 산에서는 자라지 않는다. 침엽수 및 낙엽활엽수나 상록활엽수의 숲속에서 나며, 알맞게 햇빛이 조절되는 동향과 남향의 완경사지에서 많이 자생한다.

기온은 연평균은 12~13℃이고, 겨울의 평균기온이 0~2℃ 이상인 비교적 온화한 지역에서 군생하고 있다.

예전에는 북한계선을 충청남도의 태안반도 남쪽인 안면도와 경상북도의 영일만을 연결하는 선으로 잡았으나 온난화의 영향 등으로 계속적으로 북상하고 있다. 최근에는 서해안에는 백령도까지, 동해안에는 강원도 고성까지 춘란이 발견되고 있는 것을 볼 수 있다.

춘란의 자생지는 겨울철 기온이 높고 건조하지 않은 곳이 적지이며, 소나무가 많은 동남향의 경사가 완만한 곳에 많이 군생하고 있다. 특히 전남·북에 춘란이 많이 군생하고 있는데, 이는 서해안의 해양성 기후 때문에 겨울에 눈이 많이 오는 관계로 눈 속에서 월동과 습도를 잘 유지하기 때문으로 여겨진다. 자생지 여건이 비교적 좋은 곳에서 명품 또한 많이 발견되고 있으며, 춘란의 성지(聖地)로 불리는 전남의 함평·영광·장성·신안 및 서남 도서지방, 그리고 경남의 진주 주변, 남해 도서지방 등은 한국춘란의 명품이 많이 발견되는 곳이다. 특히 한국춘란 명품의 산지로 불리는 전남 신안군의 도서지방은 한국춘란 복색소심 '천운소', 한국춘란 홍화 '해련', 한국춘란 황화 '천상화' 등 대명품의 고향이다.

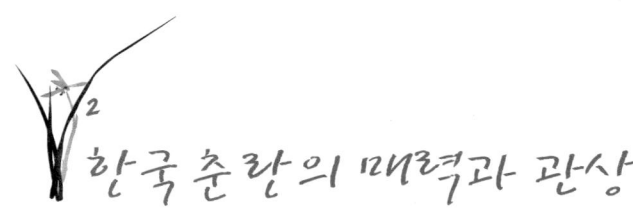
한국 춘란의 매력과 관상

　한국춘란(韓國春蘭)의 배양이나 관상(觀賞)에서 가장 중요한 것은 한국춘란의 개성이나 특질 등을 잘 이해하고, 품종과 배양에 대한 기본적인 지식을 보다 정확하게 아는 일이라 하겠다. 그리고 난에 대한 안목을 넓히고, 사랑으로 다가서며 아름다움을 발견해 즐기는 것이 애란의 핵심이다. 약 천년의 전통을 갖고 있는 중국춘란(中國春蘭)에서는 오랜 기간 난인들의 생각을 모아 그들 나름대로 체계적인 명란 기준을 정해놓고 있다. 또한 약 100여 년의 역사를 갖는 일본춘란(日本春蘭)은 중국춘란과는 다른 관점에서 일본춘란의 특성에 맞는 명품의 분류기준을 정리해놓고 있다. 한국춘란도 개발되기 시작한 지가 40년에 이르고, 한국인을 넘어 동양 4국의 인기 문화상품이 된 지도 오래되었다. 이러한 과정에서 한국춘란도 그 나름대로 매력과 관상의 기준이 어느 정도 정립되고 있다.

　중국춘란의 관상기준을 보면 첫째는 향(香)이요, 둘째가 빛깔이고, 셋째를 생김새에 두었다. 일본춘란은 향기가 없기에 관점을 돌려 화색과 무늬에 관심을 두었다. 한국춘란 또한 일본춘란과 마찬가지로 향이 없거나 청향이 아닌 담향으로 약하기에 중국춘란보다는 일본춘란의 관상요건에 치중하였다. 이것은 한국춘란의 학명이 Cymbidium goeringii로 일본춘란과 같기에 오히려 당연하다고 여겨진다.

　그러나 모양과 짜임새를 중시하는 우리민족의 문화 탓인지는 몰라도 한국춘란은 일찍이 꽃이나 잎의 생김새를 중요한 관상기준으로 삼았다. 더불어 한국춘란은 그 생김새가 중국춘란이나 일본춘란보다 월등히 우수한 것이 많이 발견되어 한국인의 정서에 잘 부합해주고 있다.

　난(蘭)을 하는 가장 큰 목적은 난이 가진 아름다움을 관상(觀賞)하는 것이다. 그러면 어떤 난이 관상적인 가치가 있는 좋은 난인가 하는 것을 오래 전부터 논의해왔으며, 이는 곧 원예성의 기준이 되는 것이다. 이러한 기준은 같은 춘란이라도 이를 관상하는 자의 취향과 미적 수준, 문화적인 차이 등에 의하여 많이 달라진다고 하겠으나, 오랜 시간 많은 사람이 난을 하면서 보편적으로 추구하는 관상의 기준은 어느 정도 있다고 보아야 할 것이다.
　결론적으로 말하면 민족마다 난에 대한 관상의 기준은 난이 주는 아름다움, 멋과 운치, 난의 덕성과 심성에 대한 기준을 어떻게 정하느냐 하는 것이다. 동양인들 사이에도 나라나 민족에 따라 이러한 기준에 차이가 있겠으나 어느 정도는 일맥상통한 점도 있다고 하겠다.

　난(蘭)은 풀이면서도 다년생이다. 사철 푸르고 여러 해 변함이 없다. 난인들은 난으로부터 자연의 좋은 기운을 받고 아름다운 덕성과 좋은 심성을 배우고자 한다. 그러기에 난(蘭)은 생명체로서 맑고 생생한 생명력을 가져야 한다. 생명력이 넘치는 난(蘭)에서는 젊은 여인에서 풍기는 싱싱한 매혹적인 멋과 청춘의 정기가 배어난다. 따라서 난에는 특별한 예(藝)가 없어도 그 자체로서 가치가 있고 매력이 있다.
　난(蘭)은 원예물이기에 아름다움과 예(藝)가 있으면 더 좋겠다. 더불어 멋, 운치(韻致) 등을 갖추었는지, 나아가 난(蘭)이 갖는 덕성인 청초함과 당당함, 그 누구도 범접할 수 없는 고고함, 긴장미 넘치는 기개 등이 요구된다고 하겠다. 이러한 요구에 따라 화예품은 화예품대로, 엽예품은 엽예품대로 형태나 색상, 무늬 등에 원예기준이 서게 된 것이다. 그리고 일반적인 것은 원예성이 있다고 말할 수 없으므로 이 기준에는 당연히 희귀성이 영향을 받게 되는 것이다.

관상용 식물로서의 한국춘란은 크게 화예품과 엽예품 2가지로 구분된다. 일반적인 한국춘란 꽃잎의 색은 녹색인데 적(赤), 황(黃), 주금(朱金), 자(紫), 도(桃) 백(白) 등으로 변한 것이 있고 화형(花形), 화용(花容)의 변화를 즐기는 것을 화예품(花藝品)이라 한다. 꽃의 모양, 색깔, 무늬의 변화로 여러 가지 아름다운 난꽃이 만들어지고 여기에 관상의 기준이 생기는 것이다.

엽예품(葉藝品)이란 엽면에 나타나는 무늬의 변화 및 형태의 변화를 관상의 대상으로 한다. 춘란의 엽예품에는 기본적인 녹색 외에 백색, 황백색, 황색 등 여러 가지 무늬가 잎에 우아하게 나타나는데 호반(縞斑), 복륜반(覆輪斑), 사피반(蛇皮斑), 호피반(虎皮斑), 산반(散斑), 서반(曙斑) 등으로 분류된다.

잎면에 나타난 무늬는 중후하면서도 고결한 느낌을 주는 아름다움이 있고, 변화와 개성이 독특하여 사람의 마음을 한없이 끌어당기는 매력이 있다. 일반적으로 엽예품은 화예품에 비해 친숙해지기 어려운 점도 있지만, 엽예의 독특한 무늬 변화는 매우 불가사의한 관상가치를 갖고 있다. 이 때문에 화예품과 비교해 보아도 우아함이 뒤떨어지지 않는 매력을 가지고 있다고 보아진다. 또한 엽예품은 일 년 내내 감상할 수 있는 장점이 있다. 특히 한국춘란은 우수한 엽예품이 많다.

고전원예식물 중에서 특이한 존재를 차지하는 난(蘭)은 원예 애호가들의 취미 중에서도 최고의 것이라고 일컬어지고 있으며, 그 깊이와 폭이 매우 깊고 넓다. 따라서 기초를 튼튼히 하고 한국춘란의 개성이나 특징을 보다 깊이 이해할 필요가 있다. 한국춘란은 아직 그 역사가 일천하다보니 희귀성에 큰 비중을 두고 있으나, 오래 두고 보아도 마음에서 떠나지 않는 우수한 명란도 이미 많이 개발되었다. 실로 차원 높은 한국춘란 명품을 보면 설명이 필요 없다는 것을 알게 된다.

명품으로 불리는 난은 탁월한 원예성과 높은 품격을 갖추어 관상적인 면에서나 가치 면에서 우수한 난이다. 그러한 원천은 화예품이라면 색채, 형태, 무늬에서, 엽예품이라면 무늬의 변화나 선명도, 엽의 형태 등에서 나온다. 난(蘭)마다 다 다르고 개성이 있으므로 일률적으로 말할 수 없을 텐데도 난을 관상하는 많은 사람들은 난의 진품·귀품에 대한 척도나 기준을 정하고자 한다. 그러나 난은 그 예(藝)가 매우 다양하며, 색다른 명품이 돌발적으로 나타나기 때문에 명품기준이 고착화될 수 없고 지속적으로 연구해가야 할 영역이라고 봄이 옳을 것이다.

한국춘란 소심 '선광화(善光華)'

 난인은 끊임없이 우수한 관상가치가 있는 난을 찾아 배양으로 발전시켜가는 사람이므로 심미안(審美眼)을 기르고 나름대로의 기준도 가져야 한다. 심미안(審美眼)을 기르는 기본적 요건은 결코 단시일에 완성되어지는 것이 아니다. 난을 관상하는 기준을 익힌 후에, 난 전시회 등에서 각각의 특징 등을 세심히 관찰하고, 도록(圖錄)을 통한 같은 종류의 난사진을 서로 비교해보면서 각 난의 특징과 아름다움을 알아보는 노력을 꾸준히 해야 할 것이다. 또한 자생지 별로 출토되는 난의 특징과 변화되는 형태를 자료수집하고 연구해보는 것도 안목을 넓히는 좋은 방법일 것이다.

 난(蘭)을 관상함에 있어 우선적인 것은 명품의 기본적인 요건을 이해하는 일이 중요하다. 물론 관상의 기준이나 척도는 긴 세월에 거쳐 애란인들이 대체로 그러하다고 하는 기준이므로 그것에 꼭 구애받을 필요는 없지만, 누구나 쉽게 이해할 수 있는 품격이나 미적 요소의 기준은 불가결하다고 할 수 있겠다. 그러나 이러한 관상기준에 고착되어 난마다

가지는 개성과 운치, 멋과 매력 등을 놓치는 우를 범해서는 안될 것이다.

　난이 관상적으로 가치를 인정받기 위해서는 우선 원예성과 희귀성이 있어야 한다. 그리고 예술품으로서 각광을 받기 위해서는 훌륭한 배양으로 그 품종의 특성을 잘 나타내면서 아름답게 보이는 작품성을 갖추어야 한다. 훌륭한 관상물이 되기 위해서는 전체는 전체대로, 각 부분은 부분대로 아름다움과 매력을 갖추고 조화를 잘 이루어야 할 것이다.

　그동안 한국춘란을 하는 난인들 사이에서 대체로 모아진 화예품의 관상기준에 대하여 알아보자.

　난꽃은 다른 꽃에 비하여 화려하지도 않고 단조로운데도 고품격의 미적요소를 내포하고 있다. 난꽃의 원예성을 결정짓는 요소로는 꽃 모양과 자태, 색채·무늬의 묘미, 꽃과 잎의 조화, 난(蘭) 전체에서 풍기는 흐트러짐이 없는 단아함과 품위 등 많은 요소가 있다. 이들 하나하나가 빼어난 미적요소를 갖추고 전체적으로 조화를 이루면서 아름다움과 매력이 있고 난이 가진 덕성과 심성이 잘 나타나야 명품 난꽃이 되는 것이다. 그러기에 명품의 요건을 잘 갖춘 난은 보는 이로 하여금 압도하고 마음을 사로잡는다. 전율을 느낄 때도 있다.

　난꽃마다 생김새와 원예적인 특징이 다 다르므로 명품의 기준 또한 일률적으로 말할 수는 없는 것이나 대체로 그러하다는 것이다. 어떻든 난꽃은 청초하면서도 고아해야 하고, 긴장미를 늦추지 않으면서 품위와 단아함을 갖고 있어야 한다.

　난꽃에서 원예적 품격을 크게 좌우하는 것이 화형이다. 즉 화형의 모양에 따라 원예적 가치의 척도가 크게 달라진다. 화형은 꽃잎의 생긴 형태, 봉심·설(舌)의 형태, 전체적인 조화와 균형에 의하여 결정된다.

　난꽃의 화형에 가장 큰 영향을 주는 것이 꽃잎, 주·부 3판이다. 화색이 좋아도 꽃잎의 생김새나 꽃모양 전체가 관상의 기준을 벗어나면 명품이 되지 못한다. 일반적으로 꽃잎의 길이가 약간 짧으며, 폭이 넓고 둥그스름한 형태를 선호한다. 이는 보는 이로 하여금 품위

한국춘란 복색화 '신비(神秘)'

한국춘란 황화 '황비(皇妃)'

를 느끼게 하고 풍만함과 안정감을 갖게 하기 때문이다. 또한 주판, 부판이 단정하고 크기가 동일하여 전체 모양이 안정되고 당당해 보이는 것이 좋다. 부판이 처지거나 가늘고 긴 것은 긴장감이 떨어지고, 봉심이나 설(舌)이 모양을 제대로 갖추지 못하면 난의 덕성을 갖추지 못하여 품격이 떨어지는 난이 된다.

  특히 난꽃은 난이 갖추어야 할 덕성을 잘 나타내야 한다. 주·부판이 둥글면서 탱탱하게 힘이 있고, 평견피기이면서 끝이 안으로 약간 옥아든 형태가 긴장미를 느끼게 하고 고아한 품위를 높인다. 또한 주부 3판, 봉심, 설판이 나름대로 모양을 갖추는 것도 중요하지만 전체적인 조화를 잘 이루어야 한다.

  화색의 좋고 나쁨은 원예적 가치를 크게 좌우한다. 화색에 있어서도 홍색, 주금색, 황색 중에 어느 색이 더 아름다운가 하는 것이 아니라 각각의 화색이 갖는 선명도와 아름다운 때깔의 묘미를 갖추었느냐 하는 것이 중요하다. 결국 하나의 꽃잎에 많은 색소가 섞여 있고 이것 때문에 불투명하다거나 탁한 것은 좋지 않다. 색채의 순수도가 높고 맑고 선명한 것이 아름답고 관상하는 사람의 마음을 뺏을 것이다. 꽃에 화근 등 잡색이 있으면 품격을 떨어뜨리고, 소심같이 맑고 깨끗한 화판이 난의 덕성을 잘 살린다.

혀(舌)는 주부 3판, 봉심과 조화를 잘 이루어야 한다. 일반적으로 후육이면서 원형에 폭이 넓고 큰 것이 좋다. 원설이나 여의설, 유해설 등은 좋은 형태이나 참으로 귀하다. 혀의 색깔은 순백색이 좋고, 설점은 붉고 선명하며 혀의 모양과 잘 어울리는 것이 좋으며, 조화를 이루면서 특징을 가지면 더욱 좋다.

꽃대(花莖)도 꽃의 품격을 높이는 데 큰 역할을 한다. 꽃대는 꽃의 생김새와 전체적으로 균형을 잘 이루어야 한다. 꽃대의 추대 또한 작품성을 고려하여 적당히 맞추어야 한다. 꽃대는 약간 가는 듯하면서 곧게 뻗은 것이 청초함과 고아함을 더한다. 꽃대의 색깔 또한 난의 원예성에 큰 영향을 미치는데, 잡근이 적고 깨끗하며 귀티가 나는 것이 좋다. 한국춘란에는 녹경과 백경이 더러 있는데, 이를 높이 친다.

예술작품을 감상하는 사람에게 긴장미와 작품에서 주는 기(氣)는 아름다움을 느끼는 중요한 요인이다. 그러하기에 난꽃도 꽃잎에서 느껴지는 긴장미뿐만 아니라 설판(舌瓣)을 감싸고 있는 봉심(捧心)도 긴장미가 있고 흐트러짐이 없으면 감상의 묘미를 더한다. 봉심 역시 주부 3판이나 설판 등과 조화를 잘 이루어야 할 것이다. 한국춘란의 봉심은 일본춘란과 달리 대부분 합배나 반합배이며, 분소의 형태를 보이는 경우는 드물다. 합배, 반합배 정도로도 충분히 명품이 될 수 있다고 보여지며, 아름다운 봉심의 예(藝)를 보이는 품종도 많이 찾아볼 수 있다. 한국춘란에서는 투구형태의 봉심이 적기 때문에 투구화에 별도의 예(藝)를 부여하고 있다.

화예품에서도 난잎의 생김새가 매우 중요하다. 꽃이 피었을 때 잎은 꽃을 돋보이게 해야 하고, 꽃이 없을 때에도 잎 자체만으로 감상가치가 있으면 좋은 잎이라 할 수 있겠다. 따라서 잎이 힘이 있으며 아름다운 선이 나오는 형태가 우수한 잎이다. 또한 농록으로 녹이 진하고 광택이 있어 선의 아름다움과 기(氣)가 넘치는 잎이 좋다. 화예품의 잎은 꽃을 잘 돋보이게 해야 하므로 꽃과의 전체적인 조화가 무엇보다도 중요하다. 일반적으로 입엽보다

한국춘란 중투호 '아가씨'

한국춘란 복륜 '남산관(南山冠)'

는 수엽, 노수엽이 꽃을 돋보이게 한다.

 다음은 엽예품의 관상에 대하여 난인들 사이에서 대체로 세워진 기준을 알아보자.
 한국춘란에는 유달리 우수한 원예성과 높은 자질을 갖춘 엽예품이 많이 개발되고 있다. 난은 선(線)의 예술이라고 할 만큼 엽의 아름다움에 비중을 두고 관상한다. 엽예품에는 선상형태 무늬인 호반·복륜반·산반이 있고, 모양반 형태 무늬인 사피반·호피반·서반 등 다양한 예가 있으나 어느 것에서나 공통되는 관상의 기준이 있다고 하겠다.
 엽예품 역시 관상의 기준은 미적 아름다움과 매력이다. 난잎 또한 그 모양과 무늬에서 나오는 아름다움, 멋과 운치, 난의 덕성이 잘 나타나고 좋은 심성을 갖추어야 좋은 난이 된다. 특히 엽예품은 모양, 무늬 등에서 뚜렷한 원예적인 예(藝)가 있고 고정성이 있어야 한다.
 무늬는 여러 가지가 있지만 이들 색채를 구분하면 그 기본이 되는 색채는 백색, 황색, 백황색 등이다. 무늬의 선명도를 중시할 때 뛰어난 색채는 순백색과 짙은 황색이다. 따라서 일반적으로 유백색(乳白色)은 흔하며 품격 면에서 다소 떨어진다고 볼 수 있다. 무늬가 진하고 색대비가 좋아 뚜렷하여야 하며, 선명하고 깔끔해야 한다. 고정성이 있어야 하며, 꽃에도 무늬화가 나오면 더 좋다. 일반적으로 극황색과 순백(설백)색의 무늬가 녹색과의 대비도 좋고 선명하며 우아하게 보여 귀품이 된다. 한국춘란에는 중국춘란, 일본춘란에 비하여 극황색 무늬를 나타내는 우수품종이 월등히 많다.

한국춘란의 관상기준에는 생김새의 우수성도 있지만 무늬가 화려하고 아름다워 관상하는 사람의 마음을 매료시켜야 한다. 이것의 바탕은 무늬의 선명도와 때깔의 매력이다. 녹색과 무늬색이 같이 존재하므로 선명도와 때깔이 우수하면 귀티가 나고 아름다워 보는 이로 하여금 마음을 끌리게 하고 매료당하게 한다.

무늬의 변화는 각양각색이다. 엽면에 나타나는 무늬는 보통 선천성, 후천성(후발성), 후암성 등으로 구분된다. 일반적으로는 선천성의 무늬를 높게 치는데, 호피반은 후천성에서 명품이 많으며 사피반은 후암성이 많은 편이다. 선천성의 경우 색의 변화가 없이 오래도록 유지되는 것이 좋다. 후천성이나 후발성은 그해 가을 전시회까지는 완전한 발색을 마쳐야 하고, 후암성의 경우 적어도 2~3년 동안은 선명한 무늬를 나타내고 있어야 엽예로서의 가치를 부여받게 된다. 무늬가 잎장마다 같고 뚜렷하며 고정성을 가져야 높게 평가받는다.

난잎은 난의 원예적인 척도에 큰 영향을 미친다. 난잎의 생김새와 자태는 전체적으로 균형과 조화를 이루어야 한다. 난잎은 일반적으로 폭이 넓고 후육이며 웅장한 자태에 보다 우수한 매력이 있다. 그러나 단엽, 환엽, 입엽 등은 그들대로 원예적인 특성을 지닌다. 무늬가 선명해도 잎이 얇고 꼬이는 것은 빈약하여 관상면에서 품격이 떨어진다.

잎은 후육이며 힘이 있는 것, 엽폭이 넓고(광엽) 배불뚝이 형태의 것, 잎이 짧고 입엽인 것, 잎끝이 둥근 것(환엽성)일수록 원예성을 높인다. 또한 잎 자체의 선이 아름다워야 하며, 전체적으로 기(氣)가 살아있어야 한다. 잎이 진한 녹색이고 건강미가 넘쳐야 하는 것은 기본으로 갖추어야 할 요소이다.

또한 엽예품은 구경(球莖) 부위의 잎이 붙은 자리가 벌어지지 않고 옴츠려진 상태로 가지런해야 하며, 힘이 느껴져야 안정감을 갖고 품격을 높인다.

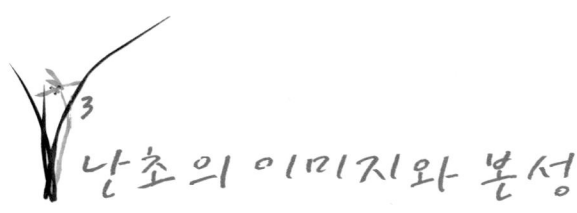

난초의 이미지와 본성

　우리 선조들은 꽃을 대할 때 꽃 자체의 자연적인 아름다움보다는 그 꽃이 지니고 있는 상징적 가치를 더 존중하였다. 꽃을 대함에 있어 그 색깔, 생김새, 향기 등 물리적인 면을 기준으로 삼지 않고 꽃의 이미지와 본성을 잣대로 꽃의 품격을 정하면서 그 꽃의 내면에 담겨있는 덕(德)·지(志)·기(氣)를 취하였다.

　우리 조상들의 이러한 습성은 난초를 대함에 더더욱 뚜렷하게 나타난다. 난초는 줄기와 잎은 청초하고, 그 꽃의 모습이 고아(高雅)할 뿐만 아니라 청아한 향기가 그윽하여, 어딘지 모르게 함부로 대하기 어려운 범상치 않은 기품을 지니고 있다. 그래서 예로부터 동양인은 난초의 이러한 모습을 군자나 고고한 선비에 비유하였고, 그 덕성을 닮고자 하였다.

　옛 문헌과 그림, 신화 속에 난초가 많이 등장한다. 여기서 난초는 맑고 청아하면서도 누구도 쉽게 범접할 수 없는 고고함과 당당함으로 비친다. 난초는 꽃에서 은은한 향기를 가졌고, 잎은 가냘픈듯하면서도 운치와 기(氣)가 있고 선(線)의 아름다움이 있다. 난초는 군자의 기품과 고결함에 비유하기도 하고, 아름다운 여인을 상징하기도 하고, 자손의 번창에 비유하기도 한다.

　빼어난 가는 잎새 굳은 듯 보드랍고
　자주 빛 굵은 대공 하얀 꽃이 벌고

이슬은 구슬이 되어 마디마디 달렸다.

본디 그 마음은 깨끗함을 즐겨 하여
정한 모래 틈에 뿌리를 서려 두고
미진(微塵)도 가까이 않고 우로(雨露) 받아 사느니라.

이병기(李秉岐)의 〈난초〉를 제목으로 한 시(詩)이다. 앞연은 난초의 청초하고 아름다운 겉모습을 노래한 것이고, 뒷연은 난초의 품성을 노래한 것이다. 이것은 또 난초에는 탈속한 세계에서 고고한 기품을 지키며 사는 군자의 기상이 있음을 간접적으로 나타내고 있다. 섬세한 감각과 절제된 언어, 예리한 통찰력으로 '난초'의 외양과 세속을 초월한 본성의 아름다움을 신비롭게 형상화하고 있다.

문인들은 깊은 애정과 예리한 통찰력으로 난(蘭)을 묘사함으로써 자신이 지향하고 있는 삶이 어떤 것인가를 간접적으로 제시한다. 그것은 바로 세속에 물들지 않고 고결한 성품을 지니면서 살아가는 삶으로, 깨끗한 모래 틈에 뿌리를 내리고 사는 '난(蘭)'의 이미지와 상통한다. 이들은 난의 외양을 묘사하는 데 그치는 것이 아니라 내면적인 속성까지 묘사하고 있다. 이것은 난을 의인화하고 감정을 이입함으로써 가능해지는데, 이와 같은 과정을 통해 난은 청초하고도 고결한 존재로 부각된다. 궁극적으로 이들은 난(蘭)이라는 실물보다 난이 내포한 그 정신에 투철했다고 볼 수 있다.

난의 꽃과 잎을 창호지나 벽지에 바른 뜻은 난에 의탁하는 벽사(辟邪), 곧 병액을 쫓는 수단도 되고, 소박한 실내 장식수단으로 한국적 미감을 표출하는 것이기도 하다. 또한 선비들이 난 화분을 문갑 위에 올려놓고 정성들여 가꾸면서 난이 내포한 정신을 본뜨고 그로부터의 이탈을 경계했다.

여성미술가이며 교육자인 이숙종(1904~1985)은 난꽃을 보고 이렇게 말한다.

"난초처럼 자기의 본분을 잘 지키는 꽃도 드물다. 똑같은 봄꽃이면서도 다른 꽃들처럼 그 색채가 야단스럽지 않고 그 모양이 요염하지 않다. 어딘지 모르게 찬 듯하면서도 덥고, 소박한 듯하면서도 아름답다. 그렇기 때문에 그 향기가 유난스럽고 믿음직스러운 것이다. 난향사시(蘭香四時)란 말이 있다. 춘하추동 그 방향(芳香)이 사시(四時)에 떨친다고 했으니 얼마나 아름다운 미덕을 두고 하는 말이랴! 흔히 난초의 꽃말은 '미인'이라고들 한다. 그것은 곧 은근한 여성의 미를 단적으로 들추어내는 말인 듯하다. 쭉 곧은 줄기는 만고의 절개를 은은히 말해주고 있다."

한국춘란 황화소심 '보름달'

   조선 초기 강희안이 쓴 《양화수록》은 꽃과 나무의 특성, 품종, 재배법을 정리한 원예전문서이다. 강희안은 이 책에서 "무릇 꽃을 재배하는 것은 오직 마음과 뜻을 굳건히 닦고 어질고 너그러운 성질을 기르는 데 있다"라고 하면서 소나무에서는 굳은 의지를, 국화에서는 세상을 피해 조용히 사는 은일(隱逸)을, 매화에서는 높은 품격을, 난초에서는 품격과 운치를 본받아야 한다고 했다.

   난(蘭)은 고귀한 인품의 절대적 표상으로 사군자 중에서도 우두머리에 앉는 식물이다. 난은 향기, 꽃, 잎의 3가지 아름다움을 가지고 있으며, 저마다 그 상징성이 또렷하게 전해지고 있으며 오래 전부터 시인묵객의 사랑을 받아왔다. 난은 속된 세상에서 벗어난 지조 높은 선비의 상징이었다. 난초는 세속을 멀리하고 고아하게 숨어사는 은자(隱者)였고 군자였다. 또한 난은 아름다운 여인의 상징으로 삼았다. 난은 고고한 꽃을 피우고 그 향기는 꽃 중에서 가장 뛰어나다. 난의 잎은 소박하면서도 청초하고 운치와 기(氣)가 살아있다. 난을 가꾸거나 난을 치는 일은 난의 아름다움만을 감상하는 것이 아니라 난이 전해주는 덕성과 심성을 함께 느끼게 된다.

사군자(四君子)는 그 배경 사상으로 흔히 유·불·선 사상을 들고 있지만, 그 상징의 비중은 각 종교적 특색에 따라 조금씩 다르게 나타난다. 난초가 유학의 전통 가운데 인격을 갖추는 것과 밀접한 관련이 있음에 비해, 중국 불교와 도교에서 난초가 종교적 상징으로 사용된 예를 찾을 수가 없다고 한다. 그리고 보면 난(蘭)은 유교가 표방하던 가치관인 절개와 지조를 뚜렷하게 잘 드러내는 덕성을 가졌다고 볼 수 있다.

많은 사람들이 난초의 상징과 이미지를 말할 때 공자의 〈의란조(倚蘭操)〉에 나오는 '공곡유란(空谷幽蘭)'과 《공자가어(孔子家語)》에 나오는 '지초(芝草)와 난초', 그리고 전국시대(戰國時代) 초나라 굴원의 '구원란(九畹蘭)'을 들고 온다. 그러나 여기에 나오는 난(蘭)은 오늘날 우리가 말하는 난이 아니라고 한다. 그뿐만 아니라 《시경(詩經)》에 등장하는 난을 비롯해서 당(唐代)까지의 문헌에 나오는 모든 난은 난초과가 아니라 국화과의 식물인 '향등골나물' 또는 '향수란'(香水蘭, Fupatorium fortunei Trucz)이라는 주장이 많이 있다.

남송의 진전양(陳傅良)은 《도난설(盜蘭說)》에서 공자와 굴원이 말하는 난은 오늘날의 난과 다르다는 것을 밝혔고, 원나라 방회(方回, 1227~1307)는 《정난설(訂蘭說)》을 통해 그 잘못을 지적했다. 원의 오초려(吳草廬, 1249~1333)와 명의 양신(楊愼, 1488~1559) 등도 마찬가지 주장을 했다. 16세기 명대(明代)에 이르러 이시진(李時珍)은 《본초강목(本草綱目)》에서 이 두 가지를 완전히 구분해서 정리했다.

중국 고대의 난, 즉 향등골나물은 서기전 8세기까지는 간(蕳)이라고 불렸는데 그 잎모양이 마란(馬蘭)과 비슷하다는 데서 난(蘭)이라는 이름으로 바뀌었으며, 10세기 이후에는 온대성 심비디움, 오늘의 난(蘭)에게 그 이름을 빼앗기게 되었다. 이 식물은 도량향(都梁香)·수향(水香)·향수란(香水蘭)·여란(女蘭)·향초(香草)·연미향(燕尾香)·대택란(大澤蘭)·성두초(省頭草)·해아국(孩兒菊)·천금초(千金草) 등으로 불리기도 하였다.

다시 말하면, 당대(唐代) 이전의 고전에 보이는 난(蘭)은 국화과의 난이었으나 남송(南宋) 이래, 즉 12세기 이후 오늘날의 난과(蘭科)의 난(蘭)이 크게 유행해 그 이전의 국화과의 난의 이름을 빼앗은 것이다. 아무튼 당대 이전의 기록에 나오는 난(蘭)도 오늘날 우리가 말하는 난(蘭)의 상징과 이미지가 같으므로 자연스럽게 그렇게 된 것으로 보인다. 우리나라에서도 고려 말 이후 각종 문헌에 등장하는 난(蘭)은 모두 오늘날의 난으로 보아도 무방할 것이다.

난(蘭)이 상징하는 이미지 때문에 사대부들은 이를 생활에서 본받고자 하였다. 조선시대에도 '난계(蘭契)'라고 하는 모임이 있어 해마다 난(蘭) 품평회를 열었다고 한다. 옛 선비들 중에는 사화에 연루되어 낙향하는 이가 많았다. 이들이 울분을 토로하기 위하여 같은 학풍이나 영향을 받은 선비끼리 시사(詩社)나 지심계(志心契) 등 모임을 만들고 친목을 도모했다. 그러한 모임 가운데는 난계(蘭契)도 있었다. 난계는 요즘으로 치면 난회(蘭會)에 해당하는 모임이다.

그 외에도 실제로 난을 기르는 모임은 아니나 난이 의미하는 상징성을 본받고자 한 모임도 많이 있었다. 우리나라의 경우 대표적으로 '금란계(金蘭契)'를 들 수 있다. 강원도 동해시의 두타산 금란계는 1903년 기울어 가는 국운을 금란정신으로 버티자고 계를 결성하였고, 한말 군대해산으로 확산된 영동 의병운동의 온상이 되었다. 진주의 금란계는 조선 중종 때 경상도 개령(開寧) 현감을 지낸 이원례(李元禮)와 당시 진주목사 등이 중심이 되어 조정과 영남 일원의 시문에 능한 사람 31명이 정기적으로 진주 촉석루에 모여 시문을 지으며 교유하였다. 이러한 정신은 임진왜란 당시 왜적을 맞아 싸우다가 처절하게 옥쇄하는 결기로 이어진다.

선비들은 자신의 역경을 극복하고자 하는 몸부림으로 묵란도를 그렸다. 선비들은 마음 속의 그늘지고 분한 울화의 응어리를 밖으로 내뿜고자 한 것이다. 이러한 묵란도는 북송시대 정사초의 '노근란도', 추사 김정희의 '부작란도', 이하응의 '묵란도', 민영익의 '노근묵란도' 등 여러 시대에 걸쳐 걸작들이 많다.

또한 난초는 우의를 상징하는 대표적 식물이었다. '금란지교(金蘭之交)', 혹은 '지란지교(芝蘭之交)'라 하여 난은 좋은 벗과의 사귐을 상징하는 식물로 굳건하게 자리 잡았다. 이러한 난초의 이미지는 《주역(周易)》 계사전(繫辭傳)에 나오는 "사람이 마음을 같이하면 그 날카로움이 쇠를 끊고, 마음을 같이하는 말은 그 향기가 난초와 같다(二人同心 其利斷金 同心之言 其臭如蘭)"란 구절에서 유래되었다. 또한 공자(孔子)는 다음과 같이 말하기도 하였다. "착한 사람과 사귀는 것은 마치 난초와 지초를 가꾸고 있는 방에 들어가는 것과 같아, 오래 있으면 그 향기를 맡지 못해도 그것과 동화된다"고 하였다.

세종 때 이름난 선비인 변계량(卞季良, 1369~1430)이 친우들과 모임의 이름을 '금란계'로 명명한 것은 이를 보여주는 좋은 사례라 할 수 있다. 또한 성종 때 사림의 영수인 김종직(金宗直, 1431-1492)이 친우들과 금란계를 맺었다. 친한 벗의 이름과 주소 따위를 장부에 기록하고 향을 피워 조상에게 고하는 고사가 유래되고 있는데, 그 장부를 '금란부(金蘭簿)'라고 한다.

안시윤은 1857년 3월 보름에 자사재, 묵재 등 여러 벗들과 북한산 중흥사에 묵으면서 금란계를 결성한 뒤 이를 기념하여 '금란계첩(金蘭契帖)'을 제작하였다. 조선 말 석파(石坡) 이하응(李昰應, 1820~1898)은 자신이 그린 묵란화에 "마음을 같이하는 말은 그 향기가 난과 같다(同心之言, 其臭如蘭)"라는 제시를 새겨 넣었다. 이 모든 내용들에서 난은 사람과 사람사이의 관계에서 우의와 신뢰가 돈독함을 말하는 표상이 되고 있다.

또한 난초는 예부터 '미인'을 상징하는 식물이기도 했다. 한자어 '蘭' 자를 풀어보면,

'⺿(풀 초)' 와 '門(문 문)' 에 '柬(고를 간)' 을 합친 것으로 '향초 중에서 고른 명문의 귀녀' 라는 뜻이 있다. 예로부터 '유인풍치정여란(幽人風致貞如蘭)', '난화사미인(蘭花似美人)', '유란여정녀(幽蘭如貞女)' 라는 말에서 볼 수 있듯이 난(蘭)은 유인(幽人), 미인, 정녀(貞女) 등으로 비유되어 왕비의 궁전을 난전, 미인의 침실을 난방이라고 하였으며, "난초 꽃은 미인을 닮았다" 라는 말이나 "그윽한 난초는 정녀와 같다" 라는 말을 통해 난초는 우아한 미녀, 귀녀를 상징하였다.

이밖에도 난초는 "난초 꽃이 번창하면 그 집에 식구가 는다" 라는 '자손의 번창' 을 상징하기도 한다. 또한 중국《본초경(本草經)》에는 난초를 기르면 집안에 상서롭지 못한 일이 생기지 않도록 막아주고, 잎을 달여 먹으면 해독이 되며 오래도록 마시면 몸이 가벼워지고 노화현상이 없어진다고 기록하고 있다. 이것은 우리나라에도 그대로 전해져 내려오고 있다. 또한 꿈에 난초를 보면 아들을 낳는다는 속신이 있다. 정몽주의 어머니가 태몽에 난초를 꾸었다고 해서 정몽주의 초명(初名)을 '몽란(夢蘭)' 이라 하였다. 난초를 기르듯이 부정(不淨)을 멀리하고 원만하며 청순하게 딸을 기르면 귀녀가 난다 하였다. 난초 그림을 집안에 걸어두어 벽사를 염원하는 풍습도 있다.

난(蘭)만큼 그 본성에 대한 이미지나 상징성이 강한 식물이 없다. 같은 사군자라 해도 송·죽·매는 유감스럽게도 완전하지 못하다. 소나무는 향기가 없고, 대나무는 꽃이 없으며, 매화는 꽃과 잎이 같이 있는 경우가 없다. 그러나 난은 향기, 꽃, 잎이 3박자를 이루며 그 어느 식물도 이를 따를 수 없다. 그래서 난을 사군자 중에서도 으뜸으로 치며, 난을 군자 중의 군자로 치켜세운다.

난(蘭)의 이러한 이미지와 상징성은 난이 우리에게 주는 아름다움, 멋과 운치, 덕성, 심성으로부터 비롯될 것이다. 난(蘭)과 생활을 통하여 그 본성과 이미지를 닮아가고, 자연스럽게 몸에 배는 사람이 난인이다.

4 난(蘭)에는 아름다운 미학(美學)이 있다

자연은 잘 관찰하면 참으로 많은 것을 가르쳐주고 우리 스스로를 깨닫게 한다. 노자는 도법자연(道法自然)이라 하여 도는 자연을 본받고, 최고의 진리는 자연에서 배운다고 했다. 동양의 문화는 자연을 모든 가르침의 으뜸으로 여기고, 순응하며 신성시하고 사랑과 지혜를 배우는 문화였다. 난인(蘭人)은 난(蘭)이란 자연과 함께하면서 자연의 순리, 생명의 외경(畏敬), 정직함 등을 터득해가는 것은 물론, 난이 가진 특별한 아름다운 미학을 배워가게 된다.

난(蘭)의 아름다움은 예로부터 난의 의미와 함께 이야기되어 왔다. 그렇기 때문에 사람들은 난의 실체를 만나기 전에 이미 난의 아름다움과 그 의미를 만나게 된다. 이것이 난이 가진 덕성(德性)이다. 사람에 따라서 난이 주는 아름다움이 각각 다르게 와닿겠지만 이는 어느 것이 강하게 닿느냐의 차이일 뿐 보편적인 난의 아름다운 미학(美學)은 누구나 느낄 수 있을 것이다.

난(蘭)은 사랑을 알게 한다.

우리는 삶을 살아가며 많은 사랑을 주고받는다. 그 사랑은 마음껏 나타낼 수도, 조금은 감출 수도 있다. 그것은 자신의 생각으로 이루어진다. 그러나 아무 말도 없이 인간의 정을 그리워하는 것이 난이다. 인간에게 길러지는 식물은 오직 인간의 사랑을 기다리며 그 사랑을 답하며 살아간다. 난 또한 이와 마찬가지로 사람이 정을 쏟고 사랑을 준 만큼 길러진다. 사람이 사랑을 베풀 수 있다는 것은 아름다움 중에 아름다움이라 할 수 있다. 그 아름다움으로 인해 더욱 맑게 꽃이 피고 향이 맺히는 것이다. 난(蘭)은 사람으로 하여금 사랑을 알게 한다.

난은 관조(觀照)의 세계를 보여준다.

난을 사랑하고 좋아하는 것은 아무나 할 수 있는 것은 아니다. 난을 좋아하고 느끼는 것은 정신의 여유로움에서 그 실체가 가슴에 와닿는 것이다.

한국춘란 황두화

각박함과 어려움에서 벗어나 고요한 마음으로 난을 대하고 관찰하며 예(藝)의 실체를 맛보고 자신을 비추어보는 관조(觀照)의 멋을 보게 한다.

난은 예(藝)를 알게 한다.

예술이란 원래 농부들이 땀을 흘리고 거두어들이는 기술을 뜻하는 말이다. 난(蘭)에 있어 열심히 기르고 아름답게 자라는 것을 보며 느낄 수 있는 것, 바로 그 자체가 예(藝)라 할 수 있다.

난꽃의 아름다움, 멋과 운치, 빼어난 덕성과 심성은 물론 그 품격이 다른 식물과 비교가 안 된다. 또한, 엽선(葉線)의 흐름 하나하나는 본능적으로 사람들로 하여금 그 선(線)의 미(美)에 매료를 당하게 한다. 난꽃은 화려하지 않은 단조로움 속에 한량없는 아름다움과 높은 기품을 가지고 있다. 난을 가까이 하는 순간 난꽃에 매료당하고, 곡선의 완만하고 힘이 있는 그침, 부드러운 공간의 미를 알게 된다. 난은 그 자체가 이미 미술품(美術品)이기 때문이다.

난은 선비의 덕성을 가지고 있다.

난은 늘 푸르다. 늘 푸르므로 겨울의 추위 속에서도 독야청청(獨也靑靑)하는 소나무와 같은 절개를 지닌다. 난꽃은 당당하고 청초하며 감히 범접할 수 없는 기개의 덕성을 보여준다. 그래서 군자나 선비들은 난을 사군자의 으뜸으로 치고, 늘 가까이 두고 그 덕성을 배우고자 하였다. 기개와 절개를 지키며 자신의 뜻과 지조를 버리지 않는 것을 사람의 도리로 삼은 선비들은 이러한 덕성과 품위를 난(蘭)으로부터 본받고자 한 것이다. 그러므로 난의 의미를 안다는 것은 선비의 덕성을 아는 것이다.

난은 더없이 맑고 고운 청향(淸香)의 아름다움을 갖는다.

모든 물체에는 스스로 내는 방향(芳香)이 있다. 돌 부스러기, 물까지도 향을 느끼게 한다. 향은 그 물체가 내는 품위이다. 사람도 마찬가지이다. 인간은 도(道)를 아는 사람일수록 향이 있음을 느끼게 된다. 서둘러 많은 이야기를 하지 않아도 느낌만으로도 진실을 알 수 있게 한다. 향은 난이 갖는 더없이 높은 품격이다. 난향은 난이 갖는 최고의 덕성이며 품격이다. 그러기에 난하면 저절로 향을 생각하게 되는 보이지 않는 격이 아름다움을 높이게 한다.

난에게는 자족(自足)의 아름다움이 있다.

대부분의 식물들은 햇빛과 수분과 영양이 많으면 자랄 수 있을 만큼 욕심껏 자란다. 그러나 난은 알맞게 자라고, 필요 이상의 잎장 수를 늘리지 않으며, 길이 또한 적당한 때에 자람을 중지한다. 스스로 족함을 안다는 것은 자기를 드러내지 않음이요, 자기 위치를 정확히 안다는 것이다. 자족의 아름다움은 욕심이 정화된 달관의 아름다움이다.

난(蘭)은 어울려 같이 사는 법을 가르쳐준다.

난은 긴 잎과 짧은 잎, 서는 잎과 숙인 잎, 그리고 서로 어울리기도 하고 맞부딪쳐 있기도 한다. 그 잎들이 분 안에 뿌리를 담으면서 생명의 빛으로 존재한다. 생명의 빛으로 존재함으로써 선(線)에는 자연스러움이 있다. 난은 여러 촉이 같이 있을 때 더 잘 자란다. 자연스럽게 어울리고 조화롭게 공존하는 것이다. 조화롭다는 것은 모두가 제자리에 있을 때를 말한다. 모두가 제자리에 있다는 것은 자기 위치를 안다는 것이다. 자기 위치를 안다는 것은 다른 것의 위치도 인정한다는 것이다. 모든 것을 받아들일 수 있음이다. 그렇기에 난에게서 얻음 그 자체가 도(道)라 할 수 있다.

한국춘란 주금소심 '등대(燈大)'

난은 기다림의 아름다움을 가르쳐준다.

난은 하루아침에 자라지 않는다. 신아가 나오고 그 신아가 자라서 벌브를 형성하고 형성된 벌브에서 꽃을 피운다. 꽃을 피운 후에는 다시 신아가 나오고, 알게 모르게 시간이 흘러감에 따라 하나의 미술품으로 자란다. 난의 성질을 파악하여 난의 원하는 상태로 만들었을 때 비로소 하나의 미술품이 된다. 시간과 사람의 정성이 빚어낸 아름다운 미술품은 오랜 기다림의 결과에서 오는 것이다.

난은 중용(中庸)의 미를 알게 한다.

난의 자연상태는 공중도 아니고 땅속 깊은 곳도 아닌 곳에 곁으로 뿌리를 뻗고, 하늘도 땅도 아닌 지표면의 부드러운 부엽토(腐葉土)에 자리를 한다. 비료가 너무 많아도 안 되고, 너무 없어도 자라지 못한다. 물기가 너무 많거나 습해도 해롭고, 너무 말리거나 건조해도 안 된다. 햇빛이 너무 강한 것도 너무 약한 것도 싫어한다. 따라서 햇빛이 강하면 차광막을 하고 약하면 햇빛의 역할을 할 장치가 필요하다. 배양토는 흙도 아니고 돌도 아닌 작은 알갱이를 쏟다. 모든 것이 중용이다. 풀의 형태를 하면서도 나무처럼 오래도록 생명을 유지하는 것도 중용의 도이다. 우리는 난에게서 중용의 도를 배운다.

　난은 생명의 신비로움을 알게 하는 아름다움을 갖는다.
　난을 가까이 하기 전에는 그다지 변하지 않는 그저 푸르기만 한 초본식물이라고 느낀다. 그러나 가까이 하게 되면서 난의 변화에 매료되고 만다. 난은 아주 여리디 여린 투명한 빛으로 각기 다른 무늬와 색상으로 개성 있게 신아를 내민다. 신아를 내밀 때의 환희로움을 맛보는 것은 난을 아는 사람만의 세계이다. 난은 자라면서 그때그때마다 각기 다른 위상으로서 변화를 보인다. 꽃봉오리의 모양이나 색 또한 난마다 개성있는 모습으로 그 아름다움을 보여준다. 투명하기도 하고 노랗기도 하고 투명한 포의에 붉은 빛이 감도는 속살이 보이듯 눈부신 꽃봉오리의 빛이 있는가 하면, 먹빛처럼 짙은 자색의 빛을 보여주기도 한다.
　꽃이 피면 또 어떤가? 꽃잎의 형태가 꽃마다 개성으로 나타난다. 둥그런가 하면 길기도 하고, 두터운가 하면 얇기도 하고, 정형인가 하면 변형도 보이는, 그러면서도 그 색이나 형태는 어김없이 그 정해진 형질을 나타내는 생명의 경이로움을 갖는다.
　뿐이랴! 신아가 자라 잎의 형색으로 되었을 때 그 또한 본연의 모습을 어김없이 스스로 찾는다. 잎도 꽃도 모두 생명의 빛에서 나온 본래의 모습이다. 이런 것을 알게 되면 자연이 준 모습에서 인간의 모습을 깨닫게 되는 것이다.

　난에는 희생의 아름다움이 있다.
　모든 희생은 평상시의 좋은 상태에서는 필요성을 느끼지 못한다. 어려운 여건 하에서 그 어려움을 이겨나가기 위해 어느 하나가 온 힘을 다른 것에 밀어주는 것을 말한다. 생명까지 바치면서 주는 것이다. 난이 그러하다. 어미 촉과 어린 촉이 같이 공존하다가 어려운 상황이 되면 어김없이 어미 촉은 본능적으로 어린 촉으로 양분을 보내 보호한다. 그럼으로써 어미 촉은 희생이 되어 죽고, 새촉은 강한 생명력으로 건강하게 버텨나간다. 자기는 희생이 되더라도 새촉이 살면 같이 사는 것이라는 강한 모성애와 희생정신을 느끼게 한다.

난에는 나누는 아름다움이 있다.

난은 씨앗에 의한 대량증식이 안 된다. 난은 촉이 불어나기를 기다려 포기나누기를 한다. 정성을 쏟아가며 애지중지 키운 난이 불어나면 딸을 시집보내듯 분양을 한다. 대가를 받든 안 받든 귀한 난을 선뜻 내주는 것은 나눔의 아름다움이다. 난인들은 난을 갖고 싶어 하는 사람의 심정을 잘 헤아린다. 난인들은 같은 동호인이라는 것만으로도 쇠처럼 단단하고 난초처럼 향기로운 사귐, 금란지교(金蘭之交)를 잘 행하는 사람들이다.

난에는 배움의 아름다움이 있다.

사람에게 배우는 것만큼 재미있는 일은 없을 것이다. 배움은 새로움을 가져오는 발전의 원동력이 된다고 할 수 있다. 난은 자기 스스로 좋아서 선택한 길이다. 난은 배우고 익힐 것이 참으로 많다. 이것은 하루아침에 이루어지는 것이 아니기에 난은 배우의 아름다움과 겸손을 가르친다. 즐거움은 세월이 갈수록 더해진다. 하나하나 배우고 그것을 응용하는 보람은 다른 것에 비유할 바가 못 된다.

난의 아름다움은 그 자체로 삶의 아름다움을 알게 한다. 난을 가까이 함으로써 난이란 생명체로부터 미학을 배우고 덕성을 닮아간다. 이렇듯 자신이 알게 모르게 그 아름다움과 함께 덕성과 심성이 배어 어느덧 아름다운 성정을 닮아간다는 데에 진정한 난의 아름다움이 있다 하겠다.

난(蘭)은 선(線)의 예술이다

내 책상 위에는 한국춘란 소심 한 화분이 놓여있다. 난인들이 선호하는 난은 아니나, 나는 잎의 자태가 아름답고 마음에 들어 일을 하다 말고 물끄러미 쳐다보고 상념에 잠기곤 한다. 가끔은 화분의 방향을 돌려놓기도 하고, 자리를 옮겨가면서 감상한다. 그때마다 새로운 느낌으로 다가온다. 진한 녹색의 난초 잎이 성성하고 힘이 있어 생동감과 기개가 넘치고, 엽선이 매력적이고 운치가 있어 보면 볼수록 자꾸만 빠져든다.

1985년 내가 난을 처음 시작할 때 일이다. 꽃이 한 대 있는 중국춘란 송매 1화분을 사서 안방 문갑 위에 올려놓고 난잎의 선과 꽃대의 어울림에 반해서 며칠 동안 넋이 나가도록 쳐다보았다. 처음 산채를 가서 채집해온 야생 보춘화 잎의 매력에 빠진 것이 내가 난인이 된 출발점이기도 하다. 나는 난 전시장에 가면 큰 상을 수상하지 못하였지만 멋진 잎의 모습과 수선판 꽃 1~2대가 잘 어우러진 작품 앞에서 한참 동안 서 있는 경우가 종종 있다. 오랫동안 한국춘란을 해오면서 변함없이 좋아하고 매력을 느끼는 것이 난초 잎의 아름다움과 멋이다.

동양인은 유달리 선(線)의 아름다움에 심취한다. 예술에서의 선은 명확성과 동적인 율동감을 보여주는 등 광범위한 표현을 지니고 있다. 서양에서 말하는 선의 의미와 동양에서 말하는 선의 의미는 차이가 있다. 러시아 화가인 바실리칸디스키는 '회화에서 동양예술은 선의 예술이고, 서양예술은 면의 예술'이라 언급하면서 동양의 선은 개념적이고 관념적,

한국춘란 중투호 '사천왕(四天王)'

한국춘란 사피반 '미리내'

그리고 사의(寫意)적이어서 자신의 정신세계의 표현이자 동시에 무한적인 공간의 표현이라고 했다.

모든 예술에는 형태, 색채, 선이 다 모여서 이루어지겠지만 민족적인 특성에 따라 예술적 요소로 중국은 형태를, 일본은 색채를, 한국은 선(線)을 택하였다. 한국인은 선의 아름다움에 매료되고 선의 표현이 특히 돋보인다는 뜻일 것이다. 우리 민족은 곡선을 좋아하면서도 단순한 곡선이 아닌 뻗음과 꺾임의 운치가 잘 어우러진 곡선미감을 찾았는데, 이는 우리민족의 심적 상징이다. 한국 고전예술에서의 선은 형태의 윤곽이나 인간 감정표현이 아니라 우주적 생명작용인 율려(律呂)의 율동미를 표현한 것이라고 할 수 있다.

우리 주변에는 선(線)의 아름다움이 많다. 산이 하늘과 맞닿은 선은 참으로 멋있고 아름다우며 신비롭기까지 하다. 부드러운 능선, 기암절벽의 선, 겹겹이 쌓여 유려한 선, 사람은 도저히 흉내 낼 수 없는 섬세하면서도 굴곡미가 뛰어난 선, 흐트러지면서도 세련됨을 잃지 않는 고아한 선이 나타난다. 한국인의 춤에도 단순한 것 같으면서도 결코 단순하지 않고 유순한 것 같으면서도 기개와 기가 살아있는, 틀에 박힌 것이 아닌 자연스러운 예술적 선의 맛이 잘 나타난다.

일본인이면서 한국의 민속예술에 관심이 많았던 야나기무네요시(1889~1961)도 한국미술의 주도적 특징을 선(線)으로 보았다. 그 예로 한옥지붕의 선, 범종의 비천상, 고구려 벽화, 첨성대, 도자기와 항아리, 버선과 신발 등 한국의 예술품이나 생활용품에는 곡선의 아름다움이 담겨있다고 했다. 이러한 선(線)은 신명(神明)에서 비롯된 율려(律呂)의 선이고, 소박하면서도 기품 있는 선이다.

난의 잎은 간결하면서도 많은 것을 보여준다. 한국춘란에는 한국적인 선의 아름다움이 잘 나타나고 있다. 난잎을 보면 허공 속으로 뻗어나간 유려한 곡선미는 우리 산 능선의 부드러움과 은근한 곡선을 꼭 빼닮은 모습이다. 난초 잎에서 산의 만년침묵과 아름다움을 잘 응축한 선율의 영원한 자태를 보게 된다. 간결미 속에 풍만함이 있고, 가냘픔 속에 칼보다 무서운 지조가 있다. 난은 몇 가닥의 잎만으로 늘 푸른 절개와 지조, 청아함과 감히 범접할 수 없는 기상, 고결함까지 갖추었고, 그 속에 부드러움과 온유함도 품고 있기에 선비들이 그렇게도 난을 배우고 따르고자 했든가 하는 것을 알게 한다.

난의 잎은 직선 속에 남실대는 곡선, 곡선 속에 공중으로 뻗어나간 시원한 직선이 있다. 잎 하나하나에 우리의 춤이 있고 휘몰이 장단이 있다. 난초를 보고 있노라면 대금소리가 들려온다. 난초의 선은 달빛을 타고 흐르는 대금산조의 가락같이 유연하고, 어디에도 막힘없이 영원의 세계로 흘러가는 음률을 닮았다. 선(線)에 대한 예술적 감성과 선의 미학에 익숙해진 우리가 한국춘란의 자태에 매료되는 것은 자연스러운 현상이라고 보여진다.

한국춘란의 잎은 천차만별이다. 잎의 자태는 물론 엽의 길이, 폭, 두께, 맥, 끝마무리 등이 난마다 다 다르다. 잎의 자태별로 보면, 잎이 곧게 위로 뻗으면 입엽(立葉), 중간까지는 서다가 윗부분에서 늘어지며 중입엽(中立葉), 밑에서부터 약간씩 늘어져 유연한 선을 멋지게 나타낸 것을 중수엽(中垂葉), 밑에서부터 늘어짐이 심하면 수엽(垂葉), 수엽처럼 늘어지고 끝이 둥글게 말리면 권엽(捲葉), 잎의 끝부분이 아래로 늘어지지 않고 위를 향하여

한국춘란 단엽종

한국춘란 단엽종 '남희(南姬)'

마치 뭔가를 떠받치는 듯한 자세를 취하면 이슬을 받는 잎의 모양이라 하여 노수엽(露受葉)이라 부른다. 잎폭의 넓이에 따라 광엽·세엽, 잎의 길이에 따라 장엽(長葉)·단엽(短葉), 단엽에 라사지가 있으면 단엽종(短葉種)으로 분류하고, 끝이 둥근 잎을 환엽(丸葉) 등으로 구분하여 부른다.

이러한 각양각색의 난초 잎은 저마다 나름대로 아름다움, 멋, 매력, 운치 등을 가지고 있다. 입엽은 힘과 기개의 표상으로 짧을수록 더 돋보인다. 극단적으로 짧은 것을 단엽이라 하는데, 작지만 웅장하게 보이는 데 그 매력이 있다. 중입엽, 중수엽, 노수엽은 난초 엽선의 아름다운 매력이 잘 나타나고, 그중에서도 노수엽은 품격을 더하는 형태라 할 수 있겠다. 수엽과 권엽은 꽃대와 조화를 이룰 때 꽃을 돋보이게 하는 모양이 된다.

동양란을 그린 묵화는 그림의 한 장르인데, 이를 묵란도(墨蘭圖)라고 한다. 난(蘭)은 그린다고 하지 않고 친다고 한다. 중국의 난초그림은 혜란과 일경구화가 대부분이지만 한국의 난 그림은 춘란도 제법 있다. 묵란도에서 핵심은 난잎의 선이다. 난을 친다고 할 때 치는 것은 난잎의 선을 치는 것이다. 난잎의 아름다움과 멋, 힘이 넘치는 기개 등을 잘 나타내야 제대로 된 묵란도가 될 것이다. 특별한 무늬도 없고 녹색도 아닌 검은색인대도 좋은

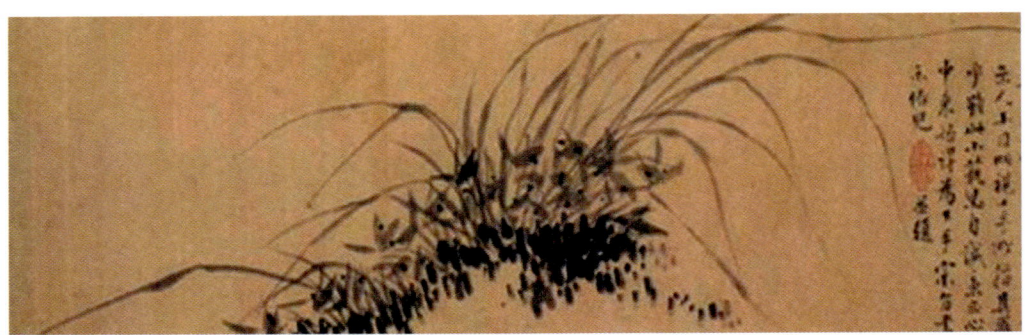
김정희 불기심란도(不欺心蘭圖)

예술품이 되고 작가가 표현하고자 하는 의미를 잘 나타내는 것을 볼 때, 난초는 소위 말하는 화예품이나 엽예품이 아니더라도 충분한 예술적 요소와 아름다움이 있는 것이다.

　추사 김정희가 아들 상우에게 보낸 편지에 보면 난을 치는 데 반드시 세 번 궁글리는 것으로 묘법(三轉法)을 삼으라는 말이 있다. 삼전법은 난화에서 난잎을 그릴 때, 난초가 갖는 엽선의 아름다움을 사실적으로 잘 표현하기 위한 방법이다. 추사가 그린 '불기심란도'는 춘란 야생지를 직접 답사하고 그린 난화로 보이는데, 야생 춘란을 사실적으로 잘 묘사하여 예술성이 높이 평가된다.

　이토록 난초 엽선의 아름다움과 예술성이 높은데도 난인들은 이를 간과하는 경우가 많다. 난인이라면 난초 엽선의 아름다움을 알 수 있을 것이고 매료되기에 충분할 것인데, 이를 언급하는 난인(蘭人)은 보기 드물다. 특히 난초잎 본연의 아름다움이나 멋에 따르지 않고 희귀성에만 쫓다 보니 단엽이나 입엽에 치중하는 것 같다. 난초라는 반려식물은 난인 스스로 그 아름다움과 덕성을 찾아서 오랫동안 같이하고 즐겨야 하는 것이므로, 선입견이나 편향된 인식을 갖는 것은 금물이다.

　난꽃을 감상할 때도 꽃대가 난의 엽선과 잘 어우러질 때 꽃이 돋보일 것이다. 요즘 전시장에 가보면 꽃이 많이 달린 작품에 주로 상을 주고 있다. 그러나 꽃과 잎이 잘 어우러져야 한다는 것을 예(藝)와 멋의 기준에 포함한다면, 꽃대가 2~3대일 경우가 작품성이 더 돋보일 것이라는 것은 자명하다. 품종에 따라서는 꽃 1대가 난의 덕성을 더 잘 나타내는 경우도 있다. 이는 난이 가진 청초함, 당당함, 그 누구도 범접할 수 없는 긴장미 넘치는 기개, 고고함 등 난(蘭)이 갖는 덕성으로 보면 더욱 그러하다. 난은 국화와 장미, 튤립 등 여타 꽃과는 그 덕성이 다르고, 아름다움과 멋의 감상포인트가 다르기 때문이다.

엽예품 전시회에서도 중투부분이나 복륜부분 등에서 상을 받은 난을 보면 난의 촉수가 너무 많다. 상을 받은 난의 대부분은 7촉이 넘고, 개중에는 10촉이 넘는 것도 있다. 촉수가 많은 난에 더 많은 점수를 주는 듯하다. 이는 엽예품에서 중요한 포인트인 엽선의 아름다움이나 멋을 간과하고 등한시한 것이라고 할 수 있다. 난초의 진정한 아름다움과 덕성을 모르는 망측한 일이다. 엽예품이 선의 아름다움과 멋, 운치, 덕성을 잘 나타내려면 4~6촉으로 작품성을 갖추어야 할 것으로 보인다.

난인이 난우(蘭友)를 불러 꽃이 핀 난 한 화분을 앞에 놓고 차나 술을 한 잔할 요량이라면 어떤 작품이 어울리겠는가? 당연히 꽃은 꽃대로 잎은 잎대로 난이 가진 덕성이 잘 나타나고, 꽃과 잎이 조화를 멋지게 이룬 작품이 좋을 것이다. 난인들께서 그런 자리를 자주 만들어보기를 권하고 싶다. 전시장에서 보는 느낌과 확연히 다르고, 각자에게 특별히 와 닿는 난도 생길 것이다. 나는 내가 명명한 '관음(觀音)' 꽃을 피워놓고 가까운 난인을 불러 차를 마시는 때가 가끔 있다. 그때마다 엽선의 멋과 수선판 황화소심의 청초함과 포근함에 매료된다. 난의 아름다움은 선에 있다는 것도 알게 된다.

한국춘란과 난향(蘭香)

동양인은 난(蘭)을 청아한 향기와 고귀하고 우아한 아름다움, 세련된 멋과 운치를 갖춘 식물이라 소중하게 여겨왔다. 난초는 그 꽃의 모습이 고아할 뿐만 아니라 청초하고 향기가 그윽하여 어딘지 모르게 함부로 대하기 어려운 범상치 않은 기품을 지녀, 군자나 고고한 선비에 비유되었다.

최영재 作

난초의 덕성과 상징 세계에 관한 최종적인 물음은 난향(蘭香)이다. 난초에서 향기 상징을 빼면 모든 상징체계가 무너지고 만다. 난초는 잎의 특성, 꽃 심지어는 정사초의 노근란(露根蘭)의 경우처럼 모든 부위에 상징성을 담고 있지만 그것들을 하나로 지탱하는 상징의 기둥은 난향이다. 난향은 난초의 속성이 아니라 그 전체를 대신하는 제유(提喩)적 역할을 해왔다.

문일평은《화하만필》에서 "난은 꽃이 적고 향기가 많으니 '향문십리(香聞十里)' 라고 함이 반드시 턱없는 한문식의 과장만이 아니다. 난화(蘭花)를 향조(香祖) 또는 제일향(第一香)이라 이름이 어찌 이유가 없음이랴"라고 하였다.

고려 후기의 대표적인 문인인 이제현은《역옹패설(櫟翁稗說)》에서 난초의 향기에 대하여 경험한 바를 남겼다.

"일찍이 여항(餘杭)이란 땅에 가서 있을 때 난초 한 분을 선물로 주는 이가 있었다. 그것을 서안 위에 받아 놓았는데, 찾아오는 손님을 대접하고 더불어 한참 담화할 때에는 난화의 향기가 있는 것을 깨닫지 못하였다. 밤이 깊어 오래도록 앉아 있으려니 달은 창에 비쳐 드는데 난화의 향기가 코를 찌른다. 맑고도 아름다운 그 향기는 마음으로 사랑할 뿐이요, 도저히 말로 형용할 수 없었다."

또한 성삼문은 〈오설란(傲雪蘭)〉이란 시에서 난향을 찬양하였다.

彈入宣尼操(탄입선니조)
공자는 거문고로 난의 곡조를 타고
籾爲大夫佩(인위대부패)
대부[굴원]는 수(繡)놓인 띠를 차고 있네.
十蕙當一蘭(십혜당일란)
난초 하나가 열 가지 향기와 맞먹으니
所以復見愛(소이복견애)
그래서 다시 보고 사랑하리라.

난향은 중국난초의 특질이자 영혼이라 해도 과언이 아니다. 중국인들은 향이 없는 난초는 난초로 취급하지 않을 정도이다. 중국란에서도 종류별, 산지별로 향이 다르다. 춘란, 연판란, 춘검, 추란, 한란의 향은 담백하고 순정하며, 하혜(夏蕙)의 향은 깊고, 묵란(墨蘭)의 향은 담백하다. 춘란이라고 해도 일경일화와 일경구화의 향이 다르다. 같은 일경일화 춘란이라도 품종에 따라 향의 성질이 다르고, 진하고 엷음이 다르다. 춘란 명품으로 내려오는 송매, 환구하정, 대부귀 등은 향이 매우 진하고 맑고 우수하다. 중국도 하남, 호북 등 북

방지역에서 자라는 춘란은 향기가 없거나 부족하다.

중국인들은 난초의 향기를 유향(幽香), 청향(淸香), 울향(鬱香), 방향(芳香), 진한 향, 청초향 등으로 나뉘었다. 맑고 그윽한 청향(淸香, 맑은 향기)이 으뜸이며 소심란의 향기를 가장 순수한 것으로 분류하고 있다.

한국춘란의 난향에 대해서 알아보자. 우리나라 자생춘란에 대한 채집과 재배는 조선 초 세종 때부터 시작되었다는 것이 강희안(姜希顔)이 쓴《양화소록(養花小錄)》에 기록되어 있다. 당시에 자생란에 대한 많은 관심과 연구가 이루어졌음을 알 수 있다. 자생란을 난꽃의 색소를 중심으로 분류하였고, 난 재배법과 배양토에 관한 기록과 더불어 우리나라 자생란의 종류와 분포상황, 특성을 밝히고 있다. 그렇다면 그 이후 500여 년간 난인들이 자생춘란을 취급하지 않든가 등한시한 것은 왜일까?

《양화소록》에 이런 내용이 나온다. "우리나라는 난초와 혜초의 종류가 그리 많지 않다. 분에 옮긴 뒤에 점점 짧아지고 향기도 좋지 않아 국향(國香)의 뜻을 잃고 있다. 그러므로 꽃을 보는 사람들이 심히 탐탁하게 여기지 않는다. 그러나 호남 연해의 모든 산에서 난 것은 품종이 아름답다."

그 당시 난인들은 우리나라 자생란에서 유향종을 찾았으나 청향을 품어내는 난을 찾지 못하였고, 산에서 다소 향이 있는 종류를 찾아 집에 와서 길러 꽃을 피워보면 향(香)이 없어지는 것을 알고는 '동국무진란(東國無眞蘭)', 즉 우리나라 자생춘란에는 난향이 없다는 결론을 내리기에 이르렀던 것이다.

그러한 연유로 난인들은 자생춘란에 관심을 두지 않고 있다가 1930년대 가람 이병기 난인에 이르러 다시 유향종 자생춘란을 찾게 되었다. 가람이 자생춘란을 접하게 된 것은 1935년으로, 시조시인 조운(曺雲, 1900-?)이 자신의 고향인 전남 영암군 불갑산의 자생란 몇 포기를 가람에게 선물하면서부터이다. 이 난(蘭)을 오란(筽蘭)이라고 불렀고, 화판이 연화형이고 담(淡)한 향기가 있는 유향종의 난초였다고 한다. 가람은 그해 9월 불갑산 산지에 가서 자생지 실태를 면밀히 관찰하였고 이를 동아일보에 〈해산유기(海山遊記)〉라는 기행문으로 발표하였는데, 그 기행문에는 불갑산 송림 속에서 본 난초이야기를 소상히 담고 있다.

가람 역시 난(蘭)이란 모름지기 향이 있어야 한다고 생각한 난인이다. 자생춘란 유향종을 찾으려고 끊임없는 노력을 해 오던 차에 마침내 자생춘란 유향종을 만난 것이다. 이를 진란(眞蘭)이라고 하면서 '동국무진란' 이란 시뻘건 거짓말이라고 했다. 우리나라 자생춘란 유향종이 분에 심어 기르면 향이 없어지는 것은 배양법을 제대로 찾지 못해서라고 했다. 가람의 이러한 주장이 제자인 최승범(崔勝範)의 수필 〈난록기(蘭錄記)〉에 기록으로 나온다.

한국 자생란에 대한 학술적인 최초 기록은 일반적으로 1965년도에 출판된 정태현 박사의 《한국동식물도감》에 게재된 '한국란' 에 대한 기록으로 알고 있다. 그러나 가람은 그보다 30년 전에 한국자생춘란을 채집하여 기르고 명명(銘名)했을 뿐만 아니라 자생지를 직접 답사하여 생육상태 등에 대한 기록을 남겼다.

자생춘란 유향종 채집에 열을 올리던 가람은 전남 구례 곡성지방에서 일주일을 헤매던 끝에 유향종 자생춘란 한 포기를 산채하였다. 이 난을 분에 배양한 지 2년 만에 꽃이 피었는데, 여전히 완전무결한 난초의 향기가 있음을 발견하였다. 자신이 정성들여 기르던 난초에 꽃이 피고 그 꽃에서 향을 토하는 순간 가람의 심신은 무아경에 이르고, 난을 소재로 시를 쓰는가 하면 가까운 친지나 벗들을 부르곤 하였다. 가람은 이 난을 '도림란(道林蘭)'이라고 불렀다.

가람을 비롯한 당시의 난인들은 유향종이라야 진란(眞蘭)이다라고 하면서 우리나라 자생지에서 유향종을 찾는 데 혈안이 되었다. 가람의 수필 〈난초〉에 보면 이에 대한 기록이 나온다. 전금파(田錦波)라는 난인이 부산 범어사 주변 산야에 유향종 진란(眞蘭)이 있다는 사실을 알려 소동이 벌어졌고, 가람이 '도림란'이라고 하는 진란을 발굴하여 동국무진란을 반박하였다. 그러나 이후에도 자생춘란에 향이 있는가 하는 문제는 끊임없이 논쟁을 일으켰다. 1973년 대구지역 신문인 '영남일보' 10월 27일자에 당시 대구지역 난인들의 「난(蘭)을 말하다」라는 좌담회 기사를 읽어보면 가장 중점적으로 논의된 문제가 한국춘란 유향종 문제였다.

그 후 '난과 생활' 84년 4월호에 정을병 난인이 쓴 〈난과 향기〉를 읽어보면 춘란 유향종 문제는 1980년대 초까지도 한국 난인들의 관심사였음을 알 수 있다. 그러나 그 후 난인들의 관심사는 일본의 난문화에 영향을 받아 유향종 문제와는 점점 멀어지고 난초의 형태와 색깔, 무늬에 온통 관심을 갖게 되었다.

한국의 자생춘란에 대해 《양화소록》에서 주장하는 '동국무진란'과 가람 이병기 난인의 '진란'에 대하여 오늘날의 우리 난인들이 심도 있게 조명해봐야 한다고 생각한다.

나는 한국춘란을 채집하기 위해 이산 저산을 다니다가 한국춘란 특유의 난향을 풍기는 자생춘란을 만난 경험이 더러 있었다. 내 주변의 많은 난인들도 이 같은 경험을 했다고 말한다. 그 향기가 은은하고 맑은 청향은 아니나 약간 자극적이면서 가까이에서는 상당히 진하게 느껴진다. 가람 이병기 난인은 이를 담향(淡香, 엷은 향기)이라고 했다. 그동안 난인들은 한국춘란에는 난향이 없다는 고정관념을 가지고 있었고, 실제로 분에서 꽃을 피워보면 그나마 조금 있던 난향마저 없어짐을 보아왔다. 그래서 한국춘란 일부에서 나는 담향을 무시하였던 것이다. 그러나 언제부터인가 한국춘란 꽃이 피어있는 난실에 들어가 보면 일부 한국춘란에서 담향이 풍기는 것을 알 수 있었다. 모든 한국춘란에서 향이 나는 것은 아니고 일부에서 향이 난다.

여기서 두 가지 의문점이 생긴다. 하나는 한국춘란에 유향종이 있는가 하는 것이고, 또 하나는 이 유향종 춘란을 분(盆)에서 꽃을 피웠을 때에도 계속해서 향이 나는가 하는 것이다. 내 경험과 판단으로는 한국춘란에는 담향(淡香)을 내는 유향종이 별도로 있고, 또 이들 유향종은 배양법에 따라 분에서도 그 향기를 유지할 수 있다고 생각한다. 이렇게 분에서도 난향이 계속되는 것은 요즘 난 배양이 일조량도 많이 주고 유기질 비료를 사용해서 미량원소를 잘 챙겨주기 때문이라고 여겨진다. 이러한 사실은 한국춘란을 오래 하고 있는 주변 난인들의 경험 이야기도 나의 생각과 같으며, 이는 가람 이병기 난인의 주장과도 일치한다.

한국춘란 일부에서 나는 난향을 담향(淡香, 엷은 향기) 혹은 미향(微香, 약하게 풍기는 향기)으로 표현한다. 한국춘란 유향종에서 나는 담향은 청향같이 은은하게 멀리 풍기지는 않으나 약간 자극적이면서 가까이에서는 다소 진한 특유의 향기이다. 한국춘란 유향종에서 나는 담향은 나름대로 특색이 있으며, 무시할 것은 더욱 아니다.

중국춘란 역시도 일부에서만 난향이 있으며 그 정도가 천차만별이다. '송매' 같이 우수한 청향을 가진 난은 아주 희귀한 품종이다. 난향을 참으로 귀하게 여기던 중국인들은 수많은 중국춘란 중에서 청향을 가진 명품들을 찾아낸 것이다. 2000년도를 전후해서 우리가 중국춘란 무향종 산채품을 마구잡이로 들여올 때 한발 앞선 일본인들은 중국춘란 유향종 산채품을 거둬갔다고 한다. 중국춘란 중에도 수향종이 귀하다는 것을 일본인들은 이미 알았던 것이다.

한국춘란과 같은 학명을 가진 일본춘란의 난향은 어떠한가? 나와 주변 난인들이 경험한 바에 의하면 일본춘란에서는 담향이나마 난향을 찾지는 못하였고, 일본 난인들로부터도 일본춘란에 향이 있다는 말을 듣지 못하였다. 일본인들도 일본춘란에서 향을 찾고자 무진 애를 썼을 것이다. 마침내 일본인들은 일본춘란에는 향이 없음을 결론짓고 무향종인 일본춘란에서 모양, 색깔, 무늬에서 예를 찾았던 것이다.

한국의 자생춘란 유향종 문제와 별도로 국내에서 배양되고 있는 유향종 춘란에 대해서 알아야 할 사항이 있다. 한반도에서도 유향종 춘란이 전라도 도서지방에서 극히 일부나마 채취되어 소개된 바가 있다. 대부분 주부판이 길고 삼각피기 형태로 꽃 모양이 볼품없어 난인들의 관심을 얻지 못하였다. 이 난(蘭)은 중국으로부터 유향종 난 씨가 바람을 타고 한반도까지 날아와서 발아된 것으로 보고 있다.

또한 2000년도 초반에 중국으로부터 무향종 중국춘란 산채품이 대량 들어오면서 여기에 중국춘란 유량종이 일부 딸려 들어왔다. 이것은 어디까지나 중국춘란이지만 한국

백화두화 유향종(有香種)

춘란과 혼재되어 있고, 엄격하게 구별할 수가 없으므로 한국춘란으로 분류할 수밖에 없는 현실이다. 이 유향종에 다른 예(藝)가 있으면 더욱 좋고, 다른 예가 없더라도 향이 좋은 유향종은 그 자체만으로도 가치가 있으므로 발굴하여 발전시켜야 할 것이다.

결론적으로 말하면 한국춘란을 전부 묶어서 향이 없다고 단언하는 것은 잘못이다. 한국춘란에도 담향(淡香)을 내는 난이 제법 있으며, 개중에는 진한 향을 내는 품종도 있다. 이 난은 일조량과 미량원소의 결핍이 없는 비배관리로 배양하면 분(盆)에서도 산지와 같은 향을 유지시킬 수 있음이 확인되었다. 한국춘란 중에 유향종이 있음은 참으로 다행한 일이며, 이를 찾아서 무향종과 구분하여 관리하고 예우해야 할 것이다. 한국춘란은 형태, 색깔, 무늬 등에서 우수한 예를 갖춘 품종이 많은데, 여기에 난향을 가진 난이라면 금상첨화이다.

한국춘란 유향종에 대한 난인들의 관심과 노력으로 우수한 유향종이 하루속히 많이 개발되고 큰 발전이 있기를 기대해본다.

2장 난과 생활

7. 난(蘭)은 좋은 취미이다

8. 난 취미는 어떻게 다가갈 것인가

9. 난초의 생리적 특성과 배양의 기본

10. 난초 물주기 3년

11. 난인의 자세와 예절

12. 난과 난인 간의 관계

13. 난초 수집

14. 난초 선물

15. 난초 가격

16. 난 동호인의 모임, 난회(蘭會)

17. 난 채집의 즐거움

18. 난 하나하나에 이야기를 만들자

19. 蘭人 10樂

20. 축하 蘭을 한국춘란으로 보내자

21. 난취미와 원예건강

22. 난초 구입하기

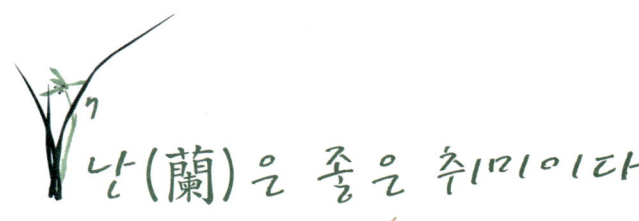
난(蘭)은 좋은 취미이다

　오늘날은 물질이나 돈을 쫓는 시대가 아닌 본인의 행복과 만족을 위해 살아가는 시대가 되고 있다. 기존의 베이비부머 세대의 경우 한 가족을 책임지고 살아가기 위해 일에만 몰두했지만, 이제는 각자 자신만의 생활을 가지려는 풍조이다.

　사람은 누구나 나름대로 몰입하여 즐기는 분야가 있고, 취미(趣味)가 없는 사람은 없다고 해도 과언이 아니다. 취미란 '전문적으로 하는 것이 아니라 좋아서 즐겨 하는 일', '금전이 아닌 기쁨을 얻기 위해 하는 활동' 등으로 이야기된다. 많은 사람들이 취미를 통하여 삶의 활력을 일으키고 풍요로운 삶을 추구한다.

　취미가 있는 사람은 자신감과 성취동기가 높으며, 도전과 변화를 즐기는 성향이 강하다

난실(유리온실) 전경

는 연구결과가 있다. 여론조사 전문 업체 한국리서치가 2013년에 발표한 자료에 따르면 "나는 능력 있는 사람이다"란 물음에 취미가 있는 사람은 32.3%가, 취미가 없는 사람은 24.1%가 '그렇다'고 응답했다. 또 취미가 있는 사람은 상대적으로 이타적이고 사교적이며 더 행복한 것으로 나타났다. 취미가 있는 사람의 46.4%가 '행복하다'고 했지만 취미가 없는 사람은 37.9%에 머물렀다.

전우영 충남대 교수(심리학)는 취미를 즐기는 사람은 행복감의 원천이 여러 개라며 "일에서만 행복을 느끼는 사람은 일이 잘 되지 않으면 행복감을 잃지만, 취미를 즐기는 사람은 일 이외의 것에서 행복감을 찾을 수 있다"고 말했다. 취미가 '행복의 포트폴리오 효과'를 불러온다는 연구이다. 노르웨이 과학기술대학교 연구팀에 따르면 문화생활을 즐기는 사람들은 그렇지 않은 사람들보다 건강한 체력을 유지하며 '삶의 만족도' 역시 높다고 했다. 이외에도 취미 생활을 즐기는 사람들이 행복도가 높고 건강하다는 연구결과가 많이 있다.

행복론자들은 대부분 시간 날 때마다 몰입할 수 있는 취미를 만들라고 권한다. 15년 동안 행복을 연구하고 행복에 관한 17권의 책을 쓴 행복전문가 데이비드 G.마이어스가 말한 '행복 10계명'에서도 능력을 발휘할 수 있는 취미를 찾으라고 했다. 일본어 '히마(暇)'라는 단어의 뜻에는 시간적 여유나 휴가라는 뜻 외에도 '햇빛이 드는 동안'이란 의미도 있다고 한다. 우리의 마음이 일로만 채워지면 햇빛이 비쳐들 틈이 없다는 뜻이 된다. 또한 한자의 바쁠 망(忙)자를 보면 바쁘면 마음을 잃어버린다는 뜻이 된다.

'왜 취미를 갖는가'라는 질문을 한다면 사람마다 표현은 다를지 몰라도 그 대답의 핵심은 즐거움이다. 취미는 삶이 주는 각박함을 순화시키고, 풍요롭게 하며, 메마른 삶에 활력을 넣어주는 것이다. 다시 말하면 취미는 삶의 즐거움을 창조하는 것이며, 인생에서 참으로 소중한 부분을 차지한다.

세상을 살아가는 데 자신을 아름답게 다듬어가는 것보다 큰일은 없을 것이다. 아름답게

한국춘란 황화소심 '관음(觀音)'

만들어가는 데는 자기가 좋아하는 취미만한 것이 없다. 취미가 바뀌면 사람이 바뀐다는 말이 있다. 취미의 유무는 삶에 대한 태도로 이어지고, 취미를 보면 그 사람의 성향이나 성격을 알 수 있다고 한다.

그래서 그 사람의 신상을 파악할 때 꼭 빠지지 않는 것이 취미이다. 회사 등에서 신입사원들의 면접심사를 할 때 평소에 즐기는 취미가 있는지 질문한다. 이 경우 취미가 있는 사람이 좋은 평가를 받는다고 한다. 취미에 몰입하고 즐길 수 있는 사람은 자신의 업무에도 열정적이며 책임감이 높다는 것이 면접관들의 오래된 노하우에서 나온 생각이다.

취미는 현실적인 목적이 아닌 개인적인 행복과 기쁨을 위한 활동이 대부분이지만, 긍정심리학의 연구 결과를 보면 사람이 좋아하는 취미에 관심을 가져야 하는 까닭은 확실해진다. 취미에 집중하는 사람이 매일 주어지는 시간에 대해 더욱 소중히 다루려고 노력한다고 한다.

가치 있는 인생, 힘 있는 인생을 살기 위해서도 자신의 취미를 잘 가꾸어가야 한다. 취미는 자신감을 북돋아주고 살아있는 기분을 만끽하게 해준다고 한다. 더불어 자아가 강해지고 신체 내의 활동도 증가하여 건강에도 도움이 된다고 한다. 특히 나이가 들어 갈수록 뇌의 기능이 저하되는데, 취미생활을 통해 건강한 상태를 유지할 수 있다고 한다. 더구나 스트레스의 제거 내지 완화라는 약리적인 효과도 있으므로 현대인에게 취미생활은 필수적이라고 말할 수가 있겠다.

전통적인 우리 조상들의 사고방식에는 취미라는 것에서 거리가 멀었다. 우리나라에 맨 처음 테니스가 들어와 서양인들이 땀을 뻘뻘 흘리며 하는 것을 보고 있던 임금이 '저리 힘든 일이면 하인들이나 시킬 일이지…' 라고 했단다. 재미있는 삶을 몰라서이다. 재미있게 산다는 것은 그만큼 마음의 풍요를 누리는 것이다.

원래 유교사회에서 선비들의 꽃가꾸기는 일종의 금기였다. 원예나 골동품 수집 등 취미생활은 선비의 학문과 수양을 방해한다는 이른바 '완물상지' (玩物喪志-하찮은 물건에 대한 집착으로 큰 뜻을 잃음)라고 생각했기 때문이다. 그러나 다 그랬던 것은 아니다. 조선 초기 강희안은 ≪양화소록≫ 후기에서 "화훼를 재배하는 것은 사람의 심지를 키우고 덕성을 기르기 위해서이다" 라고 완물상지를 반박하고 있다. 지나칠 정도로 몰두하지 않고 취미생활을 조절하면서 하면 하등의 문제가 없고 오히려 학문에도 도움이 된다는 입장이다.

현대를 살아가는 우리 사회도 취미생활을 등한시하고 있다는 연구결과가 있다. 더구나 주5일제로 사람들의 여가시간이 늘어났는데도 취미가 없는 사람은 계속 증가하는 것으로 나타났다. 여론조사 전문 업체 한국리서치가 2013년에 발표한 자료에 따르면 '취미가 없는 사람' 이 2006년 10.2%였던 것이 2012년에는 19%로 두 배 가까이 늘었다. '취미가 없다' 고 답한 사람은 남성보다 여성이 더 많았고, 연령별로는 '50대 이상', 직업별로는 '전업주부' 가 취미가 없다는 응답이 많았다. 한국리서치의 이혜정 연구원은 "취미활동 인구가 줄어든 것은 우리 사회가 경제적, 시간적으로 여유가 없어졌다는 것을 뜻한다" 고 말했다.

여러 가지로 여건이 어렵더라도 자기에게 맞는 취미를 선택해서 잘 가꾸어가는 것이 바람직하다고 본다. 취미의 종류는 무수히 많고 다양하기 때문에 본인의 상황에 맞는 취미가 있을 것이다. 너무 어렵게 생각할 필요는 없다. 누구나 다 자기가 좋아하는 것이 있다. 취미의 종류는 다양하고, 사람마다 각양각색일 것이다. 취미는 단순한 유희적 만족보다는 인생 전체의 풍요로움을 주는 것이어야 한다. 자칫 신기한 종목에 유혹당하기 쉽고, 자신의 형편을 오버하는 경우도 많다. 시작하기 전에 신중한 고려 없이 취미생활을 하다보면 금방 흥미를 잃든가 취미가 생활의 걸림돌이 되는 경우도 허다하다.

어떤 취미를 가지는 것이 좋은지를 갈음하는 기준으로 내 나름대로 '취미의 선택기준'을 정해봤다.

① 잘 할 수 있는 소질이 있는 분야가 좋다.
② 좋아하고 몰입할 수 있어야 한다.
③ 자신이 할애할 수 있는 시간적으로 맞아야 한다.
④ 재정적으로 맞아야 한다.
⑤ 가족이 같이하면 더없이 좋고, 가족이 싫어하는 분야는 피하는 것이 좋다.
⑥ 오래할 수 있고 축적되는 것이 좋다.
⑦ 건강에 도움이 되는 것이 좋다.
⑧ 위험하지 않아야 한다.
⑨ 동호인이 많으면 좋다.
⑩ 사회적으로 지탄의 대상이 되면 안 된다.

이러한 기준에서 '난(蘭) 취미'를 보면 대부분의 사람에게 여러 가지로 좋은 취미로 다가올 것이다.

첫째로 난(蘭) 취미는 자연과 함께하는 반려식물의 취미다.

　자연은 특별한 무언가가 없어도 친숙하고 쉽게 우리에게 다가온다. 자연과 더불어 1년 내내 즐길 수 있으며, 크게 힘들지 않고도 할 수 있다. 자연이 지닌 바 그 아름다움으로 인해서 그것을 사랑하고 찬양하게 되는 것이다.

　우리는 자연에서 항상 아름다움을 구한다. 자연은 머리로 아는 것도 아니고 가슴으로 느끼는 것도 아니다. 온몸으로 즐기며 함께 생활하는 것이다.

　사람이 평소에 무엇을 접하고 살아가느냐에 따라 품성이 달라진다. 난과 교감하면서 난과 생활을 오랫동안 하면 난의 덕성과 심성을 닮아갈 것이다. 난 취미는 그 깊이와 넓이가 한량없어 평생을 다가가도 이르지 못한 부분이 남는다. 난인은 난으로부터 자연의 가르침인 도(道), 덕(德), 순리(順理), 중용(中庸) 등을 배운다. 난취미를 통하여 풍요로운 인생, 즐겁고 행복한 인생, 사유하고 열락의 안위를 찾는 인생을 살아갈 수 있을 것이다.

둘째, 난 취미는 정신적, 육체적인 건강에 좋다.

난(蘭)은 무엇보다도 몰입도가 높은 취미이다. 행복론자들은 대부분 시간 날 때마다 몰입할 수 있는 취미를 만들라고 권한다. 자기 바깥의 무언가에 깊이 몰두하고 있다는 것은 유한한 자기 자신으로부터 벗어날 수 있는 자기수양이 된다. 난의 생태까지도 마음깊이 이해하면서 끊임없이 대화하고 교감을 나누는 참사랑을 갖게 된다. 그것을 보고 있는 동안 자신의 마음이 평안하고 기쁨에 차 있음을 느낀다.

난에는 중용과 자족의 아름다움, 희생의 아름다움, 기다림의 아름다움, 배움의 아름다움 등 많은 미학이 있다. 나이가 들면 세상에 재미있고 심취하는 것이 적어진다. 텔레비전에서도 멀어진다. 코미디를 봐도 웃음이 나오지 않는다. 그러나 난취미의 몰입도는 나이가 많고 적음과는 무관하다.

셋째, 연중 산채를 갈 수 있는 산지가 있다.

우리나라 삼남지방 대부분의 산에서 보춘화를 볼 수 있다. 높은 산이 아닌 야산에 난(蘭)이 서식한다. 거기에서 심심찮게 예(藝)를 가진 한국춘란이 채집된다.

난 취미인들은 편한 사람들과 함께 난 채집을 자주 떠난다. 동호인들과 어울려 자연 속에서 난을 채집하는 것은 난 취미에서 빼놓을 수 없는 즐거움이고, 정신적·육체적 건강에 매우 좋다.

넷째, 더불어 할 수 있는 최고의 취미이다.

난 취미는 동호인도 아주 많고 동호인끼리 즐기는 문화가 잘 형성되어 있다. 동호인의 층이 두텁고 넓어 그 수가 마니아급만 해도 현재 국내에 3만여 명이 넘는다. 어느 지역에서나

아파트 난실

난 동호회 수십 개 단체가 있다. 난 점문점이나 합동배양장에는 늘 동호인들이 모인다.

난 동호인끼리는 늘 만나도 반갑고 재미나는 이야기가 많이 만들어진다. 남녀가 같이할 수 있는 취미이므로 가족이 함께하기에도 적합한 취미이다. 부부가 취미생활을 같이하는 것은 노년에 최고의 행복일 것이다.

다섯째, 난은 사람에게 아주 좋은 기(氣)를 준다.

난(蘭)만큼 사람의 마음을 사로잡는 식물이 없다. 난은 사람에게 아주 좋은 기를 주므로 옛날부터 사군자라 하여 곁에 두기를 좋아했다.

난을 아는 사람은 좋은 난을 대하면 아주 깊은 행복감에 젖는다. 얼굴이 환해지고, 마음에 기쁨이 넘쳐 오르고, 그 여운이 길게 회상되고 오래간다. 난을 보고 그러한 느낌을 받았다면 이미 난인이 된 것이다. 실제로 난을 곁에 두고 생활하면 마음이 편안하고 정서적으로 안정되며 맑은 기(氣)의 다가옴이 느껴진다.

여섯째, 난은 생활하면서 번거로움 없이 즐길 수 있다.

대부분 아파트 생활을 하는 우리들의 주거환경에서 별도의 어려움 없이 할 수 있는 취미이다. 아파트 베란다 1~2평 정도의 좁은 공간만으로도 배양장을 만들 수 있다. 요즘은 각 지역에 합동배양장 시설을 임대하고 있으므로, 3~5평 규모의 배양장을 임차하면 동호인들과 함께 애란생활을 충분히 즐길 수 있다. 처음 난을 시작한 사람들은 배양을 어려워하고 지레 겁을 먹는데, 기초만 잘 익히고 주변의 지도를 받으면 큰 어려움 없이 애란생활을 할 수 있도록 인프라가 구축되어 있다.

일곱째, 난은 생활예술이다.

음악은 듣는 예술이고 도자기는 쓰는 예술이라면 난은 기르면서 즐기는 생활예술이다. 난인은 난과 더불어 생활한다. 난이란 생명체를 돌보면서 같이 희로애락을 나누는 것이 난과 생활이다.

난을 오래도록 대하다 보면 우리 내면에는 우리가 알지 못하는 사이에 난에 대한 순순한 마음과 관심, 사랑이 자란다. 난인은 난으로부터 무수한 예술적 교감과 함께 자연의 본성을 배운다.

여덟째, 난은 생산적인 취미이다.

난(蘭)은 번식하여 촉수가 늘어나므로 이를 분양하여 소득을 올릴 수 있다. 그래서 요즘 도시농업의 주력 품목이라는 말이 나온다. 배양기술을 익히고 품종을 잘 선택해서 꾸준히 축적해가면 취미의 단계를 넘어 고소득 작물재배업이 된다. 좁은 공간에서 적은 노력으로 높은 소득을 올릴 수 있는 문화산업이고, 덕업일치(德業一致, 자기가 열성적으로 좋아하는 분야의 일을 직업으로 삼음)가 될 수 있다.

"삶을 바꾸는 것은 깨달음이 아니라 작은 실천이다"라고 했다. 난(蘭)을 취미로 정했다면 난 몇 화분이라도 키우면서 난이란 반려식물에 정(情)을 쏟아보기 바란다. 생활의 활력과 더불어 사는 재미가 쏠쏠할 것이다.

8 난(蘭) 취미는 어떻게 다가갈 것인가?

30년 넘게 난(蘭)을 해 오면서 많이 받은 질문이 "어떻게 하면 난을 잘 할 수 있습니까?" "나도 난을 하고 싶은데 어떻게 하면 됩니까?" 이다. 나 역시 그 동안 난을 해오면서 많은 시행착오를 겪었고, 난을 내려놓을까 하는 생각도 여러 번 한 적이 있었다. 어느 분야든 초창기 시행착오는 있겠지만, 돌이켜 보면 많은 아쉬움이 남는다. 그 당시만 해도 난취미인들 중에 난 배양을 자신 있게 할 줄 아는 사람이 아예 없었고, 한국춘란 품종개발이 어디까지인지도 모르고 무작정 난(蘭)이 좋아 난을 할 때였다. 한국춘란의 역사는 약 40년 정도 되지만 배양법이 어느 정도 정립된 지는 10년도 채 안 된다. 그런 와중에 의욕만 앞서 적극적 배양을 시도했으니 실패는 자명한 이치이다. 그렇다면 지금은 어떠한가? 아직도 많은 난인들이 그 전철을 그대로 밟고 있다는 것이 참으로 안타깝다. 난계의 형편이 이러한 상황인데다 더구나 돈이 개입되고 보니 혼탁함과 혼란이 끊어지지를 않고 있다.

취미는 각자가 하는 방법이 다 다르기 때문에 꼭 이렇다 하는 정도(正道)는 없다고 할 수 있겠다. 그러나 취미를 잘못 선택하거나 바른길로 들어서지 못함으로 해서 시간과 금전적 손해는 고사하고 인생 자체의 어려움을 겪는 경우를 자주 보게 된다. 난 취미에서도 자신만의 방향이나 길을 찾지 못하여 방황하고 있거나 중도에 하차하는 경우를 꽤 많이 본다. 취미생활도 처음 시작에서 소위 고수에 이르는 몇 단계의 과정이 있다. 입문에서부터 전문가에 이르는 단계별 과정을 밟지 않고 뛰어 넘을 수는 없지만, 이 과정을 슬기롭게

대처해서 금전적으로나 시간적으로 낭비를 줄이고 어려움을 최소화 하느냐가 문제이다. 난 취미를 일찍이 해온 사람으로서 그동안 많은 사람들의 안타까운 사연들에서 타산지석(他山之石)을 찾아본다.

첫째, 난과 생활은 취미이고, 본질은 더불어 즐기는 것이다.

난(蘭) 취미는 즐거움을 바탕으로 하는 문화요, 예술이다. 난이라는 식물을 키우고 함께 생활하면서 즐기는 것이 본질이므로, 애란의 마음가짐과 자세를 여기에 두어야 한다. 반려식물인 난과 생활하면서 난의 본성과 더불어 자연을 알고 자신의 본성을 찾아가는 자세가 필요하다. 취미는 삶의 각박함을 순화시키고, 풍요롭게 하며 메마른 삶에 활력을 넣어주는 것이다. 다시 말하면 취미는 삶의 즐거움과 행복을 위해서 필요하다. 가치 있는 인생, 힘 있는 인생을 살기 위해서는 자신의 취미를 잘 가꾸어가야 한다. 취미는 자신감을 북돋아주고 살아있는 기분을 만끽하게 해준다고 한다. 더불어 자아가 강해지고 신체 내의 활동도 증가하여 건강에도 도움이 된다고 한다. 난 취미인은 무엇보다도 난과 더불어 즐길 줄 아는 사람이 되어야 한다.

난과 생활에는 즐길 거리가 참으로 많다. 애란생활 하나하나가 보기에 따라서는 다 즐거움을 주는 요소이다. 애란생활의 사소하고 작은 것에도 즐길 줄 아는 사람이 행복한 난인이 되는 바탕이다. 자칫 동호인들 사이에서 부질없는 경쟁심이나 허울에 불과한 명예나 위신 때문에 난인이 갖는 진정한 행복을 놓치게 되는 것은 취미생활의 본질을 내팽개친 것이다.

이와 같이 취미의 좋은 점을 누리기 위해서는 자기 처지나 상황에 맞는 취미스케줄을 짜서 혼을 담아가는 취미생활이 되어야 한다. 그러한 과정에서 이야기가 만들어지고, 무언가가 축적되는 것이다. 처음에는 어렵겠지만 즐기면서 차근차근 자신의 개성과 영혼을 담아서 쌓아가는 취미생활이 되어야 할 것이다.

처음부터 난초로 소득을 창출하려는 생각을 갖는 것은 금물이다. 요즘 난취미인이 난초를 가지고 소득을 창출하려는 사람이 많다. 난초로 소득을 창출하기 위해서는 많은 시간과 노력을 통하여 소위 프로가 되었을 때 가능하다. 프로는 난 배양은 물론 난초를 보는 미적 감각, 시장에 대한 정보도 있어야 한다. 초보 단계에서 이것을 염두에 두고 대비하기란 불가능하고, 주변사람들의 도움이 있다 해도 받아들일 수 있는 수준이 안 된다. 우리 난계에는 본인도 안 되면서 가르치려 드는 사람이 아주 많다. 결국 자신의 실력과 눈높이를 높여야 이 모든 것이 해결될 수 있을 것이다.

그동안 난(蘭) 취미인 중에는 금전적으로 재미를 본 사람들이 제법 있다. 그들은 대부분 난을 오래한 사람들이다. 그들이 난을 접할 당시만 해도 순수취미인만 있었지 난으로 돈을 만들 것이라고 생각한 사람은 거의 없었다. 난문화가 오래 지속되는 과정에서 동호인이 많아지고 수요가 급격히 늘어나, 거래가 활발히 이루어지고 가격이 폭등하게 되면서 그렇게 된 것이다. 그것도 그다지 오래 가지 못하였다. 시장이 좋아지자 공급이 급속히 늘어나는 데 반해 수요확장에 한계를 드러냈기 때문이다. 소득창출을 의도적으로 배제한다는 뜻은 아니고, 난은 취미문화이고 본질이 즐거움이란 뜻이다. 난초도 전문가가 되면 고소득 도시농업 작물이 될 수 있고, 덕업일치(德業一致, 자기가 열성적으로 좋아하는 분야

한국춘란 자화 '묵(墨)'

의 일을 직업으로 삼음)가 될 수 있음은 그동안의 사례로도 알 수가 있다.

둘째, 서두르지 말고 천천히 자기 분수(分數)에 맞게 해나가야 한다.

난을 구입하는 것도, 난을 잘 배양하는 방법을 터득하는 것도, 난과 생활하면서 즐거움을 찾아가는 것도 서두르다 보면 낭패를 당하거나 옳은 난인(蘭人)이 아닌 얼치기 난인이 되고 만다. 난(蘭)에 대한 눈높이를 높이고 배양 실력을 쌓아가는 등 기반이 탄탄한 애란생활을 해야 오래가고 수준 높은 난인이 될 수 있다. 난에 투자를 하여 큰 손실을 본 경우나 배양에 실패하는 경우는 대부분 서두름과 욕심에서 일어난다. 활용자금을 초기에 탕진하고 정작 갖고 싶은 난을 만났을 때 애태우는 난인, 남보다 잘 키워보겠다는 욕심에 검증되지 않은 비료나 농약을 사용하거나 과용하여 큰 실패를 당하는 난인을 많이 본다. 취미생활로 인하여 생업에 지장을 주거나 경제적으로 어려움을 겪는 원인이 되지 않도록 항시 경계와 절제하는 마음을 갖는 것을 잊어서는 안 된다. 취미생활을 통하여 인생을 보다 윤택하게 하기 위해서는 건전하고 실속이 있는 취미생활이어야 하고, 취미생활의 범위를 일정하게 한정시킬 수 있어야 한다.

  난(蘭)은 생각만큼 쉬운 것이 아니다. 최선을 다하고 특별히 노력한다 해도 결과에 실망하고 스트레스를 받는 경우가 많다. 그동안 기라성 같은 난인들도 배양에 실패한 경험이 두세 번은 다 있다. 나는 다를 것이라고 생각하거나 과신하는 사람일수록 실패의 규모는 더 크다. 이를 극복하기 위해서는 가장 우선적으로 난 배양 실력을 높여야 한다. 난은 생물이므로 배양을 잘하면 번식되어 늘어나지만, 잘못하면 죽어 없어진다. 내가 한국춘란에 입문한 1985년쯤부터 한국춘란을 하는 난인이 생겨나기 시작하여 90년대를 넘어서면서 급속도로 늘어났다. 그러나 대부분의 난인들이 10~20년 정도 애란생활을 하다가 난계를 떠나는 것을 보아왔다. 그들은 난(蘭)이나 난계가 싫어서가 아니고 난 배양에 몇 번씩 실패를 하면서 애석한 사연만 무수히 남기고 난취미를 떠난 것이다. 난 배양에 어느 정도 체계를 잡은 것은 불과 10여년 전의 일인데, 이것도 난인들이 이루 말할 수 없는 노력을 한 결과이다. 지금 난 취미를 하는 난인들은 시행착오를 줄일 수 있는 여건이 되었으니 얼마나 다행한 일인가. 난 배양 실력을 늘리기 위해서는 서두르지 말고 고수들의 지도를 받아가며 자기 나름의 배양방법을 터득해야 한다. 난(蘭)은 생물이기에 환경이나 배양방법에 큰 영향을 받지만, 기본배양법만 지킨다면 어느 정도는 적응을 잘 하는 식물이다. 배양에 대해서 주변의 자칭 고수라는 사람들의 성공담이라고 해서 무조건 따라하는 데는 신중해야 한다.

셋째, 난(蘭)을 단계별로 과정을 천천히 잘 밟아가야 한다.
  난을 배워가는 과정은 생각보다 길고, 과정을 뛰어넘을 수는 없다고 본다. 무리하게 단축시키려는 것도 금물이다. 난 취미를 처음 시작한 사람의 경우 난에 대한 좋은 이미지와 함께 난에 대한 호기심이 매우 크다. 나름대로 궁금한 것도 많고, 점차 어려움이 느껴지면

애란인 교육생 배양난초 품평회

서 지식을 얻으려고 힘을 쏟는다. 이때는 순수하며 모든 것이 새롭고 알고자 하는 열의가 높아, 열정적으로 정보를 찾게 되고 무엇이든 잘 받아들이는 때이다. 따라서 무작정 내뱉는 선배들의 이야기에 현혹되는 경우가 많다. 현재 한국난계에는 열에 아홉은 남을 가르치려 한다. 여러 사람으로부터 많은 이야기를 듣기 보다는 좋은 고수를 정하여 멘토로 삼는 것이 옳은 길이다. 고수들의 배양장에 자주 방문하고, 난초판매장도 부지런히 쫓아다니는 것이 필요하다. 배양법에 있어 완전히 검증되고 자기 것이 되기까지는 실행에 옮기는 데 신중해야 한다. 그것이 피해를 줄이는 길이다.

　난 취미에서는 초보단계를 좀 오래 가져갈 필요가 있다. 우선적으로 배양능력이 갖추어져야 하고, 산에 난 채집도 자주 가서 야생 난을 자주 접하는 것도 필요하다. 난이라는 자연예술의 깊이와 생리를 알아가는 데는 어느 정도 세월이 필요하기 때문이다. 그렇다고 무작정 세월만 보내고 있을 수는 없다. 민춘란 수준의 난은 오래 길러도 관심도가 낮아서인지 배양 실력은 물론 눈높이가 좀처럼 높아지지 않는 것을 주변에서 많이 본다. 처음 1년은 아주 싼 난을 길러보고, 2년차부터는 조금 비싼 난을 몇 개 구입해서 길러야 애착이 생기고 관심도가 높아져 실력이 빨리 는다. 이때도 자신의 능력에 비하여 과한 투자를 하는 것은 금물이다.

난 취미에 있어 자기는 행운아라는 생각과 특별하다는 생각은 반드시 버려야 한다. 무수한 사람이 지나가면서 난계가 만들어졌고, 내가 알기로는 특별한 행운아는 없었던 것 같다. 많은 난인들의 고뇌와 노력 속에 오늘의 난계가 있게 된 것이며, 나름대로 고수도 많고 만만한 곳이 아님을 알아야 한다. 따라서 자기 수준에 맞는 취미생활이면 몰라도, 난계에서 두각을 나타낸다거나 투자하여 수익을 올리겠다는 생각을 가질 때는 자신을 몇 번이고 짚어봐야 한다. 늘 낮은 자세로 천천히 하나하나 배워가야 한다.

입문한 지 2~3년이 지나면 중급단계에 이르게 된다. 전문가 수준의 난인이 되기 위해서는 미쳤다는 소리를 듣는 과정을 대략 3번쯤 겪게 되는데, 이때쯤이 첫 번째 듣는 시기이다. 불광불급(不狂不及)이란 말이 있듯이 난취미는 미치(狂)는 과정이 반드시 있어야 한 단계씩 그레이드 상승을 가져오게 된다. 그러나 이때도 난초에 대한 조급한 과잉투자나 충동구매 및 배양에 대한 과신은 금물이며, 자제하고 또 자제하면서 천천히 해나가야 한다. 주변에 고수를 찾아 조언을 받고, 책도 보고, 자기의 경험을 통하여 자기 나름의 기준을 정립하는 것이 꼭 필요한 시기이다. 대부분의 난인들이 과신하고, 주변의 꾐에 빠져 낭패를 당하는 경우를 많이 보게 되는데, 참으로 안타깝다. 이 시기에는 자기가 난 취미에 할애할 수 있는 자금여력의 20~30% 정도만 투자해야 할 시기다. 수준급의 난인이 되기까지 두세 번의 배양실패와 품종선택의 실패를 맞는 것이 일반적이므로 피해를 줄이고 계속할 여력을 비축해두어야 한다.

중급단계에서 2번 정도 미치(狂)는 단계를 거치면서 꾸준히 발전해가면 전문가 단계로 진입할 수 있다. 그러나 10년이 되어도 초보단계나 중급단계에 머무는 난인이 의외로 많다. 열심히 안 했거나 여러 가지 사정으로 그 과정을 뛰어넘지 못해서이다.

난취미의 전문가가 되기 위해서는 난 배양과 난 품종에 대한 자기기준이 정립되어야 한다. 난 취미 과정에 애란인과 상인 등 많은 사람과 접촉하게 되고, 그들은 무작정 가르치려고 한다. 이때 자기 기준이 없으면 방황하고 현혹되어 큰 손실을 보기 일쑤이다. 자기 기준이 정립되고 완전히 자신감이 생겼을 때 할애할 수 있는 자금여력의 30~50%를 투자하고, 이때도 20~30%의 자금 여력은 남겨두어야 한다. 정말로 갖고 싶은 난은 그 이후에 나타나기 때문이다. 대부분의 난인들이 자신이 난 취미에 넣을 수 있는 돈을 초기에 다 써버리고 정작 난(蘭)을 알 만하면 자금여력이 없어 애태우는 경우를 많이 본다.

마지막으로 난 취미는 어느 단계든 늘 평정된 마음으로 절제하고 또 절제해야 한다.
난취미로 인해 본래의 생활을 망가트러서는 안 된다. 취미는 풍요로운 인생을 위한 것이고 그 본질이 즐거움이므로, 괴로움을 낳는 취미는 본질을 벗어난 것이다. 취미에 대한 집착증(執着症)이 도가 지나치면 누구나 '병입고황'(病入膏肓, 치유되기 힘들 정도로 병이 깊이 듦)이 될 수 있다. 사람의 욕심에는 끝이 없으니 마음이 혼미해지면 분외(分外)를 범하기 쉽다. 난 취미는 전시회 등 대회가 많아 수상 욕심도 생기고, 주변에 부추기는 사람도 많아 충동구매를 하는 등 자제가 안 되는 난인들을 많이 보게 된다. 자기 기준에 의한 절제 속에 차분히 나아가야할 것이다. 과유불급(過猶不及)이다.

이상의 과정을 잘 넘겨 아무런 걸림이 없는 취미인의 경지에 도달하면 이제는 '즐길 줄 아는 여유 있는 마음을 갖는 단계'가 된다. 그 즐거움이 한두 가지겠냐만 그중에서도 전문가적인 식견을 갖게 되어 거리낌 없이 취미생활을 할 수 있는 것이 제일 큰 즐거움이고, 일가(一家)를 이룰 경지에 닿았으니 난계와 난인들을 위해 도움을 줄 수가 있으므로 이 또한 기쁘기가 한량없다. 무엇보다 취미에 얽매이는 생활이 아니고 자신의 리듬에 맞게 취미생활을 관리할 수 있으니 그것이 더 큰 기쁨이요, 즐거움이다.
자기 분수에 맞도록 절제할 줄 알며, 부질없는 경쟁심에서 벗어나 스스로 만족할 줄 아는 여유를 가지고 즐길 줄 아는 난인이 많이 생겼으면 한다. 난(蘭)은 늘 그 자리에 있다. 즐기고 행복을 얻는 것은 난인(蘭人) 하기 나름이다.

난(蘭)의 생리적 특성과 배양의 기본

춘란이 자생하고 있는 야생 환경을 보면 겨울과 이른 봄에는 햇빛을 많이 받으면서 자라다가 점차 녹음이 짙어지는 5월이 되면서 오전 중에 숲 사이로 드는 햇빛을 받는 정도이고, 낮 동안의 햇빛은 나뭇잎들이 막아서 저절로 차광이 이루어진다. 햇빛의 양이 줄어든 이 시기에 춘란은 새촉을 키우면서 생장하게 되는 것을 알 수 있다. 가을이 되면 낙엽이 떨어지고 난에 햇볕이 많이 쪼여지게 되어 벌브가 굵어지는 등 난이 충실해진다.

난은 반그늘을 좋아하며 오전 햇볕을 좋아하는 식물이다. 이러한 성질을 자연상태에서는 어느 정도 저절로 맞추어지고 있으나, 난을 분에 심어서 기를 때에는 계절의 변화에 따라 적절한 채광과 차광을 해주어야 한다.

한국춘란을 포함한 동양란은 특이한 생리적 구조를 가지고 있다. 난을 잘 배양하기 위해서는 먼저 난의 생리적인 특성을 잘 알고 그에 맞게 관리해주어야 한다. 난은 살아 있는 생명체이며 환경에 다소 민감하기 때문이다. 난의 생리를 잘 알고 적절하게 맞추어 관리하는 것이 난 배양의 기본이다.

다음으로 자신의 난실환경을 정확히 파악하고 난의 생리적 특성에 맞추기 위한 운용방법을 터득해야 한다. 이것은 상당히 많은 노력과 정성을 기울여야 가능하고, 실패와 성공이 쌓여서 축적되어가는 것이다. 다시 말하면 글로써 또는 말로써 표현되는 타인의 난 배양법도 많은 도움을 주는 것임에는 틀림이 없으나, 각자의 난실 환경에 반드시 절대적일 수는 없다. 그러므로 타인의 경험과 자신의 경험을 토대로 더 나은 결과를 나타낼 수 있도록 끊임없이 관찰하고 개선해나가야 하는 것이다.

애란인들 중에는 남이 무엇으로 성공을 했다고 하면 충분한 검증 없이 따라하다가 오히려 배양에 실패를 하는 경우를 자주 본다. 각자의 난실 환경요인이 다르고 난 배양에 미치는 요인이 여러 가지이므로 특정한 한두 가지로 결정될 것으로 생각하는 것은 금물이다. 난 배양에 있어서 요술이란 있을 수 없으며 특별한 지름길도 없다. 기본에 충실하면서 차근차근 한 가지씩 배우고 깨우쳐가는 데 난 배양의 성공이 있고 묘미가 있는 것이다.

한편 난(蘭)이라는 식물은 애란인들로 하여금 보살펴주고 싶고, 아껴주고 싶고, 무엇이든지 마냥 베풀어주고 싶은 그런 마음을 우러나게 하는 마력을 가지고 있다. 그렇기 때문에 애란인들은 자칫 기본을 망각하고 과함으로 인하여 애배하던 난을 망치는 경우도 자주 발생한다.

난 뿌리는 두터운 벨라민층으로 이루어져 있다. 뿌리가 식물체의 물리적인 유지 및 영양

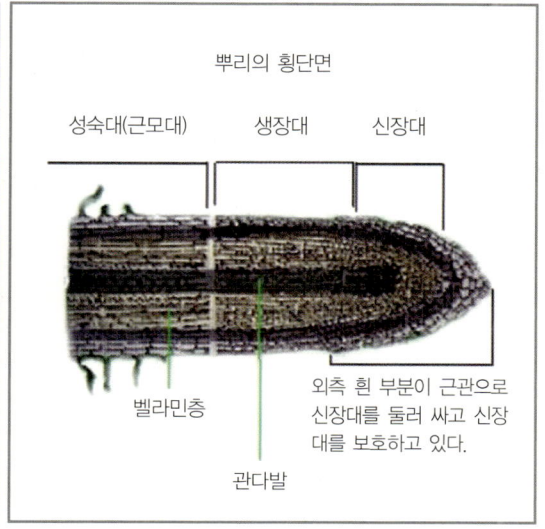

이나 수분 흡수 등의 기능을 한다는 것은 잘 알려진 사실이다. 난 뿌리의 겉모습은 우선 위구경의 밑부분에서 불규칙하게 나오는 부정근(不定根, adventitious root)의 일종이다. 이를 다시 횡단면으로 잘라서 보면 뿌리 본래의 기능을 하는 관다발(물관과 체관)이 있는 중심주와 이 중심주를 두텁게 감싸고 있는 벨라민층이 있다. 벨라민층의 기능은 중심주에 필요한 영양과 수분을 평소에 저장하고 있다가 적절하게 공급하는 역할을 하며, 그 외에도 중심주를 보호하는 기능과 난균이 서식할 수 있는 공간으로서의 역할도 한다. 반면 벨라민층은 곰팡이 등 병균에 약하므로 잘못 관리하면 근부(根腐)가 발생한다.

  난이 특수한 뿌리 조직을 가지게 되는 이유는 다른 식물과는 달리 다습하다가도 쉽게 건조해지기도 하고, 또한 건조한 기간이 오래 유지될 수도 있는 매우 불안정한 환경에 적응하기 위해서라 할 수 있겠다. 특히 난과식물 중 착생란들은 벨라민층이 발달되어 있고, 일부는 엽록소도 존재한다.
  착생란의 경우는 바위나 나무 표피에 뿌리를 활착시켜 자생하는 관계로 뿌리는 토양 속이 아닌 공기 속에 그대로 노출되어 있다. 그러므로 공기 중의 수분을 흡수할 수 있는 기능과 짧은 시간 동안 많은 양의 수분을 미리 저장했다가 뿌리가 필요로 할 때 적절히 공급해 주는 조직이 필요할 것이다. 때문에 벨라민층과 같은 특수한 조직이 생겨나게 된 것이라 볼 수 있다.

　지생란(地生蘭)의 경우도 이와 같은 맥락에서 설명될 수 있다. 지생란도 다른 식물과 마찬가지로 토양에 뿌리를 내리고 살아가긴 하지만 그 뿌리를 심층 깊이 내리지 않고 표층에서 수평으로 뻗어나가기 때문이다. 따라서 심층보다는 건조가 빨리 오기 때문에 이를 극복하기 위한 별도의 조직이 필요하였던 것으로 보인다. 난뿌리의 벨라민층은 쉽게 손상을 입을 수 있으며 한 번 손상된 뿌리는 회복되지 않는다. 뿌리의 생장점은 뿌리 끝에 있고 생장점이 손상되면 더 자라지 않는다. 따라서 배양토는 지나치게 단단하거나 모가 많은 것은 뿌리 뻗음에 방해가 되어 좋지 않고, 공극이 없이 너무 조밀하게 배양토를 채우는 것도 좋지 않다. 난 뿌리가 수분을 찾아 뻗어가는 분 밑 부분은 굵은 식재를 사용하여 수분을 다소 오래 유지시키고, 분 윗부분은 작은 입자의 배양토로 쉽게 마르도록 한다. 반면에 굵은 입자는 작은 입자에 비하여 공극이 커서 통기성을 높여주므로 과습의 정체를 막아준다. 이렇게 하는 것은 난 뿌리의 생리적 특성을 고려한 것이다. 이는 배양토뿐만이 아니라 분(盆)도 모양을 그렇게 만들어 사용한다. 분의 모양을 전체적으로 길게 하면서 아래쪽으로 갈수록 좁게 하여 분 내의 공기유통이 좋도록 하고 전체적으로 고르게 마르도록 하고 있다. 이렇게 하는 것은 관상적 측면도 있겠으나 기능적인 측면이 강하다.

　난 배양에 사용하는 배양토가 토양의 기능을 다할 수는 없다. 이 때문에 필요한 것이 영양공급, 즉 시비이다. 하지만 시비 시 유의해야 할 점이 있다. 특히 유기질비료의 경우 완전히 발효된 상태가 아닌 미발효 상태라든가 과비가 된 경우, 유기 부유물이 남아있기 때문에 항상 위험한 결과를 초래하는 것이다. 무기질비료의 경우도 잔류문제와 농도장해 등으로 인한 피해가 적지 않게 발생된다. 특히 배양토의 특성상 분 내는 수분량이 많고 적은 양적인 변화의 폭이 심하고, 다소 건조한 상태로 오랫동안 보내기도 하기 때문에 설령 농도를 묽게 주었다 하더라도 이것이 계속 잔류하게 되면 언젠가는 순간적으로 분 내에 상당히 높은 비료농도를 보일 때가 있을 가능성은 항상 존재하는 것이다. 난 배양에 있어 과비문제는 아무리 강조해도 지나치지 않는다.

난(蘭)이 호기성 식물인 이유는 뿌리가 가진 특수성 때문이다. 난뿌리는 중심주가 있고 벨라민층이 중심주를 싸고 있으므로 중심주는 다른 식물과 달리 산소를 받아들이기가 불리한 조건이고 곰팡이가 서식하기 좋은 환경이다. 이를 극복하기 위해 분 내 통기성을 좋게 해주기를 요구하는 것이다.

특수한 뿌리조직을 갖고 있는 난을 배양하는 데 있어서는 난분, 배양토의 결정과 영양공급을 하는 방법에 중요한 영향을 미친다. 따라서 난분과 배양토는 보수성(保水性)과 배수성(排水性), 통기성(通氣性)을 갖추어야 한다. 그리고 물관리 및 비배관리에 특별히 신경을 써야 한다.

원래 다년생 식물에는 저장물질을 축적한 구경(球莖, 알줄기)이 있다. 다년생인 난에도 이와 같은 역할을 하는 가구경(假球莖, Pseudobulb)이 있다. 거짓구경이라는 뜻으로 위구경 또는 가구경이라고 하는데, 쉽게 구경 또는 벌브(Bulb)라고 부르기도 한다. 심비디움속 동양란의 위구경은 대개가 지상부인 잎에 비례하여 그 굵기도 결정되지만, 중국춘란 일경구화처럼 예외적인 것도 있다. 위구경의 역할은 구경과 비슷하여 저장물질을 축적하고 밑으로는 뿌리가 나오고 위로는 잎이 총생한다.

난을 기르면서 잎이나 뿌리 그 어느 기관도 무시할 수 없겠지만 가구경만큼 절대적인 것은 없다. 이를테면 잎이나 뿌리는 일부 상하더라도 치명적인 것은 아니지만 가구경이 상했다면 난의 생사에 치명적인 결과를 초래할 만큼 중요한 기관이다. 뿐만 아니라 평소 가구경 관리가 제대로 되지 않으면 신아나 꽃눈으로 자라는 잠아가 상해 더 이상 번식을 못하는 지경에까지 이를 수도 있다. 이런 만큼 평소 난관리에서 가구경을 어떻게 실하게 유지하느냐가 무엇보다 중요하다. 구경의 상태를 살펴봄으로써 현재의 배양상태가 양호한지, 그렇지 않은지를 판단하는 중요한 기준으로 작용하기도 한다. 위구경이 싱싱하고 굵으며 럭비공을 세운 것같이 생겨야 건강한 난이다. 난 배양에서 가능한 가구경의 굵기를 정상적인 크기로, 싱싱하게 기르도록 하는 것이 중요한 포인트가 된다.

대부분 식물이 그렇듯이 난도 잎과 뿌리의 밸런스(T/R비율)를 잘 맞추어야 건강하게 잘 자란다. 모든 식물은 잎, 줄기, 뿌리의 세 가지로 구성되어 있다. 이들, 특히 잎과 뿌리의 비율이 조화를 이루어야 건강하게 자랄 수 있다. 이를 T/R(tree/root)로 나타낸다. 난의 경우 일반적으로 한촉에 뿌리가 3~4가닥이 정상으로 알려져 있다. 뿌리에서 흡수하는 영양이나 수분이 잎에서 동화작용이나 증산작용을 하는 데 필요한 양과 밸런스가 맞추어지도록 해야 한다. 따라서 뿌리에 비해 잎이 많으면 잎장 수를 줄이거나 잘라주어야 하고, 잎에 비해 뿌리가 많으면 뿌리를 슄아주어야 한다. 특히 막 채집한 난의 경우 뿌리가 유난히 많거나 긴 것이 있는데 그대로 심으면 뿌리가 흡수한 수분 등이 충분히 발산되지 못해 뿌리가 썩게 되며, 이로 인해 다른 병을 유발하게 된다. 대부분의 애란인들은 벌브에 비해 뿌리가 많으면 건실한 것이라고 생각하지만 꼭 그런 것은 아니다. 뭐든지 균형이 잡히는 것이 좋다.

뿌리는 강한 햇빛을 줄수록, 물을 적게 줄수록, 바람을 많이 불어넣어 줄수록 그 자람이 좋아진다. 뿌리가 부실한 난은 수태 등에 심어 수분을 유지시켜주고, 인위적으로 뿌리를 내리고자 할 때에는 분에 심겨진 채로 옥시베린액(700~1,000배 희석) 등에 1~2시간 담가두었다가 통풍이 잘되는 곳에 두고 관리하면 뿌리가 잘 내린다.

난잎과 뿌리의 밸런스(T/R비율)은 음양오행의 원리가 적용된다. 오행 상생(相生)의 관계, 난의 뿌리가 좋으면 줄기(벌브)가 좋아지고(水生木), 줄기(벌브)가 좋으면 잎의 자람이 좋아진다(木生火). 그리고 잎이 좋으면 꽃이 잘 피고 좋게 핀다(火生土).

반면 상극(相剋)의 관계, 즉 뿌리가 상대적으로 너무 왕성하면 잎이 약해지고(水剋火),

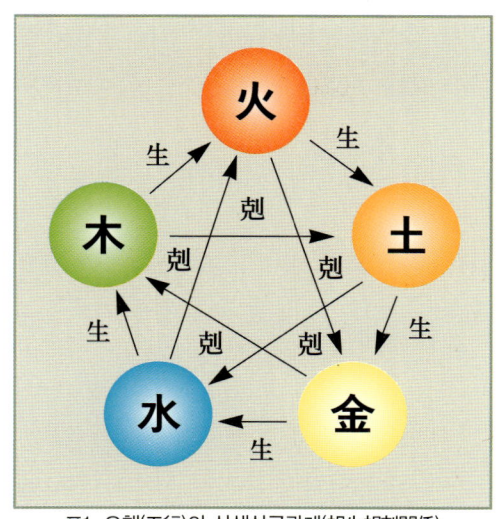
표1. 오행(五行)의 상생상극관계(相生相剋關係)

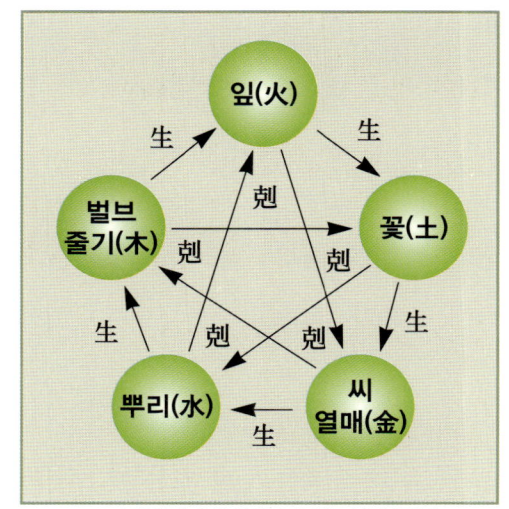
표2. 난(식물)의 상생상극관계(相生相剋關係)

줄기(벌브)가 상대적으로 너무 비대하면 꽃 붙임이 좋지 않거나 꽃이 약해진다(木剋土). 그리고 꽃을 많이 피우거나 오래 피워두면 뿌리가 약해지고(土剋水), 열매(씨)를 맺고 나면 줄기(벌브)가 약화된다(金剋木).

식물의 배양에서 빼놓을 수 없는 중요한 것이 산도(pH)이고, 식물마다 적합한 산도가 다르다. 난 배양에 있어서 적절한 산도유지의 실패는 특정한 영양소의 결핍을 가져와 생장에 치명적인 장애를 가져올 수 있다. 산도는 영양물질의 흡수에 많은 영향을 미치기 때문이다. 산성이냐 알칼리성이냐를 따지는 산도, 즉 pH는 뿌리를 통해서 영양을 공급하는 식물에 있어서 입맛을 좌우하는 절대적 요소이다.

대부분의 식물은 pH 4.0~7.0 사이에서는 크게 영향을 받지 않고 생육이 가능하다고 하지만, 난(蘭)은 특히 산도(pH)에 민감한 식물이다. 난(蘭)이 잘 자랄 수 있는 최적의 상태는 pH 5.5~6.5 사이이다. 만약 산도가 낮으면(산성) 인, 칼륨, 칼슘, 마그네슘의 흡수가 어려워지고, 산도가 높으면(알카리성) 철분, 망간, 아연의 흡수가 어려워진다. 결과적으로 산도에 따라서 그만큼 영양이 결핍되고 생장에 장애를 일으키게 되는 것이다. 이 경우 영양의 결핍은 비료를 자주 준다고 해결되는 것도 아니다. 아무리 자주 주어도 난이 흡수할 수 없다면 분 내의 환경만 열악하게 만들 뿐 소용이 없다. 난 배양에 있어서 산도(pH)값 관리는 참으로 중요한 요소이다.

　난의 산도에 가장 큰 영향을 미치는 요소는 배양토와 물이다. 배양토의 경우 시중에 나와 있는 혼합토 등은 이미 산도를 맞추어 만들어져 있으므로 큰 문제가 없으나, 물은 사용하기 전에 반드시 산도를 측정해보고 사용해야 한다. 수돗물은 그 원수가 강물이므로 난 배양에 큰 문제가 없는 것으로 검증되어 대부분 이를 사용하고 있다.

　이상과 같이 난이 가진 생리적인 특성을 잘 알아서 이에 알맞은 관리가 이루어져야 한다. 난초 관리는 배양장소나 시설로 햇볕, 온도, 통풍, 습도 등을 적절하게 해주어야 하고, 여기에다 물주기, 비료주기, 활력제 주기, 병충해 관리 등 여러 가지 관리요소가 시기와 양적으로 잘 이루어져야 한다. 이는 기계적으로 하기도 어려울 뿐만 아니라 꼭 그렇게 할 필요도 없다. 난도 건강할 때는 환경에 대한 적응력이 꽤 높으므로 감각적인 관리가 되어야 할 것이다. 그러기 위해서는 난을 배양하는 과정에서 세심하게 관찰하고 이론과 경험으로 학습하여 감각을 키워가야 할 것이다.

　난초 기르기에서 그 무엇보다도 중요한 것은 난초에 대한 사랑이다. 난초를 오래도록 사랑하다보면 난초의 생리적인 리듬을 잘 알 수 있게 되고, 난(蘭)의 말과 온갖 손짓이나 부르짖음을 잘 알아듣는다. 난초는 난인의 발자국 소리를 듣고 자란다는 말이 있다. 난의 생체적인 리듬을 잘 알아서 끊임없는 사랑으로 관리하면 반드시 그에 상응하는 보답이 있을 것이다.

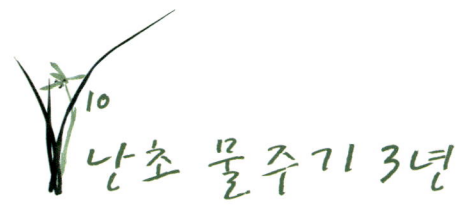
난초 물주기 3년

처음 난(蘭)을 시작하는 사람이나 난력(蘭歷)이 어느 정도 된 애란인이나 할 것 없이 항상 어렵게만 느껴지고 감을 잡기가 힘든 것이 난초 물주기이다. 이는 물을 며칠 만에 줄 것인가, 어느 시간대에 주는 것이 좋은가, 양은 얼마나 그리고 어떤 방법으로 주는 것이 좋은가 하는 문제이다. 그래서 나온 말이 '물주기 3년'이다. 물주기의 해법을 깨닫는 데 적어도 3년 정도는 경험을 해보아야 한다는 뜻이다. 그러나 10년의 애란생활을 한 사람도 물주기에 자신감을 갖지 못하는 것이 현실이다.

물은 난뿐만 아니라 모든 식물체에 없어서는 안될 절대적인 것이다. 특히 난의 경우 뿌리의 특수성 등으로 인하여 물주기가 까다롭다. 그러므로 물을 주는 적절한 방법을 빨리

터득하는 것이 난 배양에 있어 아주 중요한 일이다.

　난(蘭)은 뿌리에 많은 산소를 필요로 하는 호기성식물이다. 이는 분 내 수분이 오래도록 머물러 있는 것을 싫어한다는 점을 말하고 있다. 즉 분 내에 물기가 오래 남아있게 되면 뿌리의 호흡활동에 지장을 초래한다. 따라서 세포활동이 둔화되어 신장이 늦어지고, 이러한 상태가 지속되면 결국 뿌리가 썩게 된다. 결국 분 내는 항상 젖어 있으면서도 체내로는 수분흡수가 안되어 난잎이 생기를 잃어가는 것을 볼 수 있게 된다. 이러한 결과를 초래하는 원인은 물을 너무 자주 주거나 분내의 과습 상태가 오래 가는 데에 있다. 아무리 좋은 환경이라도 표토가 마르지 않았거나 마르더라도 분 내 수분이 충분한데도 관수를 하게 되면 이러한 결과를 초래한다. 특히 초보자가 다른 원예식물과 같이 틈나는 대로 표토에 조금씩 관수를 하게 된다면 치명적인 장애가 발생하게 된다.

　반면 물을 너무 오래도록 주지 않아도 잎은 누렇게 변색되거나 탈수현상을 보이면서 생기를 잃는다. 뿌리가 수분을 잃어 벨라민층이 쪼그라들고 마르게 되는 것이다. 오히려 역삼투압 현상이 일어나 바싹 마른 배양토가 난초 체내의 물을 밖으로 빠져나오게 하기도 한다. 그러므로 분 내 배양토가 완전히 마르기 전에 관수를 하는 것이 안전하며, 완전히 말랐다는 감이 들 때는 배양토의 수분함량이 분내 수분이 완전히 포화상태가 되도록 관수를 충분히 해야 한다. 또한 물을 줄 때 많은 화분 중에 물주기를 빠뜨리는 화분이 생기지 않도록 세심하게 살피면서 주어야 한다.
　좀 깊은 물통에 분을 담갔다 뺐다 하거나 한참동안(5~10분) 담가두는 방법으로 물을 주는 것도 이런 측변에서 보면 권장할 만한 방법이다. 하지만 화분 수가 늘어나면서 이러한 식으로 하기에는 불편한 점이 많으며, 분을 움직이는 문제점이나 담갔던 물에 다른 난분을 담그는 것은 병충해 감염 우려가 있어 특별한 경우를 제외하고는 피하는 것이 좋다.

난은 벨라민층이라 불리는 저수조직을 가진 뿌리의 특수성으로 인하여 뿌리 중심주가 다른 식물과 달리 산소를 받아들이기가 불리한 조건이다. 이를 극복하기 위해 분 내 통기성을 좋게 해주기를 요구하는 것이다. 또한 저수조직이 있는 관계로 물을 자주 주지 않아도 되지만, 한번 줄 때에는 충분히 물을 주어야 하는 것이다. 그리고 물을 준 후에는 인위적으로 빠른 시간 내에 겉물을 말려주는 것이 좋다.

난은 잎이나 조직이 필요로 하는 수분이나 영양분을 뿌리가 충분히 흡수하지 못할 때 뿌리를 신장시키는 것을 볼 수 있다. 여기서 난은 수분과 함께 수용성 상태의 영양소를 주로 흡수한다. 그래서 수분이 적게 되면 영양분의 흡수를 동반하는 물을 찾아 뿌리가 신장을 하는 향습성식물이다. 따라서 뿌리의 알맞은 신장을 위해서는 분 내의 습도가 알맞게 유지되도록 하는 것이 필요하다.

이러한 사실들을 감안하여 자신의 배양장 환경에 맞는 물주기 방법을 찾아내야 할 것이다. 다만 보통 초보자는 물을 자주 주는 경향이 있으므로 분 속을 약간 건조하게 한다는 느낌으로 관리하는 것이 안전하다고 보아진다. 결국 분 내는 수분의 포화상태와 약간의 건조상태가 주기적으로 반복되어야 한다는 사실을 말해주고 있다. 이러한 환경의 조성을 위해서는 관수 시기의 선택과 조절이 중요하다.

한번 물을 주고 다음 물을 주는 시기를 잡는 것은 분 내 수분이 마르는 시기와 깊은 연관이 있다. 분 내 수분이 오래 머물러 있다면 자연 이 기간은 길어질 것이고, 빨리 마른다면 이 기간은 짧아질 것이기 때문이다.

여기에 관여하는 것들은 분(盆)의 크기와 재질, 배양장의 통풍 정도, 온도 및 공중습도, 난의 건강상태, 배양토의 특성 및 배합비율, 진열장소의 조건 등 여러 요인들이 복합적으로 영향을 미친다. 즉 분이 크면 늦게 말라 물주는 주기가 길어질 것이고, 통풍이 잘되면 잘 안되는 것보다 빨라질 것이다. 같은 여건에서 온도가 높으면 수분증발이 잘되어 빨라진다. 낮으면 그 반대이다. 또한 여름철에는 빨리 마르고 겨울은 늦게 마른다. 난이 건강하다면 수분흡수가 원활해져 약한 난보다 빨리 마를 것이다.

배양토가 보습력이 뛰어난 것을 사용하는가, 아니면 그렇지 않은 것을 사용하는가, 그리고 각기 다른 특성을 지닌 배양토들을 어떠한 비율로 배합해 사용하는가에 따라서도 차이를 보인다. 또한 같은 배양장소라도 창쪽에 있는가, 선풍기에 가까이 있는가, 하단에 있는가, 상단에 있는가에 따라 건조에 차이를 보일 것이다.

물주기는 계절별로 다르다. 2월 중순에 잠을 깨운 난일지라도 2월에는 분토가 잘 마르지 않아 물주는 간격이 길다. 3월이 되면서부터 낮 동안에 온도가 올라가는 날이 많다. 그러나 밤기온은 아직 낮다. 또한 흐린 날과 맑은 날의 온도나 습도의 차이가 심한 때이다. 따라서 물관리가 상당히 어려운 시기이다. 이때는 난이 생동을 시작하는 시기이므로 분 내 습도를 조금 높여주는 느낌으로 물관리를 한다.

따라서 맑은 날이 지속되고 통풍이 원활할 때는 4~5일에 한 번씩 물을 주어야 한다. 하지만 흐린 날이 지속되고 쌀쌀한 날씨에는 1주일이 지나도 마르지 않는 것을 볼 수 있다. 이때는 자연 관수기간이 길어진다. 아직 이른 봄의 밤 기온은 차다. 그러므로 관수는 오전 중 맑은 날을 선택해 실시하는데, 꽃이 있는 것은 꽃잎에 물이 튀지 않도록 주의를 한다. 같은 난실이라도 햇볕이 덜 들어가는 곳, 하단에 있는 것, 촉 수에 비해 분이 크다고 생각되는 것은 좀더 차이를 두고 관수를 하는 것이 좋다.

한란과 대엽계 혜란은 춘란이나 세엽계 혜란보다는 좀 더 빨리 주는 것이 좋다. 한란이나 대엽계 혜란은 다른 난들보다 약간 습한 것을 좋아하고 증발량이 많은 까닭이다.

4월과 5월이 되면 본격적으로 외부온도도 따뜻해 난은 활발한 신장을 시작한다. 초봄보다도 건조한 날이 많아 분이 마르는 기간도 짧아진다. 4월에는 신아 눈이 형성되고, 5월에는 화장토를 뚫고 올라오는 신아가 눈에 띄기 시작한다. 이때도 분토가 마르는 것을 감안해 관수를 실시하지만 분 내 습도가 유지될 수 있도록 관수기간을 조금 짧게 한다. 관수는

한국춘란 신아 산반과 단엽복륜 '신라(新羅)'

통풍과 연계하여 생각할 문제로 통풍이 원활하다면 이 시기에 물을 자주 주어도 무방하다고 본다. 그리고 이 시기에 화장토가 너무 마르게 하는 것은 좋지 않으므로 한번씩 겉물주기로 화장토를 적셔주는 것도 필요하다.

보통 맑은 날이 계속될 경우 저녁나절에 관수를 실시하는 것이 안전하다. 낮에 실시하면 분 내가 과습상태에서 온도가 상승하면 병충해의 극성과 함께 난이 피해를 입을 수 있다. 관수 후는 창을 열어 환기를 충분히 시켜주는 것을 잊지 않도록 한다. 그러나 이때 조심해야 할 점은 온도가 12℃ 이하로 내려가지 않도록 문단속을 잘 해야 한다.

6월에 접어들면 장마가 시작되고 맑은 날은 본격적인 더위를 예고한다. 장마철은 아무리 기간이 오래 걸려도 분토가 마르지 않는 한 관수는 삼가야 한다. 특히 장마철인 경우 온도가 상승되면서도 구름이 잔뜩 끼여 불쾌지수가 상당히 높아지기도 한다. 이때는 말 그대로 고온다습한 시기이다. 관수는 분의 표토가 마르고 하루쯤 지난 후 관수를 하는 것이 안전하다. 가능하면 장마 중 맑은 날을 택하여 관수하고, 선풍기 바람으로 분 밑에 바람을 불어 넣어주는 것이 필요한 시기이다.

장마철이 끝나는 7월 중순 이후부터는 본격적인 더위가 온다. 이때부터는 열대야 현상

한국춘란 홍두화 '뜨는해'

도 겹쳐 야간온도가 25℃ 이상으로 올라가는 날이 잦아진다. 대기도 건조한 편이 된다. 이 시기는 분토가 눈에 띄게 빨리 마른다. 분속이 마르지 않도록 관수를 조금 자주하고 강제 통풍으로 겉물을 말려주는 것이 필요하다. 혹서기의 관수는 분속의 온도를 낮춰주고 산소 공급을 도와주는 역할도 하므로 조금 자주 주는 것도 바람직하다. 물주는 시간은 아침 일찍 혹은 저녁 늦게 밤중에 주는 것이 좋다. 관수는 가급적 난실온도를 25℃ 이하로 떨어뜨린 후 실시하는 것이 안전하다. 열대야가 지속될 때에는 저녁 때 에어컨을 켜서 온도를 내린 후에 실시하는 것도 좋은 방법이다. 이렇게 혹서기에 밤 기온을 적당히 내려주면 장마철에 이어 가장 활발하게 난이 신장하는 철이기도 한다. 그래서 밤에는 시원하게 해 영양 소모를 막고 낮에는 충분한 탄소동화작용으로 영양을 축적하도록 하는 것이 중요하다. 한편 춘란의 경우 7월 말에서 8월 초순에 걸쳐 화아분화가 이루어진다. 건강한 난의 경우 관수를 한번쯤 길게 잡아 화아분화를 유도해야 하는 시기이다.

아침저녁으로 서늘한 기운을 느낄 수 있는 시기는 8월 말경부터이다. 낮 동안은 덥지만 아침저녁으로 기온의 변화를 느낄 수 있다. 이 시기 햇볕은 투명하고 따갑다. 하지만 대기는 상당히 건조하다. 가을철에는 분속을 약간 말린다는 느낌으로 관수주기를 조절한다. 분토를 살펴 관수를 하게 되지만 혹서기보다는 점차 늦어져 4~5일에 한 번씩 관수하는 것이 보통이다. 그리고 10월로 접어들면서 관수주기가 점차 길어져 5~6일에 한 번씩 관수를 하게 되고, 겨울에 가까워질수록 분속이 잘 마르지 않으므로 물주는 주기를 점차 길게 해야 한다.

10~11월은 난이 충실해지고 신아가 완전히 성촉이 된다. 가능한 잔잔한 햇빛을 길게 오랫동안 쪼여주는 것이 좋다. 따라서 분속을 너무 습하게 하는 것도 좋지 않지만 분 속이 너무 건조해서 난잎이 거칠어지거나 윤기가 없어지게 해서는 안 된다.

아침저녁으로 선선하지만 9월까지는 낮 동안에 기온이 상당히 올라가므로 아침 일찍 혹은 저녁에 물을 주도록 한다. 그러나 9월 하순부터는 아침나절에 관수를 실시하는 것이 좋다.

본격적인 겨울이 시작되면 관수시기는 더욱 길어진다. 동면시기에 분 내가 과습하지 않도록 특별히 유의해야 한다. 관수는 배양장의 환경을 고려해 실시하는데, 관수시간은 오전 중에 찬기운이 가신 다음에 실시하도록 한다. 12월이면 일주일에 한 번 정도 보통 실시되지만, 혹한기인 1~2월은 10일 정도로 관수주기가 길어진다. 물론 휴면이 여의치 않아 계속 생장시키는 경우는 다를 수 있다.

관수시기 조절은 자신의 배양환경과 앞에서 언급된 여러 요인들을 감안해서 결정한다. 이는 어쩌면 애란인 자신의 난실환경과 배양자의 배양리듬과 관련된 문제로, 자신만의 적합한 방법을 찾아야 한다. 계절에 따라 기상은 미묘한 변화를 일으킨다. 여기에 난실의 환경도 수시로 변화한다. 그 변화는 감지할 수도 있고 그렇지 않은 경우도 많다. 하지만 난은 여기에 민감하게 반응을 하며 적절한 애란인의 조치를 기다린다.

　물의 수온도 관수할 때 상당히 주의할 점이다. 온도가 낮은 찬물을 그냥 주면 위험하다. 만약 실온보다 상당히 낮은 수온의 물을 주게 되면 갑자기 분 내 온도가 내려가게 되면서 수분흡수가 잘되지 않고, 심하면 냉해를 입게 된다. 그 결과 신진대사가 잘 이루어지지 않아 잎이 꺼칠해져서 탈수증상이 오게 되고, 심하면 뿌리의 벨라민층이 텅 비게 된다. 그러므로 물은 항상 실온과 비슷한 수온의 물을 주는 것이 좋다. 여름철에 너무 차가운 물을 주어 냉해를 유발하기도 하고, 겨울철에도 너무 차갑거나 따뜻한 물을 주어 냉해나 동면을 깨우는 경우가 있음을 주의해야 한다. 미지근한 물을 섞거나, 난실 내 항아리에 물을 미리 받아두어 난실 온도와 같은 수온을 만들어주는 것도 좋은 방법이다.

　수질도 문제가 된다. 가능하면 연수(軟水)를 주는 것이 좋은데, 수돗물이나 식수로 사용되는 물이면 무방하다. 지하수의 경우에는 반드시 난 관수용으로 적합한지를 전문가를 통하여 산도 등을 충분히 검사한 후에 사용해야 한다. 식물마다 적합한 산도가 있으며 산도가 맞지 않으면 치명적인 장애가 온다. 난은 특히 산도에 민감하므로 소홀히 해서는 안 된다. 난에 적합한 산도는 PH5.5~6.5이다.

　수돗물의 경우, 소독을 하기 위해 여름에는 다량의 염소가 함유되어 있다. 수돗물을 받았을 때 부옇게 뜨는 것을 볼 수 있는데, 곧바로 주는 것은 좋지 않다. 그러므로 수온을 실내온도와 맞추고 염소함량을 낮추기 위해서 수돗물을 받아서 1~2일 정도 두었다가 사용하는 것이 좋다. 이때 산소함량을 높이고 식물이 흡수하기 좋은 물로 만들기 위하여 기포기 장치를 가동하기도 한다.

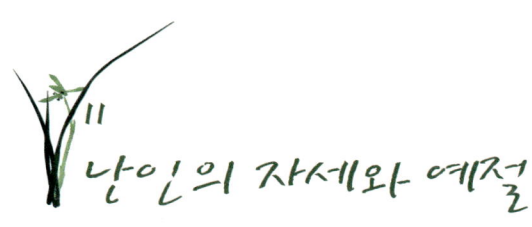
난인의 자세와 예절

　난(蘭) 취미는 즐거움을 바탕으로 하는 문화요, 예술이다. 난이라는 식물을 키우고 함께 생활하면서 즐기는 것이 본질이므로, 애란의 마음가짐과 자세를 여기에 두어야 한다. 반려식물인 난과 생활하면서 난의 본성과 더불어 자연을 알고 자신의 본성을 찾아가는 자세가 필요하다. 애란생활의 사소하고 작은 것에도 즐길 줄 아는

한국난대전 전시장 전경

사람이 행복한 난인이 되는 바탕이다. 난은 많은 동호인과 더불어 하는 취미이고, 그 바탕은 난인들이 만들어가야 한다. 더불어 행복한 난계를 위해서 난인 각자는 올바른 자세와 예절을 갖추어야할 것이다. 자칫 동호인들 사이에서 부질없는 경쟁심이나 허울에 불과한 명예나 위신 때문에 난인이 갖는 진정한 행복을 놓치거나 훼손해서는 안 된다.

　난취미인의 가장 기본적인 자세는 즐겁고 행복한 난 취미에 어떻게 다가설 것인가이다. 그동안 많은 난인들이 난 취미에 다가서는 자세가 잘못되어 크고 작은 어려움을 겪었다.

난 취미는 서두르지 말고 천천히 자기 분수(分數)에 맞게 해 나가야 한다. 난을 구입하는 것도, 난을 잘 배양하는 방법을 터득하는 것도, 난과 생활하면서 즐거움을 찾아가는 것도 서두르다 보면 낭패를 당하게 된다. 늘 난(蘭)에 대한 눈높이를 높이고 배양 실력을 쌓아 가는 등 기반이 탄탄한 애란생활을 해야 오래가고 수준 높은 난인이 될 수 있다.

취미생활로 인하여 생업에 지장을 주거나 경제적으로 어려움을 겪는 원인이 되지 않도록 항시 경계와 절제하는 마음을 갖는 것을 잊어서는 안 된다. 취미생활을 통하여 인생을 보다 윤택하게 하기 위해서는 건전하고 실속이 있는 취미생활이어야 하고, 취미생활의 범위를 일정하게 한정시킬 수 있어야 한다.

난(蘭)취미는 단계별로 과정을 천천히 잘 밟아가야 한다. 난을 배워가는 과정은 생각보다 길고, 과정을 뛰어넘을 수는 없다고 본다. 무리하게 단축시키려는 것도 금물이다. 난 취미를 처음 시작한 사람의 경우 난에 대한 좋은 이미지와 함께 난에 대한 호기심이 매우 크다. 나름대로 궁금한 것도 많고, 점차 어려움이 느껴지면서 지식을 얻으려고 힘을 쏟는다. 이 시기에 무작정 내뱉는 선배들의 이야기에 현혹되는 경우가 많다. 여러 사람으로부터 많은 이야기를 듣기 보다는 좋은 고수를 정하여 멘토로 삼는 것이 옳은 길이다. 고수들의 배양장에 자주 방문하고, 난점이나 난초판매 행사장에도 부지런히 쫓아다니는 것이 필요하다. 특히 조심해야할 것은 새로운 배양법이라 해도 완전히 검증되기까지는 실행에 옮기는 데 신중해야 한다는 것이다.

난 취미에서는 초보단계를 좀 오래 가져갈 필요가 있다. 우선적으로 배양능력이 갖추어져야하고, 산에 난 채집도 자주 가서 야생 난을 자주 접하는 것도 필요하다. 난이라는 자연예술의 깊이와 생리를 알아가는 데는 어느 정도 세월이 필요하기 때문이다. 스케줄을 잘 잡아서 차근차근 해나가는 것이 곧 왕도이다.

전문가 수준의 난인이 되기 위해서는 미쳤다는 소리를 대략 3번쯤 듣게 되고, 2~3번의 실패 과정도 겪는 것이 일반적이다. 나는 다르겠지, 하지만 그렇지 않다. 그런 과정을 겪고

나서야 난을 어느 정도 안다고 말할 수 있을 것이다. 그러나 대개의 난인들은 자기가 고수인 것으로, 행운아인 것으로 착각하는 경우가 많다. 어느 때를 막론하고 난초에 대한 조급한 과잉투자나 충동구매 및 배양에 대한 과신은 금물이며, 자제하고 또 자제하면서 천천히 해나가야 한다.

난 취미에서 가장 중요한 문제는 난을 잘 배양하는 것이다. 난 배양은 생각만큼 쉬운 것이 아니다. 난 배양은 환경을 최대한 갖추고, 원칙을 지키며 겸손한 자세로 해야 한다. 난은 그 구조상 다른 식물과 차이가 있으므로 그 생리를 이해하고 이에 맞는 배양시설을 최대한 갖추는 것이 우선이다. 그런 후 본인의 난실환경에 맞는 배양원칙을 세워 지켜나간다면 난도 환경에 잘 적응하고 잘 자란다. 특히 초보단계에서 자만과 과신으로 낭패를 당하는 경우가 많은데, 몇 번이고 자신을 체크해 봐야 한다.

난(蘭)은 생물이기에 환경이나 배양방법에 큰 영향을 받지만, 기본배양법만 지킨다면 어느 정도는 적응을 잘 하는 식물이다. 배양에 대해서 주변의 자칭 고수라는 사람들의 성공담이라고 해서 무조건 따라하는 데는 신중해야 한다. 이들 대부분이 완전히 검증된 것도 아니고, 각자의 난실환경이 다르기에 더욱더 그러하다.

"난(蘭)에게 물어서 난을 기르고, 난을 기르면서 난으로부터 길러진다"라는 중국의 옛 명언이 있듯이 난의 입장에서 관리하고 난과 교감하면서 배양을 해가면 배양 성과도 좋고 취미생활도 즐거울 것이다.

자기 난실환경에 맞는 배양방법을 터득해야 한다.

난실 환경은 좋은 자생지와 같이 해주면 좋겠으나 온실에서 그러한 환경을 만들 수는 없는 것이며, 하물며 많은 난을 배양하는 경우 각각의 환경을 맞추기란 불가능하다. 그러나 난의 생리를 이해하고 이에 맞추어 관리하면 난이 환경에 스스로 적응하게 되고, 일단 적응만 하고 나면 자연상태보다도 더 잘 자란다. 그런데 많은 애란인들이 귀가 얇아서 남의 말을 듣고 자꾸만 환경을 바꾸는 바람에 난이 환경적응에 실패하거나, 적응한다 해도 에너지를 너무 많이 소모하게 된다. 따라서 난 배양은 처음 기본배양법에서 출발하여 조금씩 보완한 후 자기온실의 환경에 맞는 배양법을 빨리 터득한 후 흔들림 없는 배양을 해야 한다.

배양과정 등을 기록하고 문제점을 분석하여 개선해가야 한다.

난실의 환경은 각자가 다 다르고 배양 습관도 다 다르므로 결국은 자기 난실의 환경에 맞는 배양법을 스스로 찾아야 한다. 그러기 위해서는 배양과정을 기록해두어야 잘못한 것이 무엇인지를 알고 개선방안을 찾을 수 있게 된다. 경력이 10년이 넘는 사람도 헤매고 있는 것은 자신이 무엇을 잘못했는지 그 원인을 모르기 때문이다. 그리고 배양이 잘된 경우나 발색이 잘된 경우 그 원인을 기록해두어야 하고, 특히 본인이 등록한 난은 그 배양법·발색법 등에 대하여 기록을 남겨야 한다.

난 취미는 좋은 선생을 만나서 차근차근 배워나가야 한다.

난 배양은 책을 보고 익히는 데 한계가 있고, 실제로 배양을 해보면 잘 안되고 어려움에

봉착할 때가 많다. 처음 난을 시작할 때는 주변에 지도해주려는 전문가가 상당히 많은데, 알고 보면 대부분이 난 구입, 난 배양에 실패한 사람이거나 경험이 일천한 자인 경우가 대부분이다. 따라서 좋은 선생을 만나는 것이 곧 행운이며, 그로부터 흔들림 없이 지도받는 것이 지름길이다.

단계를 밟아 천천히 꾸준하게 해야 한다.
난 취미는 서두르거나 행운을 바라면 실패할 확률이 대단히 높다. 난 구입과 배양 과정에서 누구나 1~2번의 실패를 하게 되는데, 이때의 피해를 줄이기 위해서라도 천천히 하는 것이 좋다. 이때 들어간 돈을 수업료라고 하는데, 짧은 과정에서 너무 많이 혹은 대부분을 소진하고 나면 더 앞으로 나아갈 여력이 없게 된다. 난 취미인의 상당수가 여기서 좌절하고 만다. 경력이 1~2년밖에 안된 사람이 프로의 흉내를 내다가 만신창이가 되어 난계를 떠나는 경우가 많은데, 몹시 안타까운 일이다.

난 취미를 하게 되면 난을 사고파는 문제가 생각보다 어렵다. 난을 구입할 때는 제대로 갖춘 선배의 조언을 받되, 건실한 정품을 정상적인 루트를 통하여 구입하는 것이 바람직하다. 난취미를 하다보면 행운이 따르는 경우도 있겠지만, 행운을 기대하고 난을 구입하다 보면 실패하는 경우가 대부분이다. 처음 난을 시작한 분은 배양과 품종선별에 어느 정도 수준이 될 때까지는 고가의 난을 구입하지 않는 것이 좋다. 그리고 난을 구입할 때는 가급적 믿을 수 있는 상인으로부터 구입하는 것이 좋다. 난을 애란인들끼리 거래하기도 하나 자칫 말썽이 생길 소지가 있으므로 특별한 경우를 제외하고는 피하는 것이 좋다.

난 취미는 생물인 고가의 난을 매개로 한 취미이며 난 거래를 동반하고 많은 사람과 더불어 하는 취미이므로, 서로 간에 지켜야 할 점도 많다. 책임 없이 쉽게 남을 지도하려고 하지 말고, 지도를 받을 때에도 반드시 검증된 것인지를 체크해보고 신중히 받아들여야 한다. 난 취미에 있어 난 배양방법이나 품종선별 등은 끊임없이 연구하고 개발해가야 하는 과제이다. 잘못해서 배양에 실패를 하거나 품종선택을 잘 못한 경우에는 큰 손실을 보게 된다. 그런데도 너무나 쉽게 남을 가르치려고 한다. 특히 본인이 직접 경험하지도 않고 주위들은 것을 무책임하게 남에게 전달해 실패를 하게 하는 경우도 상당히 많이 본다.

난 배양은 난실환경에 따라 다르므로 남의 배양방법을 그대로 적용하여 실패하고 후회하는 경우도 많이 본다. 난 배양은 상당히 어렵고 여러 가지 변수가 작용하는 것임을 알고 신중하고 겸허한 자세로 임해야 한다.

남이 하는 방식을 많이 보고 좋은 방법은 배우고 실패 사례는 타산지석으로 삼아야 한다. 난 취미는 경험이 최고의 선생이다. 난 배양은 환경에 큰 영향을 받으므로 남의 난실을 자주 방문하여 환경을 어떻게 맞추어주는지, 배양관리는 어떻게 하는지 등을 작황과 함께 체크해보는 것이 큰 도움이 된다.

난 취미는 여러 사람이 어울려 하는 취미이므로 최대한 예의를 지키고 상대방을 인격적으로 대해야 한다. 난계는 동호인도 많고 단체도 많으므로 자칫 말이 많을 수 있다. 따라서 늘 언행을 바르게 하고 남을 흠집 내는 말을 하거나 불편하게 해서는 안될 것이다.

난인들 간에는 깊은 인연을 오래도록 맺고 지내는 사람이 많다. 그럴수록 더욱더 예의를 지켜야 한다. 난인들 간에 서로가 지켜야 될 예의가 많으며, 특히 남의 난실을 방문할 때는 기본적인 예의를 알아야 하고, 반드시 지켜야 한다. 난인들은 자기가 배양하고 있는 난(蘭) 하나하나에 남모를 사연이 있는 경우가 많다. 일상과 같이 편하게 생각하고 한 행동이 불쾌하게 받아들여질 경우가 있을 수 있다. 난인들은 난이라는 아름다운 끈으로 엮어진 좋은 인연을 잘 이어간다면 유쾌한 만남이 되고 서로가 서로를 아끼는 인생길의 동행인이 될 것이다.

난 취미계는 동호인도 많고 행사도 많으며 늘 동호인들과 어울려서 해가는 취미이다. 또한 난계는 순수취미인만 있는 것이 아니라 상인, 농업인 등과 공존하며 남녀노소, 빈부의 차이, 학식의 차이 등 여러 부류의 사람들과 오랜 기간 동안 끊임없이 교류하면서 해나가는 취미이다. 더구나 고가인 난을 매개로하는 취미이므로 자칫 마음을 다칠 수 있고, 갈등이 발생할 수 있는 환경이다. 취미의 본질인 즐거움과 행복을 얻기 위해서 난계가 예절과 순리를 바탕으로 아름다워야 할 것이다. 항상 자기 관리를 하면서 배려하여 난계의 아름다운 환경조성에 노력해야 할 것이다. 난계는 난인들의 생활 터이고 난계의 좋고 나쁨은 난인들이 만들기 나름이다.

〈난실방문의 예절〉

- 상대방의 양해를 받아서 방문하되, 사전에 약속하고 약속을 지켜야 한다. 상대방이 방문을 거절한다고 해서 서운하게 생각해서는 안 된다. 난실에 다른 난인을 초대할 수 없는 사정이 흔히 발생하기 때문이다.
- 방문해서는 주인의 눈길이 닿지 않는 곳에서는 사소한 일이라도 행동을 조심한다. 가령 주인이 전화를 받는 등으로 잠시 난실 밖으로 나가는 일이 있으면 같이 밖으로 나온다.
- 양해를 받지 않고서는 절대로 화분·꽃·잎에 손을 대지 말고, 사진촬영도 양해를 구한 후에 해야 한다.
- 남의 난(蘭)을 마음대로 평가하거나 배양상태를 평가해서는 안 된다. 물어보는 경우 성심성의껏 답변하되, 묻지도 않은 것에 설명을 늘어놓는 것은 금해야 한다.
- 분양을 받고자 하는 난(蘭)이 있을 때에는 조심스럽게 물어보되, 거절한다고 서운하게 생각해서는 안 된다.
- 방문한 난실에 대하여 비밀을 지켜주어야 한다.
- 난을 가까이서 감상하고 싶을 때는 주인에게 꺼내줄 것을 부탁한 다음 감상하도록 한다. 혹 자기 손으로 꺼내게 되었을 경우에는 신중한 자세로 조심스럽게 행동하고, 분(盆)의 위치를 제대로 확인하여 다시 되돌려놓을 때 원래의 위치·방향이 바뀌지 않도록 해야 한다.
- 주인이 난(蘭)에 대해 설명을 할 때에는 경청한 후에 물어볼 것이 있으면 정중하게 물어본다.
- 지나치게 난(蘭) 가격에 집착하거나 그런 태도를 보이는 것은 좋지 못하다.
- 좋은 난을 보았을 때에는 칭찬을 아끼지 않아야 한다.

난(蘭)과 난인(蘭人) 간의 관계

　인간은 본래 외로움을 타는 존재이다. 복잡하고 바쁘다 보니 사람과의 어울림이 여유롭지 못하고, 생활이 여러모로 빡빡하니 그 정도가 심한 듯하다.

　더구나 2인 혹은 1인 가족이 늘어나고, 트렌드의 빠른 변화로 세대 간은 물론 타인 간에 소통이 어려워지면서 생활 속에서 정(情)을 나누는 짝을 찾게 되었다. 각자가 좋아하는 동·식물을 찾게 되었고, 반려식물·반려동물이 생활의 많은 부분을 차지하는 문화가 형성되어 있다.

　반려식물은 반려동물에 비하여 다양하고 관리하기가 편할 뿐만 아니라 여러 가지 유익한 점이 많은 것으로 알려져 있다. 식물을 키워본 사람은 식물이 주는 위안과 기쁨을 잘 안다. 사람은 아름다운 꽃이나 식물을 보면 마음을 안정시키는 뇌파가 활발해져 스트레스가 풀리고 불안이 가라앉는다고 한다.

　반려식물을 잘 묘사한 영화 '레옹'에는 주인공과 함께 처음부터 끝까지 식물 아글라오네마(Aglaonema)가 등장한다. 레옹은 아글라오네마를 화분에 담아 스프레이로 물을 뿌려주고 잎을 닦아주면서 정성껏 가꾼다. 집을 옮길 때마다 갖고 다니는 분신(分身)이다. 레옹은 아글라오네마를 '제일 친한 친구'라고 부른다. '뿌리가 없는 것이 나와 같다'고 말한다. 레옹이 죽자 소녀 마틸다는 아글라오네마를 교정에 심어 뿌리를 내리게 한다.

　난(蘭)은 오래전부터 단연 반려식물의 으뜸이고, 난인에게 난(蘭)은 평생을 함께하는 반려식물이다.

난인(蘭人)은 난(蘭)을 곁에 두고 늘 난과 함께 생활하면서 희로애락을 같이하는 사람이다.

　난인들은 난과 보내는 시간이 많고, 난실에서의 난인은 때묻지 않은 순진한 아이의 소꿉놀이와 같이 천진스럽다. 난인은 난과 끊임없이 대화하고 마음을 나누며 보살피고 애정을 쏟는다. 난인과 난은 매일 만나는데도 늘 나눌 이야기가 있다. 난실에서 물끄러미 난을 보고 있노라면 이야기는 난잎을 타고 흐르고, 살며시 속삭이며 다가온다. 아무도 없을 때는 소리 내어 말을 나눈다. 난인들은 난을 가족보다 더 챙기다 보니, 배우자로부터 난(蘭)하고 사느냐는 질투를 받는 경우도 종종 있다.

난인에 있어 난은 생활이요, 인생이다.

　화가에게 있어 그림이 인생이고, 작곡가에게는 음률과 곡조가 인생인 것과 같다. 진정한 난인은 자신의 인생에 난을 담는 사람이다. 난인은 난실에 들어서면 이쪽저쪽을 다니면서 난 하나하나를 찬찬히 챙긴다. 난의 반김을 놓칠세라 일일이 눈도장을 찍고, 만족함의 인사를 끄덕끄덕 한다. 난잎의 생기가 조금이라도 떨어지면 금방 알아차리고 가엾어 하며 걱정한다. 잘 자라고 있는 놈은 칭찬을 하면서 난분을 괜히 들었다 놨다 하고, 귀여운 아이 머리 쓰다듬듯 난잎을 손으로 쓰다듬기도 한다. 수 백, 아니 천 분이 넘는 난 화분도 난 하나하나의 상태뿐만 아니라 놓인 방향까지도 정확히 기억한다. 누군가가 난실을 방문했을 때에는 자식 자랑하듯 난 자랑을 여념 없이 늘어놓는다.

난인들은 난과 생활하면서 풍요로운 인생을 즐긴다.

　난인이 환희에 차 있거나 사랑에 빠져 있거나 경쾌한 기분과 만족감에 빠져들 때는 대부분 난과 함께 있을 때이다. 난인들이 난을 통하여 아름다움을 느낄 수 있고 마음의 감동을 갖는다면 그 순간 난인들은 난의 세계에 몰입해 있는 것이고, 난과 혼연일체가 되는 것이다. 난을 접한 사람 중에 유독 난에 빠져들고 평생을 변함없이 같이하는 사람이 많이 있

최영재 作

다. 이런 사람들은 난과 특별한 인연을 타고난 사람이고, 실제로 난을 평생의 반려식물로 삼아 깊은 사랑을 나눈다. 그래서 난을 '인연초'라고 부르는 것 같다. 애란생활에는 많은 즐거움이 있겠지만 그중에서도 대표적인 10가지를 필자는 '난인 10락(蘭人 10樂)'이라고 말한다. 살림이 늘어나듯 난(蘭)을 모아가는 재미, 난담(蘭談)을 만들고 나누는 즐거움, 산에 가서 난을 채집하는 즐거움, 난에 물을 주며 생명체를 키우는 재미, 신아(新芽)를 감상하는 재미, 난잎을 감상하는 재미, 난꽃을 피우고 감상하는 재미, 난을 분양하는 즐거움, 난꽃 축제의 즐거움, 난을 배워가는 즐거움 등이다. 그 외에도 난인에 따라 각자가 갖는 재미는 실로 많고 다양할 것이다.

난인은 생활이 곧 예술이다.

난과 난인 간의 관계 사이에는 무궁무진한 예술적 교감이 이루어진다. 아름답고 멋있는 자태와 훌륭한 덕성을 가진 신비하고 매력적인 난을 그 본성으로 즐긴다. 난인은 난꽃을 앞에 놓고 마주앉아 몇 시간이고 감상하는 때도 있다. 단순한 미적 감상을 넘어 본성에 대한 교감이 이루어지는 것이다. 난초를 앞에 놓고 차 한 잔 하는 것은 영원과 마주 앉은 무욕의 시간이고, 정갈한 마음과 삶에 대한 깨달음의 공간이다. 애란생활은 난의 예술적 본성을 찾고 공감하면서 즐겨야지, 돈으로 생각하는 순간 그냥 풀에 불과하다. 난인들은 난을 돈으로 거래하지만 단순한 거래물건으로 취급하지는 않는다. 난을 분주해 분양할 때 사랑하는 딸을 시집보내는 심정으로 보낸다

난인은 난이라는 자연 속에서 스스로의 마음을 읽는 사람이다.

난인은 난과 생활하면서 사색을 많이 한다. 사색은 마음을 살찌게 하고 영혼을 맑게 한다. 난과 생활하다 보면 작고 보잘 것 없는 것에도 아름다움을 느끼고 애틋한 정을 나누게 된다. 때로는 눈물이 핑 돌 때도 있다. 난은 인간의 원예식물로서 자신을 내던져 모든 것을 내보이기에, 난인은 난을 경건하게 대하고 난의 본래 모습을 소중히 간직해야 하는 사람이다. 인간의 감지능력을 벗어난 존재의 이면을 알아내고, 작은 것에도 감사하는 마음으로 인생을 즐길 줄 아는 사람이다. 난인들은 난과 생활하면서 즐거움은 즐거움대로, 슬픔은 슬픔대로 나누고 대화한다. 난인의 근심 또한 난잎에 걸려서 운다. 난을 오래 대하다 보면 난도 일종의 의식을 갖고 있다는 것을 느낀다. 그래서 난인들은 난을 대할 때 거짓과 꾸밈이 없는 진실만으로 주의 깊고 조심스럽게 다룬다.

난은 난인에게 중용의 도를 끊임없이 가르친다.

중국 명나라 때 단계자(簞溪子)가 난의 성향 등에 관하여 백가(百家)의 이야기를 종합한 '난역십이익(蘭易十二翼)'을 보면 난 배양에는 과하고 부족함이 없는 중용을 가르치고 있다. 난과 생활을 오래한 난인은 난을 대함에 욕심을 자제할 줄 알고, 인연의 소중함을 알게 된다. 난이라는 생명체의 존엄과 외경에 고개 숙이는 자세가 자연 몸에 밴다. 작고 보잘 것

없는 것에도 소홀히 하지 않으면서 세심히 살피고, 난의 내면을 잘 이해하는 사람이 참다운 난인이다.

그런데 요즘 들어 진정한 난인들이 줄어들고 난문화가 퇴색되는 분위기에 아쉬움을 토로하는 난인들이 많다. 난문화 또한 세월이 흐르면서 난에 대한 신비감도 점차 떨어지고 난 사랑에 대한 이야기도 점차 흥미를 잃어가는 것인가?

초창기 난인들이 가슴 두근거리며 난사랑 이야기를 만들어 내던 그 문화가 그립다. 진정한 난인이란 난을 많이 소장하거나 난을 잘 기르는 사람이 아니라 진정으로 난을 사랑하며 난과 생활이 몸에 배여서 난의 품성을 닮아가는 사람이다. 난과 오래토록 생활하면서 희로애락을 같이하는 사람이다.

지금의 난문화를 보면 판에 박힌 듯한 형태를 하고 있다. 우리의 삶에 다양한 표정이 있듯이 애란생활에도 일률적인 난인이 아니라 각자의 개성이 담긴 애틋한 멋과 운치가 있어야 할 것이다.

한국의 문화와 예술의 특징은 자연과의 접화(接化, grafting, 이질적인 대상과의 단순한 공존이 아니라 이질성을 통해 시너지를 창출하는 관계)로써 이루어진다. 접화는 서로 다른 존재가 만나서 하나로 어우러지는 것이다. 다시 말하면 접화는 주종이 없는 균등한 통합이다.

한국인에 있어 자연과 인간은 대립적인 관계가 아니라 상생의 관계로 맺어지는 것이다. 한국음식의 기본인 된장, 김치 등은 자연과의 접화가 잘 이루어진 음식이고, 한국의 집은 풍수가 좋은 곳을 찾아 별도 정원이 없이 자연 그 자체를 정원으로 삼아 지었다. 한국인은 자연과 인간의 본성을 서로 침범하지 않으면서 새로운 시너지를 만들고 누리는 사람이다. 따라서 난인은 난을 단순히 소유하거나 지배·관리하는 사람이 아니라 난(蘭)이라는 자연과 접화군생(接化群生, 신라시대 최치원 대학자가 '난랑비서(鸞郞碑序)'에서 한 말, 만물과 접하면서 교화하고 조화된다는 뜻)하는 사람이 되어야 한다.

신라시대 물계자는 "자연이 아름다운 것은 자신의 본성대로 존재하기 때문이고, 인간이 추한 것은 자기다운 본성을 잃었기 때문이다"라고 하면서 얼을 중시하였다. 난인들은 난과 함께 생활하면서 난과 서로 상통하고 자연과 인간이 어느 쪽으로 기울지 않고 타협하여 묘합(妙合)을 이루어야 한다. 그리하여 궁극적으로 자연의 본성을 배우고 자신의 본성을 복원해가는 한편, 단순한 미적 추구 이상의 풍요로운 인생을 만들어가야 할 것이다.

자연의 내면을 이해하는 사람이 인간도 잘 이해한다. 난인은 자신의 진정한 모습과 자아발견에 대한 새로운 통찰력을 얻게 된다. 도시생활에서 잃어버린 자연에 대한 혜택과 삶에 대한 여유와 미덕도 되찾게 된다. 애란생활을 통하여 이러한 갈망에 조금이라도 다가갈 수 있다면 그것이 난과 생활에서 얻는 최고의 가치가 아닐까 싶다.

난계(蘭界)가 난의 품성을 배우고 즐기는 문화를 만들어야 훌륭한 난인이 많이 나올 것이다. 옛날이든 지금이든 자연의 섭리를 체득하면서 난과의 끊임없는 교감이 없고는 어찌 애란의 즐거움을 알겠는가? 사람들이 생명력을 가진 자연마저도 하나의 재원으로 여김으로써 자연 또한 이용하고 착취해야 할 상품, 정복하고 지배해야 할 대상이 되어버린 것이다.

앞에서 말한 올바른 난인의 품성과 생활이 잘 배이고 녹아든 난문화를 만들었으면 하는 것은 나만의 욕심은 아닐 것이다. 바람직한 난문화와 난인들의 융성은 올바른 가치와 신념, 그리고 노력 속에서 이루어질 것으로 본다. 이것은 난인들의 뼛속 깊은 곳에서 우러나오는 절실한 소명의식에서 출발해야 하고, 난인 한 사람 한 사람이 진정한 난인으로 거듭나야 할 것이다. 나도 더욱더 난에 푹 빠져 풍요로운 인생을 즐기고 싶다.

13 난초 수집

　수집(蒐集)은 인간의 욕망에 바탕을 두고 있는 본능이다. 아기가 가장 먼저 배우는 말이 '엄마'이고, 가장 먼저 의사표시를 하는 것이 '내꺼야'라고 한다. 그만큼 인간은 물건 소유에 대한 집착이 강하다고 말할 수 있다. 수집에 대한 본능은 신분의 높고 낮음, 부(富)나 나이, 배움의 정도 등과는 무관하다. 어찌 보면 이러한 본능이 인류를 발전시키는 바탕이 되었을 것이다.

　취미는 대부분 수집, 즉 컬렉션(collection)이다. 우표, 음반, 고서화, 미술품, 곤충 등 수집을 취미로 하는 종류는 실로 다양하고 헤아릴 수 없이 많다. 이와 같이 수집 그 자체가 취미인 경우도 많지만, 수집 자체가 취미가 아니더라도 대부분의 취미는 취미와 관련된 물건을 모으게 된다. 이러한 수집 활동은 여러 가지 기능을 갖는다. 역사의 훼손을 막고 보존하기 위한 것, 수집으로 재테크나 소득창출을 위한 것 등의 기능도 있겠으나 무엇보다도 자신의 만족과 즐거움을 위한 것이 가장 크다고 할 수 있을 것이다.

　일반적으로 취미계에는 동호인 간에 진귀하고 희귀한 것을 소장하는 자가 우월감을 갖고 만족감을 갖기에 수집에 혈안이 된다. 난(蘭) 취미인들도 남들이 가지고 있지 않은 희귀품종을 가지고자 하는 욕망, 가짐에 따른 만족감을 갖는 것은 마찬가지이다. 그러나 난인들이 난을 모으는 것은 다른 수집과는 또 다른 차원도 있다. 남보다 먼저 품종을 수집하고, 이를 번식해서 배양소득을 올리려는 것을 더 큰 목적으로 하는 난인들도 꽤 많다. 취미를 넘어 농업적으로 난을 하는 경우는 더욱더 그러하다.

'수집(蒐集)'의 한자 수(蒐)는 풀 속에 귀신이 숨어 있는 모양을 가리킨다고 한다. 귀신을 찾듯이 찾아 모은다는 건 아무나 할 수 있는 일이 아니다. 옛사람들이 수집을 미술품을 아는 마지막 경지로 친 것도 그래서일 것이다. 조선 정조 때 학자 유한준(俞漢雋, 1732~1811)은 "알면 참으로 사랑하게 되고, 사랑하게 되면 참으로 감상하게 되며, 감상하다 보면 수집하게 되니, 수집은 그냥 쌓아두는 것이 아니다"라고 했다.

난정서(蘭亭序)

동양사에서 미술품 욕심이 가장 컸던 사람은 중국 당태종(唐太宗)일 것이다. 서성(書聖) 왕희지의 작품을 유난히 사랑했던 그는 지상에 남아 있는 왕희지 글씨를 2,000점 넘게 모았다. 그러나 손에 넣지 못한 것이 있었다. 왕희지의 걸작 중 걸작으로 전해지는 서첩 '난정서(蘭亭序)'였다. 당태종은 수소문 끝에 소장자를 찾아냈다. 그를 황궁으로 불러 구슬리도 보고 협박도 했지만 뜻을 이루지 못했다. 당태종은 결국 사람을 보내 '난정서'를 훔쳐 오게 했다. 곁에 놓고 아끼고 어루만지다 죽을 때가 되자 자기 관(棺)에 넣게 해 저세상으로 가져갔다.

우리나라 근대 서화가이며 수필가인 근원(近園) 김용준(金瑢俊)은 당태종의 이러한 수집에 대하여 〈골동설(骨董說)〉이라는 글에서, "조선의 그 많은 수집가들은 과연 어떠한가. 한 폭의 서화를 소유하기 위해 제왕의 위엄까지 희생시킬 용의가 있겠는가"라고 했다. 어느 분야든 오랜 기간 간절하게 다가서면 반드시 남다른 결과물이 있을 수밖에 없다는 것은 자명한 이치일 것이다.

난 취미인들은 유달리 남이 갖고 있지 않은 품종을 먼저 갖고자 한다. 한국춘란만 해도 그 종류가 헤아릴 수 없을 정도로 많고 산에서 원종이 자꾸 발견되어 나오니, 난초마니아들은 안테나를 세우고 여기저기 정보를 수집해서 귀한 품종을 먼저 갖고자 부단히 노력한다. 산채를 하는 사람은 그들대로, 난을 구입하는 사람은 그들대로 형편이 되고 안 되고를 떠나 수집에 열을 올리기는 마찬가지다. 사람 욕심이 끝이 없다는 말이 있듯이 난초수집에도 끝이 없다. 이것으로 만족해야지 하고는 그 난(蘭)을 내손에 넣고 나면 또 갖고 싶은 난이 보인다.

난인이라면 어느 정도는 난 욕심이 있어야 하겠지만, 어느 누구도 그 욕심을 다 채울 수 없을 것이다. 결국은 절제하고 절제하면서 만족해가는 수밖에 없다. 스스로 만족할 줄 알아야 즐거움이 생길 자리가 만들어진다.

난을 오래한 사람이면 한두 번 난에 미친 경험이 있을 것이다. 난에 미쳤을 때라 함은 난 수집에 온통 정신이 팔려있을 때이다. 오래된 난인들은 자신이 난에 미쳐있던 때를 회상하면서 추억에 젖어보곤 한다. 난인이라면 누구나 말 못할 여러 가지 안타까운 과거가 있었겠지만 크게 후회하거나 아쉬워하지는 않는다.

부산의 C애란인은 '97년 겨울 거금도에 난을 채집하려고 꼭두새벽에 부산을 출발, 거금도로 가는 배의 출항시간을 맞추려고 가속으로 달리다가 고흥의 꼬불꼬불한 비탈길에서 교통사고가 나서 혼비백산되었고, 갈비뼈 3개가 부러졌다. 현지 병원에 입원해 있으면서도 거금도 난(蘭)이 어찌나 눈에 아른하든지 깁스를 한 채로 거금도로 산채를 갔다 왔다고 한다.

또 부산에 사는 P애란인은 좋은 산채품 난초를 구입하려고 부인과 같이 주말마다 전라도로 내려갔다. 한번은 밤중에 함평까지 달려갔는데, 눈을 만나 눈길에 차를 세워두고 차 안에서 꼬박 하루를 붙잡혀 있는 큰 고생을 했다고 한다. 그런 그가 그 다음 주에도 산채품 명품들이 하도 눈에 아른거려 고생 따위는 잊어버리고 또 다시 광주로 달려갔다고 하니, 이것이 난초에 미친 사람들의 모습이다.

난인들끼리 나누는 이야기 중에는 많은 부분이 난초 수집에 얽힌 이야기이다. 난인들은 난초 수집에 미친 이야기를 다들 몇 건씩은 가지고 있다. 이것은 난인들만이 가지는 애틋한 추억이고 난인의 세계이다.

　나도 난에 미친 사람이란 소리를 여러 번 들었다. 당시에는 스마트폰이 없던 때라, 난꽃 하나를 보기 위해 밤중에 부산에서 함평, 광주, 석곡 등지로 밤을 꼬박 새며 갔다 와 바로 출근한 경우도 여러 번 있었다. 토·일요일에는 어김없이 길도 없는 야산을 굽이굽이 휘젓고 다닐 때는 꼭 난(蘭)에 홀린 사람 같다는 말도 많이 들었다.

　한창 산채품이 많이 채집되던 90년도 초·중반에 상인들은 전라도나 진주지방에서 제법 괜찮은 품종의 난을 입수하고는 부산으로 오면서 밤중에 연락을 한다. 아무리 늦은 밤이라 해도 만나서 난을 구경한다. 이때 마주한 대부분의 난은 수준이 미흡했지만 가끔은 마음에 드는 난이 보이는데, 자금이 부족해서 구입하지 못할 때에는 마음고생을 많이 하게 된다.

　난인(蘭人)들 중에는 난초 배양을 잘 못하면서도 난에 욕심만 앞서 귀한 품종을 소장하다가 절종(切種)시키는 경우를 더러 보게 된다. 본인에게도 손실이지만, 귀한 자원을 없앤 것이니 국가 차원에서도 손실이 이만저만이 아니다. 난은 없어지고 애달픈 이야기만 남는다.

　한국춘란에서 원예적으로 우수한 품종을 개발하고 하루속히 번식하여 원예상품화 하는 것이 난인들의 사명이라고 할 수 있다. 난(蘭)은 그것을 좋아하고 진정 즐길 줄 아는 이라면 누구나 가져도 되겠지만, 촉수가 적거나 배양이 어려운 상태라면 배양을 잘하는 고수가 기르도록 해서 절종이나 퇴보를 막아야 할 것이다.

　난(蘭)을 오래 한 사람들은 한결같이 '난(蘭)은 인연초다'라고 말한다. 불교에서는 모든 것이 생기고 소멸하는 데는 반드시 원인이 있다고 보고, 생멸에 직접 관계하는 것을 인

한국춘란 홍화소심 '홍로(紅露)'

한국춘란 홍화 '해련(海連)'

(因)이라고 하며 인을 도와서 결과를 낳는 간접적인 조건을 연(緣)이라 한다.

 난초를 오래하다 보면 난초는 인연 따라 움직이는구나 하는 것을 느끼게 된다. 명품 반열에 해당하는 난(蘭)은 우여곡절을 거쳐 그 난과 인연이 있는 사람에게 들어가는 것을 많이 본다. 명품 난들은 이러한 과정에서 저마다 인연에 따른 이야기가 만들어진다.

 자신과 인연이 있는 난은 잘 배양이 되지만, 그렇지 않은 난은 가지고 있어도 죽든지 배양이 잘 되지 않는다. 대주를 키우던 사람으로부터 뒷벌브 하나를 분양받아간 사람이 대주를 잘못 키운 사람에게 거꾸로 분양을 해주는 경우도 많이 본다.

 난인들 사이에는 인연초와 함께 난복(蘭福)이란 말을 많이 한다. 산채를 잘하는 채집에 복이 있는 사람, 명품을 잘 만나 구입 복이 있는 사람, 배양이 잘되는 키우는 복이 있는 사람 등 난복도 여러 가지이다. 산에서 난초 채집을 많이 해본 분들의 경험을 들어보면 난은 인연이 있어야 만나는 것이구나 하는 생각을 갖게 한다. 인연이 없는 사람이 지나간 뒤에 따라가는 사람이 명품을 발견하는 경우도 있고, 뜻하지 않은 코스에서 우연히 좋은 난을 만나는 경우도 종종 있다. 그러나 난인들은 인연초니, 난복이니 말하지만 그 무엇도 난을 수집하는 열기를 식히지는 못한다. 난초마니아들은 마음에 드는 난초를 만나면 내일 당장 땟거리가 없어도 사지 않고는 못 배기는 것이 난초라고 말한다. 난인들은 난초에 대한 소유욕과 집착이 매우 강하다. 특히 남이 가지지 않은 품종을 가지려는 욕망이 크고, 남이 가진 것을 나도 가져야지 하는 욕구가 매우 강하다. 실제로 난인들은 난초구입에 대한 만족감과 즐거움이 다른 어떤 것보다 크다고 말한다.

난 구입 때문에 부부싸움을 하는 난인들도 많다. 남편의 난 구입이 이해할 수 있는 범위를 넘어서고 가계를 어렵게 하다 보니 부부간 다툼이 생기기 마련이다. 처음에는 난인들이 부인에게 거짓말을 한다. 난우(蘭友)로부터 얻었다고 말하기도 하고, 실제 구입가격의 1/10정도에 샀다고 얼버무리기도 한다. 그러나 시간이 가면서 부인들도 소문을 듣기도 하고, 돈의 흐름을 눈치 채고는 신경을 곤두세우고 다그친다.

부산의 어느 난인은 퇴근 시에 난(蘭)을 가지고 집에 가면 부인이 하도 신경을 쓰길래, 대문 앞에 두고 들어갔다가 밤중에 살짝 나와 가지고 들어가는 방법으로 위기를 피했다고 한다. 한번은 고가품을 두었다가 나중에 가지러 나와 보니 누가 가져가고 없어졌더라는 것이다.

어떤 난인은 난을 탐탁하게 생각하지 않는 부인을 꼬드기기 위해 난(蘭) 한 화분을 팔아서 옷 한 벌을 사줬더니, 다음부터는 난을 아주 귀하게 여기고 난 관리에 협조도 잘 하더라고 알려준다.

난인들의 난실을 방문해보면 대부분 난이 난대를 꽉 채우고 있고, 나름대로 다양한 품종을 갖추고 있다. 본인이 직접 산채한 난, 돈을 주고 구입한 난, 난우들과 서로 품종을 교환한 난 등 다양하다. 그러나 그중에서 본인이 아끼고 남들에게 자랑하는 난은 몇 종류가 안된다. 난인들은 자기가 귀하게 아끼는 품종을 소개하면서 자랑한다. 귀한 난 수집에 얽힌 이야기도 늘어놓는다.

귀한 난 품종을 수집하는 것은 쉬운 일이 아니다. 난인들은 대부분 난의 귀한 정도를 알고 있으며, 스스로 귀하다고 생각하는 난은 선뜻 팔려고 내놓지 않는다. 내가 입수한 난 중에도 원 소장자로부터 구입하는 데 어려움과 함께 사연이 많은 것이 몇 품종 있다. 어떤 품

한국춘란 소심

종은 내놓지 않다가 배양 실패로 절종의 위기에 처해서야 양도받았다. 내가 이렇게 입수하여 키우고 있는 난(蘭)에는 홍화소심 '홍로', 홍화 '해련', 남해 산 무명 황화소심, 무명 단엽산반, 무명 화형소심 등 아주 귀한 품종들이 있다. 참으로 귀한 난을 어렵게 입수해서 집으로 돌아올 때 그 기분은 말할 수 없는 기쁨에 신바람이 난다. 그때의 성취감과 만족감은 세상을 다 얻은 기분이다.

난을 오래한 사람들마저도 난을 구입하고 나서 후회하는 경우를 많이 본다. 생물이고 원예품이기 때문에 변화를 예측하기 어렵고, 이익이 되는 품종만 구입하기란 불가능하다. 따라서 안목을 키우고 능력에 맞게 수집해야 할 것이다. 난인들이 갖고 싶은 난은 종류별로 매우 다양하므로 꼭 이것이어야만 된다는 것은 없다. 갖고 싶은 난이 없어서가 아니고, 조금만 정보를 수집해보면 난은 있는데 자금여력이 모자라 애태우는 경우가 태반이다. 그래서 자금을 아끼면서 천천히 해나가는 것이 오히려 올바른 지름길이 될 것이다.

우선 배양 실력을 길러가면서 내 스스로 능력을 갖추면 언제라도 그에 합당한 난은 나에게 나타날 것이라는 느긋한 생각으로 임해야 할 것이다. 난초 수집 욕구는 참으로 조절하기 어렵다. 절제하고 절제하면서 천천히 슬기롭게 해나가는 것이 왕도라 할 수 있겠다.

14 난초 선물

난인들은 난(蘭) 선물에 인색하지 않다. 나도 내 난실에 처음 방문한 사람에게 난을 손에 쥐어 보내는 경우가 많다. 난(蘭) 값이 괜찮을 때는 그 난 값이 수십만 원에 이르기도 하고, 때로는 수백만 원 이상의 가치가 될 때도 있다. 승진이나 영전, 개업 등의 축하를 위해서 난을 선물하기도 하지만, 난인들끼리의 난 선물은 그 차원이 다르다. 난인들은 난이라는 생명체에 자기의 마음을 담아 주고 싶은 상대방에게 그냥 보내주는 것이다. 난인들끼리는 선물로 주고받은 난(蘭)의 안부를 종종 나누면서 친분관계를 이어간다.

난인들도 무턱대고 아무에게나 난을 주는 것은 아니다. 물질을 떠나 마음을 주는 것이기 때문이다. 그리고 난인들은 난의 가치가 높고 낮음을 떠나 아무렇게 취급하지 않기 때문에 선물을 받아가는 사람이 난을 진정으로 좋아하고, 난을 키울 자세가 되어 있는지를 살펴서 선물한다.

난(蘭)을 오래하고 주변사람들로부터 유명세를 타고나면 난초선물 때문에 난처한 경우가 종종 발생한다. 주변의 지인들 중에는 쉽게 농담 삼아 난을 달라는 사람이 간혹 있다. 어떤 때는 말은 안 해도 그런 느낌을 받게 된다. 그럴 때마다 나는 키울 줄을 알면 얼마든지 주겠다는 말을 하면서 얼버무린다.

난인이 아닌 사람 중에도 난을 잘 모르면서 막연히 한국춘란이 좋고 가치가 있다는 말을 듣고는 한국춘란을 달라는 사람이 간혹 있다. 난인들은 선물할 난의 종류와 수준 정도는 상대방의 난에 대한 수준에 따라 정한다. 한국춘란을 어느 정도 아는 난인에게 난을 선물

한국춘란 복륜 '설국(雪菊)'과 '계백(階伯)'

할 때는 여러 가지로 신경을 써서 선물한다. 가치 없는 난을 주었을 때는 몇 년을 키운 후에 실망할까봐서 걱정되고, 우수한 종자는 값어치가 너무 높아 선물하기에 무리가 따른다. 그래서 난(蘭)에 대한 수준이 어느 정도 되는 사람에게는 현재 초세는 약하나 키우면 가치가 있을 난을 주는 경우가 일반적이다.

한국춘란을 잘 모르는 사람에게도 난을 선물해본 사람이라면 아무렇게 선물해서는 안 되겠구나하는 것을 경험했을 것이다. 이들에게 민춘란 수준을 선물해도 아주 귀하게 생각하고 고맙게 받아가서 정성을 다하여 키우는 모습을 보게 된다. 유명세가 있는 난인은 모두 좋은 난만 키우고, 그중에 하나를 주는 것으로 생각한다. 너무나 고마워해서 때로는 민망할 때도 있다. 그래서 나는 그들에게 한국춘란 소심, 한국춘란 '설국', 한국춘란 '계백' 등 주로 엽세가 좋은 난을 선물하면서 배양·관리하는 방법도 같이 알려준다. 그들은 선물로 받은 난을 애지중지 관리하지만 대개 2년을 넘기지 못하고 죽인다. 죽인 사연을 안부로 알려주면서 몹시 아쉬워한다. 난(蘭)에 정(情)이 들어 애착과 서운함을 버리지 못하는 사람에게는 다시 난을 선물하기도 한다.

난을 좋아하지 않거나 키울 자세가 되어있지 않은 사람에게는 난초 선물을 하지 않는 것이 바람직하다. 난은 생물이니 이를 관리하는 사람은 난을 좋아하고 아끼는 자세가 필요하다. 난을 선물로 받은 사람이 난(蘭) 가치의 높고 낮음을 떠나 준 사람에게 감사하면서 잘 키우려고 애쓰는 모습이 되어야 한다. 처음에는 관심을 가지다가 얼마 지나지 않아 관리를 소홀히 하거나 내팽개쳐서는 안 된다. 선물 받은 난을 얼마짜리냐고 물어본다든지, 그것을 다른 난인에게 가져가서 가치감정을 받아보는 사람이 있는데, 난초 선물을 받을 자격이 없는 사람이다.

난은 그 자체의 아름다움보다 난이 가지고 있는 이미지와 상징적 가치가 더 존중된다. 난(蘭)만큼 그 본성에 대한 이미지나 상징성이 강한 식물이 없다. 난초는 전통적으로 그 은은한 향기와 흐트러짐 없는 고고한 자태를 가져 선비들의 사랑을 받아온 사군자 중에서도 으뜸이다. 또한 많은 문인들의 시문학과 그림, 신화 속에도 난초가 많이 등장한다. 이대의 난초는 맑고 청아하면서도 누구도 쉽게 범접할 수 없는 고고함과 당당함으로 비친다. 난초와 관련한 아름다운 우정을 말해주는 금란지교(金蘭之交)나 금란부(金蘭簿)의 고사도 있다.

이러한 난의 이미지와 본성은 난을 처음 대하는 사람도 잘 알고 있다. 그래서 난초 선물은 난인이 아닌 경우에도 그 의미를 잘 알고 있으며, 오히려 난을 오래한 난인들보다 더 특별하게 대하는 것을 볼 때도 많다.

국제적 외교에서도 난초 선물이 있었다. 1962년 항저우 서호에서 저우언라이(周恩來 1898~1976) 총리와 중국을 방문한 일본의 마츠무라 겐조(松村謙三, 1883~1971) 두 사람이 만났다. 당시 두 나라는 외교관계가 아직 회복되지 않았을 때였다. 마츠무라는 정치인으로서 여러 번 중국을 방문했고, 저우언라이와는 의기투합해 좋은 친구가 되어 중·일 우호활동에 힘을 기울였다. 한편 그는 적지 않은 품종의 중국 난을 수집할 정도로 난 애호가로도 이름난 인물이었다.

저우언라이는 항저우에서의 만남을 기념해 자신의 고향인 사오싱(紹興)에서 생산된 아

중국춘란 '환구하정(環球荷鼎)'

주 귀하고 좋은 난(蘭)을 골라 마츠무라에게 선물했다. 그 난이 바로 40여 년 전 항저우의 난 묘포장 주임이 상우대설부산(上虞大舌埠山)에서 찾아내 기른 '환구하정(環球荷鼎)' 이란 이름의 난이다. 중국에서도 두세 촉밖에 없었고, 당시 상해의 유력인사가 800위안에 사갔을 정도로 고가에 거래됐던 명품의 난이다. 일반직장인의 월급이 약 20위안이었던 것을 감안하면 800위안은 3년치 연봉이 넘는 천문학적인 액수다. 저우언라이의 스케일이 그만큼 크다는 이야기일 수도 있다.

마츠무라는 말로만 듣던 진귀한 난을 선물 받고 말을 제대로 할 수 없을 정도로 감격했다고 한다. 그는 물론 중·일 수교를 위해 헌신해 1972년 9월 29일 마침내 두 나라는 수교국으로 발전하게 된다. 뿐만 아니라 마츠무라는 임종 시에도 환구하정을 잘 보살펴 달라고 자손들에게 유언을 남겼다. 저우언라이와의 우정을 생각하며 중·일 관계가 난처럼 푸르고 향기롭기를 바란 것이다.

난에 문외한이었던 그의 아들 마츠무라 마사나오(松村正直)는 부친의 당부를 가슴에 새기고 일본 최고의 난 전문가가 됐다. 1987년 일본에서 제3회 세계난초박람회가 열렸을 때, 1983년도에 중국에 이미 난협회가 설립된 것을 알았다. 뿐만 아니라 저우언라이의 고향 사오싱의 시화(市化)가 난꽃이라는 것도 알게 됐다. 마사나오는 지체 없이 일본의 난 애호가들을 이끌고 사오싱을 방문해서 저우언라이가 자신의 아버지에게 선물했던 환구하정의 후손을 만나게 된다. 25년 만에 주인공의 후손들이 대를 이어 정성스러운 마음으로 금란지교(金蘭之交)의 고사가 살아 있음을 재현한 것이다.

난초 선물은 오래 전에도 있었다. 우리나라 사람이 중국에 사신 등으로 가서 난초 선물을 받아온 기록은 제법 전해진다. 고려 후기의 대표적 문인인 이제현(李齊賢)은 중국 여항에 가 있을 때 난초 한 화분을 선물 받고 말로 형용할 수 없을 정도로 크게 감동받았다는 내용이 《역옹패설(櫟翁稗說)》에 기록으로 나온다.

2006년 '국제동양란교류협회'의 발족과 함께 부산에서 '제1회 국제동양란명품대회'가 열렸다. 그때 나는 박홍수 농림부장관을 2번 만났다. 박홍수 장관은 고향이 남해 창선이그 그곳에서 이장을 한 사람이다. 창선은 유명한 한국춘란 자생지이다. 그곳에서 유명한 자화(紫花)가 여러 품종 나왔다. 내가 명명한 한국춘란 자화 '자미성'도 산지가 창선이다. 박홍수 장관은 고향에서 난초채집을 하는 사람을 많이 보았고, 직접 채집도 하였다는 말을 했다. 한국춘란에 대한 애착이 남달랐고, 한국춘란 문화상품화에 강한 의지를 가지고 있었다.

나는 박홍수 장관의 이러한 뜻을 알고 괜찮은 한국춘란 중투호(무명)를 한 화분 선물했는데, 이 난을 사무실에 두고 키우면서 애지중지 하였다는 말을 전해 들었다. 박홍수 장관은 바쁜 일정에도 불구하고 대회에 참석하겠다는 약속을 하였고, 기꺼이 부산 강서체육관에서 개최되는 '제1회 국제동양란명품대회'에 참석하였다. 박홍수 장관은 난인들을 향하여 자신이 갖고 있는 한국춘란 산업화에 대한 포부를 말하였고, 난인들은 크게 고무되었다. 그러나 애석하게도 박홍수 장관은 농림부장관에서 물러나고 얼마 후에 갑자기 저세상으로 가셨다. 지금 생각해도 안타깝고 못내 아쉬움으로 남는다. 내가 박홍수 장관과 빠르게 친해질 수 있었던 것은 난에 대한 생각이 같은 것도 있지만 난초 선물이 매개가 되었다고도 볼 수 있다.

한번은 이런 일도 있었다. 전시회를 마치고 나니 관공서에 답례로 난초 선물을 해야 한다고 하면서 대회장인 나에게 한국춘란 4화분을 달라고 했다. 그것도 난 품종을 지정해서 일방적으로 청구하는 형식이었다. 오랫동안 공직생활을 해왔던 나로서는 이건 아닌데 하는 생각이 들어 주지 않았다. 난초의 정신세계는 물론 난초 선물이 갖는 도(道)에 어긋난다고 생각했기 때문이다.

제2회 국제동양란명품대회

　승진이나 영전 등을 축하하기 위해 난(蘭) 화분을 선물로 많이 보낸다. 이때 난 선물에는 "군자는 자신이 곤궁해지거나 상황이 바뀌었다고 하여 절개나 지조를 바꾸는 일이 없어야 한다"라는 높은 뜻이 담겨 있다. 또한 입택(入宅)이나 개업하는 경우에는 액운을 물리치고 좋은 기를 받아 사업이 번창하기를 바라는 뜻을 담아 선물한다.

　그런데 요즘은 난초 선물이 많이 줄어든 것 같아 아쉽다. 김영란법이 완화되었는데도 한번 수그러들고 나니 좀처럼 살아나지 않는다. 경기 탓도 있겠으나 유행을 타는 듯하다. 요즘은 입택 축하선물로 생활용품이나 소형가전을 많이 하고 식물화분은 잘 하지 않는다고 한다. 식물화분을 선물하는 경우에도 '금전수', '스투기', '선인장', '극락조', '율마' 등을 하는 것으로 파악된다. 이들은 금전운, 행운, 전자파 차단, 공기 청정효과 등이 있다는 이야기가 만들어지면서 붐을 탄 것으로 보인다.

　그렇다면 이미지나 상징, 힐링 효과 등으로 볼 때 식물화분 선물에 난(蘭)이 최고라고 할 수 있다. 난은 좋은 기를 내며 액운을 물리치고 귀녀, 미인, 고고한 선비 등을 상징한다. 그런데도 난초 선물이 줄어들게 된 데에는 난인들이 이에 무관심하고 게을리 한 탓이 크다. 지금부터라도 난인들이 적극 나서서 '한국춘란 선물 보내기 운동'을 벌였으면 한다. 일반인들 중에는 난을 곁에 두고 싶어 하는 사람이 꽤 많고, 그런 계기가 없었을 뿐 난을 한번 접하고 나면 근방 친숙해지거나 난인이 될 수 있는 사람이 의외로 많다. 나는 오래 전부터 한국춘란을 선물하고 있는데, 받는 사람이 그때마다 너무 좋아한다. 한국춘란은 작아서 장소도 적게 차지하며 관리하기가 편하고, 싱싱하며 기가 충만하고, 엽선이 예쁘고 귀티가 난다. 난을 잘 모르는 사람들도 이미 난의 이미지를 알고 있기에 난을 접하는 순간 난인의 자세가 나온다.

더구나 지금은 한국춘란에 번식이 많이 된 품종이 꽤 있어 경제적으로나 수급적으로도 무난하다. 난인들이 앞장서서 일반인에게 난초 선물하기 운동을 벌이고, '난인의 날'에는 난인들끼리도 난초 선물의 풍습을 만들어 보았으면 한다.

난(蘭) 선물은 마음이 전해지는 선물이라 주는 사람은 흐뭇하고, 받는 사람은 한없이 감사하는 마음을 갖게 된다. 특히 서로간의 진심이 전달될 때 그 어떤 것보다 소중하고 좋은 선물이 된다. 그러나 난 또한 가치에 의존하거나 뇌물이 될 때는 난(蘭)을 욕보이는 것이 된다. 난 선물은 그에 담긴 의미가 훼손되어서는 안되겠기에 더욱 그러하다.

난의 이미지가 훼손되지 않도록 난(蘭) 선물은 난을 사랑할 줄 아는 사람에게 해야 할 것이다. 난은 생물이기에 아무렇게 대해서는 안 된다. 난을 선물할 때도 아무렇게 해서 주면 안 되고, 화장토를 새것으로 갈고 분을 깨끗이 해서 최대한 정성을 담아 선물해야 한다. 그 난에 얽힌 이야기와 재배법을 같이 알려주어야 한다. 난은 경제적 가치를 떠나 아무렇게 취급해서는 안 되며, 경제적 가치가 낮다고 해서 남발해서도 안 된다. 모든 난(蘭)은 그 자체로 귀한 것이며, 난은 난을 필요로 하는 사람에게 있어야 한다.

난을 선물하거나, 선물 받는 사람은 난 선물에는 이런 깊은 뜻이 있음을 알아야 하고, 선물의 주고받음이 경건하게 이루어져야 할 것이다.

15 난초 가격

 난(蘭)을 하는 동안 주변사람들로부터 자주 듣는 질문이 있다. "대상(大賞)을 받은 저 난초 가격은 얼마나 됩니까?" "매스컴에서 난초가격이 수천만 원 한다고 하던데 실제로 그렇게 합니까?" "난초 가격이 왜 그리 비싸죠?" 등 난초 가격에 대해 일반인들은 궁금증이 많다. 그도 그럴 것이 난(蘭)의 가치나 희소성을 잘 모르는 사람의 입장에서 보면 선뜻 와 닿지 않는 가격에 궁금증이 일어날 수밖에 없는 것은 당연하다. 난초가격에는 합당한 객관적인 기준이 없고, 각자의 기준과 척도가 다르기 때문에 난인들 입장에서도 이해되지 않거나 받아들이기 힘든 경우가 더러 있다.
 한국춘란이 채집되기 시작한 때부터 오늘에 이르기까지 수많은 거래가 이루어지고, 그때마다 가격이 천태만상으로 매겨져 왔다. 한두 번도 아니고 계속해서 거래가 이루어진다는 것은 난초가격에도 나름대로 시장의 원리가 작용한다고 보아야 할 것이다. 그러나 고

한국춘란 판매전 전경

급 원예물이며 개체마다 큰 차이를 보이는 난초의 특수성 때문에 난초 거래가격은 아주 다양하게 이루어지고, 난초 가격에 얽힌 이야기도 참으로 많다.

한국춘란이 난(蘭) 애호가에 의해 본격적으로 채집되기 전인 1980년도 초반, 그 당시는 일본난이나 중국난은 꽤 비싸고 귀하게 대접받는 반면, 한국춘란 산채품은 다양하지도 못하고 보잘 것 없어 보였을 때다. 따라서 한국춘란의 가치를 매기기란 쉽지 않았을 것이다.

당시 부산에 사는 L씨는 3년 동안 한국춘란을 직접 채집하여 관리하고 있었다. 소문을 듣고 이 난초를 L그룹 회장이 사겠다고 하면서 가격을 정하는 궁리를 하게 되었다. L그룹 회장이 L그룹의 부장 3년치 연봉인 이천백만 원을 제시하였으나 결국 거래가 이루어지지 않았다고 한다. 그 당시 대졸신입사원 월급이 월 이십만 원인 것을 감안하면 실로 적은 금액은 아니다.

한국춘란인 가야금(伽倻錦, 산지 : 경남 진동)은 1998년 당시 최고의 가격에 거래되었다. 가야금은 부산의 K애란인이 산채(山菜) 촉을 구입해서 배양한 난으로, 키가 5㎝ 정도인 라사지 단엽복륜이다. 당시 3촉이었고, 여러 말이 필요 없는 진귀한 난(蘭)이었다. 일본에 까지 소문이 나자 일본의 난 마니아들이 '가야금'을 구입하려고 안달이 났다. K애란인은 IMF 외환위기로 사업에 어려움을 겪고 있었지만 한국춘란을 일본인에게 팔기 싫었다. 얼토당토 않는 가격을 한번 던져나 보자는 식으로 촉당(蜀黨) 1억 원씩 총 3억 원을 제시했는데도 결국 그 가격에 일본으로

한국춘란 단엽복륜 '가야금(伽倻琴)'

팔려갔다. 고가의 난초가 거래될 때 가격이 흥정되는 방식을 보면 다양하고 하나하나가 재미나는 이야기가 되기도 한다. 이렇게 하여 어렵게 일본으로 건너간 '가야금'은 그 후에 다 죽었다고 하니 참으로 애석한 난초 일화(逸話)다.

난초는 각자의 취향이나 안목이 다르고 정보가 한정되어 있을 뿐만 아니라 개인 간 암암리에 거래되는 경우가 많아, 횡재를 불러오기도 하고 때로는 바가지를 쓰기도 한다. 2012년에 부산의 한 난 단지에서 있었던 백화소심의 거래에도 재미있는 일화가 있다. 3월 초 난인들은 전시회 준비로 분주하고 난(蘭)이 한창 꽃을 피우고 있을 때다. 한 애란인의 난실에서 난상인이 화형이 괜찮아보이는 민소심(4촉에 꽃대 1개)을

한국춘란 백화소심(白花素心)

발견하고 10만 원에 구입하였고, 이 난(蘭)을 다시 다른 상인에게 13만 원에 판매하였다. 그런데 불과 며칠 사이에 꽃이 올라왔는데 화형이 아주 우수한 명화반열의 백화소심으로 피었다. 많은 상인들이 이 난을 구입하기 위해 여러모로 궁리하였고, 촉당 1천만 원을 제시하였으나 결국 거래가 성사되지 않았다. 그로부터 한달쯤 뒤, 나와 인연이 되어 맨 뒤촉을 남기고 3촉에 8백만 원에 구입했다. 현재 잘 배양되고 있으며, 명품으로 회자되는 난(蘭)이다.

1980년도 중반까지만 해도 국내 난인들은 몇몇을 제외하고는 큰 금액을 지불하고 한국춘란을 구입할 생각을 하지 않았다. 그런 와중에 일본 난인들이 한국춘란을 고가에 구입해가면서 한국춘란 가격은 서서히 오르기 시작했다. 80년도 후반에 이르러서는 국내의 난인들도 중투를 중심으로 엽예품 수집에 열을 올리기 시작했고, 90년도 이후에는 난초

에 투자하는 사람도 많이 나타났다. 1992년도 '한국난명품전국대회' 와 1994년 '한국춘란 엽예품전국대회' 를 계기로 한국춘란의 인기는 꾸준히 상승하였고, '97년도 IMF 외환위기를 전후해서 난초시장에 투기세력의 자금이 많이 들어오고 가격도 급속도로 폭등하게 되었다.

2000년대 초반에 이르러서는 국내 한국춘란 가격이 오르자 일본으로 건너간 한국춘란이 국내로 반입되어 오고, 중국에서 무향종(無香種) 중국춘란이 한국춘란으로 둔갑하여 밀려들어왔다. 이 통에 수요와 공급의 균형이 무너져 2005년부터는 일부 품종을 제외하고는 가격이 폭락하였다. 특히 가격이 수천만 원씩 하던 고가의 난들이 20~25% 선으로 크게 떨어졌다. 이 시기를 거치면서 난초 투기세력들은 큰 낭패를 당하고 대부분 난계(蘭界)를 떠났다.

그러나 특이한 점은 가격이 어느 시점까지 떨어진 후에는 안정세를 유지하였고, 거래는 꾸준히 늘어나는 추세였다. 또한 난인들은 난 문화 확산을 위해 다각적인 노력을 지속하였고, 애란인의 수가 꾸준히 늘어나면서 난계가 선순환의 길로 나아갔다. 이때만 해도 순수 취미인이 난계를 주도하였고, 난문화가 취미인 중심으로 난의 정신세계와 이미지를 쫓아 형성되어가면서 기반을 다져가는 때였다.

한동안 안정세를 유지하던 난초가격이 2012년을 지나면서 또다시 꿈틀거리기 시작했

한국춘란 주금소심 '천수(天壽)'

한국춘란 홍두화 '뜨는해'

한국춘란 중투호 '고려대보(高麗大寶)'

다. 이때는 배양기술의 발달로 배양에 자신감을 가진 난인들도 많았고, 순수 취미가 아닌 투자와 영농차원으로 난(蘭)을 하는 사람이 많이 생겨났다.

더욱이 '(사)한국난재배자협회 자생란경영회'를 중심으로 한 한국춘란 산업화 시도, 한국춘란을 도시농업 상품으로 부각, aT에서의 한국춘란 경매실시, 온라인상의 난 거래의 활성화 등의 분위기를 타고 2015년 이후 난 가격은 천정부지로 올라갔다. 더구나 돈이 된다고 하니 엄청난 투기자금이 유통 상인 펀드로 난계에 유입되었다.

급기야 2017년도에 이르러서는 난초가격이 최고가를 형성하였고, 거래도 잘 되었다. '보름달', '화왕', '천수' 같은 색화소심은 촉당 2~3천만 원에 이르고, 호피반 '사계', '운무령'도 촉당 2천만 원이 넘어갔다. 좀 괜찮은 난이라고 하면 촉당 1천만 원은 예사로 넘어섰다. 더 놀라운 것은 단엽중투 '태황'은 촉당 2~3억 원, 홍화두화 '뜨는해'는 촉당 3억 원, 단엽중투 '고려대보'는 촉당 1~1.5억 원을 호가했다. 일반인들은 고사하고 난인들도 수긍하기 힘든 가격이다.

그러나 끝이 없을 것같이 오르던 난초가격이 2018년 가을부터 시들하였고, 2019년 봄을 지나면서 거래가 급격히 줄어들면서 가격이 폭락하였다. 더구나 2020년에 접어들면서 코로나19 사태로 시중경기가 급격히 침체되고 난전시회 등 난계행사를 하지 못함으로 해서 난초시장은 말할 수 없는 어려움에 처하게 된다.

한국춘란 서반 '운무령(雲舞嶺)'

한국춘란 단엽중투 '태황(太皇)'

한국춘란 호피반 '사계(四季)'

aT 한국춘란 경매

　이를 잘 반영하듯 2020년 봄 난초가격은 최고가의 5분의1~10분의1 수준으로 떨어지고, 고가의 난초는 금액을 떠나서 거래가 실종되었다. 펀드를 주도했던 유통 상인들은 난초가격의 추락을 막아보려고 무진 애를 썼지만 역부족이었다. 난초가격이 계속 떨어지고 어디가 최하가격인지를 알 수 없는 상황이 되었다. 난계가 이러고 보니 난인들은 난초구입 결정을 계속 미루고 있는 현실이다. 시장원리를 무시하고 담합과 작전에 의한 거품가격의 후유증을 톡톡히 맛보는 경험을 하게 된다.

　일반인은 물론 난인들도 난초 가격이 터무니없이 비싸다고 말한다. 비싼 난초 가격은 많은 부작용을 낳고 있으나 난초의 대중화를 촉진하고 문화산업으로 나가는 기반을 조성하는 에너지가 되기도 한다.

　네덜란드의 튤립을 한번 보자. 중앙아시아의 야생화였던 튤립은 16세기 중엽에 우연히 네덜란드에 전해진다. 화려한 색깔과 우아한 모양으로 사람들의 마음을 사로잡은 튤립은 네덜란드의 부유층들에 의하여 크게 유행하였고 부의 상징으로 자리매김하게 된다. 자연 투기세력이 모이고 비정상적인 탐욕과 군중 심리로 인한 매점매석, 음모와 술수가 판을 처서 결국 튤립 가격이 어마어마하게 폭등하게 된다. 하지만 얼마 가지 않아 튤립시장은 혼탁함이 극에 달하고 상식적으로 도저히 납득이 가지 않는 그야말로 아수라장이 되었다고 한다. 그 당시 튤립 시장의 광기는 거래된 가격으로 알 수 있다. 네덜란드 전역에서 튤립 매매가 최고조로 과열 되었던 1636년 말과 1637년 1월에는 희귀종 튤립 알뿌리 하나가 일용직 근로자 25년치 임금에 해당하고, 고급주택 한 채 가격에 해당하는 5,200길더(guilder)에 거래되었다. 같은 무게의 금(金)보다 '수백 배' 비싼 가격으로 거래되었으며, 절정기 1년 간 거래된 튤립의 총 매상은 1,000만 길더가 넘었다고 한다.

천정부지로 솟던 튤립의 가격은 엉뚱한 사건으로 인해 대 폭락하는 반전이 일어난다. 소포로 배달된 튤립 뿌리를 양파로 오인한 요리사가 식재료로 사용한 것을 주인이 소송을 거는 사건이 발생했다. 법원은 튤립의 재산적 가치를 인정할 수 없다고 판결했고, 이 사건을 계기로 3년 간 천정부지로 치솟던 튤립의 가격은 거래가 갑자기 중단되면서 100분의 1 이하로 폭락하게 된다. 당연히 많은 사람이 파산하고 엄청난 사회문제로 비화되었다. 네덜란드의 튤립이야말로 자본주의의 투기와 거품이 무엇이며, 어떤 파국을 가져오는지를 가장 잘 보여준 시장 실패의 사례로 널리 회자되곤 한다.

하지만 어떻게 보면 당시 튤립에 대한 이러한 광적인 거래가 재배 기술을 급성장하게 하면서 화훼산업의 종주국으로 자리매김하는 토대가 되었다고 볼 수 있다. 이로 인해 네덜란드는 전 세계 화훼시장의 60%를 차지하고 있고, 연간 수출액이 130억 달러('06년 기준)에 이른 꽃의 나라가 된 것이다.

난초시장이 안정되고 거래가 지속적으로 유지되기 위해서는 가격안정이 절대적으로 필요하다. 한국춘란은 아직까지 대부분의 품종이 개발 단계에 있으므로 가격의 기복이 심할 수밖에 없으나, 그동안의 경험들을 토대로 시행착오를 줄이고 합리성에 접근해야 한다고 본다. 난초는 그때그때 쌍방이 합의된 가격으로 거래가 성사된다. 대부분 매도자가 가격을 먼저 제시하게 되는데, 매도자의 입장에서는 자기 난초에 대한 애착과 당초 구입 당시

가격 등이 고려되어 가격을 높게 부르게 되지만 여러 차례 만나 흥정을 하기도 하고, 심지어 몇 달을 밀고 당기는 경우도 있다. 이 과정에서의 적정한 가격을 두고 이런저런 말들이 난무하다.

난초를 오랫동안 거래한 부산 H난상인의 말이다. "어떤 품종을 처음 거래하거나 한동안 거래가 없었던 난초를 구입하고자 할 때는 매도자의 가격 제시에 맞추기가 참 어렵습니다. 난초의 가격은 인기의 변화, 촉수의 늘어남 등 상황의 변화에 따라 가격의 기복이 심할 수밖에 없으나, 그 나름대로 적정가격이 있다고 봅니다. 매도자도 자기가 제시한 가격의 80%선이라면 되사고 싶은 가격이라야 합니다." "분양 받은 후 급격하게 가격이 떨어져 구입자가 손해를 많이 보게 되면 같은 애란인의 입장에서 미안할 뿐만 아니라 전시장 등에서 그 난을 당당하게 대할 수도 없고, 그 난을 두고 아름다운 난담(蘭談)도 나눌 수 없지 않겠습니까?"라고 했다.

수요와 공급이 한정되어 있고 각자의 기호나 선호도가 다른 취미계의 난초를 두고 적정가격을 논한다는 것 자체가 어불성설(語不成說)이지만 내 나름대로 생각한 적정 가격은 이렇다. 난초는 최초거래가 이루어진 후 촉수 증가에 따라 가격이 떨어지는 것이 일반적이다. 그렇게 해서 품종마다 촉수가 300촉쯤 이르렀을 때 취미인들 사이에서 객관적으로 평가된 가격이 형성된다고 본다. 그리고 1,000~2,000촉 이상 되면 더 떨어지고, 10,000촉이 넘어설 때는 대중에 의하여 형성되는 일반가격으로 떨어지게 될 것이다.

따라서 품종의 원예성, 대중적 인기도, 희귀성, 배양성 등을 고려해서 촉수가 300촉 정도일 때의 가격을 예측해보고 20촉 이내의 경우, 50촉 이내의 경우, 100촉 이내인 경우, 100촉을 넘어선 경우 등은 그때그때 촉수와 인기와 선호도의 변화 등을 고려해서 가격을 나름대로 산정해보면 어떨까하는 생각이다. 다만 원종(原種)의 전부를 넘기는 가격이라면 명명권((Naming Rights)이나 독점권이 포함되고 개인의 주관적 취향에 영향을 받을 것이므로 객관화하는 것은 사실상 더 어렵다고 본다.

　품종에 따라서 가격이 빨리 떨어지는 난(蘭)이 있고, 오래 지속되는 난이 있다. '태극선'의 경우 1990년도 초부터 20년 넘게 촉당 300만 원선에서 거래되었고, 10,000촉을 넘어설 즈음인 2015년에 촉당 20만 원 정도 하던 것이 20,000촉을 넘어선 지금은 촉당 2만원 한다. '관음'의 경우 1993년에 촉당 130~150만 원 하던 것이 15년 동안 그 가격을 유지하다가 2010년쯤 70만 원 정도로 잠시 내려갔다가 2015년 250만 원까지 다시 올랐으며, 지금도 70만 원은 유지한다. '관음'은 한국춘란 중 가장 오랫동안 가격을 유지한 품종이다. 내가 '관음'을 1993년에 촉당 130만 원에 11촉을 구입해서 '관음'으로 명명하였고, 지금까지 300촉 넘게 분양했다. '보름달'의 경우' 99년에 촉당 3,000만 원 하던 것이 2015년에도 촉당 2,500만 원에 거래되다가 지금은 700만 원 밑으로 내려갔다.

　세 품종은 최초 출발가액이 적정하게 책정됨으로 해서 오래도록 가격을 유지한 품종들로, 난인들이 배양소득의 재미를 본 품종이다. 반면 촉당 수천만 원에 거래되던 난이 불과 2~3년 사이에 10분의1 혹은 20분의1 가격으로 떨어진 경우도 있고, 고가로 거래되던 난(蘭)이 아예 거래 자체가 되지 않는 난도 부지기수다. 이런 품종들은 대부분 처음 가격책정을 잘 못한 경우가 많다. 품격에 비하여 애초에 높게 책정되었거나 희귀성만을 가지고 지나치게 높게 평가한 경우다.

한국춘란 복색화 '태극선(太極扇)'

한국춘란 황화소심 '관음(觀音)'

한국춘란 황화소심 '보름달'

난초시장의 충격을 줄이고 지속적인 거래를 형성하기 위해서는 급격하게 가격 하락이 이루어져서는 안될 것이다. 이를 위해서는 유통 상인이나 애란인 모두가 애초가격은 물론 거래 시마다 합당한 가격을 잘 책정하고, 가격유지를 위해서 다각적인 노력도 해야 할 것이다. 일부 유통 상인들은 의도적으로 분위기를 띄우고, 높은 가격을 제시하면서 촉수를 늘려 놓으면 팔아주겠다는 말을 하면서 구입을 권한다. 그러나 난초는 지속적으로 촉수가 불어나는데 수요가 한정되어 있으므로, 한두 번은 가능할지 몰라도 지속적으로 거래를 보장하기란 불가능하다. aT경매에서도 몇 개의 품종에 대해서 가격을 유지시키려고 일부 상인들이 무진 애를 쓰고 있으나 오래가지 못하였다. 불을 보듯 뻔한 이치이다. 가격에 거품이 크면 클수록 충격이 더 클 수밖에 없다. 어떤 분야든 투기장에는 반드시 비참한 말로가 있기 마련이며, 과열된 분위기는 언젠가는 싸늘히 식고 마는 법이다.

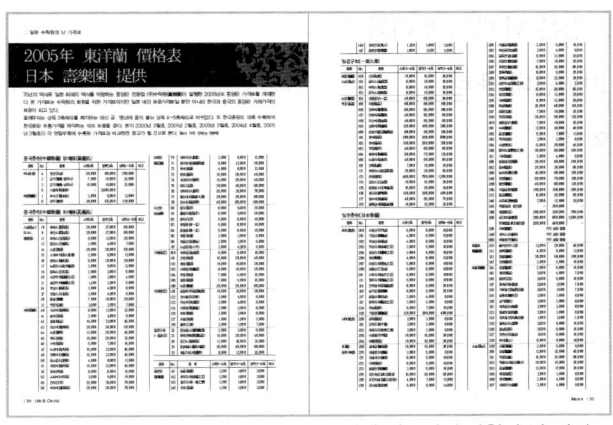

2005년에 발표된 수락원의 난 가격표

지금 대만 상인들 사이에도 자성의 목소리가 있다고 한다. 중국난의 거래를 주도했던 사람이 바로 그들이다. 난 시장의 장래나 산업의 육성은 고려치 않고 투기장화하여 몇몇 상인들은 많은 돈을 벌었으나 중국 내 난초시장은 급격히 냉각되고 말았다. 서서히 시장을 넓혀가면서 재배자와 상인이 윈윈(Win-Win)하는 환경을 만들었더라면 하는 생각을 지금에 와서야 들먹인다고 한다. 하지만 만시지탄(晩時之歎) 아니겠는가? 한국춘란이 중국시장을 제대로 열지 못하는 것도 일부 상인들이 너무 고가에 판매함으로써 되사줄 수 없게 되자 중국 고객으로부터 외면당하는 등 좋은 기회를 놓치고 말았다. 새롭게 토양을 마련하고자 노력하고 있으나 한번 잃은 기회를 되찾기란 어려울 수밖에 없다는 것이 세상 이치이다.

일본 난계도 우리와 같이 전성기에는 난초 1촉이 어마어마한 비싼 가격에 거래되었다. 1930년대 윤파지화 1촉에 당시 고급주택 한 채의 값이었다고 하니 지금 가격으로 보면 수억 원은 되는 셈이다. 그렇게 인기를 누리던 일본난계도 가격조절에 실패함으로써 대중화·산업화를 이루지 못하고 급속도로 냉각되어 갔다. 난 전문회사인 '수락원'에서 해마다 난초별로 상작·중작·하작으로 나누어 가격표를 소책자로 만들어 배포해가면서 가격 유지를 위하여 노력했으나, 공급에 비하여 수요가 급감함에 따라 가격폭락을 막지 못했다. 2000년 이후 일본의 난초시장은 급격히 무너지고 난인들이 대부분 난계를 떠났으며, 그나마 남은 난인들도 한국춘란으로 돌아섰다.

한국춘란이 오늘에 이르기까지에는 무수히 많은 사람들의 물심양면으로 희생이 있었다. 난인들은 난으로부터 많은 것을 얻지만 또한 숱한 어려움도 겪는다. 난초가 좋아서든, 투자 목적이든 애써 키웠지만 결과에 실망하는 경우가 훨씬 많았을 것이다. 생물이고 보니 죽기도 하고, 품종을 속이기도 하고, 기대에 못 미쳐 실망하기도 하고, 가격의 변동으로 손해를 보는 등 난인 각자가 겪은 어려움이야 이루 말할 수 없을 정도이다. 더구나 난초 거래는 돈이 결부되고 보니 난초시장은 혼탁함에서 누구도 예외일 수 없었을 것이다. 이 같이 어렵게 만들어진 한국춘란 시장이 지속적으로 유지되고 대중화·산업화로 나아가기 위해서는 모든 난인들이 다각적으로 방안을 강구하고 노력해야 할 것이다.

난초시장의 안정화는 무엇보다도 지속적인 수요와 난초가격 유지에서 비롯된다고 본다. 난초시장의 안정화와 난초가격의 유지는 인위적으로 작전의 수(手)를 쓴다고 되는 것이 아니다. 난초거래도 시장원리에 맡겨야 오래가고 충격이 적을 것이다. 수요창출을 위한 방안을 지속적으로 강구하고, 난초시장이 순리에 따라 흐르도록 난인들 모두가 자성하고 지혜를 모아야 할 것이다.

난 동호인의 모임, 난회(蘭會)

취미인들은 어울려서 즐기고자하는 본성을 가지고 있다. 취미는 각자가 자기 즐거움을 위해서 자기방식대로 해 나가는 것이다. 그러나 동호인과 더불어 할 때 그 즐거움과 재미를 배가할 수 있을 것이다. 한국춘란을 하는 난인들도 대부분 난회(蘭會, 난우회)를 만들고 이에 소속되어 난 취미를 하고 있다. 난회의 목적은 대개 친목도모, 올바른 난문화의 발전 및 대중화, 한국춘란의 개발·육성·보급 등으로 하고 있다. 이러한 목적과 관련된 일은 하며, 회원 간 난(蘭)에 관한 정보교환과 난전시회를 핵심적인 사업으로 하고 있다. 전국에 수백 개의 단위난회가 있고, 광역시도 및 일정지역을 거점으로 광역단체인 난협회(연합회)가 있으며, 중앙단체인 전국단위의 난협회(연합회)가 있다. 대부분의 단위난회 및 광역단체는 중앙단체 중 한곳에 가입되어 있다. 그러나 '국제동양란교류협회'와 같이 독자적으로 역할을 하고 있는 단체도 있다.

국제동양란교류협회 회원들과 함께

(사)한국난문화협회 한마음대축제

우리나라에서 난회의 역사는 난의 역사와 같이한다고 보면 될 것이다. 세종 때 강희안이 쓴 《양화소록》에 나타난 자생춘란의 기록을 보면 난회가 있었을 것으로 추정된다. 그 후 조선시대에도 '난계(蘭契)'라고 하는 모임이 있었는데, 이것이 요즘으로 치면 난회(蘭會)에 해당하는 모임이다. 사화에 연루되어 낙향한 선비들 중에는 난계(蘭契)를 만들어 각자 난 한 분씩을 길러 그 우열과 난의 깊은 맛을 겨루는 난 품평회를 가졌다고 하는 기록이 있다. 중종 때 조광조를 흠모하다가 유배당한 신진사대부 박공달(朴公達), 박수량(朴遂良) 등 제자들이 난계(蘭契)를 맺어 난을 가꾸면서 품성을 다듬어가는 모임을 가졌다고 하는 기록도 있다.

일제 강점기인 1930년대에는 서울에 일본인을 중심으로 난회가 있었다. 《'소심회'의 역사》를 집필한 민태웅 씨에 의하면 서울에 '한성난회(漢城蘭會)', '계림난만회(鷄林蘭萬會)' 등이 있었으나 대부분 회원이 일본인이었고 주로 한란을 소장하는 단체였다고 한다. 이때만 해도 난인들은 자생춘란에 관심이 없었으며, 일본인은 더욱더 그러했다.

그러나 가람 이병기 난인은 이때에 자생춘란에 관심이 많았다. 가람은 정성들여 기른 난에서 꽃이 피면 친지와 벗들을 초청하여 난향을 즐겼고, 다른 난인이 난꽃을 피웠다는 소식이 오면 술병을 차고 난꽃 구경을 갔다. 가람은 소공(素空), 김포광(金包光), 시인 신석정(辛夕汀)과 함께 양사재 4거사(養士齋 四居士)라고 불릴 정도로 자주 어울리는 난인이었다. 그 외에도 시인 정지용, 소설가 이태준, 여류시인 노천명, 소설가 월탄 박종화, 서예가 김용진(1882~1968) 등 주로 문학가들과 난 동호인으로 어울렸다.

1940년에서 1960년까지도 많은 난인들이 있었으나 이들은 대부분 자생춘란을 하지 않았다. 향파 김기용이 자생춘란을 하게 된 시기는 1963년경이다. 이 시기에서야 난동호회 모임도 결성되었다. 우리나라 최초의 난 동호회로는 1963년에 창립된 '소심회'가 있는데, '소심회' 이후에는 이렇다 할 난우회가 결성되지 않았었다. 그러다가 1972년에 '대구난우회', 1976년에 '한국난협회', 1977년에는 '한국춘란연구회', 1979년에는 '소란회' 등이 창립되었다. 그러나 이들 역시 1970년대 중반까지만 해도 한국춘란에는 크게 활동한 모습이 보이지 않았다.

전적으로 한국자생란을 하는 난 단체는 향파의 영향을 받아 난계에 큰 활동을 한 정을병(鄭乙炳) 난인에서부터라고 보면 될 것이다. 소설가 정을병(鄭乙炳, 1934~2009) 난인은 향파를 만나 난을 하게 되었고, 1981년 '한국자생란보존회'를 발기하였다.

1980년대에 들어서면서 비로소 전국 곳곳에서 활발하게 난우회 결성이 일었다. '서울농협난우회'(1980), '대전난우회'(1980), '부산애란회'(1981), '한국자생란보존회'(1981), '제주향란회'(1981), '거제도아란회'(1981), '아란회'(1982), '한국난연구회'(1982), '부산난우회'(1982) 등이 속속 창립식을 가졌으며, 난우회의 열풍은 이후 끊임없이 이어지며 한국 난문화의 부피를 키워나갔다.

그동안 단위난회 위주로 움직이던 난계가 각 난회의 성격과 특징의 벽을 넘어 서로 공존하면서 광역지역별 구심점이 되는 난 연합회가 필요하게 되었다. 1988년 '대구난협회'를 시작으로 1992년에 '광주난연합회'가 발족되었다. 지역연합회는 도별, 광역시별로 조직

제17회 부산난연합명품대전

이 되었으며 시·군별로도 그 자체 연합회 조직을 갖고 있는 경우가 더러 있었다. 이러한 난회 결성은 오늘의 우리나라 난문화계를 형성하는 주춧돌 역할을 톡톡히 하게 되었다.

현재 우리나라는 전국적인 조직을 둔 단체로 (사)한국난문화협회, (사)한국난연합회, (사)대한민국자생란협회, (사)한국춘란회, (사)한국난보존협회, (사)한국동양란협회, (사)난재배자협회 자생란경영회, (사)한국애란협회 등 8개 단체이다. 이들 단체는 각 광역시도 등에 지역단체를 두고 있다. (사)한국난연합회는 각 시·도 광역지역에 별도법인의 단체를 두고 있다.

1990년대 이후 급격히 불어난 난회는 2020년 현재 1,000여 개 정도로 추정하고 있다.

대부분의 난회는 설립 초창기에는 화합도 잘되고 분위기가 좋다. 그러나 세월이 쌓이고 전시회를 거듭할수록 갈등이 생기고 회원 간의 마찰이 잦아진다. 가장 큰 갈등의 소지는 소장하는 난(蘭)의 차이, 난에 대한 눈높이의 차이, 난을 하는 목적이 순수취미냐 소득창출이냐 등으로 전시회 때마다 갈등이 생기고 어려움을 겪는다. 대부분 난회가 설립 후 5년 정도부터 내홍이 생기기 시작하여 10년 정도 되면 위기를 맞게 된다. 내홍과 갈등은 대부분 전시회에서 생긴다. 난회들은 지역연합전 등 여러 단체가 모여 하는 전시회에 출품할 난(蘭)이 모자라 애를 먹는다. 내년이면 나아지겠지 하면서 다짐해보지만 해를 거듭해도 좀처럼 나아지지 않는다. 회원들이 전시회에 출품할 난이 없는 경우는 난회로서의 역할을 못해 무기력해지고, 출품하는 난이 많을 때에도 우열 등의 문제로 회원 간의 갈등과 알력이 생기기 마련이다. 유명세를 타는 난회라 해도 실상을 보면 우수한 작품의 난을 출품하는 사람은 2~3명에 불과하기 때문에 갈등이 생기기는 마찬가지이다.

나는 1985년에 난에 입문하였지만 정식으로 난회를 만든 것은 1998년 '한풀난회'이다. 이 난회는 내가 발기하고 초대회장을 맡았다. '한풀난회'는 회원이 20명 정도였고, (사)부산난연합회의 기둥 역할을 했으며, (사)부산난연합회 내에서 10년 넘게 연속 최우수 난회로 선정되고, 난계의 역할이나 유명도에서 타의 추종을 불허할 정도로 독보적이었으며, 전국의 난인들에게 잘 알려진 난회였다. '한풀난회'는 그 위상에 맞게 회원들이 노력하고 화합을 강조하였으나, 난회가 안게 되는 갈등과 알력으로 많은 아쉬움을 남긴 채 2014년에 해체하였다. 그 후로 나는 단위난회는 가입하지 않고 전에부터 해오던 '국제동양란교류협회' 회장직만 맡고 있다. '(사)부산난연합회'에서 몇 번이고 단위난회 가입을 권유해 왔으나 사양하였다. 내가 그렇게 하는 데에는 새로운 난인들의 역동성과 자율성 보장이라는 내 나름대로의 생각이 있어서이다.

많은 난회가 있지만 난회로서의 위상과 역할을 제대로 하는 난회는 찾아보기 더물다. 바람직한 난회가 되기 위해서는 그에 걸맞은 요건을 갖추어야 할 것이다. 결국은 사람의 구성이고 각자의 역할과 운영방식이다. 난 단체를 오래한 입장에서 이에 대하여 몇 가지 생각해둔 것을 언급해본다.

첫째, 단위난회의 경우 그 구성원은 수(數)에 관계없이 난에 대한 수준과 난에 대한 가치관이 비슷한 사람끼리 해야 한다고 생각한다. 적어도 과반수 이상은 그리해야 중심이 잡혀서 다소의 갈등이 있더라도 흔들리지 않고 나아갈 수 있을 것이다.

둘째, 난회는 난회마다 칼라가 있어야 하고 그 칼라에 맞는 역할을 해야 한다고 생각한다. 단위 난회는 단위 난회대로, 연합회는 연합회대로, 중앙단체는 중앙단체대로 역할이 있을 것이다. 현재 각 난 단체들은 칼라가 대동소이하며 하는 역할도 차별화되지 않는 것이 아쉽다.

셋째, 난회에 소속된 각 난인들도 자기 난력과 수준에 맞는 역할을 해야 한다. 우리 난계의 전반적인 병폐 중의 하나는 순환이 안 된다는 것이다. 오래된 고참 난인들은 새로운 난인들에게 자리를 넘겨줘야 한다. 30년 전에 회장하던 사람이 지금도 그 단체를 실질적으로 좌지우지하고 있으니 새로운 난인들은 설자리가 없어진다. 오래된 난인들이 자기가 해야 할 역할은 하지 않고 단체의 실질적인 주인노릇, 시어머니 노릇, 소위 꼰대노릇을 하고 있으니 새로운 사람이 무슨 재미로 난계에 들어올 것이며 무슨 신명이 나겠는가?
사람마다 생각이 다 다른 취미계에서 자기 생각만 가지고 이것은 옳고 저것은 그르다 해서는 안 된다. 동호인들이 마음껏 즐길 수 있는 장을 만드는 것이 대수이다. 따라서 새로운 사람들이 끊임없이 영입되어야 하고, 그들이 마음껏 소신을 펴고 즐길 수 있는 공간을 마련해 주는 것이 필요하다고 본다. 그렇게 되어야 난계는 끊임없이 새로운 물이 들어와서 에너지가 충만할 것이다.

넷째, 난 취미인들은 근본적으로 자신의 삶을 풍요롭게 하고 즐거움과 자기만족에 큰 가치를 두고 있다. 난 단체의 구성원이 되는 것은 동호인들과 어울려 난을 함으로써 그 즐거움을 배가하고자 하는 것이다. 따라서 난 단체라고 해도 그 구성원인 난인들의 개성을 최대한 존중하고 자유로운 취미생활이 보장되어야 할 것이다.

앞에서 본 바와 같이 우리 난계는 중앙단체가 너무 많다. 애란인 단체가 8개, 산업인단체가 2개이다. 각 단체가 나름대로 목적과 하는 일을 가지고 설립하여 운영하고 있겠지만, 오랫동안 난단체를 지켜보아온 내가 볼 때는 너무 많다는 생각이 든다. 현재 각 중앙단체는 단체별 칼라도 없고, 특별한 목적을 두고 있는 것도 없다. 매년 전시회 1~2번 하는 것에 급급하고, 그것마저 독자적으로 하지 못하고 타 단체와 합동으로 하는 경우도 많다.

한국춘란 홍화 '대홍보(大紅寶)'

그러면서도 이들 중앙단체들은 타 단체에서 난계를 위해서 특별한 사업을 하게 되면 협조는 못할망정 방해하고 나선다. 또한 지역에 있는 광역 난단체와 단위난회를 하부 소속단체로 얽어매어 활동하는 데 제약을 만들고 있는 실정이다. 이는 난계의 발전을 가로막고 난취미인들로 하여금 어렵게 만드는 측면이 참으로 크다고 할 수 있겠다. 같은 지역에 사는 난인들끼리는 나름대로 즐겁고 재미있게 취미생활을 할 수 있는 바탕이 되어 있는데도 중앙단체에 얽매여 서로 간에 갈등과 알력을 만들고 있다. 광역시도 지역에 있는 난단체들이 모여서 지역 난연합전을 할 때도 각 중앙단체 소속 끼리 별도로 모여서 한다. 같은 지역에서 서로 간에 잘 아는 난인들 사이에도 중앙단체 소속이 다르면 남과 같이 대하는 것을 볼 수 있다. 나 역시도 난계에서 여러 가지 직책을 맡아 해오면서 가장 큰 어려움이었던 것이 바로 이 부분이다.

난 단체는 취미단체이므로 지역별 행사를 다 같이 하고, 지역의 난인들끼리는 그 소속을 떠나 동호인으로 어울려 재미있게 지내는 환경이 하루빨리 조성되어야 할 것이다. 그리고 난계발전을 도모하는 일에는 서로의 소속을 떠나 동조하고 협조하여야 할 것이다.

또한, 중앙단체장을 맡은 대부분의 사람들이 난계발전을 위한 노력이 다소 미흡하다. 그들은 취임식만 모양을 갖추어 할 뿐 난계를 위해서 하는 일은 눈에 띄지 않는다. 전임자의 역할을 답습하거나 현실에 안주하여 오히려 위축시키는 꼴이 되어 시간이 갈수록 단체의 힘과 에너지가 약해지고, 급기야 유명무실한 상태가 된 단체도 있다. 각 중앙단체장의 이임식 때 참석해서 재임기간의 실적을 들어보면 저 사람이 무슨 생각으로, 아니면 어떤 연유로 단체장을 맡았을까 하는 의문이 가는 경우도 많다. 난계가 과열하여 요란할 때는 큰 감투나 쓴 것처럼 으스대든 사람들이 난계가 어려워지니 존재감 자체가 무의미한 실정이다.

더욱 한심한 것은 중앙단체가 이합집산을 거듭하면서 난계를 더욱 혼란스럽게 만들고 에너지를 흩어지게 했다. 한국난계에서 중앙단체의 이합집산은 5~6차례 있었다. 이러한 이합집산에는 특별한 원인이 있는 것이 아니고, 고문·회장단 등 원로 난인들 간의 이해관계나 갈등으로 빚어진 것이 대부분이다. 그 과정에서 생긴 알력과 상처는 이미 치유되기 어려운 지경에 다다르고 말았다.

한국의 난계에도 새로운 사람들이 나타나 분위기를 쇄신하고 흩어진 에너지를 모아 난인들이 갈망하는 난계가 하루빨리 만들어졌으면 한다. 이것이야말로 원로난인들이 결자해지의 자세로 풀어가야 할 핵심적인 과제라고 보아진다. 그런 후에 새로운 젊은 난인들에게 자리를 물려줘서 난계에 대한 그들의 생각대로, 그들의 가치관대로 만들어가도록 해야 할 것이다.

난계가 한 단계 업그레이드되고 성숙한 난계, 즐거움과 재미를 주는 난계, 에너지가 충만한 난계를 만드는 것은 우리 난인들의 몫이다.

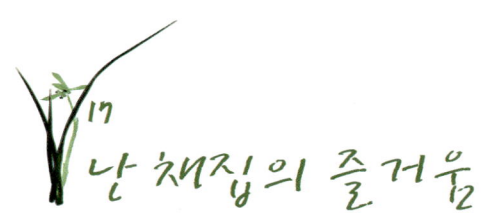

난 채집의 즐거움

　한반도 남단인 전라도와 경상도의 대부분 지방에 보춘화가 서식하고 있으며, 여기에서 변이되어 예(藝)를 가진 귀중한 한국춘란이 발견되어 원예화가 활발히 이루어지고 있다. 이는 우리의 귀중한 자원이다. 많은 애란인들이 한국춘란 우수품종을 채집하기 위하여 산으로 떠난다. 보춘화를 산지 생태계 상태로 잘 보존하면서 원예적으로 개발 가능성이 있는 한국춘란을 채집하여 원예화하고 난문화 상품으로 개발해가는 것이다.

　난인이라면 대부분 난초채집(산채)을 떠난 것이 수십 번은 되고, 수백 번에 이르는 사람들도 흔하다. 난초 산채는 애란생활의 많은 부분을 차지하고, 난취미인에 있어 큰 즐거움이 된다. 대부분 난 취미의 시작은 난초 산채에서 시작되고, 산채를 거듭하면서 난을 알아가게 된다.

　한국춘란의 채집은 한국춘란 문화의 시작이고 원천이다. 1980년부터 시작된 산채에서 많은 수확이 있었다. 현재 등록된 한국춘란만 해도 4천 품종에 이르고, 아직까지 등록되지

않고 원예화 과정에 있는 품종도 일천 품종은 넘을 것으로 추정된다.

　난초 채집은 각 지역에서 여러 형태로 그룹을 지어 떠난다. 같이 가는 인원은 2명에서부터 몇십 명에 이르기까지 다양하다. 너무 동행인이 많으면 번잡하고 시간낭비가 많아지므로 단체차원의 산채행사가 아닌 한 3~5명이 적합하다고 본다. 혼자 채란을 떠나는 것은 금물이다. 산에서 부상을 당하거나 추락, 길을 잃는 경우 도움을 받아야 하기 때문이다. 난초 채집은 연중 이루어지지만 적기는 난초의 신아가 자란 가을부터 난초 꽃이 핀 4월까지이다. 이때는 산타기도 좋은 날씨이고 독충이나 뱀도 없을 뿐만 아니라, 낙엽이 떨어진 뒤라 난초가 잘 보이는 때이다. 이 시기에는 남해고속도로 휴게소에 들르면 산채를 가는 동호인을 많이 만난다.
　난초 채집을 떠나는 사람들은 각 지역에서 아침 일찍 출발한다. 내가 사는 부산의 경우, 아침 6~7시쯤 출발해서 가다가 아침을 먹고, 산지에 도착하면 9시쯤 된다. 오후 2~3시에 집결할 장소를 정해놓고 각자 산을 오른다. 5시간 정도 난초 채집을 위해 산을 타는 셈이다.

　마음에 맞는 사람들과 쉽게 산채를 떠날 수 있는 산지(産地)가 있다는 것은 우리 난인들의 축복이다. 삼남지방(전라남북도, 경상남도) 웬만한 곳에는 보춘화가 서식하고 있으니 산에 가면 쉽게 난(蘭)을 만난다. 지금까지 개발된 한국춘란도 모두가 이렇게 채집된 것이며, 지금도 심심찮게 우수한 예를 가진 품종이 곳곳에서 발견되고 있다. 난초 산채하는 것이야 말로 난인들만이 갖는 아주 특별하고 신명나는 즐거움이다. 체력운동에도 좋고 스트레스 해소에도 안성맞춤이다. 등산과 달리 일정한 곳을 특정하지 않고 난(蘭)을 찾아 마음 닿는 곳으로 자유롭고 편한 마음으로 간다.
　난을 찾아 정신없이 다니다가 배가 고프면 김밥 등으로 간단히 요기하고, 나무에 기대어 잠시 쉬면서 상념에 잠겨도 보고, 언뜻 생각나는 사람에게 전화도 걸어보고, 큰 소리로 노래도 불러보고, 어느새 일상에 찌든 마음 속 병이 깨끗이 사라진다. 좋은 난을 채집했을 때도 좋지만, 채집을 못한 공탕이어도 전혀 서운하지 않다. 집결지에서는 서로가 채집한 난을 꺼내놓고 품평하면서 나누어 갖기도 한다. 산에서 겪었던 산채담을 늘어놓으며 모두가 동심으로 돌아간다. 돌아오는 길에 삼겹살 한판, 소주 한잔 하는 즐거움 또한 사람 사는 재미다.

난초채집은 길이 없는 야산에서 거의 혼자 다니는 것이므로 조심해야 할 것도 많다. 채란하는 장소가 잡목림이나 침엽수림 지대로 수풀이 우거져 있고 길이 없으므로 몸을 보호할 수 있는 복장을 해야 한다. 손과 발이 다치지 않도록 상·하의는 긴 옷을 입고, 신발도 목이 긴 등산화를 신어야 하고, 모자를 쓰고 장갑도 끼어야 한다. 특히 봄부터 가을까지는 맹독성 뱀에 물릴 수 있고 독성을 가진 벌레, 옻나무 등으로부터 피해가 발생하지 않도록 몸단장을 철저히 해야 한다.

갖추어야 할 장비로는 배낭, 쇠갈고리, 휴대용 칼, 휴대전화, 노끈, 전등, 호루라기, 지도, 비옷, 약품(방충제, 소독약, 반창고 등), 난을 담을 수 있는 봉지나 작은 상자, 타올, 간식거리, 생수, 화장지 등을 준비해야 한다. 채란 장비는 등산처럼 중장비를 갖추면 자유로운 행동이 어려우므로 가능하면 가볍게 하는 것이 좋다.

일반적으로 초보자는 표고가 높은 지형이나 벽지를 탐색하나, 이런 곳에서는 좋은 품종이 발견되지 않는다. 명품이 발견되는 장소의 표고를 살펴보면 100~300m의 사이이다. 따라서 표고가 높은 산을 피하고 완만한 산악지대나 구릉지대를 탐색하는 것이 좋다. 산은 잡목림 중에 적송이 혼생하는 곳이 이상적이다. 그러나 너무 어둡거나 통풍이 나쁜 곳은 좋지 않다. 가장 이상적인 장소는 아침 햇빛이 들어오고 그 빛이 정오까지 쪼이는 밝은 수림의 경사면이다.

전라도지방은 겨울 동안에 눈이 많이 내리므로 건조하지 않으나, 경상도 지방에는 건조하여 난이 잘 서식하지 못하는 산이 있다. 주변에 저수지나 논 등이 분포되어 겨울철 습도 유지가 잘되는 지역인지도 살펴야 한다. 같은 지역이라도 대체로 동남향의 경사지에는 잎 자태가 단정하고 건실한 것이 많으며, 동북면이나 남서면에는 길게 뻗은 잎이 많다. 북쪽에는 춘란 개체 수는 적지만 사람의 손길이 덜 가서 의외의 수확을 올리는 경우도 있다. 상대적으로 화예품은 토양이 부드러운 곳에서 명품이 발견되고 있는 것에 반하여, 엽예품은 통풍이 좋은 좀 건조한 듯한 곳이면서 토양이 단단한 환경에서 많이 발견된다.

변이종은 주로 나는 지역에서 많이 나오므로 채집 경험이 많은 선배난인으로부터 정보를 수집해서 지역별로 나오는 종류와 특성을 알아둘 필요가 있다. 지역의 선택이 끝나면 산을 선택해야 하는데, 산은 경사가 완만하고 동남향이며 난이 많은 곳을 택하는 것이 좋다. 여러 형태의 잎을 지닌 난들이 모여 있거나, 난잎의 육질이 두껍거나 얇은 난초들이 섞여서 형성된 군락지에서 변이종이 채집되는 경우가 많다.

군락지에 있는 난초 중에 큰 포기(대주)는 이미 많은 사람들이 살폈을 것이므로 보다 작은 포기나 생강근이 달린 1촉짜리 난초(동자묘) 위주로 천천히 자세하게 관찰해야 한다. 대주는 신아 촉을 살피고, 짐승이 잘라 먹은 난이나 풀 사이에 있는 난, 돌이나 나무 밑에 감추어져 있는 난을 더욱 세심히 살핀다.

변종을 발견하는 방법 중에는 산의 경사면을 따라 위와 아래보다는 좌와 우로 중첩되게 왕복하면서 산을 오르는 것이 좋다. 또한 가시나무나 가시덩굴 속에 난초가 있다면 반드시 들어가서 확인할 필요가 있으며, 이 경우 낮은 자세로 앉았을 때는 주변을 잘 살펴 뱀이나 벌 등이 있는지 확인해야 한다.

예를 가진 변이종을 발견하였을 경우 산채를 오래 다닌 분들도 흥분해서 뿌리나 잎을 상하게 하는 경우가 있는데, 채란을 할 때는 차분하게 서두르지 말고 주변 나무나 잡풀 부엽 등을 제거하고 천천히 조심스럽게 파내야 한다. 나무뿌리로 인하여 신아가 부러지지 않도록 조심해야 한다. 생강근이 달린 촉일 경우 뿌리가 약하면 생강근을 붙인 상태로 조심스럽게 채집한다. 이때 맨손으로 생강근을 절대 만지지 말고 흙과 함께 채집한다. 만일 뿌리 상태가 양호하면 생강근을 떼어내 채란한 곳에 다시심고 나중에 알 수 있도록 지형지물을 잘 기억해두는 것도 필요하다. 변이종이 발견된 장소와 주변 환경을 모두 연관하여 수첩에다 기록하거나, 사진을 찍어 잘 정리해두면 유용한 자료가 된다.

채란 경험자들의 이야기를 들어보면 엽예품의 선천성인 것은 주로 산의 아래쪽에서 발견된다. 특히 저지대의 야산이나 산이 시작되는 아래쪽에서 발견되는 호(縞)나 복륜계는 대개가 선천성의 성질을 보이고, 후천성 또는 후발성 계열은 대개가 산꼭대기 쪽에서 발견되는 것을 볼 수 있다. 단엽계통은 산의 위·아래 등 특정한 장소로 구분되지 않고 난의 군락이 시작되는 곳에서 생강근 신아가 굵고 엽질이 단단한 난초들이 군데군데 있는 곳이나 산 능선, 또는 잡목이 없고 건조해 보이는 곳에서 많이 발견된다. 계곡이나 잡목림 속에서 발견되는 단엽종은 키가 크고 뿌리가 짧으나, 햇볕이 잘 들고 조금 건조한 지대에서는 뿌리가 길고 키가 작은 단엽이나 입변이 발견된다.

그런데 그동안 한국춘란 채집의 사례를 보면 변이종별로 채집되는 장소가 별도로 있는 듯하다. 난인들이 이미 산지의 곳곳을 여러 번씩 살펴서 변이종을 채집했고, 어디에서 어떤 변이종이 나왔다는 것도 어느 정도 알려져 있다. 선배난인들로부터 변이종이 나오는 곳과 지역별 난의 특징에 대한 정보를 얻어서 그곳을 중심으로 변이종을 찾는 것이 지름길이라고 할 수 있겠다.

또한 변이종은 채집하는 시기에 따라 채집의 주안점이 다르다. 색화계의 색 발현 시기는 대부분 1월 이후이므로 그 전에는 소심류나 기화, 색설화, 무늬화, 두화, 원판화 등을 중심으로 채란을 해야 하고, 화예품보다는 엽예품을 위주로 채집하는 것이 바람직하다. 난잎이 특이한 것, 잎이 짧거나 육질이 좋은 것, 잎끝에 특징이 있는 것(잎끝이 둥글거나 뾰족하거나 옴박이로 되어 있는 것 등), 또한 난잎이 서성을 띠거나 맑아 보이는 것, 포의가 녹

자생지의 한국춘란

색 또는 흰색인 것, 포의가 검붉은 자색인 것 등 특징이 있는 난의 꽃봉오리를 보다 세심하게 관찰한다.

　소심류는 밭을 이루고 있는 곳이 있으므로 예전에 소심을 채집한 곳이라면 더욱 더 세심하게 관찰할 필요가 있다.

　또한 산반무늬 등은 산채 시 무늬가 아주 약한 것도 배양과정에서 크게 발전하는 경우도 있으므로 산채한 난의 무늬는 세심히 관찰할 필요가 있다.

　녹과 색이 혼재해 있는 경우 이 난이 선천성인가 후천성인가를 알아보는 방법은 봉심의 색과 주·부판의 색을 비교하여 보는 것이 한가지 방법이다. 봉심에 같은 색이 들어있으면 선천성이고 봉심에 색이 없으면 후천성이라고 할 수 있으며, 봉심의 색보다 주·부판의 색이 강할 때 색화 가능성이 더 높다고 볼 수 있는 반면 반대의 경우는 가능성이 낮다고 할 수 있다.

　후천성일 경우 꽃봉오리가 부엽에 쌓여있어 주·부판에 녹이 차지 않은 경우 색이 들어오지 않으며, 어느 정도의 녹이 깔린 상태에서 화색이 들어온다. 선천성이 아래에서 색이 차올라오는 것에 비하여 후천성은 빛을 많이 받는 끝에서부터 화색이 들어온다.

　꽃봉오리 끝에 화색이 어느 정도 들어오면서 녹과 혼재되어 있거나 녹은 없고 그 아래 부분보다 더 맑게 보이는 것은 녹이 분해되는 현상으로, 색이 들어오기 전에 나타나는 징조이다. 또한 노출되어 있음에도 주위의 다른 꽃보다 맑게 보이는 것은 후천성일 가능성이 있으므로 잘 살펴야 한다.

　잎을 보고 화형을 알 수 있다는 생각은 누구나 가지고 있으나 그것이 그렇게 간단하지 않다. 오랜 경험에 의하면 잎과 화형과의 관계는 어느 정도는 관련이 있다고 하겠으나 꼭 그렇다고는 할 수 없다. 잎의 형태나 잎끝의 마무리 상태 등은 꽃의 크기나 화형에 확률적 상관관계가 있다고 할 수 있다. 화형(花形)은 보통 떡잎인 제1·2엽과 마지막 속잎(천엽)의 마무리 상태가 화형과 관련이 있는 경우가 많다고 말한다. 떡잎이나 속잎이 둥글거나 옥아있는 경우 잎이 환엽으로 발전하는 경우가 많다. 꽃잎 역시 떡잎에 따라 형태가 거의 결정이 되다시피 하는데, 떡잎이 바가지 형태이면 꽃잎 역시 바가지 형태로 후육이면 꽃잎 역시 후육으로 피게 될 확률이 상당히 높다.

  잎의 형태가 후육이든 박육이든 일단은 조직이 조밀하면 잎이 V자 형태(배골이 깊다고 표현함)로 나타나게 되는 경우가 많다. 잎의 생긴 형태가 중간 부분에서 잎끝으로 나아가는 부분이 좁아지지 않고 일(一)자 형태거나, 더 넓어진다면 두화가 필 확률이 다소 높다. 이런 난을 채집하여 집에서 키웠을 때 잎이 기부에서 뒤틀리는 난에서는 두화가 필 확률이 상당히 높다고 보면 된다. 야구 방망이니, 배불때기니, 잎끝이 둥글다느니 하는 것은 꽃의 화형을 어느 정도 기대할 수도 있고 다른 난보다는 두화의 가능성이 높다 하겠으나, 그 확률은 매우 낮다고 보면 된다.

  산행을 할 때는 항상 자신감을 가지고 기분 좋게 행동하는 것이 좋다. 스스로 나 자신에게 오늘 산행에서는 반드시 좋은 난을 캘 것이다 이렇게 다짐하며 산에 오른다. 그러면서도 채집의 수확이 없다고 하여 서운한 생각을 갖지 않도록 하고, 특히 같이 간 동료들에게 불평을 해서는 안 된다. 채란 길은 난인들의 즐거움이며 수행의 길이라고 생각하고 그 자체를 즐기도록 한다.

  애란인은 가까운 우리 산에 보춘화가 있다는 것을 늘 감사하게 생각하고 이를 지켜주는 산에 대하여 고마움을 가져야 한다. 채란을 위해 입산할 때는 경건한 마음으로 "오늘도 무탈하고 좋은 명품을 점지해 주십시오" 하면서 산신령께 알리고 때로는 산신제도 지내는 것이 좋다.

서두르면서 대충 보고 지나가는 사람이 가느다랗게 실호가 든 것이나 잎끝에 들은 조복륜, 산반 같은 것을 찾아내기란 힘들다. 항상 느긋하게 평상심을 잃지 않고 세심하게 관찰하는 자세가 필요하다. 앞에 지나간 사람이 놓친 것을 뒤에 가는 사람이 발견하는 경우도 많다.

사람들은 한국춘란을 야생상태에 그대로 두고 보호할 것이지, 이를 캐오는 것은 자연보호에 위반이 아니냐고 말한다. 보춘화에 비하여 변이종인 한국춘란은 약하다고 할 수 있다. 한국춘란은 다른 식물보다 환경에 적응하는 능력이 약한 식물이므로 변이를 일으킨 유묘의 경우 더욱 자연계에 적응할 수 없어 고사하는 경우가 많다. 난인들은 자연에 그대로 방치해두면 고사해가는 변이종을 채집하여 원예화하는 역할을 담당하는 사람이라고 할 수 있다. 그래서 보춘화는 보호식물로 지정하고 있으나 예(藝)를 가진 한국춘란은 보호식물에서 제외되어 있다.

20년 전만 해도 웬만한 산에는 보춘화가 많이 있었다. 그러던 것이 많이 남획되고 숲이 우거짐으로 해서 보춘화가 점차 줄어지고 있다. 하루속히 한국춘란을 채집하여 원예화시켜야 하겠지만 그렇다고 난을 함부로 아무렇게 채집해서는 안 된다. 보춘화를 남획하는 일이 없도록 하고 보춘화 한 포기에도 항상 경건히 대해야 하겠다. 산에서 변이종을 발견하면 바로 캐지 말고 주위의 낙엽을 조금씩 제거하며 충분히 조사를 한 연후에 캐는 습관을 가져야 하며, 만일에 변이종이 아니라면 난초를 원래대로 심어주는 애정을 가져야 한다.

채란 시에 산에서 난 밑부분을 헤쳤으면 꼭 덮어주어야 하고, 설령 다른 사람이 그래놓은 것도 덮어주는 마음을 가져야 한다. 꽃봉오리를 무차별적으로 따본다든가, 생강근까지 파온다든가, 민춘란을 마구 캐온다든가 하는 일은 삼가야 할 것이다.

야생 춘란인 보춘화는 난인들의 귀중한 자원인 동시에 길이 보존해야 할 국가적 자원이다. 이를 잘 관리하고 보존하는 것은 난인들의 몫이다.

18 난(蘭) 하나하나에 이야기를 만들자

현대문화의 큰 특징 중에 하나가 스토리텔링이다. '스토리+텔링(telling)'의 합성어로서 말 그대로 '이야기하다'라는 의미를 지닌다. 상대방에게 알리고자 하는 바를 재미있고 생생한 이야기로 설득력 있게 전달하는 행위이다. 스토리텔링은 언제나 우리 곁에 있어 왔지만 오늘날 미디어의 변화에 의해 새롭게 부상하게 된 이야기 방식이다. '스토리(story)'가 '무엇'이라는 내용을 나타낸다면, '텔링(telling)'은 '어떻게'라는 형식을 나타낸다. 이야기는 어떤 논리적인 설득보다도 사람의 마음을 움직이는 힘이 강력하다. 스토리텔링은 정보를 단순히 전달하는 것이 아니라 전달하고자 하는 정보를 쉽게 이해시키고, 기억하게 하며, 정서적 몰입과 공감을 이끌어내는 특성을 가지고 있기 때문이다.

미래학자 롤프 옌센(Rolf Jensen)은 "세상은 이미 물질적인 부가 아닌 문화와 가치, 생각이 중요해지는 꿈의 사회로 진입했으며, 이러한 사회에서는 브랜드보다 고유한 스토리를 팔아야 하며 이제 스토리텔링을 배우지 못한다면 사람들을 설득할 수 없고, 설득할 수 없다는 것은 원하는 것을 얻지 못한다는 의미와도 같다"고 말했다.

신조어 스토리텔링은 1995년 미국 콜로라도에서 열린 '디지털 스토리텔링 페스티벌'에서 처음 사용되어 확산된 것이다. 그러던 것이 현재는 최초에 적용된 디지털 미디어뿐만 아니라 특정한 미디어에 국한되지 않고 다양한 문화콘텐츠 장르로 외연을 확장해 활용되고 있다.

이야기가 함께했을 때 그 난의 생명력은 더욱 오래도록 이어지며 난인들에게 사랑을 받는다. 역사가 깊은 중국란에서도 지금까지 기억되고 사랑을 받는 난들은 모두 그렇게 만들어졌다. 좌로부터 중국춘란 '송매(宋梅)'와 '녹운(綠雲)', 오지춘란 '강씨하(姜氏荷)'.

    사람은 이야기를 하고 싶어 하고, 이야기를 듣고 싶어 하고, 이야기로 다른 사람과 소통하고 싶어 한다. 스토리텔링은 어린 시절부터 세상을 이해하고 배우던 기본 방법인 동시에 이야기가 가지고 있는 창의성과 감성을 바탕으로 꿈과 가치를 보다 호소력을 가지고 설득력 있게 전달해주는 커뮤니케이션 형태다. 정보를 단순히 단편적으로 전달하는 것이 아니라 전달하고자 하는 정보를 쉽게 이해시키고, 기억하게 하며, 정서적 몰입과 공감을 이끌어내는 특성이 있다는 점에서 어떤 주제를 전달할 때 쓸 수 있는 가장 효과적인 방법이다.

    인간은 누구나 보편적으로 이 세계와 인생에 대한 의문을 품고 있으며, 이에 대한 해답을 얻고자 여러 가지 방식으로 탐구한다. 이야기는 바로 인간 존재에 대한 관심에서 비롯되어 인생에 대한 해석을 담아낸다. 우리는 다양한 이야기를 통해 수많은 사람들의 관점에서 세계를 바라보고 간접적인 체험을 넓혀가는 것이다. 이는 세계와 인간이 조화를 이루어가는 하나의 방식이다.

　사람들의 마음에는 재미있는 이야기에 대한 욕구와 감동적인 이야기를 통해 인생에 대한 의미를 찾고자 하는 기대가 투영되어 있다. 인간은 끊임없이 이야기를 향유하고 창작하고자 하는 욕구를 가지고 있으며, 이를 통해 세계와 조화를 이루어 나가는 과정 자체가 인간의 삶이라는 것이다. 자기가 하는 일에 자부심과 열정이 있으면 그 일에 대해 즐겁게 이야기하게 되고, 자기가 하는 일을 신나게 이야기하다 보면 그 일에 대한 보람과 새로운 가치가 보여 즐거움이 선순환으로 이어지게 된다.

　따라서 미디어의 변화에 의해 아무리 다양한 양식으로 변화해가더라도 이야기는 본질적으로 인간에게 호응될 수 있는 강력한 잠재력을 지닌다고 할 수 있다. 특히 오늘날에는 누구나 다양한 디지털 미디어를 통해 쉽게 자신의 이야기를 창작하고 전달하며 공유할 수 있는 여건이 마련되어 있다.

　우리 난인들도 난(蘭) 하나하나에 이야기를 만들어보자. 이야기를 만들면 낯선 사물도 쉽게 친숙하게 다가오고, 낯익은 사물에도 새로운 매력이 다시금 생긴다. 난인들은 난이라는 자연, 그것과 같이 생활하면서 그것에서 아름다움을 찾고 덕성을 배우면서 살아가는 사람이다. 오랫동안 난과 함께하는 난인에게는 수많은 이야기가 있기 마련이다. 난(蘭)마다 꽃에는 꽃대로, 잎에는 잎대로 이야기를 담고 있을 것이고 채집과정, 입수과정, 재배과정, 전시회 등에 얽힌 이야기도 있을 것이다. 이를 허술하게 놓치지 않고 조목조목 이야기를 만들어 잘 간직하고 기록으로 남기면 잔잔한 아름다움으로 쌓이고 즐거움도 더해질 것이다.

　난인들의 애란생활은 결국 난과 함께하는 과정에서 만들어진 이야기로 남게 된다. 애란생활의 소소한 이야기 하나하나가 난인들의 삶이고 흔적이며, 이것이 모여서 난문화가 된다. 그런데도 이를 소중히 간직하려고 노력하는 난인은 별로 없는 것 같다. 아주 재미있고 흥미로운 이야기인데도 한두 번 들먹이고는 기록으로 남기지 않으니 잊히고 만다.

오랫동안 난과 함께하는 난인에게는 수많은 이야기가 있기 마련이다. 난(蘭) 하나하나에 이야기를 만들어보자. 이야기를 만들면 낯선 사물도 쉽게 친숙하게 다가오고, 낯익은 사물에도 새로운 매력이 다시금 생긴다. 좌로부터 한국춘란 복색화 '태극선(太極扇)', 원판소심 '소금강(素金剛)', 호피반 '백호(白虎)'

   한국춘란이 태동하고 나서 초창기 난인들에게는 아름답고 감명을 주는 애란 이야기가 많이 있었다. 난인들 사이에 회자되고 기록으로도 남아있다. 그러던 것이 언제부턴가 난 사랑에 대한 이야기가 점차 없어지고, 이미 있던 이야기마저 잊히고 있다. 난에 대한 신비감도 점차 떨어지고, 단지 물질적 가치로만 생각하면서 소중한 이야기 임에도 대수롭지 않게 여기기 때문일 것이다. 소소한 애란 이야기 하나하나가 모여서 우리가 이 시대에 난을 한 모습이 되고, 관념이 되고, 역사가 되는 것이다.

   역사는 기록으로 말한다. 기록이 없으면 역사는 없는 것이다. 비록 작고 소소한 이야기라 할지라도 소중하게 글로 담아내야 할 것이다. 우리 민족은 옛날부터 기록에 약했다. 기록이 자칫 나쁜 일의 증거자료가 되었기 때문도 있겠으나 대부분이 글을 몰랐고, 글을 아는 사대부라 해도 생활 속의 소소한 일들을 글로 남기는 것을 의미 있게 생각하지 않거나 등한시했기 때문일 것이다.

난인들은 난과 생활하는 일상에서 크고 작은 놀라움, 웃음, 기쁨, 애환과 함께 이야기가 만들어진다. 난과 난인 사이에는 끊임없이 예술적 교감이 이루어지고 사랑을 나누고 덕성을 배우는 과정에서 무수한 이야기가 엮어진다. 난에 대한 이야기는 난에 대한 새로운 매력이 생기고 애착을 갖게 할 뿐만 아니라 애란생활의 에너지를 일으키는 촉매제가 된다. 난과 함께하는 일상에서 생기는 조그마한 사연도 허술하게 놓치지 않고 이야기로 만들어 쌓아가는 것이 애란생활의 본분이다.

난에 대해서는 유독 옛 선인들이 시나 글을 많이 남겼다. 그것이 너무나 비슷하고 진부한 듯하지만 찬찬히 읽어보면 늘 그때마다 새로운 감명을 준다. 후세의 난인들은 그 이야기를 음미하며 난에 대한 이미지를 잘 간직하고 그러한 느낌으로 난에 다가서게 된다. 이러한 아름다운 이야기는 난에만 있는 것이 아니다. '이황의 매화', '도연명의 국화', '워즈워드의 수선화' 등에서도 그 식물에 대한 이야기를 잘 그리고 있다.

오늘날 문화산업의 재료는 물질이 아니라 스토리이다. 애란생활도 이야기를 만들어가는 과정이다. 훌륭한 시화(詩畵)로 표현되지 않아도 난인들의 삶과 생활에서 만들어진 이야기들이 모여서 문화가 되고 산업으로 연결되는 것이다. 한국과 외국의 문화를 비교해 보면 한국의 문화에는 이야기가 별로 없다는 것을 알 수 있다. 그렇다면 한국에는 이야기가 없었던 것일까? 아니라고 생각한다. 다 같이 이야기가 있었는데도 이를 기록하지 않고 부각시키지 않음으로써 빠트렸거나 잊혀진 것이다.

일본의 경우를 보면 도자기와 같은 골동품은 말할 것도 없고 수석 같은 기물에도 하나하나마다 그것에 얽힌 이야기가 있고, 그 이야기에 따라 그 가치가 크게 달라진다. 같은 수석이라도 '도꾸가와이에야스'가 소장하면서 이야기가 담긴 것은 엄청나게 귀중한 것으로 친다. 오랜 기간 흘러오면서 각각마다 많은 이야기가 만들어지고, 그 이야기를 놓치지 않고 소중하게 담고 있는 것이다.

오래되고 역사적으로 많은 이야기가 담긴 서양의 유물에서도 마찬가지이다. 그리스 여행객들 중에는 아테네신전이나 파르테논신전 등을 그냥 보고는 이걸 가지고 그렇게 야단이냐고 하는 사람들이 꽤 많다고 한다. 독일 라인강의 로렐라이 언덕을 보고 같은 생각을 하는 사람들이 많은 것도 마찬가지이다. 그러나 그것에 얽힌 이야기를 찾아서 상상의 나래를 펴며 의미를 새기면서 관람을 하면 단순히 보이는 것을 넘어 진가가 보이게 되고 깊은 감명을 받게 되는 것이다. 그래서 난(蘭) 하나하나에 크고 작은 아름답고 애틋한 이야기를 많이 만들고 애란인들과 공유해야 할 것이다.

    난인들은 각자에게 평생을 같이하고 싶은 특별한 난(蘭)이 있을 것이다. 애란생활을 오래한 난인에게는 그 난의 가격이 높고 낮음, 다른 사람들의 선호도 여부를 떠나 애틋한 정(情)이 담겨있고, 오래도록 간직하고 싶은 이야기가 얽힌 난이 있기 마련이다. 이런 난이 없다면 진정한 난인이라 할 수 없다. 만약 그런 난이 없다면 지금이라도 만들어 보기 바란다. 이런 난을 분양할 때에는 그 난에 얽힌 이야기도 같이 들려주고, 이야기가 쌓이면 글로 남겨야 할 것이다.

    난인들은 어느 동호인들보다도 자주 만나고, 만나면 시간 가는 줄도 모르고 재미있는 이야기에 빠진다. 난인들이 나누는 대화의 대부분은 애란생활에 얽힌 이야기이고, 모두가 생동감이 있고 흥미롭다. 그 이야기 속에는 난인들의 감동이 있고, 웃음이 있고, 애환이 있고, 행복이 있다. 애란이야기는 예나 지금이나 끊임없이 만들어지고 있는 것이다. 이런 이야기를 놓치거나 버리지 않고 소중히 하여 글로 남기자는 것이다.

    나 역시 35년 넘게 난(蘭)을 하면서 숱한 이야기가 있었는데도 글로 남기지 못한 것이 못내 아쉬움으로 남는다. 지금이라도 챙겨서 글로 써보려고 하니 기억에 한계를 느낄 때가 많다. 때늦은 후회를 하며 후배 난인들은 그러지 않기를 바란다.

    나는 이다음에 한국춘란 명품 100선을 뽑아 그 난에 얽힌 이야기를 모아서 책으로 만들 계획을 가지고 있다. 각각의 난(蘭)마다, 난인마다 숱한 이야기가 무수히 있을 텐데 잘 모아서 충실히 담아낼 수 있었으면 하는 바람을 가져본다.

내가 난(蘭)을 한 지도 35년이란 세월이 흘렀다. 짧지 않은 세월 속에 무수히 많은 난이 거쳐갔고 현재도 2백여 품종, 1,500화분의 난을 소장하고 있다. 그중에서도 내 마음에 유독 애착이 가고 평생을 같이하고픈 난이 몇 품종 있다. 분별하지 않으려 해도 어쩔 수가 없는 것이 이놈의 마음이다. 그동안 함께해 오면서 있었던 이야기는 물론, 앞으로도 그 난과 사랑을 나눈 이야기를 차곡차곡 모아가려고 한다.

난인들은 일상을 난이란 반려식물과 함께 지내는 사람이다. 생활하면서 소소한 이야기라도 콘텐츠를 만들고 글로 남겨서 역사를 만들었으면 한다. 훌륭한 문학이 아니라도, 많은 사람들을 감동시키지 못해도 괜찮다. 이것이 바로 난문화요, 난인의 세계이다.

◇ **한국춘란 복색소심 '천운소(天運素)' 이야기**

조원상은 경북 상주 사람으로, 40대 중반의 나이에 이미 한국난계에서는 잘 알려진 난인이다. 그가 28살 젊은 나이에 난(蘭)을 하게 된 것은 원로 난인인 부친 조홍성 씨 영향이다. 그는 한국춘란에 대한 사랑과 애착이 한결같으며, 특히 신품종 개발에 남다른 의욕을 보여 '천운소(天運素)'라는 한국춘란 복색소심 대명품을 개발하였다.

그는 일찍이 난(蘭)에 대한 호기심이 많았고, 난취미계에 대한 동경이 매우 컸다. 그러던 차에 90년도 중반, 부친이 그의 사업장 한쪽에 난실을 증축하면서 본격적으로 난을 하게 되었다. 난초 관리가 일상이 되고, 짬짬이 산채도 다니고, 부친을 모시고 난행사는 물론 전시장이나 판매장에 부지런히 다녔다. 한국춘란을 하나하나 알아가고, 난계의 분위기도 익숙해지면서 한국춘란의 매력에 점차 빠져들었다.

2000년쯤 되었을 때 그는 난(蘭)에 대한 분별력도 생기고 난계의 흐름도 어느 정도 알게 되었다. 그는 부친이 전국대회 등에 난 작품을 많이 출품하지만 큰 상을 받지 못하여 애태

한국춘란 복색소심 '천운소(天運素)'

우는 모습이 안스러웠다. 그의 부친이 구입하여 애지중지 모아둔 난에서는 그 정도의 종자가 보이지 않았다. 그는 "내가 전국대회에서 큰 상을 받을 만한 신품을 개발해서 아버님에게 선물을 해야지" 하는 작심을 하게 되었다. 이후 전국으로 안테나를 세워 종자를 구입했지만, 지나고 보면 부족함이 드러나 실망하기가 여러 번이다. 이렇게 수업료를 꽤나 내고는 마침내 깨달았다. 기라성 같은 대가들이 포진한 난계에서 그런 신품종이 몇 손을 거쳐서 나에게까지 올 리가 만무하다고 판단하고 산채품을 찾기로 하였다.

　한국춘란을 전문적으로 산채하는 사람을 찾기 위해 여러 난인에게 부탁한 결과, 전라남도 신안군에 사는 박영산 씨를 소개받게 되었다. 박영산 씨는 신안에서 30년 넘게 한국춘란을 전문적으로 산채하는 사람으로, 신안군 그 많은 섬의 난초 생태계를 훤히 꿰뚫고 있으며 이미 여러 명품을 산채한 사람이다. 그때부터 인연이 되어 박영산씨가 산채한 난을 수없이 많이 구입하였다. 그렇지만 몇 년이 지나도 조원상 난인이 기대했던 그런 난은 나타나지 않았다. 대부분 꽃이 없는 상태에서 구입한 난이라 실망을 거듭하는 것도 당연한 이치였다.

박영산 씨가 늘 미안해하면서 언제든지 명품을 산채하면 자기에게 준다는 말을 신뢰하면서 한 번도 원망하지 않았고 호형호제하면서 잘 지냈다.

2007년 3월 13일은 그에게 참 특별한 날이다.

여느 때와 마찬가지로 몇 명이 상주에서 밤새 차량으로 달려 새벽에 목포 여객선 터미널에 도착했다. 그날따라 안개주의보가 내려 여객선이 꽤 늦게 신안으로 출발했다. 신안에 도착해서 박영산 씨의 안내로 신안 하이도 옆에 있는 작은 섬으로 산채를 나섰다. 그 섬에는 소심이 많이 나온다는 말에 모두가 기대에 부풀어 가벼운 발걸음으로 산채를 시작하였다.

입산한 지 30분쯤 지나서 박영산 씨가 전화로 혼자만 이쪽으로 급히 오라고 호출했다. 허급지급 그곳으로 가보니, 놀랜 표정으로 꽃봉오리 하나를 쳐다보고 있었다. 깨끗한 소심 꽃봉오리의 포의 한쪽을 살짝 벗긴 채로 보여주면서 복색소심이라고 했다. 복색은 확연한데 과연 순소심일까? 하는 생각을 하고 있는데, 박영산 씨는 포의 한겹을 마저 벗겨 그에게 내밀었다. 조원상 난인은 순간 온몸에 전율과 함께 육신이 공중에 떠오르는 희열을 느꼈단다. 갑자기 말문이 막혀 한참동안 말없이 꽃봉오리를 쳐다보고 있다가, 두 손을 떨면서 공순히 받아서 살폈다.

그동안 꿈에 그리던 난초였다. 난초는 4촉으로 건강하였고, 꺾지 않은 꽃대가 하나 더 있었다. 두 사람은 난초를 앞에 놓고 참으로 많은 얘기를 나누었다. 마침내 흥정이 이루어지고, 박영산 씨는 대금 중 일부만 지금 주고 나머지는 꽃이 확인된 후에 주면 된다고 했다.

그는 바로 부친께 전화를 했다. 그 당시 부친은 뇌출혈로 서울에 있는 대학병원에 입원해서 약물치료를 받고 계셨다. 이 소식을 전하자, 부친은 그런 난은 애초에 없으니 가져올 생각은 아예 하지 말라고 하셨다. 그러나 도저히 사지 않고는 견딜 수 없는 난이었다. 조원상 난인은 부친께는 말씀대로 하겠다고 하고, 박영산 씨에게 아버지가 가져오란다고 거짓말을 했다.

잘 포장해서 가방에 넣고, 같이 산채 간 일행들에게는 급한 일이 생겼다고 거짓말을 하고 바로 상주로 왔다. 이러한 과정이 꿈같고 혼이 훨훨 날아다니는 무아지경이었다.

가져온 난초를 잘 심어놓고 주변 난인들과 상인, 잡지사 기자 등에게 알렸으나 선뜻 믿지 않았다. 복색소심은 자연상태에서 나올 수 없다는 주장이 대세였다. 이날부터 복색소심은 난인들 사이에 화제의 대상이 되었고 수많은 이야기가 오갔다. 그러던 중 3월 말이 되자, 하나 남은 꽃대가 움직여 복색에 소심으로 봉오리를 살포시 내민다. 그제서야 다들 맞다고 인정하면서 축하 인사와 함께 분양받을 궁리를 하는 난인이 몰려들었다.

조원상 난인에게는 하늘이 맺어준 인연이었고, 더구나 그 난초로 인해 그의 부친 병환도 빨리 회복되었다. 그에게는 여러 가지로 행운을 몰고 온 고마운 '인연초'였다.

다음해 신아를 받아보니 연한 감중투 무늬로 올라와 급소멸되었다. 그는 확실한 복색소심임을 확신하고, 그의 부친 명의로 '천운소(天運素)'란 이름으로 명명했다. 천운으로 얻게 된 소심이란 뜻이다. 그가 그의 부친께 명품난을 드리기로 한 뜻을 하늘이 도왔으니 천운이다. 이듬해 봄 아버님을 모시고 산지에 가서 감사의 산신제를 지냈다.

2010년 두 번째 개화 때는 한층 더 홍색에 가까운 복색소심이 피었다. (사)한국난연합회 주최로 거제도에서 개최된 '한국난대전'에 출품해 특별대상을 수상하고, 함평에서 개최된 '2010 대한민국난명품대제전'에서 함평군수상을 수상했다. 동양4국의 난인으로부터 관심과 주목을 받는 난이 되었다.

'천운소'는 난인이라면 누구나 갖고 싶은 명품 중에 명품 난(蘭)이며, 한동안 촉당 1억 원을 넘는 가격으로 거래되었고, 지금도 수천만 원 한다.

19 난인 10락(蘭人 10 樂)

　　난인들의 축제인 난 전시회장은 백난경염(百蘭競艶)의 장이기도 하지만, 오랜만에 난인을 만나는 축제장이기도 하다. 대부분 낯익은 얼굴이지만 수년 만에 보는 사람도 더러 있다. 올해 부산난연합명품대회장에서 15년 전 난우(蘭友)를 만났는데, 어찌나 반가운지 마치 이산가족을 상봉한 듯했다. 그는 IMF 외환위기 때 사업이 어려워 애장하던 난을 다 처분하고 난계를 떠났던 사람이다. 난인들이 오래된 난우를 만나는 것은 종종 있는 일이다. 그들은 하나같이 당시 사정이 여의치 않아 난계(蘭界)를 떠났던 사람들이지만, 난을 하는 즐거움을 잊을 수 없어 늘 마음에 품고 있다가 다시 돌아오는 사람들이다. 낚시나 수석 등 다른 취미는 한번 떠난 사람이 되돌아오는 경우가 많지 않다는데, 그렇다면 난 취미는 사람을 매료시키는 어떤 특별한 매력이 있는 것이 분명하다.

대한민국난명품대제전 전시장 전경

사람마다 취미를 갖는 것은 생활의 풍요와 즐거움 때문이다. 건전한 취미는 삶이 주는 각박함을 순화시키고, 풍요롭게 하며, 인생을 즐겁게 할 뿐만 아니라 심신을 건강하게 만든다. 난(蘭) 취미도 마찬가지다. 난을 하는 사람들은 늘 표정이 밝고 마음이 순박하며 여유롭다. 난과 생활하면서 난인들이 느끼는 재미나 즐거움은 천차만별이다. 이를 다 언급할 수도 없을 뿐더러 조잡한 글로 표현한다는 것 자체가 어불성설이지만, 내가 35년 간 난을 하면서 느끼고 체험한 애란생활의 수많은 즐거움 중 열 가지를 들어본다.

첫 번째 즐거움은 갖고 싶은 난(蘭)을 모아 분수(盆數)를 늘려가는 재미다.
난인들은 난(蘭)을 좋아함이 특별해서 난을 모으는 데 집착과 노력이 남다르다. 난 취미도 일종의 수집(Collection)이고 보면 갖고 싶었던 난을 하나하나 늘려가는 보람과 재미, 집안 살림 늘어가는 것과 비견할 바가 아니다. 자신의 눈에 꽂힌 난을 보고 와서는 며칠이고 눈에 아른거린다. 입수를 위한 방안을 강구해보지만 여의치 않을 때에는 허탈함에 빠지기도 한다. 난대(蘭臺)에 빈 공간이 있으면 난분을 채우고 싶어 이런저런 궁리를 하며 안달이 난다. 갖고 싶었던 난을 손에 넣고 집으로 돌아올 때면 발걸음도 한없이 가벼워 신바람이 절로 나고, 괜히 혼자서 중얼중얼거리며 얼굴에 미소가 떠나지 않는다. 정성껏 심어서 난대 위에 올려놓고 쳐다보면 즐겁고 행복하기가 그지없다. 자다가도 일어나 난실에 들러 대견스럽게 쳐다보고, 난분을 들어 보면서 흐뭇한 마음에 고개를 끄덕인다. 어떤 품종은 한 달 넘게 그러는 경우도 있다.

두 번째는 언제든지 난우(蘭友)를 만나 난담(蘭談)을 나누는 즐거움이다.
우리나라 난계(蘭界)는 전국 어디를 막론하고 난 동호인이 많고, 지역과 소속을 떠나 잘 어울리는 편이다. 틈만 나면 갈 곳도 많고 끼리끼리 어울려 정담을 나눌 장소도 흔하다. 합동배양장이나 난점은 커뮤니티 공간이다. 만나면 시간 가는 줄도 모르고 난 이야기가 이어져 마냥 즐겁다. 뜻을 같이하는 사람끼리 모임을 결성, 오래도록 즐겁고 재미있는 동호회가 된다. 취미가 같은 사람들이라 생각이 통하고 남녀노소 빈부귀천(貧富貴賤)을 떠나 잘 어울린다. 더욱이 이해관계가 없어 오랫동안 별 탈 없이 잘 지내는 사람들이다. 난꽃이 피면 난우들을 초대해서 차(茶) 한잔 나누는 재미 또한 이미 익숙해져 있다. 언제든 허물 없고 부담이 없는 사이, 맑고도 아름다운 향기가 풍기는 지란지교(芝蘭之交)의 사귐이 자연스럽게 만들어지는 곳이 난인들의 세상, 난계이다. 각박한 세상에 이보다 더한 즐거움과 풍요로움이 또 어디 있겠는가?

세 번째는 난을 산채하는 즐거움이다.

난인들은 마음이 맞는 사람들과 쉽게 산채를 떠날 수 있는 산지(産地)가 있다. 삼남지방(전라남북도, 경상남도) 웬만한 곳에는 보춘화가 서식하고 예(藝)를 가진 한국춘란도 곳곳에서 심심찮게 발견되고 있다. 난초를 산채하는 것이야말로 난인들만이 갖는 아주 특별하고 신명나는 즐거움이다. 등산과 달리 일정한 곳을 특정하지 않고 난(蘭)을 찾아 마음 닿는 곳으로 자유롭고 편한 마음으로 간다.

난을 찾아다니다가 배고프면 김밥 등으로 간단히 요기를 하고, 나무에 기대서 잠시 상념에 잠겨도 보고, 언뜻 생각나는 사람에게 전화도 걸어 보고, 큰 소리로 노래도 불러보고, 어느새 일상에 찌든 마음 속 스트레스가 깨끗이 사라진다. 좋은 난을 채집했을 때는 더없이 좋아하지만, 채집을 못한 공탕이어도 전혀 서운해하지 않는다. 하산 후 집결지에서는 서로가 채집한 난을 꺼내놓고 품평하고, 산에서 겪었던 산채담을 늘어놓으며 모두가 동심으로 돌아간다. 채집한 난을 서로 나누어 갖기도 한다. 돌아오는 길에 삼겹살 한판, 소주 한잔 하는 즐거움 또한 사람 사는 재미다.

네 번째는 난(蘭)에 생명의 근원인 물을 주는 즐거움이다.

물은 생명을 살아 숨 쉬게 하며 존재하게 하는 생명성이며 사랑이다. 난인들은 난(蘭)이 말을 안 해도 물을 필요로 하는 때를 잘 안다. 사시사철 깨끗한 물을 챙겨준다. 물을 줄 때

면 '쉬~새 쉬~새' 하는 난이 물먹는 소리가 들리고, 물방울이 흘러내리는 난잎에서는 생동하는 자연의 숨결이 느껴지며, 생명의 기(氣)가 활력으로 다가온다. 난인과 난은 함께 숨쉬고, 서로를 챙겨주며 즐거움을 나누는 아름다운 생활을 한다.

여느 때도 마찬가지겠지만 5월 따뜻한 봄날 아침이면 더 좋다. 물을 주고 음악을 들으면서 차 한잔을 들고 앉아 물끄러미 난을 쳐다보고 있노라면, 이곳이 바로 선경(仙境)이고 신선놀음이 따로 없다. 맑은 햇살이 난잎에 떨어져 반짝반짝 은빛 물결이 일고, 난잎은 좋아서 깡충깡충 뛰고, 난실에는 생명의 기운이 덩실덩실 춤을 춘다. 이것이 난인과 난, 생명과 생명 간의 교감이요 삶이다. 이는 난이라는 생명체를 돌보는 난인들만이 느낄 수 있는 크나큰 즐거움이다.

다섯 번째는 자라는 신아(新芽)를 지켜보면서 돌보는 즐거움이다.

3월부터 5월에 걸쳐 난은 새싹의 눈이 붙어 분토 속에서 뽀얀 진주 같은 모습을 하고 천

한국춘란 중투호 '호정(湖亭)' 신아

한국춘란 홍화 '수사(水使)' 꽃망울

천히 자란다. 이 시기가 되면 난인들은 신아가 제자리에 잘 붙었는지, 밑으로 붙었는지, 뿌리에 걸리어 자라는 데 방해를 받지 않는지 화장토 속에 있는 신아를 하나하나 확인하며 돌본다. 새싹의 눈은 아기 같은 존재라 귀엽고 탐스럽기 그지없다. 굵고 마음에 흡족한 신아가 보이면 신이 나서 쾌재를 부른다.

난인들은 이른 봄부터 새싹을 보고 싶은 마음에 안달이 난다. 연신 화장토를 쏟아 보고 또 보면서 잘 자라주기를 기원한다. 엄마 뱃속에 든 아기에 귀를 대어보면서 기도하는 심정이다. 자칫 잘못하면 신아의 성장에 방해가 될 수 있는데도 이러한 즐거움을 참아내는 애란인은 찾아보기 힘들다.

5~6월이 되면 난이 분토 위로 아름다운 신아를 내민다. 분토 속의 신아가 세상에 그 모습을 드러내는 것이다. 애란인의 입장에서는 자식을 본 것이나 다름이 없다. 이 신아를 보기 위해 혹여 난(蘭)이 겨울잠을 설칠까 노심초사했고, 봄부터는 혹시나 잘못될세라 하루도 빠짐없이 발자국 소리를 들려주며 애타게 기다리던 새싹이다. 신아가 굵고 튼튼하게 올라오는 놈은 믿음직스러워 흐뭇하고, 중투계열은 무늬의 변화와 다양성에 흥미롭다. 산반의 신아는 화려하고 신비스럽기 그지없으며, 기대품들의 신아 또한 다양한 모습으로 기대를 갖게 만든다. 보일 듯 말 듯 깔려있는 무늬반은 치켜들고 몇 번이고 살핀다.

2장 난과생활 · 157

여섯 번째는 가을에 난잎이 익어가는 모습을 감상하는 즐거움이다.

난(蘭)이 무더운 여름을 넘기고 가을로 접어들면서 가을 햇살을 받으며 충실히 익어간다. 굵어진 벌브는 성숙한 여자의 몸과 같이 탱탱하고 탐스럽다. 잎에 힘이 들어가고 두터워지며 아름다운 엽선(葉線)이 형성된다. 난은 단조로운 몇 가닥 잎만으로도 미적으로 부족함이 없다. 우리 산 능선의 부드러움과 미려한 곡선을 그대로 빼닮은 모습이다. 난초한 잎사귀가 산의 만년 침묵과 마음의 선율을 간직한 채 한없이 뻗어나가는 자태를 보여준다.

엽예품 경우 가을이 깊어가면서 무늬 본연의 아름다움이 나타나고 예술작품으로 승화되어 간다. 한국춘란 엽예품에는 황색의 무늬가 많은데, 점차 극황색을 이루며 녹색과 대비되면서 자연에서만 볼 수 있는 신비의 무늬가 된다. 난인은 물끄러미 쳐다보고 고개를 끄덕이면서 자연의 신비로움에 감탄한다. 난잎이 탐스러워 슬쩍 건드려 보기도 하고 분을 들어 돌려가며 감상하고, 사진을 찍어서 난우들에게 보낸다. 농부가 황금들녘을 쳐다보고 흐뭇해하며 만족감을 느끼듯이 이 시기 난실은 황금들녘과도 같다.

일곱 번째는 난꽃을 피우고 그 아름다움을 감상하는 즐거움이다.

춘란의 꽃봉오리는 대개 8~9월에 포토를 뚫고 올라온다. 수태나 이끼로 덮어주고, 색화는 화통을 씌워 관리한다. 이때부터 난인들은 난실에만 들어가면 이끼나 화통을 열어 꽃봉오리의 커져가는 과정이나 무늬화·색화의 발색과정을 확인하는 데 여념이 없다. 꽃봉오리가 생각대로 커가고 색이나 무늬가 점차 들어올 때면 상상의 나래는 이듬해 봄 전시회까지 이어진다. 이 시기에 난인들은 자신도 모르게 목에 힘이 잔뜩 들어간다. 지난 전시회에서 고개 숙였던 기억을 떠 올리고 회심의 미소를 짓는다. '그 친구 그 정도 난(蘭)쯤이야', '그래 두고 봐라,' '이 꽃만 잘 피어 준다면 ……' 하면서 다가올 봄 전시회를 기대하며 콧노래가 절로 나온다. 난인들의 생활에는 늘 희망의 즐거움이 함께한다.

2월 중순에 접어들면 본격적으로 꽃을 피우기 시작한다. 대부분 간이 개화실이지만 나름대로 노하우가 있다. 뜻하는 대로 잘 안될 때도 있지만 몰입하여 성취해가는 재미가 말할 수 없이 크다. 난인들이 난꽃을 피워가는 것은 예술가들이 심혈을 기울여 작품을 창조해가는 모습과 같다. 여러 개 중 한 개라도 멋지게 피웠을 때는 만족감에 도취되고, 스스로 대견스럽기 그지없다. 꽃봉오리가 부풀어 오르고 꽃대가 추대되면서 무늬의 윤곽이 뚜렷해지고 한창 색이 들어오는 시기는, 회사나 일터에 있어도 난꽃이 눈에 아른거려 도무지 일손이 잡히지 않는다. 전시회는 아직 멀었는데 벌써부터 자랑이 늘어진다. 난인들은 자연 예술을 창조하고 이를 즐길 줄 아는 사람이다.

여덟 번째는 난을 잘 키워 분양하는 즐거움이다.

난(蘭)은 해마다 신아를 올리고 차근차근 번식이 된다. 번식된 난은 분양으로 이어져 남에게 베푸는 즐거움과 함께 소득도 발생한다. 난취미는 난과 생활하는 그 자체의 즐거움과 더불어 부업으로 연결되는 생산적인 취미다. 분양할 때는 금전적인 것을 떠나 사랑하는 딸자식을 시집보내는 부모의 심정이다. 서운함과 기쁨의 만감이 교차한다. 특히 자신이 명명한 난을 분양할 때는 더욱 더 그렇다.

난인들은 난을 꼭 돈을 받고 파는 것은 아니다. 난실을 방문한 난우가 돌아갈 때는 그냥 보내지 않고 아끼던 난(蘭)조차 선뜻 손에 쥐어 주기도 하고, 그것을 갖고 싶어 하는 난우에게 편한 마음으로 선물한다. 서로가 갖고 싶은 난을 바꿀 때는 이해타산을 크게 따지지 않는다. 이러한 과정에서 아름다운 이야기가 수없이 만들어진다.

아홉 번째는 난꽃축제, 전시회의 즐거움을 빼놓을 수 없다.

난인들은 애지중지 키운 난(蘭)으로 봄, 가을 전시회를 연다. 전국적으로 크고 작은 전시회가 지역마다 열리고, 그 수가 국내만 해도 2백여 개에 달한다. 수적으로나 규모면에서 다른 취미와 비교가 되지 않는다. 난인들은 난꽃을 구경하기 위해 먼 길 마다않고 찾아간다. 가는 곳마다 난꽃이 미소 짓고 난인들이 반긴다. 난 전시장은 내내 웃음꽃이 피는 축제장이고 잔치 분위기다. 예쁘게 단장된 난 작품들은 연출대 위에서 아름다움을 뽐내고, 관람객들은 감탄사를 연발하며, 난인들은 전시장 곳곳에서 난이야기로 정(情)의 꽃을 피운다. 입상이라도 할 양이면 자랑에 팔불출이 따로 없고 지인(知人)들을 초청하기에 바쁘다. 거듭하는 행사지만 싫증이 나지 않고 늘 새로운 모습이다. 잔치가 끝난 후에도 한참동안 즐거움의 여운이 남고 참한 이야기가 회자된다.

열 번째는 난을 배워가는 즐거움이다.

난인들은 오래토록 난을 기르고 난과 생활하면서 난(蘭)에 길들어져가는 사람들이다. 자연을 품는 마음의 여유를 갖고 자연과 더불어 살기를 좋아하는 우리민족과 난취미는 잘 어울린다. 난은 나이가 들어서도 할 수 있고, 배양방법만 잘 터득해 둔다면 큰 어려움 없이 세월의 흐름과 함께 날로 풍성한 즐거움을 만끽할 수 있다. 사람은 모르는 분야를 배워서 익혀갈 때 재미를 느낀다. 난은 자기가 좋아서 하는 분야인데다 미지의 부분이 많아, 품종과 배양법 등을 하나하나 알아가는 즐거움이 매우 크다. 특히 난은 하루아침에 배워지지 않는 것이기에 배우는 아름다움과 겸손을 가르친다. 난을 알기 위해서는 난을 기르면서 난과 생활을 해야 하고, 그러한 과정에서 알게 모르게 난의 덕성과 심성을 닮아가는 자신의 성숙을 발견하고 인생의 즐거움으로 이어진다.

난과 생활하면서 얻어지는 즐거움을 일부러 들먹이지 않아도 애란생활을 해본 사람이라면 다 안다. 난만큼 사람의 마음을 사로잡는 식물이 없고, 같이하는 그 자체가 즐거움이다. 난이란 생명체를 돌보면서 같이 희로애락을 나누는 것이 난과 생활이고, 난과 더불어 생활하는 과정 속에서 자연적으로 즐거움이 와닿게 된다.

난과의 생활을 통하여 즐거움과 풍요로 삶을 추구하고 일상 속의 겸손과 배려를 배우며, 궁극적으로는 생명의 의미를 고양(高揚)시켜 가는 사람, 바로 난인들이다.

20 '축하 난(蘭)'을 한국춘란으로 보내자

　우리나라에는 승진이나 영전을 했을 때, 개업 등 좋은 일이 있을 때 난초를 보내어 축하하는 경우가 많다. 그 이유는 사악한 것을 쫓아내어 하는 일이 뜻한 바대로 잘 풀리기를 바라고, 주위의 환경이 어떻게 바뀌더라도 그 맡은 자리에서 고고한 향기를 풍기기를 바란다는 의미를 전하기 위해서이다. 이는 난초가 선비들의 사랑을 받아온 전통적 이미지와도 일치된다. 난초가 갖는 은은한 향기와 흐트러짐 없는 고고한 자태 때문이다. 난은 단순히 아름다움을 넘어 격조 높은 덕성과 고운 심성을 갖고 있어 사군자의 하나로 사랑을 받아왔다. 난초의 이러한 특성은 바른길에 서며, 의(義)와 높은 품격을 가장 중요한 가치로 여기는 군자의 도(道)와도 일맥상통한다. 또한 난초를 기르면 집안에 상서롭지 못한 일이 생기지 않도록 막아준다. 예로부터 난초 그림을 집안에 걸어두는 풍습이 있는데, 벽사(辟邪, 사악한 것을 쫓음)를 염원하는 것으로 알려져 있다. 난초에 대한 이러한 상징적 관념은 우리나라만이 아니고 중국이나 일본에서도 마찬가지이다.

　우리나라는 관공서든 개인사무실이든 난초 한두 화분은 대개 있다. 특히 관공서에 많다. 고위직이 승진하거나 영전하면 난 화분이 수 개, 많은 경우 수십 개가 들어온다. '김영란법'이 생긴 후로 축하 난 화분이 많이 줄었다지만 법이 다시 완화되었다고 하니 잘된 일이다. 나도 현직에 있을 때 축하 난 화분을 제법 받았다. 사무실에 축하 난 화분이 들어오면 몇 개씩 각과(各課)에 나누어주기도 하고, 난을 좋아하는 직원이 한 개씩 챙겨가기도 한

이제는 축하 난(蘭)으로 한국춘란을 보낼 때가 된 것 같다. 일반인들에게는 한국춘란이 매우 비싼 것으로 인식되어 있고, 얼마 전까지만 해도 실제로 비쌌다. 지금은 한국춘란 소심, 복륜 등 1화분에 5만 원 이하로 구할 수 있을 정도로 번식이 되어 있다. 이제 한국춘란을 선물용으로 활용할 때가 온 것이다.

다. 승진이나 영전을 했을 때 축전도 받지만, 난 화분을 받으면 기분이 고조되고 가슴 깊은 곳에서 감사의 마음이 생긴다.

축하 난으로 보내오는 난(蘭)은 주로 대만·중국의 보세란, 철골소심·적아소심·설월화 같은 소심 종류, 옥화·사계 등 중국·대만 등에서 수입한 난이다. 화분 전체 가격은 10만 원정도이지만, 난초만의 가격을 따져보면 불과 1~2만 원이다. 그러나 멋지게 포장해서 배달된 난 화분의 가치는 돈으로 따질 수 없는 큰 선물이 된다. 한국춘란을 취미로 하는 나 역시도 축하 난 화분을 받으면 금전적 가치의 높고 낮음을 떠나 예뻐서 찬찬히 들여다보고, 몇 번이고 들었다 났다 하고, 요리조리 돌려보면서 감상한다.

퇴직을 하고 세무법인을 개업했을 때 축하 난 화분이 30개 정도 들어왔다. 모두가 선물용 외국난이다. 많은 사람들이 난전문가에게 허접한 선물용 난을 축하 난으로 보내서 되겠느냐며 나에게 다른 방도를 직접 물어오는 사람도 있었다. 그럴 때마다 나는 "난인에게 있어 난초는 종류와 가격에 분별이 없는 것이다"라고 말했다. 그러나 내심 하루속히 한국춘란을 선물하는 환경을 만드는 것이 필요하겠구나 하고 생각했다.

나는 난인이 아닌 일반 사람에게 축하 난을 보낼 때 10여 년 전까지만 해도 중국춘란이나 일본춘란을 보내다가, 그 이후로는 내가 기르고 있는 한국춘란을 보낸다. 한국춘란이라 해도 특별한 예(藝)가 있는 것이 아니므로 금전적인 가치로는 얼마 되지 않는다. 초세가 좀 있는 난을 화분에 깨끗하게 심어서 직접 들고 가서 전하면, 그 어떤 선물보다도 반가워하고 좋아한다.

이제는 축하 난(蘭)으로 한국춘란을 보낼 때가 된 것 같다. 지금까지는 가격을 떠나 일반인들이 한국춘란을 구하기가 어려운 환경이었다. 일반인들에게는 한국춘란이 매우 비싼 것으로 인식되어 있고, 얼마 전까지만 해도 실제로 비쌌다. 지금은 한국춘란 소심, 복륜 등 1화분에 5만 원 이하로 구할 수 있을 정도로 번식이 되어 있다. 이제 한국춘란을 선물용으로 활용할 때가 온 것이다. 한국춘란을 하는 우리 난인들이 앞장서서 이 일을 해나가면 금방 분위기가 바뀔 것으로 본다.

경남 합천군에서 농업의 새로운 차원에서 한국춘란을 배양하는 영농인을 군에서 지원하는 사업을 추진하고 있다. 권장품종은 촉당 2만 원 정도 하는 '태극선', '설국' 등이다. 배양된 난을 받아줄 시장만 잘 개척한다면 전망이 있는 새로운 산업이 될 수 있다. 합천군에서는 많은 증식이 이루어짐과 동시에 수요처를 찾아야 할 것이다. 근래 중국에서 한국춘란을 촉당 2만 원 정도에 사가고 있는데, 중국 내에서 선물용으로 활용되는 듯하다. 이 시장을 적극적으로 개발하고 확장해나가야 할 것이다. 난 산업에는 공급을 위한 노력도 중요하지만 수요를 만들어가는 것이 더 중요하다. 그렇다면 한국춘란 문화를 대중화하고,

수요를 창출하는 방안으로 지금까지 중국·대만 난을 축하 난으로 보내던 것을 한국춘란으로 대체하는 것이 시급한 과제일 것이다.

한국춘란은 대부분 무향종이긴 하나 작아서 자리를 적게 차지하고, 엽선이 예뻐서 운치가 있고 멋이 있다. 책상 앞이나 문갑 위에 올려놓고 보면 아름답고 운치의 멋이 넘친다. 한국춘란 잎에 무늬가 있거나, 꽃에 무늬나 색이 있거나, 깨끗한 소심 꽃이 피면 더없이 아름답고 귀티가 난다. 한국춘란을 선물용으로 활성화하는 것은 충분히 가능한 일이고, 조금만 노력을 기울이면 빠른 시일 내 그렇게 되리라고 본다.

축하 선물로 받은 난을 사무실이나 아파트 베란다에서 잘 키우는 방법도 널리 알려 재미를 붙이도록 해야 할 것이다. 내가 현직에 있을 때 각과 사무실에서 키우고 있는 난(蘭)을 보면 대부분 난초상태가 엉망이다. 처음 들어왔을 때는 깨끗하고 예쁜데 1년이 지나면 잎끝이 타고 신아가 마르고, 2년쯤 되면 마침내 죽든가 보기가 흉한 상태가 되어 있다. 처음에는 제법 작심하고 관리하다가 생각대로 잘 안되면 한계를 느끼고 등한시한다. 잘 안되는 일에 누가 정성을 쏟겠는가? 난초는 반려식물이므로 멋있게 잘 자라주어야 애착도 생기고 재미있어 할 것이다.

사무실에서 기르는 난이 왜 잘 안되고 죽는지 그 원인을 물어보면 대부분 물을 너무 자주 주어서 그렇다고 말한다. 내 생각으로는 그렇지 않고 대부분 다른 데 원인이 있다고 본다.

첫 번째로 제일 큰 원인은 동해(冬害)이다. 대부분 사무실의 겨울철 온도가 낮에는 24℃쯤 되다가 밤에는 0℃ 이하로 내려가는 경우가 생긴다. 낮 온도가 높은 것은 난초 생육에 큰 영향이 없으나 밤 온도가 영하로 내려가는 것은 치명적이다. 동해를 입은 난은 이듬해 봄, 새싹이 자랄 때 잎이 타거나 마르게 되고, 2년 정도 거듭되면서 결국에는 고사한다. 이러한 난들을 쏟아보면 뿌리가 심하게 썩어 있는데, 주원인은 동해이다.

두 번째로 물을 너무 말려서 고사(枯死)하는 경우가 많다. 물을 꾸준히 잘 주다가 가끔씩 물주는 것을 잊고 거름으로써 분 속을 심하게 말리는 경우가 종종 생긴다. 난초는 뿌리에 물주머니 역할을 하는 벨라민층이 있어 다소간은 물이 없어도 생명에는 지장이 없지만 너무 말리면 뿌리 자체가 쪼그라들고 심하면 고사한다.

세 번째로 너무 밀폐된 공간에 두어서 뿌리에 곰팡이가 생겨 뿌리가 썩는(根腐) 경우이다. 선물용 난의 경우 농장에서 출하 시 소독이 되어 있고, 비료를 안 주거나 적게 주기 때문에 관리만 잘하면 근부(根腐)가 잘 오지 않는다. 그러나 밀폐되어 공기가 정체되고 햇볕이 없어 화분 속에 곰팡이가 서식해 근부(根腐)로 이어지는 경우도 종종 발생한다.

네 번째로 너무 오래 분갈이를 하지 않아서이다. 선물용 난을 키우는 사람들은 대개 5년이고 6년이고 분갈이를 안 하는 경우가 많다. 오랫동안 분갈이를 안 해준 화분을 보면 식재인 난석은 거의 없어지고 뿌리가 밖으로 넘쳐나 있거나, 화장토 부분에 곰팡이가 끼어 있다.

그렇다면 사무실과 같은 여건에서 선물용 난초에 맞는 관리방법을 알아보자.

사무실이나 아파트 베란다에서 선물용 난을 키우는 사람들은 전문난인들과 달리 장비는 물론 비료·농약 등이 준비되어 있지 않고, 사용법을 잘 모른다. 따라서 사무실이나 아파트 베란다에서 선물 받은 난초 몇 화분을 간단히 관리하는 방법을 지속적으로 찾아내고, 이를 널리 알려서 이들로 하여금 난 배양에 재미를 갖도록 해야 한다. 보다 많은 사람들이 선물용 난초 배양능력을 갖추게 되면 선물용 난초가 반려식물이 되고, 나아가 난초 시장이 활성화될 것이다. 이것이 곧 난문화의 대중화이고 산업화를 위한 기반이다.

우선 난(蘭)은 놓아두는 자리가 중요하다. 선물로 들어온 난은 사무실이든 아파트 베란다든 창틀 쪽에 놓고 관리하는 것이 좋다. 가끔은 바람도 있고, 하루 중 잠시라도 햇빛을 볼 수 있는 곳이면 더욱 좋다. 그리고 너무 습한 곳이나 밀폐된 곳에 계속 두는 것은 금물이다. 동절기에 동해를 막기 위해서는 아침에 물을 주어 온도가 내려가는 저녁에는 겉물이 없도록 해야 하고, 반드시 창문을 닫고 퇴근해야 한다. 창문을 닫은 사무실은 야간에도

온도가 영하로 잘 내려가지 않는다.

다음으로 물주기다. 물을 며칠 만에 주면 되느냐고 묻는 사람이 많다. 화분 형태, 식재의 종류, 놓아두는 장소, 통풍 상태, 난의 초세 등에 따라 차이가 있다. 일반적으로 사기화분에 심겨진 보세나 소심 종류의 경우 1주일에 한 번, 낙소분에 심겨진 한국춘란의 경우 4~5일에 한 번 물을 주면 된다. 난초에 병이 없고 너무 습한 곳에 두지 않는다면 물을 다소 자주 주는 것은 문제되지 않는다. 물을 주는 방식은 관수로 흠뻑 주거나, 물통에 물을 담아 화분 위까지 잠기도록 하여 3~5분 정도 담구는 방법도 괜찮다.

다음은 병충해 관리이다. 선물용 난(蘭)의 경우 대개 배양장소가 다소 건조하고, 집단적으로 모아두지 않기 때문에 병충해는 잘 발생하지 않는다. 특히 난초에 비료를 거의 주지 않기 때문에 뿌리가 썩을 가능성도 매우 낮다. 단지 곰팡이 서식을 방지하기 위한 소독을 1년에 1~2번 해주면 된다. 봄(3~4월)에 세정제인 락스를 300배 정도 희석한 물에 5분 간 담갔다가 꺼내 물에 헹구지 말고 그대로 말린다. 담글 때 락스 희석액이 난초 발브 위까지 완전히 잠기도록 한다. 습한 곳이나 밀폐된 곳에 두는 난초라면 가을(9월)에 한 번 더 소독한다. 혹시 난초에 피해가 오지 않을까 걱정하는 분이 있을 수 있는데, 희석배율만 지키면 무해하다는 것이 이미 입증되었다. 선물용 난초에는 벌레가 잘 생기지 않으나, 혹시 난초 잎에 벌레가 보이면 약국에 가서 비오킬(BIO KILL)을 사서 벌레가 있는 곳에 뿌려주면 된다.

다음은 영양공급이다. 난초는 원래 비료를 많이 요구하는 식물이 아니다. 더구나 선물용 난초는 농장에서 출하될 때 비배관리가 잘 되어 있으므로 2년 동안은 비료를 안 주어도 된다. 2년 후에는 봄(4~5월)에 1~2회, 비료를 희석한 물에 3~5분 정도 담가주면 된다. 비료는 난점이나 원예 자재점에서 '하이포넥스', '동양란', '고전식물', 'GK365' 등 액비 소량의 것을 사서 사용한다. 무기질 비료인 하이포넥스가 가장 안전하며, 주의할 점은 비료용기에 표시된 희석비율보다 1.5배 정도 더 묽게 희석해서 사용해야 안전하다. 유박 등 고형비료를 화분에 올려놓는 것을 볼 수 있는데, 좋은 방법이 아니다.

다음은 분갈이이다. 전문 배양인들은 대개 2년에 한 차례씩 분갈이를 하는데, 선물로 받은 난은 그렇게 자주 안해도 된다. 난초에 이상이 있거나 새촉이 많이 나서 화분이 비좁은 경우에만 하면 된다. 난점이나 원예 재료상에서 화분과 식재를 구입해서 직접 하든지, 아니면 난점에 가서 부탁을 하면 된다. 사무실에서 키우는 난은 초세에 비하여 다소 큰 화분에 심는 것이 관리하기에 편하다. 분갈이를 처음 할 때는 서툴고 어렵게 여겨지나 한 번만 해보고 나면 쉽고 재미있다.

사무실 내에 건강상태가 좋은 난(蘭) 화분을 잘 배치해두면 실내조경과 함께 실내 환경에도 좋은 효과를 가져온다. 사무실 분위기가 한층 생기 있고 부드러워보일 것이다. 뿐만 아니라 사무실을 찾은 손님도 좋은 인상을 갖게 되고, 난(蘭)에 마음을 빼앗기는 것을 보게 된다.

내 사무실에는 6년 전 개업 때 들어온 난화분이 20개 정도 있다. 초세도 좋고 배양상태도 양호해 사무실 환경에 톡톡히 한몫을 한다. 방문객들은 더러 칭찬의 감탄과 함께 관리 비결을 물어온다. 다들 선물 받은 난 배양에 어려움을 겪었던 모양이다. 그때마다 빙그레 웃으면서 '내가 난력이 30년이 넘지 않느냐'라고 얼버무리면서 몇 가지 조언을 해준다. 사실 내 사무실에 있는 난초는 우리 집사람이 책임지고 관리한다. 집사람은 나름대로 관리방식을 터득하고 있는 듯하다. 계절에 따라 여기저기에서 꽃이 피면 집사람은 자신이 피운 꽃이라 특별히 정감이 가는 모양이다. 한참을 바라보면서 흐뭇해한다. 사랑도 느껴지고, 재미도 있는 모양이다.

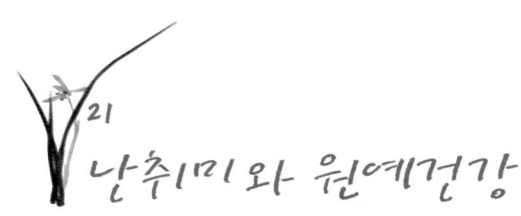
21 난추미와 원예건강

노인 복지문제로 온 나라가 시끄럽다. 우리나라도 노인인구가 급속도로 증가하고 수명이 연장되는 현실에서 개인은 물론 국가에서도 큰 문제가 아닐 수 없다. 보건복지부의 2012년도 조사에 따르면 우리나라 65세이상 노인인구가 전체 인구의 12.2%인 613만 명이고, 그 중 치매환자는 9.18%인 54만 명 이상으로 추산했다. 더욱이 치매 유병률은 20년마다 2배씩 증가할 것으로, 치매 고위험군인 경도인지장애((mild cognitive impairment: MCI) 상태인 사람은 65세 이상 노인 인구의 4분의 1 이상(27.82%)에 달하는 것으로 예측했다.

그런데도 우리나라 노인복지 지수는 91개국 중 67위(39.9점)이며, 연금과 노년빈곤률 등을 반영한 소득분야 수준은 91개국 90위로 노인정책의 후진성을 여실히 보여주고 있다. 이러한 사실은 유엔인구기금(UNFPA) 등 유엔 산하단체들과 국제 노인인권단체인 '헬프에이지 인터내셔널' (HelpAge International)이 발표한 '글로벌 에이지와치 지수 2013' (Global AgeWatch Index 2013) 보고서에서 드러났다.

100세 시대를 바라보는 고령화시대에서 무료하지 않으면서 즐겁고 건강한 노년생활을 보내야 하는 것이 최대의 관심사가 되었다. 치매는 아직까지 확실한 예방법은 없지만 경도인지장애 등 치매의 전 단계를 잘 관리하면 발병을 늦추거나 증상을 완화시킬 수 있다고 한다. 뇌의 인지능력에 도움을 주는 식품이나 두뇌활동에 좋은 암산이나 글쓰기 등 나름대로 다양한 방법을 제시하고 있다. 최근에는 식물을 가까이 하고 기르는 원예생활을

통하여 치매 등 노인성 질환을 예방하고 나아가 치료까지 하는 원예건강법이 크게 대두되고 있다.

'한국원예치료복지협회'는 원예치료를 "원예를 통한 심리·신체·사회적응을 기르고 이를 통하여 신체 재활과 정신회복을 추구하는 활동"으로 풀이한다. 인간과 식물은 각각의 메카니즘을 지닌 시스템으로 존재하는 것이 아니라 '자연'이라는 하나의 거대한 시스템의 일원이며 유기적인 관계이다. 식물을 직접 기르고 관찰하면서 생명에 대한 이해와 생명을 유지하는 리듬에 대한 이해를 얻게 된다. 생명을 유지하는 리듬이란 '자연'이다. 어떤 것도 이러한 자연의 법칙 밖에서는 생존할 수 없다. 식물을 기르고 같이하는 동안 식물과 교감이 이루어져 의사소통과 자기 통제력이 강화되고, 책임감과 함께 자아존중감, 자신감 증대와 우울증 감소에 도움을 준다고 한다.

독일 정부는 제2차대전 패전 이후 황폐해질 대로 황폐해진 국민들에게 나무 한 그루씩을 나눠줬다. 오랜 전쟁으로 가족이나 친지, 주변에서 사랑하는 사람들을 잃은 그들에게 가장 시급한 것은 물질적인 지원도 좋지만 정신적인 위안이 절실하다고 보았기 때문이다.

그런 것이 무슨 큰 힘이 되겠냐고 반문할지 모르겠지만, 오늘의 경제 대국을 이룬 초석이 되었다는 점을 부인할 수 없다. 그들은 정부로부터 받은 나무를 뒤뜰에 심고 정성을 다하여 길렀다. 사람의 따스한 손길을 느낀 나무와 화초들은 녹색공간을 만들고 번식을 거듭하여 마음의 상처도 하나 둘 치유되어 갔다. 가꾼 만큼 큰 기쁨을 준다는 교훈과 함께 자연이 주는 소중함을 몸소 체험한 것이다.

우리들의 어린 시절은 온통 자연 속에서 살았다. 계절의 변화를 어김없이 알려주는 산과 들, 자연과 인간의 삶을 연결 하는 논두렁 밭두렁, 시냇가에서 자연과 나누었던 연두빛 추억들, 소꿉놀이 하던 뜰이나 돌담사이에서도 늘 자연과 함께 숨 쉬었다. 어린 시절 식물과 가까이 생활한 사람일수록 커서도 식물을 가까이 하고자하는 욕망이 더 크다고 한다. 젊은 사람보다는 나이가 든 사람이 식물을 더 가까이 하고자 하는 것도 이 때문이 아닌가 생각된다. 그러던 우리들의 삶은 어느 때부터 도시 속으로, 그것도 아파트라는 시멘트 공간에서 생활하게 되었다.

식물에 갈증을 느끼던 사람들인지라 한때 '베란다 식물 키우기'가 유행처럼 번져나가 집집마다 관엽식물 몇 화분쯤은 기본으로 있었다. 그러나 이것은 얼마가지 않아 시들해지고 도시원예라 하여 '주말 텃밭 가꾸기'로 전환하였는데, 이것 또한 오래가지 못하였다. 왜 그런가 알아보니 관엽식물은 자리만 많이 차지할 뿐 단조로워서 싫증이 쉽게 찾아오기 때문이고, '주말 텃밭 가꾸기'는 동호인들과 같이 어울리는 여건이 되지 않는다는 것이다.

그렇다면 난(蘭)을 키우는 것이 적격이다. 난초는 공간도 적게 차지하고 다양성과 변화, 끝없이 이어지는 도전이라는 매력을 가진 식물이다. 더구나 아파트 베란다는 난실로 활용하기 좋을 뿐만 아니라 동호인도 많고 난초계라는 질서가 서 있으니 안성맞춤이다. 실제로 나이에 관계없이 가장 열정을 쏟는 취미가 난취미라는 데는 공감하는 사람이 많다.

　(사)부산난연합회에서 운영하고 있는 한국난교육아카데미 수강생을 보면 매 기수마다 70세가 넘은 분들이 너댓 명은 꼭 있다. 4기생 수료자 중에는 85살 할아버지가 계셨는데, 어찌나 열심히 강의를 들으며 필기하고 질문을 하던지 젊은 사람들을 무색하게 했다. 그 분은 오랜 공직생활을 하다가 서기관으로 정년퇴직한 분인데, 퇴직 이후 무료함을 달래기 위해 몇 년 전부터 난을 키우게 되어 현재 60여 화분 된다고 했다. 이런 저런 궁리를 하면서 열심히 해보았지만 마음대로 되지 않아 혼자 애태우다 강의에 나오고부터 동호인도 많이 만나고, 난이 싱싱하게 잘 커주니 삶에 대한 의욕이 넘친다며 환하게 웃는 모습이 참 아름다웠다.

　한 사람의 인생 90년을 30년씩 나누면 처음 30년은 부모의 보호를 받으며 성장하고 배우는 시기이고, 다음 30년은 직장이나 사업장에서 생업에 종사하면서 가계를 꾸려가는 시기이다. 마지막 30년은 나름대로 자신만이 꿈꾸어온 삶을 향유할 수 있는 참으로 소중한 시간이다. 이 시기를 무료하지 않으면서 보람되고 즐겁게 보낼 수 있는 방법은 자기에게 맞는 취미를 개발해서 꾸준히 가꾸어가는 것이다. 취미는 마음의 밭을 가는 일처럼 하루아침이 되는 것이 아니다.

유대인 금언에 "돈으로 모든 것을 살 수 있다. 좋은 취미만 빼고"라는 말이 있다. 취미도 종류가 수없이 다양하겠지만 오래토록 심신을 달래고 즐기면서 노년의 안정된 생활을 위해서는 식물 키우기, 그중에서도 난취미를 권하고 싶다. 온갖 스트레스에 시달리는 현대인에게 매우 효과적인 치유방법으로 원예치료가 이용되고 있는 것만 보아도 알 수 있다. 건강을 유지하기 위해서는 하루에 최소 20분 정도는 식물을 접해야 한다는 연구결과도 있다. 전문가들은 식물을 접하는 활동이 특히 스트레스 감소와 집중력 향상, 생산력 증대에 큰 효과가 있다고 강조한다.

온 정성을 기울여 난(蘭)을 보살피다 보면 나도 모르게 자연과 하나가 되는 느낌을 자주 경험하게 된다. 난과 생활을 오래한 난인(蘭人)들은 자연의 정직함을 몸소 느끼게 되고, 단순히 기르는 입장을 넘어 같이 호흡하며 한쪽의 일방적인 관계가 아니라 상호 역동적인 모습으로 발전하게 된다. 자연의 일부인 인간은 자연과 더불어 같이할 때 정서적으로 안정되고 심성이 자연을 닮아가는 것이다. 사람들마다 자기가 좋아하는 식물이 있게 마련이지만 난인들은 난이 좋아 난인이 된 것이다.

진정한 난취미인이란 작은 즐거움이나 웃음 또는 기쁨을 위하여 난을 기르고 난과 함께 생활하는 사람이다. 난인들은 난과 함께 생활하면서 난꽃의 아름다움, 난잎의 매력 하나하나를 허술하게 놓치지 않고 즐기는 사람이다. 실제로 즐겁게 애란생활을 하는 사람들을 보면 건강함과 행복감이 묻어나온다. 난인들은 연로해도 치매에 걸리는 경우가 드물다고 한다. 실제로 내 주변에 연로하신 난인들 중에 치매로 고생하는 분은 없다. 다만 난취미인 중에는 무리하게 농사꾼 흉내를 내다가 불필요한 스트레스를 만드는 사람들을 종종 보게 된다. 난취미가 경제성이나 재산적 가치에 너무 얽매이다보면 난을 기르는 행위의 즐거움과 행복은 경제성의 덫에 걸려 망가지고 만다. 즉 내면의 최상의 추구함이 무엇인가를 생각하는 사고의 움직임이 흐트러지기 때문이다.

올바른 취미인들은 난을 기르는 과정에서 심리적 공간에 대한 탐색으로 진정한 의미의 휴식과 그것으로 인해 느끼는 평화스러움을 체험하게 된다. 이러한 사실에 따라 난인들은 애란생활을 할 때 즐거움과 행복한 감정을 맛보게 되는 것이다.

또한 난취미는 개인적인 차원을 넘어 이웃사랑이나 가족사랑을 키우는 바탕이 되어 건강한 사회로 이어지는

한국춘란 중투호 '장군(壯軍)'

역할을 할 수 있다고 본다. 먼저 난(蘭)을 매개로 어우러지는 이웃사랑이 살아났으면 한다. 우리나라는 옛날부터 이웃과 더불어 잘 어울려 사는 미풍양속이 있다. 물질적으로는 늘 부족한 형편이었지만 어려움을 서로 나누고 도우면서 살았다. 특히 마을 단위에 있어서는 더욱 더 그랬다. 아파트 생활로 인하여 벌어진 이웃 간의 정(情)을 난(蘭)을 촉매로 해서 연결해보았으면 하는 것이다. 베란다에 난 몇 화분씩은 키우면서 꽃이 피거나 예쁜 신아가 올라오면 이웃을 초대해서 차 한 잔 하면서 정담을 나누고, 번식되면 나누어 키우는 생활문화가 확산된다면 이것이 곧 커뮤니티이고 이웃사랑이다. 유럽 사람들은 가드닝, 즉 정원 가꾸기에 많은 품을 드린다. 그들의 화젯거리는 부동산과 집값이 아니라 무슨 화초가 새로 들어왔고, 이 화초는 크면 어떤 모습이 된다든가 하는 것에 더 관심이 많다. 포기나누기를 한 화초를 서로 교환하고, 어떻게 하면 그 식물이 잘 자랄 수 있는지에 대한 정보도 아낌없이 나눈다고 한다.

요즘 난 취미를 부부가 같이 하는 경우를 더러 볼 수 있다. 그들은 금슬이 남달리 좋고

생활의 편안함이 눈에 보인다. 각자의 역할에 매여 바쁘게 지내다 보면 취미를 가질 여유가 없는 경우가 많고, 있다고 해도 부부가 같은 취미를 가지기란 쉽지는 않을 것이다. 특히 난취미의 경우 배양이나 품종 선택의 실패 등으로 가계를 축내는 경우가 허다하게 생기다 보니 가족이 싫어할 수도 있다. 그러나 배양 실력을 갖추어 무리하지 않고 천천히 해나간다면 어느 취미보다 부부가 하기에 좋은 취미이고 가계에도 보탬이 될 것이다. 나아가 아이들도 관심을 갖게 하고 동참시킬 수 있다면 더없이 좋은 가족 취미가 될 것이다. 가족 간에 서로 이해하고 소통하면서 정을 쌓아 가기에는 이보다 좋은 취미가 없을 것이다.

영재교육이니 해외캠프다 해서 다들 부산한 모습이지만 정작 신경을 쓸 것은 자연 친화적인 학습이다. 우리 아이들의 정서를 곱고 아름답게 키워주면 더욱 여유롭고 강한사람이 될 것이다. 자연으로부터 전해 받은 안정된 정서로 인해 강한 힘과 강인한 에너지가 나온다. 이러한 안정된 정서 속에서 자란 아이들은 누가 가르쳐 주지 않았지만 자연스럽게 자연의 겸양과 품격을 체득하게 된다.

식물을 기르다 보면 어떤 모습으로 될 것인지 호기심도 유발되고, 혹시나 잘못되지 않을까 하는 걱정과 책임감이 생기기 마련이다. 유년의 시절 부모와 같이 여행을 떠나거나 산책을 하는 것도 좋지만, 부모와 같이 식물(蘭)을 키우면서 감상하는 소담스러운 추억이 많은 아이들의 정서는 풍요롭고 건강하다. 부드러우면서 풍성한 마음을 가졌기에 웬만한 상처는 스스로 극복해낸다. 자랄 때의 주변 환경에 대한 경험은 환경에 대한 경이감과 미학적 감수성을 고양시킨다고 한다. 부모와 같이 난 가꾸기는 아동들이 그들을 둘러싼 세계에 대한 이해와 인지(認知) 발달에 작용하고 미래의 삶에도 영향을 끼치게 될 것이다.

이상에서 보듯이, 난 취미 하나가 본인의 건강, 가족건강은 물론, 건강한 이웃과 건강한 사회로까지 연결된다. 이번 가을 전시회에는 나란히 손잡고 오는 다정다감한 부부, 정답게 나들이 온 가족이 밝게 웃으면서 관람하는 모습을 많이 볼 수 있기를 조심스럽게 기대해본다.

난초 구입하기

　난(蘭)을 구입하는 일을 단순하게 생각하면 한없이 간단한 일이다. 물건을 사듯이 가까운 난점에 가서 돈을 주고 사면 되는 일이라고 생각할 수 있다. 그러나 묘반작(苗半作)이란 말이 있다. 실(實)한 난의 경우 이미 반은 배양에 성공한 상태로 시작한다는 말이다. 그만큼 잘 자라고 꽃도 잘 피우고 배양에 있어서도 어려움이 반감된다는 것이다. 난은 생물이므로 좋은 종자를 좋은 환경에서 잘 관리해야 한다. 따라서 무엇보다도 우선 옳은 종자를 구입해야 할 것이다. 더욱이 종자가 다르거나 병에 감염된 난 등을 구입하게 되면 후환과 손실이 따르고 급기야 시비가 발생하기도 한다.

　한국춘란은 개발의 역사가 오래되지 않았고 지금도 개발단계에 있어 무명품이 많으므로 난 종자 구입은 매우 어렵고 많은 문제가 뒤따를 수 있다. 종자의 진위 문제, 난이 잘못된 경우 책임문제, 종자 구입 잘못에 따른 손실 등 여러 가지 문제를 야기시킨다. 난(蘭) 종자를 잘못 구입했을 때 그에 따른 부작용과 손실은 대부분 구입자가 떠안게 되므로 난 구입에 신중해야 함은 몇 번을 강조해도 지나치지 않는다.

　한국춘란의 경우 등록품보다는 미등록품이 더 많고, 등록품이라 해도 전시회 등에서 한 번 정도만 선보인 난(蘭)이 많기 때문에 실물을 보지 못한 난인이 더 많다. 그리고 난값은 공산품같이 정해져 있는 것이 아니다. 품종에 따라서는 거래가 없었거나 한 두 번인 것도 있어 객관적인 가격을 알지 못한다. 또한 난의 상태, 즉 상·중·하작에 따라서도 다르고, 거래 시마다 다 다른 것이 난초의 거래가격이다.

한국춘란 판매전 전경

　대부분의 난인들은 신품을 개발하기를 원한다. 그러나 신품 개발을 기대하고 난을 구입할 때는 더욱더 신중해야 한다. 산채품이나 미개화주, 혹은 기대가 되는 엽예품을 구입하여 명품을 만들어내기란 전문가의 경우도 어려운데, 경력이 일천한 애란인이 기대를 잔뜩 가지고 구입했다가 실망하는 경우가 다반사다. 그런데도 그 가격은 만만한 가격이 아니다. 따라서 신종 명품을 기대하고 원종을 구입할 때는 신중에 신중을 기해야 할 것이다.

　난인들이 난을 구입할 때 너무 쉽게 안이한 결정으로 구입하고는 나중에 후회하는 경우가 허다하다. 몇십만 원짜리 가구하나를 살 때도 여러 가구점을 둘러보면서 요리조리 비교해 보고 몇 번을 망설이고 나서 결정하면서, 몇백만 원하는 난을 구입할 때는 너무나 간단히 구입한다. 생물이고 원예품인 난을 잘 구입하기란 참으로 어렵다는 것을 알고 최대한 살펴야 할 것이다.

　난취미도 일종의 콜렉션(collection)이므로 난인들은 난을 팔 때보다 난을 구입할 때가 만족감이 크고 행복하다. 갖고 싶었던 난을 구입했을 때 그 행복감은 이루 말할 수 없다. 그러나 난을 구입하고 후회하는 경우도 많다. 난을 좋아하다보면 충동구매, 권장구매, 잘

못된 정보에 의한 오판구매 등이 그렇다. 난인들 사이에서 하는 말이 '구입하고 나서 1주일 정도까지 잘했다' 는 생각이 지속되면 잘 산 것으로 판단해도 된다는 말이 있다.

 이상에서 본 바와 같이 한국춘란의 구입에는 많은 어려움이 도사리고 있다. 이를 극복하기 위해서는 적지 않은 세월에 걸쳐 노력이 필요하다. 시행착오는 곧 시간과 돈이 낭비되는 것이므로 이를 줄이기 위해서는 기본적인 방법을 알고 요령 있게 접근해야 할 것이다.

 우선 자기 수준이나 입장에 맞는 품종을 선택해야 한다.
 초보자들의 입장에서는 아직까지 난을 기를 수 있는 충분한 환경 설비가 미비한 상태인 점을 고려해서 환경에 지나치게 민감한 품종은 피하는 것이 좋다. 따라서 꽃도 쉽게 피울 수 있고 가격 면에서도 부담 없는 것이 좋을 것이다. 이런 점에서 처음에 난을 구입하게 되는 초보자들은 가격이 저렴한 것에서부터 시작하여 수업료를 낸다고 생각하면서 부담 없이 키울 수 있는 수준의 난을 구입하는 것이 좋다. 근자에는 한국춘란 명품이면서도 촉수가 많다는 이유로 가격이 매우 저렴한 난이 많이 있다. 또한 너무 한국춘란에 치중하지 말고 향이 좋은 중국춘란이나 일본춘란 색화 같은 품종도 몇 분 같이 키워보는 것도 필요하다. 동양란을 하는 난인으로서 중국춘란, 일본춘란, 대만춘란을 어느 정도 알아야하는 것도 있지만 한국춘란을 제대로 알기 위해서는 이들을 잘 알아야 한다.

 품종이 선택되었다면, 품종을 속지 않고 정확한 품종을 구입해야 한다.
 몇 년씩이나 배양을 하고 나서 나중에 다른 품종으로 확인되면 큰 실망과 함께 여러 가지 문제가 야기된다. 고가의 난일수록 더 그렇다. 그래서 구입 시 선배 애란인들의 조언이나 믿을 만한 난(蘭) 전문점을 찾아가 충분한 정보를 얻은 후 구입하는 것이 안전하다. 요즘은 유전자(DNA)검사 체계가 잘 되어 있으므로 고가의 난을 구입할 시에는 유전자 검사를 하여 검증된 난을 구입하는 것도 방법이다. 또 하나, 믿음이 가는 선배 난인으로부터 직접 분양을 받는 방법도 있을 것이다. 이 경우에는 품종의 속임을 막을 수 있고, 난의 건강과 관리 상태도 미리 보고 검증되었으므로 하자를 줄일 수 있는 방법이기도 하다. 화예품에 있어서는 꽃이 개화된 상태를 보고나서 그 난(蘭)을 바로 분양받는 것도 품종을 속지 않는 하나의 방법이다.

구입하고자 하는 난에 대한 루트 등 정확한 정보를 알아보는 것도 꼭 필요하다. 특히 화예품의 경우 잎만 보고 품종을 정확히 알기란 어렵고, 배양상태에 따라 모양이 다소 달라지므로 그의 불가능하다고 보면 된다. 따라서 원래 소장자가 누구인지, 어떤 경로로 여기까지 왔는지, 어떤 환경에서 배양한 난인지, 유통인이 얼마나 많이 들고 다닌 난인지 등을 알아 본 후에 구입해야 한다.

특히나 인공적인 가온으로 배양된 난을 구입해서는 안 된다. 흔히 말하는 인공배양기(난인큐베이트)에서 가온한 난(蘭)은 상태도 좋아 보이고 가격도 다소 저렴해 구매력이 당겨진다. 그러나 인큐베이트에서 가온한 난은 다른 배양자가 실온 재배를 하면 적응을 잘못하여 1~2년 내에 죽거나 세력이 급격히 퇴보한다. 다년생 식물인 춘란은 충분한 동면을 해야 하고, 실온에서 배양한 난이라야 다른 난인의 배양장에 가도 적응을 잘 하고 탈이 적을 것은 당연한 이치이다.

요즘은 인큐베이트가 아닌 난실 전체를 가온(소위 말하는 '통 가온')하여 속성 배양하는 사람도 있으므로 조심해야 한다. 일부 유통인들이 이러한 환경에서 배양된 난을 정상적으로 배양된 난이라고 하면서 애란인들에게 판다. 그들은 그 난이 잘못되었을 때에도 책임지지 않는 경우가 대부분이다. 그동안 많은 난인들이 인공 가온한 난을 구입해서 막대한 손해를 보았다. 애란인은 물론 같은 유통인끼리도 가온한 난 때문에 끊임없이 문제가 일어나고 있는 현실인데도 근절이 잘 안 된다. 애란인 입장에서는 구별하는 안목과 정보로서 이를 피해가는 수밖에 없다. 봄에 신아가 빠르면서, 그리고 깨끗하고 멋지게 올라온 난을 권한다면 그 출처를 반드시 캐보고, 경험이 많은 선배 애란인의 검증을 받아 구입을 결정하기를 권한다.

또한 유통인이 너무 오랫동안 가지고 다닌 난(蘭)은 구입하지 않는 것이 좋다.

유통인이 팔려고 여기저기 가지고 다녔던 난은 이미 골병이 들었던가, 아니면 세력이 급격하게 약화되어 있다고 보면 된다. 대개 이런 난을 구입해서 길러보면 정성배양이 잘 안 된다. 신아가 적

한국춘란 주금소심 '채빈(彩彬)'

게 붙고 약할 확률이 50%가 넘는다. 그렇다면 이러한 정보를 어떻게 얻느냐 하는 것이다. 우리 난계는 많은 소장가, 상인 등이 서로 얽혀 있으므로 비밀이 없고, 조금만 신경을 곤두세우면 충분한 정보를 얻을 수 있다. 입문 단계에 있는 초보 난인이라면 믿을 수 있는 난인에게 물어보고, 어느 정도 중견 난인이라면 정보망을 구축해두는 것도 도움이 된다. 다소 귀찮더라도 난을 구입할 때에는 충분한 정보를 수집해서 체크해보기 바란다.

다음으로 난의 상태를 잘 점검해서 구입해야 한다.

구입하고자 하는 난이 바이러스 등 병에 감염된 것인지를 잘 살펴야 하고, 무엇보다도 뿌리상태를 잘 점검해야 한다. 뿌리는 검게 썩은 것이 없으면 좋고, 뿌리 끝이 살아있으면 더욱 좋다. 뿌리 수는 촉당 3가닥 이상 붙어 있는 것이 좋다. 굵으면서 희고 건강한 뿌리를 보면 건강미가 넘친다. 오래된 뿌리는 담갈색이나 검게 변하는 경우가 있는데, 뿌리가 썩

지 않고 끝부분의 생장점이 살아서 투명한 것이라면 괜찮다. 중국에서 수입된 산채난의 경우 긴 뿌리가 실하더라도 유의해야 하는데, 잘려 있는 경우가 많다. 이 경우 새 뿌리를 받아야 하므로 초보자는 피하는 것이 좋다.

 난을 구입할 때 잎의 상태가 좋다고 그냥 사는 것보다 분을 쏟거나 적어도 화장토만이라도 쏟아 뿌리의 상태를 확인해 보는 것이 반드시 필요하다. 구입한 난을 집에 가져와서 다시 심기 위해 분을 털어보고 후회하는 경우가 꽤 많다. 그때서야 거래를 취소하기란 어려움이 따르고 설사 취소된다고 해도 번거롭기 짝이 없다.

 잎에 윤기가 있고 세력이 있는 건강한 난을 사야 한다. 건강하고 세력이 있는 난이 가격 면에서는 다소 비싸나, 몇 년 후 번식된 결과를 놓고 보면 훨씬 득이 되는 경우가 대부분이다. 뿌리와 벌브 등을 보아서 잎이 지나치게 웃자라 보이는 것은 피해야 한다. 질소질 비료나 활력제를 너무 과하게 한 난(蘭)이거나, 가온을 심하게 한 난으로 이후 배양에 어려움이 따르게 된다. 발브가 지나치게 크고 잎이 쫑쳐 있는(잎이 기형으로 짧아진) 난도 피해야 한다. 반면 잎은 햇볕을 많이 받아 약간 탈색되었지만 벌브가 싱싱하고 뿌리가 실하다면 구입해도 괜찮다. 햇빛을 많이 받아 에너지가 충만한 난으로 새촉이 건실하게 잘 자랄 수 있기 때문이다. 잎에 반점이 있거나 옆면이 깨끗하지 못한 것, 잎의 녹에 농담의 차이가 있는 것은 피하는 것이 좋다. 촉 붙음이 층을 이루는(소위 '밑창걸이') 난(蘭)은, 꼭 필요한 품종이고 다른 주를 구할 수 없으면 몰라도 가급적 피하는 것이 좋다.

난의 줄기에 해당되는 벌브는 크고 윤기 있는 것이 좋다. 반면 반점이나 주름이 있는 것은 피해야 한다. 병이 들었거나 이전의 관리상태가 불량했다는 것을 보여주는 까닭이다.

난의 구입시기는 새촉이 자란 9월 중순에서 10월 중순이라 할 수 있다.

특별한 경우가 아니라면 가급적 상작의 난을 구입할 것을 권한다. 이는 앞에서도 언급했듯이 난인들의 오랜 경험상으로 검증된 것이다. 촉수는 3촉 이상이 좋으나 건강한 난은 2촉도 무난하다. 특별한 경우를 제외하고는 1촉을 분양받는 것은 피하는 것이 좋다.

가장 이상적인 난의 구입시기는 9월 중순에서 10월 중순이라 할 수 있다.

이때쯤이면 봄에 올라온 새촉이 다 자랐고 자란 상태를 볼 수 있어 그 난이 좋은 환경에서 자랐는지, 현재 건강상태가 어떠한지 쉽게 알아볼 수 있기 때문이다. 그리고 이때가 분갈이 시기이므로 구입 후 본인의 배양환경에 맞는 분으로 갈아 뿌리를 안착시킨 후 겨울나기를 할 수 있다. 그러나 화예품을 개화주에서 분양받고자 할 때에는 개화시기인 2~3월에 꽃을 보고 구입하고 봄 분갈이에 맞추면 이상적이다.

난인들 중에는 6~7월에 멋있는 신아를 보고 반하여 고가로 구입하는 경우가 있는데, 이때는 구입을 피하는 것이 좋다. 구입 후 환경과 배양시스템이 바뀐 상태에서 여름나기를 해야 하므로 대단히 위험하다. 특히 엽예품에서 난초의 초세에 비하여 신아가 특별히 굵고 크게 나온 난(蘭)도 피하는 것이 좋다. 이런 난은 여름나기에서 실패하는 경우가 빈번하다.

또한 가급적으로 일반적으로 관리된 난을 구입하는 것이 좋다. 난인들 사이에는 모 상인으로부터 구입한 난은 배양이 잘 안된다든지, 누구누구 소장가 집에서 나온 난은 배양이 어떻다든지 하는 말이 돌고 있다. 그것은 난인들의 경험에서 나온 말이므로 무시해서는 안 된다. 이는 그들의 난관리 방식에서 비롯되는 것이라고 보아진다. 따라서 배양자가 일반 소성식재에서 일반적인 관리방식으로 배양한 난을 구입하는 것이 좋다. 일부 배양자들이 소성식재가 아닌 소프트식재 등을 사용하고 있는데, 여기서 배양하던 난을 일반 소성식재에 옮겨 심어 관리하면 난이 몸살을 하고 발육에 장애가 있음을 유의해야 한다.

또한 구입한 난의 배양환경을 자세히 알아두는 것이 좋다. 환경이 바뀌면서 받게 되는 난의 장애를 최소화하기 위해선 판매하는 사람이나 분양을 해주는 사람에게 시비, 관수, 난실환경 등 전반적인 이야기를 들어서 이후 관리에 참고할 필요가 있다.

마지막으로 꼭 말해주고 싶은 것은 천천히 단계적으로 구입하여 길러보고, 충분한 배양기술을 익히고, 난에 대한 안목을 갖춘 뒤에 고가의 난을 구입할 것을 권한다. 난초 배양이 생각만큼 쉬운 것이 아니며, 많은 요인들이 관련되어 있으므로 만만하게 보아서는 안 된다. 애란인에 입문한 지 얼마 되지 않은 사람이 성급하게 많은 난을 구입하거나 고가의 난을 구입하는 경우를 종종 보아왔다. 이들은 대부분 배양에 성공하지 못하고 낙심을 거듭한 후에 실패의 흔적만 남기고 난계를 떠나는 것을 많이 본다.

난초 구입에 대해서는 아무리 강조해도 지나치지 않을 것이다. 경험이 많은 선배 난인들이 잘 조언하고 지도해서 난계의 혼탁함과 갈등을 줄이고, 즐겁고 행복한 난계를 만들어가야 할 것이다.

3장 난 문화와 예술

23. 한국춘란의 선구자
24. 한국춘란 문화의 창달과 융성
25. 한국 난문화의 정신세계
26. 난을 잘 감상하려면
27. 진정으로 좋은 난이란
28. 난 명명 등록의 의미
29. 난초 전시회
30. 한국춘란 문화의 대중화
31. 한국춘란 문화의 산업화
32. 국제동양란 명품대회(G4대회)
33. 시민을 위한 난 무료 강좌

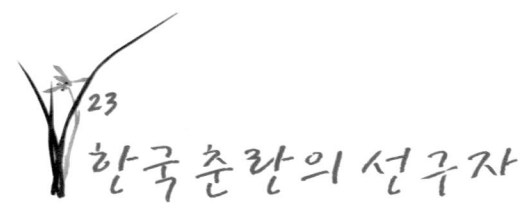

한국춘란의 선구자

- 한국춘란의 발원

우리나라 자생란에 대한 뿌리는 조선 초 세종 때부터 시작된다. 《양화소록(養花小錄)》의 저자 강희안(姜希顔)은 안사형(安士亨)과 더불어 난(蘭)을 심자(深紫)·담자(淡紫)·진홍·담홍·황란·백란·벽란·녹란·어타(魚鮀)·금전(金錢) 등으로 난꽃의 색소를 중심으로 난을 분류하였고, 난재배법과 배양토에 관한 기록을 남겼다. 더불어 우리나라 자생란의 종류와 분포상황, 자생란의 특성을 밝히고 있다.

"우리나라는 난초와 혜초의 종류가 그리 많지 않다. 분에 옮긴 뒤에 점점 짧아지고 향기도 좋지 않아 국향(國香)의 뜻을 잃고 있다. 그러므로 꽃을 보는 사람들이 심히 탐탁하게 여기지 않는다. 그러나 호남 연해의 모든 산에서 난 것은 품종이 아름답다."

이 내용을 볼 때 당시의 난인들은 자생란 채집과 배양에 많은 열정을 쏟은 것을 알 수 있다. 당시에 자생란을 하는 난인도 제법 있었을 것으로 추정된다. 아울러 강희안은 난을 재배함에 있어 가장 중요하다고 생각되는 가을철 분갈이에 대한 요점을 밝혀주었고, 심지어 방벽에 비친 난초의 그림자를 보고 즐기는 감상법도 제시할 정도이니, 참으로 대단한 애란인 이었다고 짐작할 수 있다.

조선 초기의 우리나라 자생춘란에 대한 개발과 배양 노력은 1930년대에 이병기, 이태준, 정지용, 노천명 등의 애란생활과 매우 흡사한 점이 있고, 나아가 한국춘란이 본격적으로 개발되던 1980년대 초 난인들의 애란 생활과도 매우 닮은 점이 있다. 조선 세종 때 의관인 전순의(全循義)가 지은 《산가요록》에 온실에 관한 내용이 나오고 온실은 궁중이나 일부 특권층에서 사용하였다고 하니, 난인들도 온실을 이용한 난(蘭) 배양이 이루어졌을 것으로 추측해 볼 수 있겠다.

일반적으로 한국 자생란에 대한 그 뿌리는 가람 이병기와 향파 김기용으로 말하고 있다. 그러나 이들의 한국춘란에 대한 시원은 멀리 거슬러 올라가서 강희안의 《양화소록》으로부터 자양분을 공급받았다고 할 수 있겠다.

- 한국춘란의 태동기

우리나라 자생란에 대한 발원이 조선 초에 시작되었지만 향(香)이 없다는 이유로 관심을 갖지 못하고 흘러오다가, 일제강점기인 1930년대부터 1970년대에 이르는 2명의 자생춘란 선구자에 의하여 개발이 시도되는 등 태동하기 시작하였다. 2명 모두 자생춘란 발굴에 뜻을 두고 노력하였지만, 전혀 다른 처지와 환경에서 자생춘란을 접하게 되었다. 이들과 난(蘭)을 같이하는 주변의 난인들도 서로 다른 분류의 사람들이었다.

하나는 가람 이병기((李秉岐, 1891~1968)를 중심으로 한 문인, 예술가들의 애란인 그룹이고, 또 하나는 농학도 출신으로서 한국 자생란 개발에 앞장선 향파 김기용(金棋容, 1915~1988) 일파이다.

1933년에 난을 시작한 가람은 향파보다 1년 늦게 난을 시작하였다. 그러나 한국 자생란에 대한 활동면에서 보면, 1930~1950년대를 대표하는 난인은 가람 이병기라고 할 수 있고, 1960~1970년대를 대표하는 난인은 향파 김기용이라 할 수 있다.

≪가람 이병기≫

한국 자생란 발굴의 선구자는 누구보다도 가람 이병기 난인이다. 가람이 자생 춘란을 접하게 된 것은 1935년으로, 시조시인 '조운' 이 자신의 고향인 전남 영암군 불갑산의 자생

가람 이병기 선생 상

란 몇 포기를 가람에게 선물하면서부터이다. 이 난을 오란(筼蘭)이라고 불렀고, 화판이 연화형이고 담(淡)한 향기가 있는 유향종의 난초였다고 한다. 가람은 그해 9월 불갑산 산지에 가서 자생지 실태를 면밀히 관찰하였고, 이를 동아일보에 〈해산유기(海山遊記)〉라는 기행문으로 발표하였는데, 그 기행문에 불갑산 송림 속에서 본 난초이야기를 소상히 담고 있다.

가람은 일찍이 한국춘란 채집에 열을 올린 것으로 보인다. 가람은 난(蘭)이란 모름지기 향이 있어야 한다고 생각했으며, 자생란 유향종을 찾으려고 끊임없는 노력을 했다. 그는 지금 인기 있는 무향종 한국춘란 엽예품이나 화예품에는 특별히 관심을 갖지 않은 것으로 보인다.

마침내 자생 보춘화 중 유향종을 찾았고, 이를 진란(眞蘭)이라고 하면서 '동국무진란(東國無眞蘭, 우리나라에는 향을 가진 진란이 없다)' 이란 시뻘건 거짓말이라고 했다. 또한 우리나라 자생란 유향종이 분에 심어 기르면 향이 없어지는 것은 배양법을 제대로 찾지 못해서라고 했다. 가람의 이러한 주장은 제자인 최승범(崔勝範)의 수필 〈난록기(蘭錄記)〉에 기록으로 나온다.

한국자생란에 대한 학술적인 최초 기록은 일반적으로 1965년도에 출판된 정태현 박사가 쓴 《한국동식물도감》의 한국란에 대한 기록으로 알려져 있다. 그러나 가람은 그보다 30년 전에 한국자생란을 채집하여 기르고 명명(銘名)했을 뿐만 아니라, 자생지를 직접 답사하여 생육상태 등에 대한 기록을 남겼다.

이 당시 향이 없는 한국춘란은 난인들의 관심 대상이 되지 못하였고, 난인들은 주로 중국란을 갖고자 하였으나 그 가격이 매우 비싸서 수집에 어려움이 있을 때이다. 소설가 이태준(李泰俊)의 〈난초〉라는 수필에 보면 1935년도 일본을 여행하면서 동경거리에서 난을 구경한 소감이 나온다. 이태준은 중국춘란 송매(宋梅)의 모습을 잘 설명하고, 쌀 한 가마니가 23원인데 송매 값이 500~600원 정도라고 했다. 또한 그는 사란(絲蘭)과 풍세란(豊歲蘭, 지금의 보세란을 칭하는 것으로 보여짐)이 매물로 나온 것을 몇 번이나 보고 왔으며, 끝내 비싸서 구입하지 못하고 아쉬워하면서 점원과 나누는 대화가 나온다. 또 가람 선생이 난초 꽃을 피워놓고 초대한 초청장을 받고 마음 설레는 장면도 묘사되어 있다.

1930년대 서울에는 난(蘭)을 판매하는 집이 있었다. 서울의 중심인 명동에 백화점인 정자옥(丁子屋)과 천야격일(天野格一), 일본인이 많이 사는 장충동에 백화원(白花園)과 적성좌칠(赤星佐七)이란 꽃집에서 난을 판매하였고, 동대문 밖 고양군 쪽에도 난점이 있었다고 한다.

당시에 일본인을 중심으로 한 난회도 있었다. 〈'소심회'의 역사〉를 집필한 민태웅 씨에 의하면 서울에 한성난회(漢城蘭會), 계림난만회(鷄林蘭萬會) 등이 있었으나 대부분 회원이 일본인이었고 주로 한란을 소장하는 단체였다고 한다. 이때만 해도 난점이나 난 단체에서 자생춘란은 취급하지 않은 것으로 보인다.

가람은 난(蘭)을 시작한 1933년부터 가람일기가 끝나는 1964년 까지 약 30년 간 난에 관한 기록을 남겼는데, 난초를 구입하고 기르기 시작한 것은 1933년 7월부터이다. 가람은 건란, 소심란, 자한란(紫寒蘭), 소란(小蘭), 일경구화 등을 구입한 기록이 있다. 가람은 한국춘란의 선각자로서 난을 좋아하고 난에 심취하는 모습은 그가 난을 기르면서 쓴 난일기에 소상히 나온다. 이를 보면 참으로 대단하고 훌륭한 난인이었다는 것을 알 수 있다. 가람은 난인(蘭人)답게 살았고 난인답게 생을 장식한 한국난사에 빼놓을 수 없는 우뚝한 봉우리와 같은 존재이다.

최병로(崔秉魯, 1935~2014) 시인은 《숨어있는 한국의 蘭 역사를 찾아서》에서 가람의 애란생활에 대해서 다음과 같이 특징을 말한다.

첫째, 가람은 난(蘭)을 과학적으로 잘 길렀다. 가람이 과학적으로 난을 길렀다고 말할 수 있는 것은 1933년에 리트머스 시험지로 난초의 흙과 난초에 주는 물의 산성도를 시험하였고, 수돗물을 그릇에 담아 하루쯤 묵혀서 난초에 주었다고 한다. 보온시설이 여의치 않은 당시 여건에도 불구하고 가람이 난초 동해를 입혔다는 이야기는 없다. 가람은 항상 온도계를 보면서 관리하였고, 솜이불이나 담요를 덮어 씌워 주기도 하고 연탄아궁이를 개조하기까지 한 기록이 있다.

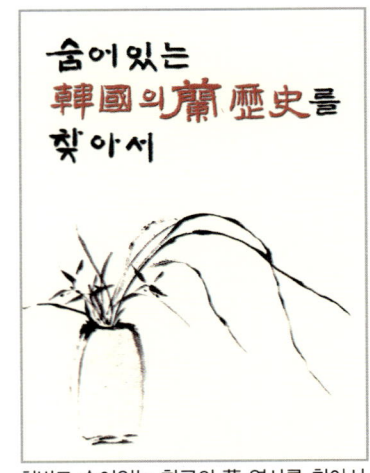
최병로 숨어있는 한국의 蘭 역사를 찾아서

둘째, 가람은 배양법을 터득하기 위해 많은 노력을 하였다. 난초 배양에 적합한 배양토 및 비료제작을 위한 심혈을 기울인 기록도 있다. 가람은 일본인을 무척 싫어하면서도 서울 용산에 있는 유명한 일본 애란인 '대구보'를 찾아가 배양법에 대한 여러 가지 질문을 하고 지백(地栢)이란 배양토를 얻어오기도 하였다.

1939년 4월 27일자 가람일기에 보면 김재수(金在洙) 난인이 온실에서 난을 길렀다는 내용이 나온다. 조선 초기 세종 때 식물 재배온실이 있었다는 기록은 있으나, 실제로 난을 온실에서 재배하였다고 하는 기록은 이것이 처음이다.

셋째, 가람은 누구보다도 일찍 한국 자생란에 관심을 가지고 우수 품종개발에 노력하였다.

넷째, 가람은 난문화 확장에 많은 노력을 하였다. 자신이 기른 난을 이웃 친지나 가까운 벗들에게 나누어주고 그들로 하여금 애란인이 되도록 하였다. 가람은 정성들여 기른 난에서 꽃이 피면 친지와 벗들을 초청하여 난향을 즐겼고, 다른 난인이 난꽃을 피웠다는 소식이 오면 술병을 차고 난꽃 구경을 갔다. 가람은 소공(素空), 김포광(金包光), 시인 신석정(辛夕汀)과 함께 양사재 4거사(養士齋 四居士)라고 불릴 정도로 자주 어울리는 난인이었다. 그 외에도 시인 정지용, 소설가 이태준, 여류시인 노천명, 소설가 월탄 박종화, 서예가 김용진(1882~1968) 등과 난 동호인으로 어울렸다.

가람 주변의 난인들은 주로 문학가들로서 자신이 기른 난을 소재로 문학작품을 창작할 뿐만 아니라 난과 더불어 학문과 문학생활의 멋을 창조하였다. 조선일보 편집고문인 민족주의 사학자 문일평(文一平·1888~1939)은 난에 조예가 깊어 1939년 그의 저서《화하만필(花下漫筆)》에 '난화(蘭花)', '난화와 난초', '난의 편설(片說)' 등 3편의 한국란에 대한 연구문을 실었다. 간송 전형필(全鎣弼)씨도 온실을 갖추고 난을 기르는 것을《숨어있는 한국 난 역사를 찾아서》의 저자 최병로 씨가 직접 보았다고 전한다.

다섯째, 어떤 역경 속에서도 꾸준히 난을 기르고 난과 함께 일생을 마쳤다. 휘문중학교 교편생활을 하는 가람은 생활이 넉넉지 못하였는데도 꾸준히 난문화 창달에 노력하였다. 더욱이 가람은 조선어학회사건으로 1년여 함흥감옥에서 옥고를 치렀고 해방 후 너무나 바쁜 일정 속에서도 난 기르기에 게을리하지 않았다. 6.25동란으로 인하여 서울에서 기르던 난을 모두 죽이는 역경을 겪었으나 직장을 전북대학교로 옮겨 난을 다시 시작하였다.

가람은 자신이 발굴한 자생춘란 유향종인 '도림란(道林蘭)'에 대해서 많은 애착을 가졌고, 노년(1957년)에 발표한 〈도림란〉이란 시도 있다.

난(蘭)의 만여 종이 온 대륙에 펼쳐 있다.
계손(溪蓀) 맥문동도 난이라 일컫는데
봄에 핀 이 일경일화가 정말 난이었다.

하이얀 줄거리에 비취옥 같은 그 화관(花冠)
오늘 새벽에야 바야흐로 벌었다.
으늑히 떠 이는 향에 나는 자못 놀랬다.

여기서 말하는 '도림란'은 가람이 전남 구례 곡성지방에서 1주일을 헤매던 끝에 도림사

뒷길에서 산채한 난(蘭)으로, 한국 자생춘란 하화판 유향종이다. 시기를 더듬어 보면 1950년대 중반쯤으로 생각된다. 가람은 자신이 정성들여 기르던 난초에 꽃이 피고 그 꽃에서 향을 토하는 순간 가람의 심신은 무아경에 이르고, 난을 소재로 시를 쓰는가 하면 가까운 친지나 벗들을 부르곤 하였다. 가람은 한국춘란을 한지 20년 만에 '도림란' 이란 한국춘란에서 완전무결한 난초의 향기를 발견한 것이다. 이 난(蘭)을 진란이라고 하며 '동국무진란' 이란 말을 반박하였다. 가람에게는 1957년 당시 유향종 한국춘란이 도림사에서 산채해온 4분과 남원 대복사에서 가져온 1분 등 총 5분이 있었다. 기른 지 2년 만에 꽃이 피었는데 여전히 향기가 있었다고 전한다.

가람을 비롯한 당시의 난인들은 "유향종이라야 진란이다" 라고 하면서 우리나라 자생지에서 유향종을 찾는 데 혈안이 되었다. 가람의 수필 〈난초〉에 보면 유향종에 대한 기록이 나온다. 1926년도에 전금파(田錦波)라는 난인이 부산 범어사 주변 산야에 유향종 진란(眞蘭)이 있다는 사실을 알려 소동이 벌어졌다고 한다. 또한 가람이 '도림란' 이라고 하는 유향종 진란을 발굴하여 동국무진란을 반박하는 내용 등이다. 그러나 그 후에도 자생춘란에 향이 있는가하는 문제는 끊임없이 논쟁을 일으켰다.

1973년 대구지역 신문인 영남일보 10월 27일자에 당시 대구지역 난인들의 「난(蘭)을 말하다」라는 좌담회 기사를 읽어보면 가장 중점적으로 논의된 것이 한국춘란 유향종 문제였다. 그 후 '난과 생활' 84년 4월호에 '정을병' 난인의 〈난과 향기〉를 읽어보면 한국춘란 유향종 문제는 1980년대 초까지도 한국 난인들의 관심사였음을 알 수 있다. 그러나 그 후 난인들은 일본난계의 영향을 받아 유향종 문제는 점점 관심에서 멀어지고 난초의 형태와 색깔, 무늬에 온통 관심을 갖게 되었다.

≪향파 김기용≫

김기용 난인은 김해공립학교(김해농고→현재 김해생명과학고) 재학시절 일본인 은사

거제난연합전 향파 김기용 선생 특별전시코너

의 권유로 난(蘭)에 관심을 가지게 되었다. 17세 때(1932년) 당시 값이 싼 금릉변란 2촉을 2원(당시 하숙비가 7원이었음)에 사서 기른 것이 난을 한 시점이라고 한다. 그 이후에도 일본 고오베(神戶)에 있는 야마또식물원으로 부터 여러 차례 난을 구입하였다고 한다.

향파가 한국자생란에 관심을 가지게 된 때는 1963년경으로 그의 나이 48세쯤이다. 향파가 자생춘란 산채를 하게 된 것은 가람의 영향을 받았다고 보아지며, 가람이 명명한 '도림란'을 캐려고 전남 곡성지방으로 산채를 갔던 기록이 있다. 향파는 1960년대 중기부터 자생란 희귀종 탐색에 대단한 집념을 보여 결실을 얻었다. 난이 있는 곳이면 어디든지 찾아갔다. 한라산, 지리산, 홍도, 흑산도를 비롯하여 남해의 각 지역을 탐란하였다. 그중에서도 향파는 제주한란에 대한 애착, 연구를 위한 정열, 개발의 집념은 실로 대단하였다.

제주한란이 일본 식물학계에 알려지면서 1930년대부터 제2차 세계대전 직후까지 일본 난 업자들의 남채가 있었고, 다시 1960년대를 기점으로 또다시 일본인들에 의해 대대적인 수난을 당하였다. 더구나 1960년대 이후 제주 감귤농장의 붐이 조성되면서 제주한란 자생지가 무참하게 파괴되었다. 마침내 1967년 7월 11일 제주한란이 천연기념물 제191호로 지정되어 보호받게 된 것이다. 향파는 애배하던 제주한란 중에 명란이 발굴되어 '천의' '백록모영'으로 명명하였다.

향파가 쓴 《동양란 재배와 감상, 1985.》은 한국 최초의 난재배 전문서적으로서 당시 난 애호가들이 반드시 읽어야 하는 책이었는데, 특히 제주한란에 대한 부분은 당시로서는 독보적이었다. 향파는 1975년 난을 시작한지 40여년이 되던 해(당시 61세)에 집 앞마당에 15평 정도의 온실을 지었다. 얼마나 갖고 싶었던 온실이었을까 가히 짐작이 된다.

향파와 가까이 애란생활을 한 난인 중에 '김종규' 난인이 있다. 김종규 난인은 경남 창원 출신으로 향파보다 4년 정도 연상인 1910년생이다. 난(蘭)을 시작하게 된 동기는 동경 제국대학 유학시절 난을 재배하는 일본인 하숙집 주인으로부터 영향을 받았다고 한다. 8.15해방 후에 그는 마산지역 교육계에 투신하여 많은 활약을 하였고, 6.25사변 당시에는 재배하던 난을 땅에 묻고 그중 아끼는 난분(蘭盆)만을 가지고 피난을 갔다는 일화로 유명한 애란인이다.

그 후 김종규 난인은 사업과 정치에 입문하였으나 오래하지 못하였고, 다시 난인으로 돌아와 100평 정도의 땅에 온실을 만들고 2000분 정도의 각종 난을 재배하였다. 그의 별명은 '회원동 난초할아버지'로 불리었다. 그는 60년도 중반에 향파를 만나게 되고, 한라산 제주한란 산채를 같이 다니는 등 향파의 영향을 많이 받았다. 마침내 1978년 10월에 60여 평생을 난(蘭)에 바친 두 노인, 김기용과 김종규 난인은 마산 '가야백화점'에서 합동 난전시회를 열었다(부산 국제신문 1978년 10월 29일자).

제주한란 '천의(天衣)'와 백록모영(白鹿暮映)

향파의 영향을 받아 난계에 큰 활동을 한 난인으로 정을병(鄭乙炳)

이 있다. 소설가 정을병(鄭乙炳, 1934~2009) 난인은 향파를 만나 난을 하게 되었고, 1981년 '한국자생란보존회'를 발기하고, 1983년 《월간 난과 생활》을 창간하는 등 난(蘭)의 민족주의를 주장하며 난계에 많은 활동을 하였다.

≪그 외의 난인들≫

위 두 그룹의 난인 외에도 1930년대 무렵 한국인으로서 난초를 재배한 사람은 얼마든지 발견된다. 화가 이한복, 장택상을 비롯하여, 이연용, 문형진, 홍명희, 고두동, 문일평, 이태준 등 당시에도 많은 난인들이 있었다. 그리고 1940년대를 지나 1950년대, 1960년대의 경우도 마찬가지로 많은 난인이 있었다. 그러나 이들은 자생란이 아닌 외국란을 주로 배양하였다.

또한 한국 현대난사를 쓸 경우 빼놓을 수 없는 난인으로 부산의 이택우, 서울 철도고등학교 교장인 배봉수, 당시 국세청장이던 최영호를 비롯하여 이작, 이병직, 박태국, 유치봉, 배길기 등 개성 있는 난인들이 많았다.

이 시기에 난동호회 모임도 결성되었다. 우리나라 최초의 난 동호회라면 1963년에 창립된 '소심회'가 있는데, '소심회' 이후에는 이렇다 할 난우회가 결성되지 않았었다. 그러다가 1972년에 '대구난우회', 1976년에 '한국난협회', 1977년에는 '한국춘란연구회', 1979년에는 '소란회' 등이 창립되었다.

이렇게 많은 난인과 난동호회가 있었는데도 1970년대 중반까지만 해도 난인들은 한국춘란에는 크게 활동한 모습이 보이지 않았다. 향이 없다는 이유로 자생춘란에 관심이 없었던 것으로 보인다. 이러한 환경임에도 불구하고 한국춘란 선구자들의 노력은 꾸준히 계속되어 오늘날 한국춘란 문화가 확고한 기반을 구축하고 창달과 융성으로 나아가는 데 뿌리가 되었음을 누구도 부인하지 못한다.

한국춘란 문화의 창달과 융성

- 한국춘란의 기반 조성

한국춘란 문화는 조선 초 강희안의《양화소록》의 자양분으로 출발하여 1930년대부터 시작된 가람 이병기, 1950~60년대 향파 김기용을 거쳐 태동하였다. 이 시기에 이들 외에도 난인들이 더러 있었고, 1960년대 이후 생활에 다소 여유 있는 사람들을 중심으로 난인이 지속적으로 불어나 제법 많았다. 그런데도 1970년대 중반까지만 해도 난인들은 한국춘란에 관심을 보이거나 크게 활동한 모습은 보이지 않는다. 향이 없다는 이유로 자생춘란에 관심을 두지 않은 것으로 보인다.

그러던 것이 1970년대 후반에 이르러 자생란에 대한 관심이 점차 커져만 갔고, 부산지역 난인을 중심으로 한국춘란 산채가 시작되었다. 이후 1982년쯤에는 마산·목포에서, 우리나라 제일의 자생지라는 함평에서는 1983년 봄에서야 채란이 시작되었다. 1980년대로 접어들면서 한국춘란을 하는 난인이 점차 늘어나고, 한국식물학계에서도 한국란 전문연구인이 나오기 시작했다. 1980년《한국원예지》22권 1호에 이종석 교수의〈보춘화에 대한 연구〉, 1982년 출판된 이작의《한국란 종류와 재배》등의 저술이 나왔다. 그러나 이때에도 전체 난인 중에 아주 일부가 한국춘란에 관심을 가졌고, 한국난계에서 한국춘란이 차지하는 부분은 극히 미미했다.

그러던 중 난수입자유화 조치(1981년 6월)가 취해지면서 난인구가 급속히 늘어나고, 아울러 한국춘란을 하는 난인도 빠른 속도로 증가하였다. 무향종인 일본춘란이 각광을 받는 것을 보면서 한국춘란에 대한 관심이 커지게 된 것이다. 남대문시장을 비롯한 화훼시장에 난초가 등장하게 되었고, 화초를 좋아하는 일반인들도 말로만 듣던 난을 보다 쉽게 구입할 수 있게 되었다. 당시 남대문 시장에는 '매란방', '무란방', '군방원', '애란원' 등에서 동양란을 취급하였다. 이때부터 서서히 한국춘란만을 취급하는 전문점도 생기기 시작했다. 그러나 이때도 자칭 품격 있는 난인들은 한국춘란을 등한시하였다. 향이 없는 것은 고사하고 색화가 발색이 안 된다고 단정하고 있었다.

한국춘란에 대한 관심과 함께 난인이 늘어나면서 전국 곳곳에서 활발하게 난우회 결성이 일었다. '서울농협난우회'(1980), '대전난우회'(1980), '부산애란회'(1981), '한국자생란보존회'(1981), '제주향란회'(1981), '거제도아란회'(1981), '아란회'(1982), '한국난연구회'(1982), '부산난우회'(1982) 등이 속속 창립식을 가졌으며, 난우회의 열풍은 이후 끊임없이 이어지며 한국난문화의 부피를 키워나갔다.

난수입자유화에 따른 동양란의 붐과 함께 서서히 한국춘란의 인식이 확산되던 1983년 12월, 월간 《난과 생활》이 창간호를 발간하였다. 월간 《난과 생활》은 초대 발행인 정을병에서 함부원을 거쳐 1986년 7월부터 강법선 발행인이 맡아 오늘날까지 발행이 이어지고 있다.

그 전에는 1973년에 창간한 월간지 《자연미》가 산야초와 정원, 자연경관을 다루며 가끔 동양란에 관련된 기사를 실었으며, 전문서적으로는 1982년에 자생란 50여 종의 생태와 재배법을 수록한 《한국란》(이작 저), 양란의 재배법을 다룬 《난》(김정주 저) 등이 있었을 뿐이다.

월간 난과생활 창간호

월간《난과 생활》의 창간으로 난에 대한 정보가 쏟아지는 등 난인들의 폭발적인 반향을 일으켰다. 이러한 분위기는 전국적으로 본격적인 산채 붐으로 이어졌고, 애란인이 큰 폭으로 늘어나면서 난우회와 전시회 또한 점점 많아졌다. 특히 산으로 향하는 발길의 증가는 그야말로 대단한 것이었다. 휴일 날 이른 아침 남해 고속도로 휴게소에는 산채 가는 난인들로 붐볐다. 산에서 내려오는 우수품이 많아지면서 애란인은 계속해서 늘어나고, 자생란을 취급하는 난점도 여기저기에서 생겨났다.

우리나라의 난문화계는 순식간에 태동기를 지나 도약기로 접어들게 되고, 난 취미인이 증가하며 난단체 또한 더욱 활발하게 창립하기 시작했다. 1990년대 급속한 한국춘란 붐을 타고 1994년 3월 월간《난세계》(발행인 이영자)가 창간되어《난과생활》과 함께 정보제공과 난문화의 선도·대중화에 난 전문잡지로서의 역할을 하고 있다.

1981년 발족한 한국자생란보존회에서 1983년에 제1회 한국란명품전을 개최하였다. 이는 전국적인 바람을 일으켜, 전국의 난단체는 앞다투어 한국춘란 위주의 전시회를 개최하기에 이르렀다. 이때까지만 해도 한국춘란 출품작을 보면 색화의 발색이 거의 안 되었고 배양상태도 좋지 못했지만 해마다 새로운 품종을 알리면서 신선한 멋이 있었다.

- 한국춘란 문화의 도약과 중흥

1980년대 중반 이후 호남지방에서부터 한국춘란 우수 산채품이 쏟아졌고, 이들 산채품이 전국으로 돌며 유통되었다. 이러한 신품종들의 출현은 한국춘란이 우리 난계의 주역이 되는 데 결정적인 공헌을 하였다. 산채 인구만도 상당했으며, 산채품은 늘어나는 애란인들로 충분히 소화될 수 있었기에 더욱 고조되었다. 자연히 많은 사람이 한국춘란에 관심을 갖게 됨으로써 한국의 난문화란 용어가 익숙해지고, 전국 어디를 가나 자연스럽게 난 이야기를 들을 수 있게 되었다.

1986년 7월부터 잡지사인 《난과 생활》에서는 '한국란 지상명명전(韓國蘭誌上銘名展)'을 시작했다. 비록 정부기관으로부터 공식적으로 인정을 받은 기관이 아닌 잡지사의 지상명명이긴 하나 난문화 정립에 있어 중요한 요인으로 자리잡게 되었다. 한국란지상명명(韓國蘭誌上銘名)은 제1호 '월광(月光)'으로 시작하여 1995년 12월호에 제150호 '소담(小潭)'까지 이어졌다.

한국란지상명명(韓國蘭誌上銘名)은 제1호 '월광(月光)'

1996년 이후부터는 '(사)한국난문화협회'의 난등록기구인 '한국난등록회(韓國蘭登錄會)'가 본격적인 명명작업을 시작함으로써 한국춘란 문화는 본격적인 가도를 달리게 된다.

 그동안 단위난회 위주로 움직이던 난계가 각 난회의 성격과 특징의 벽을 넘어 서로 공존하면서 광역지역별 구심점이 되는 난 연합회가 필요하게 되었다. 1988년 '대구난협회'를 시작으로 1992년에 '광주난연합회'가 발족되었다. 지역연합회는 도별, 광역시별로 조직이 되었으며 시·군별로도 그 자체 연합회 조직을 갖고 있는 경우가 대부분으로, 오늘의 우리나라 난문화계를 형성하는 주춧돌 역할을 톡톡히 하게 되었다.

 현재 우리나라는 전국적인 조직을 둔 애란인 단체로 (사)한국난문화협회, (사)한국난연합회, (사)대한민국자생란협회, (사)한국춘란회, (사)한국난보존협회, (사)한국동양란협회, (사)한국난재배자협회 자생란경영회, (사)한국애란협회 등 8개 단체가 있다. 이들 단체는 거의 사단법인이고, 각 지역에 지역단체를 두고 있다. (사)한국난연합회는 각 시·도 광역지역에 별도법인의 단체를 두고 있다. 이와 별도로 유통단체인 한국난산업총연합회,

대한민국난산업총협회 등 2개 단체가 있다.

동양란 중에서 한국춘란이 늦게 출발했음에도 폭발적인 인기를 얻게 된 것은 우수품종의 계속되는 출현이다. 중투·복륜에 국한되던 엽예품에서 단엽종(短葉種)이 일약 인기품으로 뛰어올랐으며, 다양한 산반계열도 난인들의 관심의 대상이 되었다. 화예품에서도 황색, 홍색, 주금색, 자색, 백색 등 다양한 색화가 출현되어 아주 우수한 발색을 보였으며, 크게 관심을 주지 않았던 두화(豆花)와 원판화(圓瓣花)가 전시회의 총아로 자리잡게 된다.

마침내 복색화 '태극선(太極扇)' '신비'가 선보이고, 우수한 색화소심이 여기저기 나타나면서 한국춘란에 대한 관심과 기대는 폭발적으로 증폭되어 번져가게 된다. 바야흐로 우리나라 난문화의 르네상스가 도래한 듯하였다. 그동안 발색이 미흡했던 한국춘란 색화가 훌륭한 발색을 보이게 되고 다양한 품종별로 명품이 쏟아지면서 국내의 난인들은 거의가 한국춘란으로 돌아서게 되었다.

또한 이때 특별히 우수한 한국춘란 엽예품이 많이 채집되었는데, 초창기에는 대부분 일본으로 밀반출되었다. 그러던 것이 우리나라 난인들이 이에 눈을 뜬 후에 이를 차단할 수 있었다. 한국춘란이 빠른 기간 내 동양란의 앞자리에 우뚝 서게 된 것은 그 엽예품의 우수성 때문이라고 할 수 있다. 한국춘란 엽예품의 인기는 식을 줄 모르게 계속되었고, 2000년 이후 국내 한국춘란 값이 고가로 올라가자 마침내 일본 등으로 갔던 한국춘란이 다시 한국으로 유입되게 된다.

1988년에는 전국적으로 18군데 단위난우회가 봄전시회를 했고, 1992년에는 훌쩍 그 수를 늘려 45곳에서 봄전시회가 개최되었다. 1992년 우리나라 최초의 전국대회인 제1회 '한국란명품전국대회'('난과생활' 주최)가 명실공히 전국대회라는 타이틀답게 전국의 애란인들이 참여하는 전시회가 개최되었다. 이 대회를 기화로 1993년에는 지역연합회 봄전시회를 광주와 거제에서, 1994년에는 대구, 부산(합동전), 대전, 전북, 진주, 마창진 등에서 개최되었다. 이러한 분위기는 계속 이어져 2000년에는 전국적으로 크고 작은 봄 전시회가

제1회 한국란명품전국대회

90여 곳에서 개최되었고, 2010년에는 120여 곳에서 개최하는 것만 봐도 한국춘란의 붐을 짐작할 수 있다.

1994년에는 진주에서 제1회 '한국춘란엽예품전국대회'가 개최되었다. 당시의 가을전

제1회 한국춘란엽예품전국대회

시회는 단위난우회를 중심으로 10여 곳 조금 넘는 정도였는데, 김진공 씨의 노력으로 명실상부한 엽예품 전국대회가 성공리에 개최되기에 이르렀다. 이 대회를 기화로 한국춘란 엽예품의 붐과 발전에 이바지하게 되고, 바야흐로 한국춘란 엽예품의 중흥기를 선도하는 튼튼한 토대가 되었다. 이 대회는 제3회인 1996년부터는 '(사)한국난문화협회' 로 이관되어 개최지역을 바꿔가며 해마다 훌륭히 개최되고 있다.

1995년에 (사)한국난문화협회(초대이사장 박상길)가 출범함으로써 한국춘란 문화는 그 모양을 갖추어가게 된다. (사)한국난문화협회의 출범으로 이때까지 《난과 생활사》에서 실시하던 '한국란지상명명' '한국난문화대상' '한국란명품전국대회' '전국애란인보춘화자생지복원운동' 과 '한국춘란엽예품전국대회' 는 자연스럽게 (사)한국난문화협회에서 맡아 하게 되었다.

2001년에는 (사)한국난문화협회와 (사)대한민국자생란협회, (사)한국춘란회에 이어 문화관광부에서 사단법인 인가를 받은 (사)한국난연합회(초대이사장 장길훈)가 전국적인 조직을 갖추며 창립되었다. 중앙단체가 여럿 생김으로 해서 소속단체가 폭발적으로 늘어나고 선의의 경쟁이 이루어지면서 요란할 정도로 에너지가 충만하였다. 각 단체에서는 전국단위 전시회가 개최되고 (사)대한민국자생란협회와 (사)한국난연합회에서도 별도의 난등록기구를 설립·운영하였다.

각 난단체별로 다양하게 개최하던 전시회의 모습에서 색다른 전시회가 나타나게 된다.
2005년에는 우리나라 제일의 자생지인 함평군(군수 이석형)에서 주최하는 '대한민국난명품대제전' 이 전국대회의 기치를 걸고 개최되어 관에서 직접 주최하는 난전시회가 태동하였다.
한편 2005년 전주에서는 '전주세계난산업박람회' 라는 이름으로 전라북도·전주시·

전주대학교가 공동으로 주최하는 전국난단체 합동전시회가 열리게 되었다.

2006년 11월에는 정계조의 기획과 영남권 애란인의 노력으로 명실상부한 동양란 국제대회인 '제1회 국제동양란명품대회(일명 G4대회)'가 부산에서 개최되었다. 이 대회는 최초의 동양란국제대회로서 대한민국에서 발족·개최된 것은 실로 그 의미가 매우 크다. 한국춘란이 국제난문화상품으로 나아가는 길은 연 것이다.

- 한국춘란 문화의 산업화 기반조성

1990년에 이르러 난단체가 체계적으로 구성되고, 전시문화가 활성화 되는 등 난문화가 본격적으로 자리를 잡아가게 되었다. 2006년 국제동양란교류협회가 주최한 국제동양란명품대회(일명 G4대회)를 계기로 중국, 일본, 대만과 교류의 길을 열었다. 이때까지는 난문화가 취미 수준이었는데도 한국춘란계는 애란인 증가와 함께 우수품종이 대거 발굴되어 활황을 이루었다.

2010년을 넘어서면서 난 배양에 급속한 발전이 이루어지면서 난 배양에 자신감을 가진 취미인이 급격히 늘어나고, 이를 기화로 난을 순수 취미가 아닌 직업적으로 하는 사람과 난 거래에 종사하는 상인이 폭발적으로 늘어났다. 2015년부터 3~4년 동안은 거래가 활발히 이루어지고, 가격이 지속적으로 폭등하였다.

이러한 한국춘란 시장의 붐을 타고 한국춘란의 산업화를 위한 인프라 구축에 박차를 가하였다. 유통인들도 그동안 영세한 상인단체에서 탈피하고 '한국난산업총협연합회'(1995년도 결성), '대한민국난산업총협회'(2015년도 결성) 등의 단체를 결성하여 본격적인 산업화를 시도하였다.

'(사)한국난재배자협회'에서는 산하에 '자생란경영회'를 설치하여 농식부로부터 '난자조금' 인가(2015. 11월)를 받았고 출하행사를 실시하였다. 한국춘란의 산업화 기반은 이외에도 여러 가지로 착실히 만들어갔다. aT를 비롯한 전국적인 난경매 실시(2014. 6월부터), 난배양 자재 고급화, 합동배양장 등 배양시설의 현대화 등이 이 시기에 이루어졌다.

- 앞으로의 과제

한국춘란 산업화의 길, 난(蘭)을 도시농업의 주력 상품으로 만들려는 난인들의 다각적인 노력에도 불구하고 2019년부터는 수요에 비한 공급과잉이 경기침체 등과 맞물려 거래가 급격히 줄어들고, 급기야 난계의 침체로 이어져 어려움을 겪고 있다. 지금시점에서 새로운 방향과 길을 모색해야 할 때이다. 난문화의 산업화는 무엇보다도 난문화의 외연을 넓히고 수요를 늘리는 방향으로 나아가야 할 것이다. 한국춘란산업은 난문화의 대중화와 함께 이루어 질 것이고, 문화가 융성할 때 산업의 자리가 넓게 생길 것이다.

아파트에서 생활하는 우리들의 생활공간에서 실내 정원의 으뜸 식물이 난(蘭)이다. 우리가 하기에 따라서는 수요를 얼마든지 창출할 수 있다. 모두가 합심하여 문화의 깊이를 더하고 폭을 넓히는 데 에너지를 모아야할 것이다. 다시 한 번 신들메를 고쳐 맬 때이다. 난 산업화는 그 근본이 문화이다. 근자에 난산업화의 잘못된 모습과 분위기에 눌려 난문화 본연의 정신세계를 잠시 놓고 지냈다. 그러는 사이 난문화는 온데간데 없어지고 온통 난 장사만 설쳐대는 참으로 추한 모습을 보였다. 하루빨리 난의 정신세계를 바로 세우고,

올바른 난문화를 만들자. 난문화 산업은 돈벌이를 우선시하는 산업이 아니라 즐겁고 커뮤니티가 이루어지는, 행복함을 추구하는 산업으로 나아가야 한다.

한국 난문화의 대중화를 위한 콘텐츠를 만들어야 한다. 전시회 형태도 관람객의 적극적 참여 속에 즐겁고 재미있는 전시문화가 되도록 하여야 하고, 그 외에도 많은 사람이 동참하고 즐기는 문화콘텐츠를 개발해야 한다. 그동안 구축한 산업기반도 국가기관 및 지자체 등과 유기적으로 해서 더욱더 공고히 하고, 난영농조합 결성 등으로 난 산업 기반도 마련해야 할 것이다. 특히 중국시장 개척 등 앞으로 한국춘란이 국제문화상품으로서 각광받는 길을 열어가야 할 것이다.

난 합동배양장을 커뮤니티 공간으로 만들 것을 제안해본다. 현대는 사람들의 정서적 안정을 위해 공동체 회복의 공간이 필요하다. 이러한 현실에서 부각되는 것이 '커뮤니티 정원'이다. 난 합동배양장을 난인들의 커뮤니티 공간으로 적극 활용하고, 난 동호인을 양성하는 공간이 되어야 할 것이다. 난문화의 융성은 난인구의 증가에서 시작되고 난문화의 대중화와 직결된다.

난인들 모두가 즐겁고 행복한 한국난계를 만들어야 한다. 국민의 대다수가 한국춘란 몇 화분을 기르면서 즐기는 시대를 만들어야 한다. 한국춘란이 세계 난문화상품으로 우뚝 서 중국 등지에서 각광받는 날을 만들어야 한다. 한국춘란은 충분한 자질을 가졌기에 우리 난인들이 하기에 달려있다. 우리 난인 모두가 지혜를 짜내고 슬기를 모아 부단히 노력해 나가야 할 것이다.

한국 난문화의 정신세계

80년대 중반 내가 난(蘭)을 한 지 얼마 되지 않아서이다. 부산의 어느 난 가게에서 꽃 2대를 멋지게 올린 일본한란 '일광'의 꽃에 몰입되어 넋을 잃고 한참을 쳐다보고 있었다. 연이어 며칠을 그랬다. 마음속에 담고 있던 난에 대한 이미지, 청순함과 감히 범접할 수 없는 고고함, 부드러우면서도 품격 있는 자태 그 자체였다. 내가 한란을 처음 접하는 순간이었고, 난의 품격에 반하게 된 계기였다.

난(蘭)은 예로부터 그 향기와 고귀함으로 찬미되어 왔고, 선비의 고결함과 절개의 상징이자 은유였다. 옛 문인들은 사군자 중에서도 유독 난초를 독보적인 자리에 앉히려고 했다. 난초의 품성을 '어떤 상황에서도 고결한 인격을 잃지 않는 군자의 품성'으로 보았기 때문이다. 일찍이 현인들은 난(蘭)의 자연적 속성에서 유교의 이상적인 인격을 찾아내었고, 도덕적 품성을 갖춘 군자의 상징으로 여기게 되었다. 난을 기르는 일, 난과 함께 하는 일은 단순히 난의 아름다움만이 아니라 난의 덕성과 심성을 배우고 닮아가는 정신세계를 알게 한다.

일본한란 '일광(日光)'

옛 선비들은 자신의 정신적 수범이요, 흩어지지 말아야 할 그 정신의 감시자로 난초 화분을 방안 문갑 위에 두거나, 난초를 그린 묵란도를 걸어 놓는 것이 관례였다. 이는 곧 난(蘭)이 지닌 정신에 자신을 동일화(同一化)하기 위해서다. 난이 사군자 가운데서 으뜸이요, 군자의 표상으로 여겨져 왔다. 난(蘭)이란 실물보다 난이 내포한 그 정신세계에 투철했다는 차원에서 한국의 난문화를 특징지을 수 있을 것이다.

역사적으로 난의 품성을 잘 드러낸 이야기가 많이 전해져 내려오고 있다. 공자가 노나라를 떠나 열국(列國)을 주유, 수많은 제후들을 찾아다니다가 끝내 뜻을 이루지 못하고 다시 노나라로 돌아가다가 은곡을 지나던 중 홀로 무성한 난을 보고 말하기를, 『이 난(蘭)은 마땅히 왕자에 합당한 향을 지녔거늘 어찌 잡초 사이에서 외롭게 피어 있느냐. 어리석은 자들 틈에서 오직 때를 만나지 못한 현자와 같구나』하고 분연히 탄식하며 거문고를 탔다는 '공곡유란(空谷幽蘭)'의 고사는 공자와 난초가 결합된 환유적인 상징성을 만들어낸다.

공자의 어록인 ≪공자가어≫에도 "난초가 깊은 산 속에 나서 알아주는 사람이 없다고 하여 향기가 나지 않는 법은 없다. 이와 마찬가지로 군자가 도를 닦고 덕을 세우다가 곤궁한 처지에 빠졌다고 해서 그 뜻을 바꿔서야 되겠느냐?"라고 하여 난의 품성을 말해주고 있다. 또한 교우와 환경이 인간의 품성에 미치는 영향력에 대해 말하면서 지초와 난초가 있는 방(芝蘭之室)에는 언제나 향기가 있기 마련이라고 했다.

'공곡유란'의 난초가 공자의 상징이라면 초사(超辭)에 등장하는 구원란(九畹蘭)은 굴원의 비가(悲歌)와 그 생애의 상징이다. 정적들의 참언으로 두 왕에게 버림을 받고 두 번씩이나 불우한 귀양살이를 해야만 했던 굴원은 그 유명한 〈이소(離騷)〉라는 시에서 난초를 보며 탄식의 글을 담아냈다.

『내 이미 구원(九畹)이나 되는 넓은 밭에 난을 심었고 또 백묘(百畝)의 밭에 혜를 심었도다. /——/ 탐욕을 다투는 뭇 소인배들은 오로지 군자의 단점을 찾는데 싫증도 아니 나는지 / 오! 속으로는 자신을 속이면서 남의 흠집을 따지니 심통이 질투뿐이구나』라고 표현했다. 그는 난을 곁에 두며 그 속에 군자와 충절의 이미지를 찾았고, 이를 시의 운율 속에 담아냈다. 굴원의 구원란(九畹蘭)은 충절의 상징으로 후세 사람들의 시구나 화제(畵題) 속에 수없이 인용되고 있다.

굴원의 시문학에 나타난 상징은 곧바로 시대를 초월해 송나라 말 화가 정사초(鄭思肖)의 묵란화로 이어진다. 정사초는 몽고족에게 국토를 잃은 송나라의 유민으로서 평생 한을 안고 살아간 화가로, 땅이 없는 한을 '노근묵란도'로 표현했다. 굴원의 가슴에서 정사초로 이어지는 한(恨)의 감정이라 할 수 있다.

유달리 한(恨)이 많고, 그래서 한의 문화가 강했던 우리나라에서 옛 선비들은 '한(恨)'으로 상징되는 난(蘭)을 늘 노래하였는데, 때를 만나지 못한 불우한 자신의 처지를 고고한 자태의 상징인 난에 빗대어 표현한 경우가 많았다. 강홍립, 추사 김정희, 대원군 이하응, 민영익 등이 이 부류에 속한다. 우리나라 선비들 또한 난을 사군자 중에서도 으뜸으로 여기어, 난을 기르거나 난을 치는 경우가 많았다. 시대를 막론하고 난은 군자의 벗으로 확실한 자리매김을 해온 것이다.

낙향한 선비들은 여건상 실제로 난(蘭)을 널리 배양하지는 못하였으나 곁에 두고자 했던 바람이 강했음을 알 수 있고, 일부 선비들 사이에서는 '난계(蘭契)'라는 난동호회를 결성하여 애배(愛培)하며 즐겼다고 한다. 아무튼 난을 배양하고 안하고를 떠나 선비·군자들 사이에서 난이 풍기는 고결함과 절개의 상징성은 고금을 막론하고 생활에서뿐만 아니라 시문학, 서화에서도 잘 드러나 있다. 이는 난의 정신세계를 모두가 공감하고 본받고자 했기 때문이다.

1981년 '난 수입자유화'와 자생란의 붐을 타고 난 인구가 급속도로 늘어났다. 그 당시만 해도 난인들은

이증 묵란

난의 고고함과 당당한 기개를 보며 인격을 도야(陶冶)하고, 난우들과 같이 즐기는 문화을 중요시 여겼다. 난과 인간 사이에 아무런 매체를 두지 않고 직접 소통하였고, 오랫동안 이어져온 난이라는 자연사물의 고결한 정신세계를 소중히 여겼다. 이런 난문화를 이탈하는 것은 금기였다. 난에 처음 입문하는 사람이나, 난을 하지 않는 사람들도 난에 대한 순수한 이미지를 갖고 있었고, 난계를 바라보는 시각 또한 아주 긍정적이었다. '난을 하는 사람이다'라고 하면 심성이 난을 닮았을 것으로 여겨 우러러 보았고, 약간의 경외심을 갖기도 했었다.

그러나 언제부턴가 난인들은 '난(蘭)에 입문하는 초심의 맑은 영혼과 그의 정신세계'를 저버리고 거간(居間)이나 어설픈 농사꾼의 형태로 전락하는 경우가 허다해졌다. 그나마 일부 올곧은 난인들마저도 그 분위기에 휩쓸려 허둥대다가 혼탁한 난계를 개탄하며 슬그머니 자취를 감추어 버렸다.

현재 한국 난계를 보면 우려할 정도로 난을 황금으로만 생각하는 분위기가 만연해 있다. "난의 가치나 품격을 돈으로만 평가할 수 있겠는가!" 하는 탄식의 목소리도 들으려 하지 않는다. 순수한 문화도 시간이 지나면 산업으로 승화되고 돈으로 연결되는 건 부인할 순 없지만, 난문화 본연의 가치를 잃어버린다면 그 산업은 뿌리가 없고 근간이 없는 산업으로서 번창할 수도, 오래갈 수도 없을 것이다. 난산업은 탄탄한 난문화를 기반으로 구축되어져야만 하는데 오늘날 올바른 정신세계를 바탕으로 한 난문화는 온데간데 없고, 섣부른 난산업마저도 뿌리가 부실해지고 혼탁해져 앞으로 나아가지 못하고 방황하면서 허둥대고 있는 꼴이다. 급기야 속속들이 내용을 모르는 일반인들마저도 난인들을 이상한 사람으로 보기까지 하는 것이 오늘날 한국난계의 현 실상이다. 어쩌다가 이렇게까지 되었는가? 만시지탄(晚時之歎)이다.

늦었지만 지금부터라도 난문화의 정신세계를 되찾아야 할 때다. 아메리카 인디언들은 말을 타고 황야를 질주하다 잠시 멈춰 서서 오던 길을 되돌아본다고 한다. 그렇게 하는 것

한국춘란 주금화 '아사달(阿斯達)'

은 자기 영혼이 잘 따라오는지 지켜보기 위해서란다. 내가 정녕 추구하는 길을 올바르게 가고 있는지, 소중한 그 무언가를 놓치고 정신없이 앞만 보고 허둥대고 있지는 않은지 한 번 되짚어 보는 것이라 생각된다.

　난(蘭)을 오래 한 사람일수록 난의 진면목에 다가서고 눈에 보이는 것을 넘어 사물의 깊은 내면에서 풍기는 덕성과 심성을 읽을 줄 알아야 한다. 차인(茶人)들은 그릇에 차를 담는다고 하지 않고 도(道)를 담는다고 한다. 우리 난인들도 난 한분을 키움에 있어서 도를 생각했으면 한다. 난인과 난(蘭), 양자 사이에는 무궁무진한 예술적·정서적 교감이 있어야 한다. 난인들의 마음속에 무엇이 마땅히 있어야 하는가를 올바로 자각하고, 이를 새롭게 정립해야 한다. 다시 말하면, 난인들은 미미하나마 마음속에 자각의 불씨를 일으켜야 하겠다. "난(蘭)은 나에게 무엇인가?" 라는 물음에 대한 자각의식 말이다.

　앞으로 난문화가 발전되고 올바른 방향으로 대중화되기 위해서는 흔들림 없는 확고한 정신세계가 뒷받침되어야 할 것이다. 동양문화에는 사람에서 사람에게로 이어지는 계승의 전통이 있다. 우리는 조상으로부터 전수된 아름답고 뿌리 깊은 난문화의 정신세계를 가지고 있으므로 이를 소중히 닦아서 다음세대에 넘겨주어야 한다. 이것은 오늘을 살아가는 난인들의 몫이다.

난인들이 난의 환가가치에 너무 집착하여 '이 난은 돈으로 값어치가 없다거나 돈이 되지 않는다' 등으로 난(蘭)을 대한다면, 그때 난과 난인(蘭人) 사이에는 도가 무너지고 정신세계가 존재할 수 없게 된다. 80년대 초창기 난인들은 그저 난이 좋아 난에 열중하고, 난인들을 만나면 마냥 반갑고 훈훈한 정이 오가고, 난을 앞에 놓고 앉아 시간가는 줄 모르고 대화를 나누던 그런 모습을 요즘에는 찾아보기 힘들다. 난인들의 마음이 변한 것인가, 잠시 잊어버린 것인가.

나도 난을 한 지 30년이 넘은 지금에서야 난의 의미를 새롭게 조금 알 것 같다. 그동안 난에 대한 정신적인 그 무언가가 있는데도 난계의 분위기나 흐름, 돈과 결탁된 난계 일부 사람들의 목소리에 눌려 부화뇌동(附和雷同)하지 않았던가. 지금이라도 영혼을 찾아 맑게 닦아가야 하겠다는 생각을 거듭해본다. 지난 세월이 부끄럽게 느껴진다. 난 수집에만 급급했고, 어쩌다 좋은 품종을 가지면 교만한 마음이 열 길 스무 길 치솟아 으쓱하던 모습, 그것이 나만의 경험이었을까? 지금부터라도 참으로 자중자애(自重自愛)하고 난문화의 정신세계를 소중히 간직하면서 즐거운 애란생활을 하는 사람을 여기저기서 많이 만날 수 있었으면 한다.

난문화를 계승 발전시키는 것은 난인들의 삶과 정신을 지키는 것이다. 이것은 우리 난인들의 본분이고 시대적 사명이기도 하다.

26 난(蘭)을 잘 감상하려면

난(蘭) 취미생활에서 난을 잘 감상하는 것 또한 난을 즐기는 데 중요한 부분이 될 것이다. 그럼에도 난인들이 난 감상을 등한시하거나 잘못 인식하고 있는 경우를 보면 안타까울 때가 많다. 난을 감상하는 것은 그저 단순히 난을 보는 것이 아니며, 예술적 교감을 이루고 아름다운 덕성과 심성을 배우는 것이다. 난 감상은 보는 이에 따라 천차만별이고 그 깊이의 정도가 하늘과 땅이다. 그리스 속담에 "아름다움은 관찰하는 사람의 눈 속에 있다"고 했다. 같은 대상을 보더라도 그 속에서 아름다움을 찾아내는 것은 보는 사람의 몫이라는 의미다. 난초와 같이 신비스러운 자연예술 작품에서는 더욱더 그러하다.

대한민국난명품대제전 전시장

어떤 분야든 예술작품을 감상하는 기준은 민족의 정서와 관련이 있을 것이다. 우리민족은 자연과 쉽게 교감하며 자연에 대한 예술적 깊이가 있다. 우리는 자연과 더불어 지내면서 자연을 지배나 정복의 대상으로 삼지 않고 접화군생(接化群生)을 잘 이루면서 살아간다. 우리는 자연과 친숙하고 혜택을 주고받으며 공생하고 더불어 즐길 줄 안다. 우리 조상의 난 감상에 대한 기록을 보면 그 깊이와 심오함을 가히 알 수 있다.

조선조 초 강희안의 ≪양화수록≫에 보면 "초봄에 난꽃이 피면 등불을 켜 놓고 책상 위에 그 난분을 올려놓고 이파리의 그림자가 벽에 비치어 어른거리는 것을 즐길 만하고, 글을 읽을 때 졸음을 쫓을 만하다"는 말이 나온다. 난초를 기르는 것만도 여느 다른 꽃을 기르는 것보다 몇 곱절 고매한 심덕이 소요된다. 하물며 그 향을 즐기고 그 자태에 심취하는 것만으로 모자라 난 이파리가 흔들리며 자아내는 그림자의 영상마저 즐겼으니, 참으로 대단한 탐미욕(眈美欲)이 아닐 수 없다.

고려말 성리학자 목은 이색(李穡, 1328 ~ 1396)은 척산군 이원계가 가지고 온 난(蘭)을 감상하며 난시(蘭詩)를 지었다.

내 난(蘭)을 사랑하노니
두 눈이 맑아옴이여

엷푸른 잎 드리우고
담황색 처음으로 빛나누나
조용히 앉아 향기를 기다리니
마음 곳곳마다 맑아짐이여
　-- (후략) --

우리 조상의 난문화는 중국의 영향을 어느 정도 받았다고 할 수 있겠으나, 향보다는 선(線)의 모양이나 전체적으로 풍기는 이미지나 운치, 난(蘭)이 주는 덕성과 심성까지 교감하는 수준 높은 감상을 했다고 볼 수 있다.

난을 감상하는 경우는 대부분 전시장에서 이루어지고, 그 외 난 작품을 앞에 놓고 차를 마시는 경우 등이다. 어느 경우든 난을 감상하는 방법에는 별반 차이가 없을 것이다. 자연예술인 난(蘭)이라는 대상을 어떻게 보고 어떤 느낌과 감정을 전달받느냐 하는 것이다. 난을 감상하는 방법이라고 해서 별다른 원칙이 있다고는 할 수 없겠으나, 그렇다고 무작정 접근하는 것도 무모한 일일 것이다. 오랫동안 난을 감상해오면서 내 나름대로 터득한 난 감상법을 정리해 보겠다.

난(蘭) 작품을 볼 때는 생김새를 찬찬히 보고 생명력·아름다움·운치·덕성·심성 등을 찾아낸다.

먼저 난꽃과 잎의 생김새, 무늬나 색깔, 전체적인 조화, 작품성 등을 보는 것이다. 찬찬히 보면서 아름다움, 운치·멋이 있는지, 난이 갖추어야 할 덕성을 잘 나타내는지, 고운 심성을 갖추고 있는지 등을 찾아보는 것이다. 이는 다른 예술작품을 감상하는 기준과 큰 차이는 없을 것이다. 그러나 생명을 가진 자연예술이라는 점, 높은 정신세계를 갖고 있는 점 등에서 난을 감상하는 데는 다소 특별한 점이 있을 것이다.

난은 생명을 가진 자연물이므로 우선 싱싱한 생명력과 기(氣)가 충만한지를 보아야 한다. 그리고 예로부터 군자나 선비들의 마음을 사로잡은 아름다움과 난(蘭)만이 가지고 있는 이미지, 감히 범접할 수 없는 청초함과 고결함, 부드러우면서도 일체의 흐트러짐을 보이지 않는 긴장미 넘치는 품격 등 그 덕성과 빼어난 운치를 찾아 온몸으로 느껴야 하는 것이다. 그리고 난이 품고 있는 고운 심성을 발견하고 정서적·예술적으로 교감하는 것이다.

이때 유념할 것은 그동안 난인들 사이에서 고착화되어 있는 엽예·화예의 명품기준에 크게 개의할 필요가 없다고 생각한다. 명품기준이란 것은 생김새와 색깔·무늬에서 그렇게 생겼을 때 품격이 있어 보이고 일반적으로 인정받는다는 정도이다. 더구나 이러한 기준은 희귀성이 많이 감안된 것이라 난의 진정한 품격과는 다소 거리가 있다고 할 수 있을 것이다.

   난(蘭) 작품을 감상할 때는 선입견이나 상(像)을 가져서는 안 된다.
   난은 살아있는 자연예술품이고 미적요소가 무궁무진하다. 또한 사람마다 취향이며 정서가 다르다. 정형화된 기준을 들이댄다는 것은 난이 풍기는 아름다움을 감상하는 것이 아니라 정해진 기준으로 난의 생김새를 체크하는 것이 되고 만다. 따라서 난을 감상할 때 난이 갖추어야 할 일반적인 명품 요건 같은 기준을 가지고 답안지 채점하듯이 하는 것은 금물이다. 다시 말하면 난 감상은 평상심으로 해야 한다. 평상심은 불교경전 금강경에서 말하는 상(像)을 갖지 않는 것과 장자의 심재(心齋, 선입견 없는 감수성을 갖는 경지)와 통하는 말이다. 이렇게 생겨야 한다, 저렇게 생겨야 한다는 상을 갖는 것과 금전적 가치를 결부시키면 제대로의 감상이 이루어지지 않는다. 각각의 난은 그 나름대로 아름다움과 멋, 덕성과 심성을 가지고 있을 것이고 모두가 완전한 자연일 텐데 난인들이 기준을 만들어 분별하고 있는 것이다.
   때로는 아주 잘 알고 있다고 생각하는 대상을 전혀 모르는 것으로 가정하고 그 실체에 접근해보는 것이 대상을 조금이라도 더 깊이 인식하게 해주는 경우가 많다. 그냥 순수한 마음으로 자연의 눈으로 보고 자연의 마음으로 느끼면 된다. 난은 살아 있는 생명체이면서 아름다움과 정서적인 감동을 주는 자연예술이기 때문이다. 예술이 주는 선물은 단순히 예술품을 통한 유희적 만족보다는 인생 전체의 풍요로움이다.

   난(蘭) 작품의 감상은 온몸으로 즐겨야 한다.
   예술을 감상하는 데는 눈으로만 보거나 가슴으로 느끼는 것만으로는 부족하다. 자연은

머리로 아는 것도 아니고 가슴으로 느끼는 것도 아니다. 온몸으로 즐기는 것이다. 온몸으로 즐긴다고 할 때 기실은 우리의 영혼이 깊이 감동받고 즐거워하는 것이다. 그것이 바로 예술이다. 옛글에 아는 것은 좋아하는 것만 못하고, 좋아하는 것은 즐기는 것만 못하다(知之者 不如好之者 好之者 不如樂之者)고 하였다. 우리의 영혼이 깊이 감동 받고 즐거워하는 것이 요체다.

어느 전시회에 가서 진짜 좋은 작품을 보고 온 날은 얼굴이 환해지고 마음에 기쁨이 넘쳐 올라서 어떤 경우에는 일주일 내내 그 당시를 회상하는 것만으로도 기분이 좋아짐을 느낀다. 심지어는 그 감동이 오래 남아서 몇 년 후에도 그때를 돌이켜 생각해 보고 마음의 전율을 느끼기도 한다. 예술품이란 누가 뭐래도 내가 보고 내가 느끼고 감동받는 것이다. 내 맘에 꼭 드는 작품 한 점이 있으면 그것 하나 잘 감상한 것으로 충분하다. 전시된 전체 작품을 억지로 다 세밀히 감상할 수도 없고, 그럴 필요도 없다. 왠지는 모르게 자꾸만 마음이 끌리는 난(蘭), 스스로 가장 좋다고 생각되는 작품 몇 점을 골라서 잘 보고 찬찬히 나만의 대화를 나누는 것이 좋은 감상법이라고 생각된다.

난(蘭)을 감상하는 것은 난과 교감하는 것이 되어야 한다.
난의 아름다움은 단지 바라보는 즐거움으로 끝나는 것이 아니다. 무언가를 오래 바라보거나 찬찬히 들여다볼 때 우리 내면에는 스스로도 알지 못하는 사이에 그 대상에 대한 순수한 마음과 관심, 사랑이 자란다. 혹은 그것을 보고 있는 동안 자신의 마음이 평안하고 기쁨에 차 있음을 느낀다.

난이라는 자연의 오묘한 아름다움을 일방적으로 감상하는 것이 아니라, 그 속에 자기 자신을 들여보내 교감하는 것이 되어야 한다. 화가는 그림 한 장에, 시인은 시 한 수에, 난은 난 작품 하나에 자신이 표현하고자 하는 것을 담아낸다. 이를 감상하는 사람은 그 속에서 나름대로의 의미를 찾아내지만, 보는 사람마다 느끼고 읽어내는 것이 다 다르다. 작품을 물끄러미 쳐다보면서 난이 내보이는 많은 것을 나름대로 담아가야 한다. 아름다움, 멋, 운치, 덕성, 심성 등을 공감하고, 난과 일체가 되어 말하고 생각하고 느끼며 상상의 나래를 펼치면서 즐기는 자세가 되어야 한다.

역사학자 이병도(李丙燾, 1896~1989)는 난초 감상에 대하여 "모름지기 난과의 대화는 바로 참선과도 통한다." "가만한 가운데서 주고받는 상간이불염(相看而不厭, 고요히 바라보며 아무리 보아도 싫증나지 않고 늘 설렌다)의 품앗이가 바로 난과의 호흡이자 정의 오감이다"라고 했다.

우리가 본다고 할 때 단순히 시각적으로 본다는 것에서 넘어 세상을 인식하는 것을 불교에서는 관법(觀法)이라고 말한다. 옛날 어떤 제자가 진리가 무엇이냐고 물었다. 스승은 "당나귀가 우물을 보는 것(驪見井)이 진리라고 들었다"고 말했다. 제자는 "그러면 스승은 진리가 무엇이라고 생각하십니까" 하고 물었다. 그러자 스승은 정견려(井見驪)라 말했다. '우물이 당나귀를 본다'는 뜻이다. 이 대목에서 우리가 전시된 난을 보고 난이 우리를 보는 것이 아닐까 하고도 한번 생각해보자. 본다는 것은 결국 마음의 문제이다. 그러므로 참다운 봄이란 진리를 보고 서로 교감하는 것을 말할 것이다.

난꽃을 감상할 때는 난을 배양한 난인의 정성과 혼을 읽어내야 한다.

난꽃이 그냥 필 리가 없고, 하나의 자연물이 예술품으로 만들어지기까지 수많은 사연과 희로애락이 숨어있을 것이기 때문이다. 난초 작품을 감상할 때는 그 난의 배양자와 대화하고, 이렇게 작품이 되기까지 숱하게 만들어졌을 많은 이야기들을 상상해보아야 한다. 배양자가 기르고 꽃을 피우면서 쏟은 정성, 마음 조이고 설레며 난(蘭)과 나눈 수많은 대화들, 자연의 섭리와 얽힌 사연들, 애틋하게 나눈 정서적교감 등을 상상하고 읽어내야 한다. 그리고는 내 생각이나 알고자 하는 사연, 아름다운 덕담을 살며시 던져보면 난은 보다 친숙하게 다가올 것이고, 비밀의 문을 조금씩 열어 화답을 할 것이다.

난(蘭)을 감상하는 데는 교만해서는 안 된다.

난 감상은 속내를 잘 드러내지 않고 신비롭게 감추어진 멋을 찬찬히 여유를 갖고 보물찾듯이 찾아보아야 한다. 전시장에 가보면 아주 격조 높고 아름다운 명품의 난이 전시되어 있는데도 복색화네, 두화소심이네, 황화소심이네 하면서 그냥 지나가는 사람이 참 많다. 특히 난력이 조금 붙었다고 건방을 떠는 사람에게 난의 진면목이 보일 리가 없다.

자연예술작품은 그것을 느끼고 감상하는 것이 그렇게 어려운 것은 아니다. 자연은 특별한 설명이 없어도 친숙하고 쉽게 우리에게 다가온다. 특별한 지식이 없어도 마음을 기울여 찬찬히 대하는 사람에게는 누구에게나 그 속내를 내보인다. 같은 품종의 난꽃이라도 볼 때마다, 난력이 붙어감에 따라 다가옴이 다르고 느낌이 다르다. 난을 감상하면서 느낀 점을 다른 난인들과 정담으로 나누어 보는 것도 공부가 되고, 간단한 메모로 기록을 남기는 것도 필요하다. 이때 중요한 것은 순수해야 한다는 것, 교만하거나 선입견 등으로 스스로를 고착화시켜서는 안 된다.

시이불견(視而不見), 청이불문(聽而不聞), 보기는 보는데 보이지 않는다, 듣기는 듣는데 들리지 않는다. 왜 안 보이고 안 들릴까? 마음이 없어서 그렇다. 난(蘭)은 난을 사랑하는 눈으로 보고, 사랑하는 마음으로 느껴야 한다.

27 진정으로 좋은 난(蘭)이란?

    난인(蘭人)들은 난(蘭) 한 화분에서 자연의 신비로움을 넘어 마음의 풍요와 행복을 찾는 사람이다. 난을 곁에 두고 늘 같이 생활하면서 정서적으로 교감하고 즐긴다. 난이 주는 마력(魔力) 때문이다. 그래서 난인들은 한층 더 매력적이고 마음에 끌리는 난을 갖고 싶어 하는 것은 당연하다 할 것이다.

    난인(蘭人)들은 오랜 기간 난을 하면서 매년 수많은 난(蘭)을 만난다. 봄이 되면 난꽃 축제가 전국 각 지역에서 열리는데, 먼길 마다않고 난꽃 나들이를 떠난다. 전시회에 가서 진짜 좋은 난 작품을 보고 온 날은 얼굴이 환해지고 마음에 기쁨이 넘쳐 올라서 어떤 경우에는 일주일, 아니, 일 년 내내 그 당시를 회상하는 것만으로도 기분이 좋아진다. 심지어는 그 감동이 오래 남아 두고두고 당시를 떠올리면서 회자(膾炙)하기도 한다.

    언제부턴가 일부 애란인(愛蘭人)들 사이에서는 홍두(紅豆, 홍화두화)네, 황두(黃豆, 황화두화)네 하면서 두화색화(豆花色花)를 찾는 데 혈안이 되어 있다. 난 취미도 일종의 수집(Collection)이고 금전적 가치와 결부되다 보니 희귀성이 관심을 불러일으키게 되고, 난 상인들이 경제적인 가치를 따지는 것 또한 어쩔 수 없다고 보아진다. 그러나 난인들로부터 오랜 사랑을 받고 있는 난은 단순히 희귀성만으로 설명될 수는 없다. 애란 생활의 본래 목적은 금전적이기 전에 자연이 주는 아름다움을 즐기고, 자연의 심성을 배워 인격을 도야(陶冶)해 가는 것이다. 좋은 난은 금전적 가치를 떠나 난 자체가 좋아 오래도록 많은 난

한국춘란 주금소심 '동광(東光)'

한국춘란 황화소심 '관음(觀音)'

인들로부터 사랑받는 난일 것이다. '동광(東光)'이나 '관음(觀音)'이 20년 이상 난인들의 사랑을 받고 있는 것은 희귀성을 떠나 난인들의 마음을 사로잡는 어떤 매력이 있기 때문이라고 생각된다.

 9년 전 황화(天上花, 천상화) 한 화분을 '부산난연합명품대전'과 광주에서 열린 '2011 한국난대전'에 출품한 적이 있었다. 꽃은 한 대였지만 전시장에 출품된 수많은 우수품 중에서 유독 그 황화가 관람객의 마음을 사로잡았고 최고의 인기를 차지했다. 그 후에도 많은 사람으로부터 수시로 그 난의 안부를 물어오고, 다시 한 번 꽃을 보기를 원한다. 그 난(蘭)은 2예품, 3예품이 아닌 1예품 황화인데도 사람들로 하여금 황홀경에 빠뜨리고, 자연의 위대함에 겸허해지고 숙연함마저 갖게 하기에 충분한 난꽃이었다. 전문가나 초보자 할 것 없이 부연 설명이 필요 없는 명품의 난(蘭)이었다.
 그렇다면 그다지 화려하지도 않은 난이 뭇사람들의 마음을 사로잡고, 즐거움과 위안을 주며 늘 함께하고픈 마음을 내게 하는 매력은 어디에 있는 것일까? 진정으로 좋은 난은 어떤 기준으로 설명할 수 있을까? 난을 오래한 사람이라면 누구나 이런 생각을 했을 것이다.

 나는 종종 주변의 난인들로부터 "난이 사람에게 주는 매력의 원천이 어디에 있으며, 어떤 난이 좋은 난이냐?" 하는 질문을 자주 받는다. 그때마다 나는 "좋은 난이란 우선 생명

한국춘란 황화 '천상화(天上花)'

력이 넘치고, 아름답고, 멋과 운치의 매력이 있으며, 여기에 높은 덕성(德性)과 고운 심성(心性)을 잘 갖춘 난이다"라고 말한다.

난(蘭)은 풀이면서도 다년생이다. 사철 푸르고 여러 해 변함이 없다. 난인들은 반려식물인 난으로부터 자연의 좋은 기운을 받고 아름다운 덕성과 좋은 심성을 배우고자 한다. 따라서 난은 기본적으로 생명체로서 맑고 생생한 생명력과 기(氣)을 가져야 한다. 난(蘭)으로부터 젊은 여인에서 풍기는 싱싱한 매혹적인 멋과 청춘의 정기가 빼어나야 한다. 이같이 생명력의 매력과 멋을 갖춘 바탕에서, 다음으로 좋은 난이 갖추어야할 요소를 갖추었는지 찬찬히 들여다보면 될 것이다.

첫 번째는 아름다움(美)이다. 생김새 즉 형태와 색깔, 무늬가 아름다워야 한다. 사람이든 사물이든 아름답게 보이기 위해서는 우선 잘 생겨야 하고, 미적요소를 갖추어야 한다. 난은 자연 예술인 동시에 반려식물이므로 미적요소를 갖춘 훌륭한 감상물이 되어야 한다. 아름다움에 대한 기준에는 각자의 차이가 다소 있을 수 있겠으나 큰 차이는 없다고 본다. 많은 난을 감상해보고, 서로 비교해보면 아름다움의 정도가 확연히 나타난다.

두 번째는 운치(韻致)이다. 풍기는 멋을 뜻한다. 매력이라 해도 좋겠다. 개성과 조화가 중요한 요소이다. 개성이란 반드시 어떤 것이어야 한다는 것은 없다. 모두가 그 나름대로 멋이요, 운치다. 개개의 요소보다 전체적으로 풍기는 멋이 운치다. 한국사람은 예로부터 바라보는 즐거움을 감상의 으뜸으로 삼았다. 난의 생김새 하나하나가 아니라 느긋이 물끄러미 전체를 바라보면서 아름다움이 예사롭지 않음을 느끼게 되고, 흡족함의 표시로 가볍게 고개를 끄덕일 때가 있다. 난에서 풍기는 운치의 멋 때문일 것이다.

세 번째는 덕성(德性)이다. 오래토록 갖고 있는 변함없는 난의 이미지이고 품성이다. 난은 청초함과 고고함, 그리고 감히 범접할 수 없는 한 치의 흐트러짐도 보이지 않는 품격과 기개, 지조의 이미지를 갖고 있다. 다른 사물과는 도저히 비교가 되지 않는 난(蘭)만이 가진 덕성이다. 옛날부터 선비나 군자들이 난을 좋아하고 가까이 하고자 했던 것은 난의 이러한 덕성 때문이다. 좋은 난은 이러한 높은 덕성을 품고 잘 드러내는 난(蘭)일 것이다. 만약 난에 있어 덕성을 빼고 아름답기만을 놓고 따진다면 화려한 다른 화초들 사이에서 난이 설 자리가 있겠는가? 공자의 공곡유란의 고사에서 굴원의 구원란, 정사초의 묵란화로 이어지는 난의 이미지, 그리고 한국의 선비정신의 표상으로 시화(詩畵)에 등장하는 그 덕성이야말로 다른 어떤 식물도 넘볼 수 없는 경지이다.

네 번째는 심성(心性)이다. 무릇 사물에는 그 나름의 마음이 있다. 난은 사람의 마음을 끌리게 하고 오래토록 변하지 않게 하는 맑고 깊은 고운 심성을 가져야 할 것이다. 심성이 고운 사람과는 가까이 하고 싶어 하고 오래 사귀고 싶어 한다. 우리나라 사람만큼 상대의 심성을 따지는 민족도 없을 것이다. 아름다움과 즐김이 깊고 오래가려면 무릇 고운 심성을 가져야 한다. 여러 난(蘭)을 대하다 보면 유독 정감이 가고 마음이 편안해지며 늘 곁에 두고 싶은 난이 있다. 심성이 고운 난이다. 난은 살아있는 자연예술이요 난인과 늘 함께하는 생활 문화이다. 난과 생활하면서 예술적·정서적으로 교감하고 감상하면서 즐기는 난인에게 난의 심성은 빼놓을 수 없는 난이 갖추어야할 요소가 된다.

그동안 난인들 사이에서 설명되어지고 고착화되어 있는 엽예(葉藝) 및 화예(花藝)의 명품 기준이야말로 주로 생김새와 색깔, 무늬에서 일반적으로 그렇게 생긴 것이 난인들이 좋아하는 생김새이고, 나아가 품격이 있어 보이게 하는 기본요소 정도라고 보면 될 것이다. 그러다보니 정작 난이 갖추어야 할 중요한 요소인 덕성과 심성에 대해서는 소홀히 하고 있는데, 아쉽기 그지없다. 더구나 최근에는 이러한 기본요소마저도 무시한 채 희귀성에만 초점을 맞추어 온통 난리를 치고 있는 모습을 보면 안타까운 마음마저 든다.

중국에서는 일찍부터 중국춘란의 일경일화, 일경구화에 대해 명란의 기준을 정하여 감상하였다. 이 기준은 그들이 오랜 기간 동안 난을 감상해오면서 만들어진 것이다. 그러나 이 기준을 보면 난의 아름다움과 함께 청초함, 고결함, 고고함 등 난의 덕성으로 갖추어야 할 기준 정도로 보면 될 것이다. 난이 살아있는 예술품인 만큼 난의 운치나 멋, 심성은 일률적으로 말할 수 없는 것임을 그들도 알고 있었을 것이다.

이러한 기준들이야말로 바둑의 정석(定石) 정도로 보면 될 것이다. "정석을 알되 잊어버려라"는 말이 있다. 실로 다양한 상황에서 고정관념에 빠져 중요한 것을 놓쳐서는 안된다는 뜻이다. 난(蘭)을 보는 기준도 잘 익혀서 적용하되 어느 수준에 이르면 이에 얽매이지 말고 마음의 눈으로 교감하고 감동받아야 할 것이다. 그렇게 될 때, 비로소 난을 제대로 보고 감상하는 난인의 경지에 이르렀다고 할 수 있을 것이다.

한편, 난을 보는 기준은 개인의 기호는 물론 민족정서와도 관련이 있다. 중국인들은 시각적 아름다움보다는 그것이 풍기는 향기를 더 기리는 쪽이었다. 중국인들은 꽃의 향기를 그 꽃이 가진 마음의 표출이라고 보고, 향기를 내지 않는 꽃은 마음이 없는 꽃이라고 해서 격하시켜 왔다. 반면에 일본인들은 난향에 얽매이지 않고 시각적인 아름다움에 관심을 두어 향이 없는 일본춘란에서 색화나 무늬종을 찾아 다양하게 원예화하였다. 이러한 것도 일본민족의 정서와 관련이 있다고 해야 할 것이다. 향기는 없지만 화려한 벚꽃을 좋아하는 것을 보아도 알 수 있다. 한국의 난향문화는 중국의 영향을 어느 정도 받았다고 할 수 있으나, 난(蘭)이 풍기는 향과 더불어 선(線)의 모양이나 전체적인 운치는 물론 난으로부터 덕성을 배우고 심성까지 교감하는 수준 높은 감상을 했다고 볼 수 있다. 자연과 쉽게 교감하고 자연스럽게 접화(接化)되는 민족성과 연결된다고 할 수 있겠다.

난(蘭)을 오래한 사람일수록 난의 진면목에 점차 다가서게 되고, 사물에는 깊은 내면의 세계가 있다는 것을 알게 된다. 세상은 보이는 것이 전부가 아니라는 것을 스스로 터득하게 되고, 내면의 심성을 찾아 정서적으로 교감하는 대상을 찾게 되는 것이다.

결국 생김새가 잘 생기고 개성이 있으며, 전체적으로 조화와 운치가 있고, 덕성과 심성이 와닿는 난을 좋아하게 될 것이다. 그러면 그 난(蘭)이 갖고 있는 운치며 덕성이며 심성을 어떻게 찾아낼 것인가? 난(蘭)은 자연예술품이고, 예술작품은 그것을 느끼고 감상하는 것이 그렇게 어려운 것이 아니다. 특별한 지식이 없어도 마음을 기울여 찬찬히 대하는 사람에게는 누구에게나 쉽게 다가와 그 속내를 내보인다. 예술이 주는 선물은 단순히 미술품을 통한 유희적 만족보다는 인생 전체의 풍요로움이기 때문이다.

또한, 난을 감상하는 데는 교만해서는 안 된다. 같은 품종의 꽃이라도 작품마다 아우라(Aura, 예술 작품에서, 흉내낼 수 없는 고고한 분위기)가 있다. 속내를 잘 드러내지 않고 신비롭게 감추어진 멋을 찬찬히 여유를 갖고 보물 찾듯이 찾아보아야 한다. 무언가를 오래 바라보거나 찬찬히 들여다볼 때 우리 내면에는 스스로도 알지 못하는 사이에 그 대상에 대한 순수한 마음과 관심, 사랑이 자란다. 혹은 그것을 보고 있는 동안 자신의 마음이 평안하고 기쁨에 차 있음을 느낀다. 난꽃을 감상하는 방법은 첫사랑의 연인을 마주대하듯 하면 될 듯하다.

난(蘭)이 사람에게 주는 덕을 깊이 있게 새기면서 각자 나름의 난을 보는 기준과 감상법을 터득하여 즐겁고 풍요로운 애란생활이 널리 퍼져나갔으면 하는 바람을 가져본다.

난(蘭)의 아름다움과 가치를 찾아내어 즐기고 풍요로운 인생을 만들어가는 것은 난인 각자의 몫이다.

28 난(蘭) 명명 등록의 의미

　난(蘭)은 영양번식을 하면서 난인으로부터 사랑을 받는다. 꽃으로 곤충을 유혹하기보다 사람에게 사랑받기를 하는 식물이다. 난은 난인들이 고귀한 존재로 대우할 때 고귀한 모습을 더욱 간직하고 나타내겠지만, 아무렇게 상업적으로 다루면 스스로 아무러한 존재가 되고 만다. 난인들은 난초를 키우면서 같이 생활하다 보면 생명에의 경외를 느낄 때가 많다. 난인들은 오랜 세월을 난과 함께 생활하면서 단순한 자연물이 아닌 반려의 대상으로 대화하고 의식을 교감한다. 난인들은 난과의 인연을 소중히 여기며 자기가 아끼는 난에 이름을 붙여주기를 원한다. 불과 40년 정도의 역사를 가진 한국춘란이지만 난인들의 열정과 노력으로 한국춘란 명명등록은 30년의 세월을 두고 차근차근 이루어져 오고 있다.

　내가 그의 이름을 불러주기 전에는
　그는 다만 하나의 몸짓에 지나지 않았다.
　내가 그의 이름을 불러주었을 때
　그는 나에게 와서 꽃이 되었다........

　김춘추의 「꽃」이라는 시(詩)다. 난(蘭)도 이름을 지어주고 불러줄 때 이미지가 각인되고 고유한 존재가 되는 것이다. 특히 취미원예에 있어 명명의 중요성은 아무리 강조해도 모자라며, 명명은 소속된 취미원예의 수준을 파악할 수 있는 기준이 되는 것이다.

1895년에 공식적인 등록제도가 확립되었고, 현재 등록업무는 영국왕립원예학회가 관장하고 있으며 '국제난초 등록부'에는 잡종을 포함하여 10만 종 이상이 등재되어 있다고 한다.

　한국춘란은 일본춘란과 함께 식물학상 난과식물 중 Cymbidium속(屬)에 속하는 goeringii종(種)으로, 원예학적으로는 동양란 중 춘란의 한 종류가 된다. 여기에서 화예품과 엽예품으로 나누어진다. 한국춘란 명명(銘名)이란 이렇게 최소 하위분류까지 내려간 한 개체에 이름을 부여하는 일이다. 공식적으로 만인에게 인정을 받는 명명작업을 거쳐야 언제, 어디서든 자신의 존재를 올바르게 각인시킬 수 있는 것이다.

　'명(銘)'이란 새기어짐을 뜻한다. 마음에 새기어짐으로써 잊혀지지 않는다는 뜻을 담고 있다. 명명을 명명(命名)이 아닌 명명(銘名)으로, 즉 새긴다는 명(銘)으로 쓰는 것은 단순히 이름을 짓는 것에서 끝나지 않음을 의미한다.

　단순히 이름을 붙이는 작업은 쉽게 생각하면 누구나 할 수 있는 일이다. 실제 우리나라에서도 처음에는 난회별로, 혹은 개인적으로도 난(蘭)에 이름을 붙이는 작업이 성행했었다. 그렇지만 이렇듯 무분별한 명명작업은 체계를 잡는 것이 아니라 오히려 혼돈을 야기할 수가 있는 것이다. 해서 명명을 공식적으로 인정해주는 권위를 갖춘 기관이 필요했고, 아직 체계가 잡히지 않았던 당시 우리나라의 난계에서는 《월간 난과 생활사》가 공감대를 얻어내어 명명작업을 시작하게 되었다. 이것이 '한국란지상명명'이며 한국춘란 명명의 시작이다.

　'한국란지상명명'은 1986년 7월호에 제1호 '월광(月光)'을 시작으로 1995년 12월호에 제150호 '소담(小潭)'까지 명명하였다. 이후 1996년 새로 만들어진 공식기구인 (사)한국난문화협회 등록기구 「한국난등록회」에서 등록업무를 시작하여 엽예 1호 '진주수'(96. 1월), 화예1호 '동광'(96. 4월)을 시작으로 꾸준히 난 명명등록이 이루어졌다. 이미 지상명

한국난 지상명명전 1호 중투호 '월광(月光)'

한국난등록회 엽예품 1호 한국춘란 중투호 '진주수(眞珠壽)'

한국난중앙등록심의위원회 등록 제CG-1호 복색화 '천일(天日)'

한국난연합회난등록위원회 제1호 홍화소심 '홍로(紅露)'

명을 했던 난(蘭)도 정식으로 등록할 것을 권했으며, 대부분이 공식적인 재등록을 했다.

한편, (사)한국자생란보존회는 산림청으로부터 인가를 받아 「한국난중앙등록심의위원회」에서 1995년부터 제1호 '천일'을 시작으로 등록을 해왔다. 이후 두 단체가 통합되어 「대한민국난등록협회」 이름으로 현재까지 1,584개의 품종을 등록하였다.

또한 문화관광부에 인가를 받은 (사)한국난연합회의 등록기구인 「한국난연합회난등록위원회」에서 2001년부터 제1호 '홍로'를 시작으로 현재까지 630개의 품종을 등록하였다.

이렇게 해서 한국란 등록은 현재(2021년 5월)까지 2,214개 품종이 등록되었고, 그중에는 우수한 명품이 참으로 많다. 그동안 한국난계가 여러 가지 기복과 어려움을 겪었으나 명명작업만큼은 지속적으로 잘 진행되어 많은 성과를 거두고 있다.

이같은 난 명명작업에 덧붙여서 품종 나름의 특성을 따져 종류별로 그 격을 분류하기에 이르렀고, 이러한 분류를 일목요연하게 체계를 갖추어 만든 표를 명감(銘鑑)이란 이름으로 4차례 내놓았다.

난(蘭)에 이름을 붙이는 것은 어떤 의미를 가지는가?

난 명명(銘名)이란 난 개체 하나하나를 존중하고 인격화하여 그에 걸맞은 이름을 부여하는 일이다. 여기서 '명(銘)' 이란 새기어짐을 뜻한다. 명명을 단순히 이름을 붙여주는 것에 끝나지 않고 마음에 새겨지어짐으로써 잊혀지지 않는다는 뜻을 담고 있다. 따라서 난의 이름을 들으면 그 난이 연상되게 되는 것이다. 단순히 이름을 부르는 것은 쉽게 생각하면 누구나 할 수 있는 일일 것이나 만인에게 인정을 받는 명명작업을 거쳐야 언제, 어디서든 통용되는 이름이 될 것이다. 지금까지 양대 기구에서 난 등록이 순조롭게 잘 이루어지고 있으나 30년 동안 그 테두리를 벗어나지 못하는 점도 있는 것 같아, 오랫동안 지켜본 난인의 한사람으로서 재고를 촉구해본다.

자신이 명명한 난과의 인연을 소중히 하는 마음자세가 필요하다.

생각하기에 따라서는 난(蘭)에 이름을 붙여주는 정도로 대수롭지 않게 생각할 수도 있으나, 부모가 자식을 키우듯이 평생을 곁에 두고 아끼고 사랑하는 특별한 난이 되어야 한다. 늘 자랑스럽게 생각하고 많은 사람으로부터 사랑 받도록 하는 염원과 노력도 있어야 하겠다. 설령 다른 사람들이 선호하지 않는다 하더라도 한결같은 마음으로 소중히 간직하고 사랑을 쏟아야 한다. 부모가 자식사랑에 분별이 없듯이 말이다. 혹여 자신이 키우고 보살피기가 어려운 여건이거나 촉수가 불어나 분양해야 한다면 여식을 시집보내는 마음으로 분양하고, 항상 관심을 가지고 근황을 지켜보는 것이 도리일 것이다. 프랑스 작가 생텍쥐페리의 「어린왕자」를 보면 길들여진다는 표현이 나온다. 어린왕자와 여우가 만나는 장면에서 나오는 말로, 이 세상에 수많은 여우와 사람이 있지만 서로 길들여지고 정(情)이 생겨 유일한 존재가 되는 것이다. 난에 이름을 붙인다는 것, 이 세상에 수없이 많은 난 중에서 자기 난을 만들어 명명하고 가까이 두고 서로 길들여져 정을 쌓아가는 것이다. 난인들과 함께 자기가 명명한 난의 자람과 변화를 감상하면서 차 한 잔과 함께 난담(蘭談)을 나누는 것도 애란생활의 큰 재미요, 기쁨일 것이다.

자기가 명명한 난에 대해서는 누구보다도 잘 알아야 할 것이다.

이상적으로는 채집자가 키우고 원예화해서 명명하는 것이 원칙이라 하겠으나 난이 재물이고 보니 거래가 이루어지게 되고, 결국 명명 당시 소장자의 명의로 명명하는 경우가 일반적이다. 그도 그럴 것이 채집자라고 해도 자연에 있던 것을 발견한 사람이지, 원종을 만든 사람은 아니다. 그러나 전시회 직전에 구입하여 수상한 후 바로 명명하고 팔아버리는 것은 모양새가 아니다. 언제 구입하였느냐를 따질 수는 없겠으나 적어도 자기가 명명한 난이라면 평생을 애배하면서 같이 생활할 마음을 가져야 하고, 가능한 실제로 그렇게 하도록 노력하는 것이 순리이다. 적어도 그 난의 생육과 발색 등 생리적 특성을 잘 알아서 다른 사람에게 이야기해주고 기록으로 남겨야 할 것이다. 그 난의 내력이나 분포된 상황도 모르고 유통 상인의 말만 듣고 등록을 신청하는 경우나, 신청자의 말만 듣고 등록해주는 일이 있어서는 안 될 것이다.

등록기구에서는 보다 심도 있는 심의가 필요하다.

등록기구에서 보다 신중하게 등록품을 검토하고, 필요하다면 추가자료를 요구해서라도 권위를 인정받을 수 있는 등록이 되어야 할 것이다. 품격이 떨어지는 난의 등록, 국적불명의 난을 한국춘란으로 등록, 인공교잡종을 야생원종으로 등록, 이중등록, 포토샵한 사진으로 등록 등이 있어서는 안될 것이다. 이러한 것들이 등록의 권위를 해치는 요인이 된다는 것은 자명한 사실이다. 등록이 단순히 이름을 지어주는 의미, 즉 산에서 내려온 개체 하나하나에 그냥 이름을 붙여주는 것이라면 몰라도 공인된 기관에서 원예성을 인정해주고 공식적인 이름을 부여해주는 의미이기에 더욱 그렇다.

난에 서열과 품급을 매기는 일은 안 하는 것이 바람직하다고 본다.

그동안 몇 번의 명감이 만들어지고 등록품이 책으로 출판되었다. 난을 품급을 정해 서열을 매기는 일은 해서는 안될 일이라고 보아진다. 난은 자연의 예술품이고, 난인 각자가 가지고 있는 예술적 취향이 다르다. 수많은 요인이 시시각각으로 변하는 상황에서 몇몇 사람의 시각으로 객관적인 기준을 찾기란 불가능한 일일 것이다. 난인들에게 맡겨 두는 것이 옳은 일이다. 실제로 명감의 서열이 난인들의 생각과 부합하지 못하는 부분이 많고, 현실 판도와는 거리가 있다. 일본에서 그러한 명감을 만들게 된 것도 소위 원로라는 사람들의 의도가 숨겨진 제국주의적인 발상이라고 본다. 이것이 난인들의 다양한 개성과 감각이 고착화되고, 일본 난계가 활동력을 잃는 데 일조했을 것으로 보아진다.

유전자 검사를 통해 DNA 염기서열과 배체수를 보존해야 할 것이다.

현재 난계에는 품종의 진위 여부 논란과 교잡종에 대한 말들이 많다. 현재 난인들이 순수 춘란으로 알고 있는 것 중에도 교잡종이 있을 것이고, 앞으로도 지속적으로 나올 것이다. 동양란의 경우 원종상태로 보존하는 것이 원칙이나 교잡종도 우수한 난은 그것대로 보존·육성할 필요가 있다고 본다. 다만 배체수 검사를 통하여 교잡종(3배체, 4배체, 6배체 등)은 원종(2배체)과 구분 관리함으로써 시비와 혼란을 막을 수 있을 것이다. 또한 한국 춘란도 우수 품종의 경우 차후 '세계유전자은행(Gene Bank)'에 등록하는 문제도 준비해야 할 것이다. 따라서 난을 등록할 때(이미 등록한 난을 포함)는 유전자 검사를 통하여 DNA 염기서열과 배체수를 찾아서 보존해두는 것이 필요하다.

새로 태어난 아기의 이름을 지을 때도 그 의미를 따져 이름을 만들 듯이 식물 이름을 지을 때도 마찬가지이다. 새로운 식물이 발견돼서 학명이 한 번 발표되면 아주 특별한 경우가 아니면 그 식물의 학명을 바꿀 수 없다. 난 한 품종에 식물의 이름을 짓는 것이지만, 난인들은 신중을 기하고 만인으로부터 공감을 얻는 이름을 지어야 할 것이다.

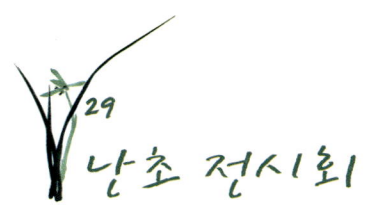
난초 전시회

　난인들은 입춘을 지나 우수에 이르면서 난(蘭) 잎에 생동감이 번져가는 것을 보고 봄기운을 느낀다. 이때가 되면 3월초에 있을 난꽃 전시회에 대비하여 하루에도 몇 번씩 난꽃을 보살피면서 난과 대화를 나눈다. 난꽃이 기대했던 대로 피어주면 신바람이 절로 나고, 잘못되어 기대에 못 미칠 때에는 가슴앓이를 한다. 전시회가 시작되기도 전에 동호인들끼리 이 난실 저 난실을 다니면서 품평회를 한다. 출품할 작품이 잘 준비되어 자랑을 늘어놓는 난인도 있고, 작품 준비가 안 되어 전시회에서 체면을 구길 것을 생각하고 고민에 쌓이는 난인도 있다.

　난인들은 전시회를 앞두고서는 부인의 해산을 기다리는 남편과 같다. 온통 정신이 난실에 가 있고, 도무지 다른 일이 손에 잡히지 않는다. 이때의 난인들의 모습을 잘 표현한 시가 있다.

　춘란이 피는 밤은
　어떤 인적을 느낀다.

　홀연히 잠이 깨이고
　누구 부르는 것 같아

잠옷에 밖으로 나오면
이제 막 꽃이 피고 있었다.

거룩한 계시가 있다 해도
아직 접하지 못했다.

그만큼 말귀가 멀고
또 뜻으로 두고 싶지 않았다.

꽃으로 그대로 있게 하고
아무 말도 아니 했다.

난초 푸른 잎들은
삼경도 잠자지 않고

바느질 하는 것을
종종 볼 수 있었다.

우아한 어떤 격을 갖춘
그런 옷을 입고 있었다.

작년에 온 그 꽃이다
밀사처럼 느껴진다.

다시 온 그 이유를
미처 알아듣지 못했는데

기약된 날짜만 차면
꽃은 되 가고 만다.　　　　　"어떤 인적" / 시인 선정주

　꽃이나 나무나 풀들이 봄소식을 전하는 방법도 다양하다. 난(蘭)은 겨울 내내 곱게 간직해 온 꽃 봉우리를 온힘을 다하여 틔우고 예쁜 꽃을 피운다. 난(蘭)은 향기는 물론 형태와 색깔·무늬로 만들어진 온갖 아름다움으로 봄을 노래하며 사람들의 마음을 사로잡는다. 우리 난인들이 펼치는 봄 전시회는 그야말로 한국춘란의 백난경염(百蘭競艶)의 장이다. 또한 가을 전시회는 봄여름 난인의 손길에 싱싱하게 자란 난이 가을 햇살에 성숙한 여성같이 참하게 익어 아름답기 그지없는 엽예품의 경연장이다. 난인들에게서 난 전시회는 가장 큰 행사요, 잔치 중의 잔치이다.

　난 전시회는 자연과 인간이 펼치는 접화(接化)의 예술이다. 난(蘭)은 자연에서 아름다움

2017 한국춘란산업박람회

을 찾는 예술이요, 문화이다. 난(蘭)은 삶의 질을 높이며 인생 전체를 풍요롭게 하고 심신을 청청하게 한다. 난인들은 난을 통하여 아름다운 세상을 즐길 줄 아는 사람이다. 난인들은 난꽃 하나에 마음 설레며 그 속에서 애틋한 추억과 문화를 만들고, 아름다움을 가슴에 담아 살아가는 사람이다. 난인은 난과 함께 무궁무진한 예술적 교감을 이루고 난의 아름다운 덕성을 배워가는 사람이다. 난축제 속에는 난인들의 생활과 행복이 묻어난다.

난 전시회는 수없이 많은 난이야기가 만들어지고 정이 넘치는 행사이다. 난인들은 난을 다듬고 이야기를 입혀 영원토록 찬연하게 한다. 아름다운 자연산물을 통하여 자연과 인간이 잘 조화되는 가장 인간적인 예술을 창작한다. 진정한 난인의 역할은 난의 존재 의미와 본질을 예술로 승화시키는 것이라고 여겨진다.

전시회는 발견의 기쁨을 준다. 시선에 따라 익숙한 대상도 생경(生硬)한 존재가 된다. 작품들은 이토록 아름다운 모습을 곱게 간직하라고 조용히 타이른다. 자연은 특별한 설명이 없어도 친숙하고 쉽게 우리에게 다가온다. 그 아름다움에 황홀해지고 향기로움을 느끼며

한국란명품전국대회

한없이 취한다. 한국춘란에는 청향이 없다. 그러나 난인들은 난향기를 감미하고 취한다. 우리 인간은 자연을 빌려 쓰면서 잠시 함께 머무르는 자연의 일부이기에 자연 속에서 삶이 이루어진다.

난인은 자연예술인이다. 그들의 맑은 영혼과 순수한 열정으로 만든 작품을 관람객을 위하여 전시한다. 난인들은 많은 시민이 참가해 예술적 감성으로 함께 느끼고 행복함을 가득 담아갔으면 한다.

1988년에는 전국적으로 18군데 단위난회가 봄전시회를 했고, 1992년에는 훌쩍 그 수를 늘려 45곳에서 봄전시회가 개최되었다. 해마다 수를 늘리던 전시회는 2010년 3월에만 120여 곳을 넘겼다. 가을철 전시회는 봄철에 비해 턱없이 적은 수이지만, 해마다 30여 곳에 이르고 있다.

단위난회 전시회가 주를 이루다가 1990년대 말부터 각 지역의 연합전이 여기저기에서 개최되었다. 지역연합전의 활성화는 단위난회의 전시회를 위축시키는 면이 다소간 있었다고 말할 수 있겠으나, 난 전시문화의 활성화와 발전에 크게 기여하였다. 지역연합전은 독자적으로 전시회를 하기에 여러 가지로 부족한 단위난회의 여건을 보완하고 같은 지역에서 규모와 품격 있는 난 축제로, 난인들의 화합과 함께 지역시민들에게 문화행사를 열어주는 역할을 하였다.

근자에 와서는 많은 단위 난회가 회원들의 즐거움과 소속감을 위해, 아울러 난문화의 활성화를 위해 단위난회의 전시회가 급격히 그 수를 늘리고 있다. 또한 전시회의 성격도 난(蘭) 한 가지만 갖고 하는 획일적인 방식에서 벗어나 보다 다양한 문화와 함께하는 곳이 꾸준히 늘어나고 있는 추세이다.

'한국란명품전국대회(1992년, 서울)'와 '한국춘란엽예품전국대회(1994년, 진주)'를 시작으로 본격적인 한국춘란 전국대회가 시작되었고, 해마다 발전에 발전을 거듭하였다. 중앙단체가 3~4개 있을 때는 각 단체별로 대회를 개최하다가, 중앙단체의 개수가 늘어남에 따라 독자적으로 개최하거나 2~3개 중앙단체가 합동으로 개최하기도 하였다.

지금은 중앙단체가 8개에 이르고 보니 단체별 전국대회를 개최하는 것마저도 몹시 힘들어하는 모습이다. 각 단체에서 개최하는 전국대회에서 아쉬운 점은 단체별 대회에 특색이 없다는 것과, 대회를 통하여 의미하고 추구하는 것이 무엇인지를 알 수 없다는 점, 특히 단체별 교류가 원활하지 못하고 각 단체 그들만의 대회가 되고 있다는 점이다. 그러다 보니 싫증을 느끼게 되고 흥행이 안 되는 경우도 더러 있다. 난 전시도 대회마다 칼라를 갖고 변화를 추구하여 많은 사람들의 관심과 흥행을 일으켜야 할 것이다.

난계의 분위기가 다소 침체된 2019년에도 봄 전시회가 전국적으로 100여 개가 개최되었는데, 2020년에는 코로나19 때문에 크고 작은 전시회가 모두 취소되었다. 그렇지 않아도 어려운 난계가 적막강산이 된 상황이다. 그러고 보면 난취미계에서 전시회가 차지한 비중이 얼마나 큰지 가늠이 된다.

난전시회는 전날 각자가 출품작을 신청하고, 대회 주최 측의 심사를 거쳐 상의 훈격을 정한다. 난인들은 출품작을 깨끗이 닦고, 꽃대도 잡아서 연출이 잘 되도록 정성을 다한다. 난인들은 자신이 출품한 난에 대한 애착이 매우 강하다. 생각보다 높은 상을 받으면 신이 나고, 그렇지 않으면 실망한다. 상품이 큰 대회는 대상에 순금 200돈이 걸리는 때도 있었고, 전국대회 100돈은 예사였다. 그러나 대부분 난인들은 상품보다는 출품한 난이 어느 정도 인정을 받느냐에 관심이 온통 쏠린다.

난 전시회에서 빼놓을 수 없는 것이 작품심사이다. 광역단체 연합전을 위시한 중앙단체에서 하는 전국대회의 경우에는 심사가 생각보다 어렵고, 심사결과에 따라 대회흥행에 큰 영향을 미치기도 한다. 난인들은 심사에 다소 문제가 있어도 대체로 수긍하지만 때로는 크게 반발하는데, 그때는 대부분 그럴 만한 이유가 있다.

심사는 심사위원들이 눈으로 보고 비교하는 '비교심사'와 채점표로 점수를 매겨서 하는 '채점심사' 중 하나를 선택한다. 어느 방법으로 하든 심사위원의 자질에 딸린 문제이다. 봄 전시회의 경우 전국에서 동시에 치러짐으로 유능한 심사위원을 초빙하기가 힘들다. 전국대회의 경우 대회출품을 유인하고 흥행을 위해서 심사위원 수를 늘리다 보니 책임감이 떨어진다. 어떤 대회는 심사위원 수가 100명에 이르는 경우도 있다. 특히 엽예품대회에서 중투 등 엽예품을 키워보지도 않은 사람이 심사를 하는 경우도 볼 수 있는데, 아이러니한 문제이다. 내가 '국제동양란명품대회(일명 G4대회)'와 '한국춘란산업박람회'를 개최하면서 힘들었던 것 중의 하나가 심사위원 구성이었다. 각 단체 및 지역 간의 안배도 어렵지만, 가장 해결하기 힘든 것은 심사위원에 유통상인을 최대한 제한하는 문제이다. 나는 20% 이내이어야 한다고 생각하는데 상인단체에서는 30~40%정도를 제시한다. 유통상인이 난초를 잘 알고 심사도 잘 하겠지만 그들은 난 유통을 업으로 하는 사람들이라 자기의 이익과 관련이 있어 객관적인 심사보다는 사심이 개입될 소지가 많고, 그렇지 않더라도 난인들이 볼 때는 오해를 받을 수 있게 된다.

우리나라 한국춘란 전시회가 오늘에 이르기까지 해를 거듭할수록 많은 발전을 하였다. 그 중에서도 특별히 발전의 전환점을 마련하는 등 의미 있는 전시회가 5개가 있다.

전주엑스포 전경

제7회 국제동양란명품대회 심사을 마치고 수상작과 함께

첫 번째는 1992년 봄 우리나라 최초의 전국대회인 제1회 '한국란명품전국대회' (난과생활사 주최)이다. 80년도 말 단위난회 전시회가 활성화되고, 90년대로 접어들면서 지역별 합동전시회가 개최되기에 이르렀다. 이러한 분위기에 힘입어 난과생활사(대표 강법선) 주최·주관으로 명실공히 한국춘란 전국대회가 열리게 되었다. 처음으로 전국의 난인들이 참여·출품하고 관람한, 한국춘란 전시문화의 서광을 밝히는 성공적인 행사였다.

두 번째는 1994년 진주에서 개최된 제1회 '한국춘란엽예품전국대회' 이다. 당시의 가을 전시회는 단위난회를 중심으로 전국에 10여 곳 정도였는데, 김진공 씨의 노력으로 명실상부한 엽예품 전국대회가 성공리에 개최되기에 이르렀다. 이 대회를 계기로 한국춘란 엽예품의 붐과 발전에 크게 이바지하게 되고, 바야흐로 한국춘란 엽예품의 중흥기를 선도하는 튼튼한 토대가 되었다. 이 대회는 1996년 제3회 대회부터 '(사)한국난문화협회' 로 이관되어 개최지를 바꿔가며 지금까지 해마다 훌륭히 개최하고 있다.

세 번째는 2005년 우리나라 제일의 자생지인 함평군(군수 이석형)에서 주최하는 '대한민국난명품대제전' 이다. 그동안은 지자체의 도움을 받아 전시회 등 행사가 치러지는 경우는 제법 있었으나 지자체가 직접 주최가 되어 전국대회를 열기는 처음이었다. 이 대회는 날로 발전하여 매년 훌륭하게 개최되고 2016년부터는 대상작에 대통령상을 수여하고 있다.

네 번째는 2005년 전주에서 개최된 '전주세계난산업박람회'이다. 전라북도·전주시·전주대학교가 공동으로 주최하는 전국 난 단체 합동전시회가 열리게 되었다. 이 대회는 지자체와 대학이 한국춘란에 관심을 가지고 문화·학술적인 측면에서 개최하였다. 대회가 연속성을 갖지 못하고 1회에 그쳤다는 것은 아쉬운 점으로 남는다.

다섯 번째는 2006년 11월에 부산 강서체육관에서 개최된 '제1회 국제동양란명품대회(일명 G4대회)'이다. 내가 기획하고 영남권 애란인의 큰 노력으로 명실상부한 동양란 국제대회가 처음으로 개최된 것이다. 일본이 1930년대에 동양란 국제대회를 시도하였으나 뜻을 이루지 못하였던 것을 대한민국에서 처음으로 발족·개최한 것은 참으로 큰 의미를 갖는다. 이 대회는 참여난인, 출품란, 대회규모, 대회진행 등에서 종전의 전시회와는 비교할 수 없을 정도로 향상시켰다. 한국의 난 전시문화가 크게 업그레이드되고, 한국춘란이 세계 난문화 상품으로 발돋움하는 계기가 되었다. 이 대회는 2016년 제7회 대회까지 부산,

제1회 국제동양란명품대회

안동, 울산, 구미 등에서 개최되었다.

　난을 통하여 문화와 예술을 추구하는 난인들로서는 난 전시회야말로 그들의 진 모습을 만인에게 보여주는 행사요, 그들 스스로를 위한 축제의 장이다. 따라서 난인들은 난 전시회를 통하여 난문화의 발전을 도모해야 할 것이다.

　사람들이 사물을 대하는 정서도 많이 변하였고 일반인들의 난(蘭)에 대한 신비감도 점차 떨어진 것 같다. 난 전시회를 찾는 관람객도 오랫동안 특색 없이 이어온 전시회에 싫증났을 것이다. 그렇다면 전시회를 새로운 콘셉트와 새로운 모습으로 바뀌어야 할 것으로 본다.

　관람객 등 많은 사람이 동참하고 더불어 하는 전시회도 생각해봐야 하겠고, 재미있고 커뮤니티가 이루어지는 전시회도 강구해볼 때라고 생각한다. 요즘은 행사에 오는 사람들이 단순한 관람자가 아닌 참여하기를 선호하고, 커뮤니티를 통한 스토리를 담아가기를 바란다.

　그리고 기존에 난우회별 대항이 아닌 농장별로 우수품종을 선보이는 대항 등으로 새롭게 구상하여 경쟁심을 불러일으키는 방법도 시도해볼 필요가 있다고 생각한다.

　또한 개인전 붐도 일어났으면 한다. 그동안 난 개인전은 몇몇 난인에 그치고 이어지지 못하고 있다. 개인전은 많은 분수로 할 것이 아니라 30~50화분 정도, 경우에 따라서는 그보다 적은 수로도 충분하다. 명품 및 우수작품 위주로 하여 대중전시회와는 차별화되어야 할 것이다. 1974년 도쿄박물관에서 모나리자 그림 1점으로 전시회를 했는데, 관람객이 100만 명이 넘었다고 한다. 난 전시회도 명품하나를 보기 위해 많은 인파가 몰리는 전시회를 구상해 봐야 할 때이다. 나도 조그마한 개인전을 조만간에 열 것을 계획하고 있다.

　"살아남은 것은 가장 강한 종도 아니고 가장 똑똑한 종도 아니다. 그것은 변화에 잘 적응하는 종이다" 라고 찰스 다윈은 말했다. 난계(蘭界)도 변해야 살아남을 수 있을 것이다. 난계의 변화된 모습은 난 전시회부터일 것이다.

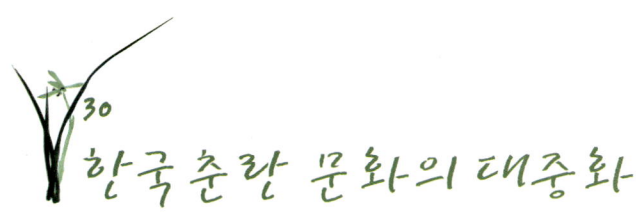

한국춘란 문화의 대중화

　행복을 누릴 열망은 누구에게나 있다. 행복해지기 위해 사람들은 문화생활을 즐기고 자신에 알맞은 취미를 찾는다. 미국의 철학자 랄프 왈도 에머슨은 "인생의 가장 가치 있는 보상, 즉 사람이 누릴 수 있는 최고의 행운은 좋아하는 취미를 가지는 것이며, 그 안에서 일과 행복을 발견하는 것이다"라고 했다. 취미문화가 있는 삶이란 개개인(個個人)이 정신적 자생력을 갖춘 삶이며, 취미문화를 공존함으로써 사회구성원이 일체감을 갖게 되어 각자가 추구하는 삶의 질이 한층 더 높아진다고 했다.

　OECD 등 선진 36개국의 국민행복지수를 측정해보니 호주가 3년 연속 1위였고, 한국은 27위로 경제규모에 비하여 많이 뒤진다고 한다. 마침내 박근혜 정부는 '문화융성'을 국정기조의 하나로 삼았다. '문화융성'은 '행복한 대한민국'을 만들기 위한 화두(話頭)다.
　문화 중에서도 자연과 더불어 즐기는 문화를 최고로 친다. 사회 생물학자 에드워드 윌슨은 '바이오필리아' 라는 개념을 제시하면서 우리 몸속에 '생명애(生命愛) 지향'의 사회적 유전자가 있어 자연환경을 접하면 편안함을 느낀다고 했다. 정서장애를 치유할 녹지공간과 함께 갈등을 조정할 공존의 문화가 꼭 필요하다는 결론을 얻게 된다. 생명이 있는 자연과 함께하는 애란 생활이야말로 삶의 높은 가치를 추구하게 되고 행복지수를 높이게 될 것이다.

한국 난문화의 현실을 보면 1981년 이전만 해도 일부 극소수의 애란인들이 중국·일본 란을 기르는 수준이었으나, 1981년 난 수입자유화가 이루어지고 우리나라 자생지에서 한국춘란을 채취하기 시작하면서 난인구가 급속도록 늘어났다. 한동안 한국춘란이 각광 받으면서 한국난계가 외형적으로 넓어지고, 에너지가 충만하고, 난문화를 활발히 펼쳐나갔다. 그러나 아직까지 난문화의 대중화는 제대로 길을 접어들지 못한 채로 방황하고 있는 실정이다. 난문화의 대중화는 깊이 있고 수준 높은 난문화를 토대로 폭넓은 난 취미인의 길을 열고 영역을 넓혀가는 것이다. 그러나 제대로 시도도 하기 전에 난(蘭)을 물질로 보는 세력 등이 난계(蘭界)를 강타함으로써 더욱 어렵게 하였다. 난(蘭)에 대한 순수성과 정신세계를 갖고 있는 난인들도 안타까워할 뿐 진정한 대중화의 길을 모색하지 못하고 있는 실정이다.

난인들이 누리는 난문화도 하루빨리 대중화의 길을 열어 보다 많은 사람들과 더불어 향유(享有)하는 문화로 나아가야 할 것이다. 한국춘란의 문화가 여기에 이르기까지 우수품종의 채집과 개발, 배양방법의 연구, 전시 및 문화적 기반의 확충 등 그동안 많은 사람들의 열정과 노력이 있었다. 모든 분야가 그렇듯이 난문화 또한 초기단계에서는 다소 무질서하고 체계화되지 못한 상태에서 많은 시행착오가 있었다. 그 어려움은 가히 짐작되고도 남는다. 지금 난인들이 난을 즐기면서 삶의 풍요를 찾고 한국의 난문화가 훌륭히 기반을 잡아가는 것은 그들의 희생과 노력의 산물이라 할 수 있겠다.

아파트 난실전경

공동배양장 난실전경

  그동안 한국춘란이 일부 난 취미인(趣味人)들에 의하여 개발되고 배양되었다면, 앞으로는 보다 많은 사람들이 쉽게 접하고 즐길 수 있도록 대중화 길로 나아가야 할 것이다.

  우리나라는 난을 취미로 할 수 있는 좋은 여건을 갖추고 있다. 가까운 산에 춘란이 있어 어렵지 않게 야생 상태의 난을 접할 수 있고, 채집의 즐거움이 있다. 기후 또한 4계절이 뚜렷하면서 춘란배양에 적합하다. 더구나 우리나라는 대부분이 아파트 생활을 하고 있고, 아파트 베란다에 화초 한두 분은 키우고 있다. 아파트 베란다는 조금만 보완하면 훌륭한 난 배양장이 될 수 있고, 이미 많은 애란인(愛蘭人)들이 베란다에서 난을 기르면서 즐기고 있다. 그것뿐이 아니다. 난 인구가 늘어나고 마니아급 난인들이 많이 생기면서 각 지역별로 합동배양장이 생겨나 그 수가 전국에 수백 개에 이르고, 수용인원이 배양장마다 10~20명 정도 이다. 합동배양장은 난인들이 모여서 좋은 조건으로 난 배양을 할 수 있고 재미있게 즐길 수 있는 커뮤니티 공간이 되고 있다.

  난 취미는 자연의 아름다움과 순결로 정서를 순화시키고 사랑의 정(情)을 샘솟게 한다. 난 취미는 부부가 같이하는 사람이 많다. 그들의 삶에 늘 행복이 충만해 있고 남다른 가족

애를 엿볼 수 있다. 한편, 난인들은 남녀노소 빈부귀천을 떠나 함께 잘 어울린다. 애란인이 많아지고 애란생활이 이웃과 이웃으로 이어지면서 자연스레 아름답고 환한 사회가 되도록 한다. 난꽃이 피거나 신아가 올라올 때가 아니라도 좋다. 언제라도 이웃에 난 구경을 가고, 불러서 차(茶) 한잔 나누는 이웃 간의 사랑이야말로 이 시대에 있어야 할 사람 사는 진정한 멋이다.

21C는 문화예술의 산업시대라고 한다. 문화가 산업으로 연결된다는 뜻이다. 문화가 산업화로 가기 위해서는 보다 많은 사람이 참여하는 대중화가 이루어져야 한다. 진정한 의미의 선진국이란 '문화의 대중화, 문화의 평준화'가 이루어져 있는 나라다. 예를 들어 프랑스의 문화전략은 문화활동의 저변확대를 통한 문화예술의 생활화를 정착시키는 것이었다. 이를 통해 국민들의 문화적 정체성을 구축했으며 모든 국민을 문화인으로 만들 수가 있었다. 60년대 문화장관으로 유명했던 '앙드레 말로'는 '최대한 많은 사람에게 문화적 향유를!'을 부르짖었다. 그래서 문화를 통해 사회적 갈등과 괴리를 치유하기 위해 역량을 집중하였다. 이제 이 단계를 벗어나 프랑스의 문화정책은 "어떻게 하면 '함께' 더 잘 살 수 있는가?"에 대한 대답을 찾아나선 것이다.

현 시점에서 난문화의 대중화를 위해서 난인들이 해야 할 일들을 한번 생각해보자. 우선 난문화를 더욱 발전·순화시켜야 하고, 대중이 공감하고 편하게 다가갈 수 있도록 해야 한다. 난 문화가 보다 많은 사람에게로 전파되고 대중화되기 위해서는 공감하는 매력이 있어야 하고, 이를 잘 전파해야 한다. 문화가 대중으로 확산되는 데는 매스컴의 역할 또한 실로 크다. 간간히 들려오는 난에 대한 매스컴의 내용을 보면 "몇 억짜리 난을 도난당했다" "난 한 화분에 수억 혹은 수천만원 한다" 등 일반인이 들으면 선뜻 이해하기가 어렵고 부정적인 시각을 높이는 터무니없는 내용들이다. 난문화가 '물에 기름 떠돌 듯' 호사스러운 사치로 비춰서는 안 된다.

난인구가 늘어나고 난이 돈이 된다고 하니, 전문 상인은 물론 얼치기 상인까지 합세하여 천지가 요동치듯이 설쳐대면서 값을 천정부지로 올리고 수많은 치부를 드러냈다. 그 과정에 난에 입문한 지 얼마 안 된 난인들이 금전적 손해와 함께 마음고생만 실컷 하고 방황하거나 난계를 떠나고 말았다. 한편 더 큰 문제는 이러한 과정에서 난에 대한 아름다운 덕성과 신비감이 사라진 것이다.

많은 난인들이 난문화의 깊이와 폭을 넓히는 데 노력했지만 쓰나미같이 휩쓸고 지나가는 파도에 속수무책으로 빨려들고 말았다. 난을 산업화한다고 해도 그 기반은 문화이고, 난문화는 자연예술 중에서도 지고지순한 선비정신과 난이 가진 아름다운 덕성을 배우고자 하는 것이다.

초심으로 돌아가야 한다. 불교에 '초발심시변정각(初發心時便正覺)'이라는 경구가 있다. 처음 수행하려 마음을 낸 것이 바른 깨달음의 마음이라는 뜻인데, 언제나 처음과 같은 마음으로 수행하고 살아간다면 반드시 정각(正覺, 바른 깨달음)을 이룰 수 있다는 뜻이다. 다시 말하면 '처음처럼' 처음에 가졌던 마음가짐을 갖고 매사에 한결같이 임한다면 결코 분수에 넘쳐 실패와 좌절을 하지 않을 수 있다는 말이다. 난(蘭)과 같은 취미문화에는 더욱더 그러하다고 하겠다.

다시 한 번 올바른 난문화를 바로세우고 발전해나가도록 하려면 난인들 각자가 자신의 역할을 찾아 부단히 노력해나가야 할 것이다. 난문화가 살아 있는 진정한 대중화를 위해서는 지금이라도 주변에 있는 난인이 되고자 하는 그들을 위해 기성 애란인인 우리가 무엇을 해야 할 것인지 곰곰이 생각해봐야 한다. 본디 땅 위에는 길이 없었다. 한 사람이 먼저 가고, 걸어가는 사람이 많아지면 그것이 곧 길이 되는 것이다. 지금 만들어져 있는 길도 누군가가 걸어가서 만들어진 것이다. 난인들은 난인들이 나아가야 할 길을 찾아보고 이거다 싶으면 열정을 쏟아 새 길을 만들어야 한다. 세상을 바꾸는 것은 깨달음이 아니라 작은 실천이고, 춤이 멋들어지면 그 춤에 저절로 장단을 맞춘다고 했다. 3.5%의 소금이 제 역할

시민을 위한 난 무료교육

을 해줌으로써 바다라는 생명이 지탱되듯이 난계의 원로들이 난문화의 정신세계를 소중히 가꾸면서 대중화를 위해서 부단히 노력해야 할 것으로 본다.

첫째, 난문화를 자연스럽고 생활의 일부가 되도록 하여 쉽게 다가설 수 있는 문화로 만들어야 한다. 난문화의 대중화·산업화를 위해서는 대중정서의 탄탄한 공감대를 기반으로 붐(boom)을 일으켜야 할 것이다. 아울러 일반인들이 쉽게 애란인이 될 수 있도록 쉬운 배양법 개발, 투명한 유통구조 개선, 아름다운 난계의 조성 등을 위해서도 부단히 노력해야 할 것이다.

'(사)부산난연합회'에서는 「시민을 위한 난 무료교육」 강좌를 2009년에 개설하여, 내가 7년을 운영한 후 다음 사람에게 넘겨서 지금까지 성공적으로 하고 있다. 매년 수강생을 모집하여 3월부터 10월까지 8개월 동안 이론, 실습, 견학 등 애란인이 되기 위한 제반사항을 약 60시간 과정으로 교육한다. 기수별로 약 80명 정도가 수료하고 각 기수별로 난회를 창립하여 계속해서 애란생활을 즐기고 있다. 일반인들이 난에 대하여 동경과 호기심을 가지고 있으면서도 접할 수 있는 계기가 없어 난인이 되지 못하는 경우를 많이 본다. 「시민을 위한 난 무료교육」은 이러한 차원에서 개설되었고, 성공적인 사업이었다.

둘째, 보다 쉬운 배양법을 개발하고 보급하여 누구나 손쉽게 기를 수 있는 길을 터야 한다. 근래 배양법이 많이 개발되고 합동 배양장 등이 생김으로써 난문화의 대중화 환경이 점차 좋아지고 있다. 20여 년 전 일본 난전시회에 갔다가 난에 관한 책을 구입하려고 동경의 대형서점 몇 곳을 찾았으나 난에 관한 책이 한 권도 없는데 놀랐다. 일본은 우리보다 수십 년 먼저 난문화를 일으키고 일본춘란을 원예화하였으나 난문화의 대중화에는 실패했다. 그 주된 원인은 지식을 공유하지 않고 더불어 하는 문화를 소홀히 한데 있다고 본다. 우리는 이를 타산지석(他山之石)으로 삼아야 할 것이다.

셋째, 난을 차원 높은 취미문화로 만들어야 한다.

난(蘭)은 예로부터 그 향기와 고귀함으로 찬미되어 왔고, 선비의 고결함과 절개의 상징이자 은유였다. 누구나 난인이 되기 이전부터 난의 덕성을 잘 알고 있다. 난취미로 난의 덕성과 심성을 닮아가고, 생활에 잘 배이고 녹아드는 난문화를 만들어야 한다. 난인들의 위상과 품위는 난인들이 만드는 것이다. 자랑스런 난인이 되고자 하면 자랑스런 난계를 만들어야 하고, 난계가 자랑스러울 때 많은 난인이 몰려올 것이다. 이것은 난인들의 뼛속 깊은 곳에서 우러나오는 절실한 소명의식에서 출발해야 하고, 난인 한 사람 한 사람이 진정한 난인으로 거듭나야 할 것이다. 난인은 난인다울 때가 가장 아름답다.

난인의 날

난인들이 난의 환가가치에 너무 집착하여 '이 난은 돈으로 값어치가 없다거나 돈이 되지 않는다' 등으로 난을 대한다면, 그 난(蘭)과 난인(蘭人) 사이에는 도가 무너지고 정신세계가 존재할 수 없게 된다. 난에서 그 정신세계를 빼버리면 풀에 불과하게 된다. 80년대 초창기 난인들은 그냥 난이 좋아 난에 열중하였고, 난인들을 만나면 마냥 반갑고 훈훈한 정이 오가고, 난과 마주앉아 시간 가는 줄 모르고 대화를 나누던 그런 모습을 요즘에는 찾아보기 힘들다. 난인들의 마음이 변한 것인가, 잠시 잊어버린 것인가.

　넷째, 그 외에도 난문화의 대중화를 위하여 다각적으로 노력해야 한다. 가만히 생각해보면 난문화의 대중화를 위해서 난인(蘭人)들이 할 일은 참으로 많다. 현재 여러 기초 지자체와 공조하여 난 관련 행사를 하고 있지만 국가적인 차원의 지원을 받아내는 문제, 광역단체의 협조를 받아 보다 더 크고 품격 있는 행사를 하는 문제도 강구해보아야 한다.
　몇 년 전부터 '국제난문화재단'에서 6월 '난인의 날'을 지정해서 합천군의 재원을 받아 행사를 하고 있다. 이 행사도 여러 단체가 동참하고 합심하여 전국적인 행사가 되었으면 한다. 그리고 다른 분야의 자연예술과도 연대해서 규모 있고 모양을 갖춘 행사를 함으로써 시너지 효과를 거둘 필요도 있다. 2001년 '자연예술총연합회'가 발족하긴 했으나 뚜렷한 활동을 하지 못하고 유명무실한 상태이다. 이 부분도 난인들이 주도해나가는 방안을 생각해봐야 할 것이다. 국제동양란기구인 '국제동양란교류협회' 또한 그 기반을 더욱 공고히 하고 활성화하여 한국춘란이 국제 난문화 상품으로 나아가는 길을 모색해야 할 것으로 보인다.

　문화는 어느 분야든 그 문화를 누리는 사람들이 역량을 모으고 부단히 노력해서 발전해나가야 한다. 우리의 난문화 역시 누구도 아닌 우리 난인(蘭人)들이 만들어가야 한다. 하늘바라기만 할 게 아니라 스스로 땅을 파야 한다. 수준 높은 난문화가 대중화 붐(boom)을 타고 산업화로 요동치려면 아직 더 많은 소쩍새가 울어야 할 것 같다.

31 한국춘란 문화의 산업화

21C는 문화산업의 시대라고 한다. 문화산업이란 문화예술을 하나의 상품으로 인식해 생산, 유통, 소비하는 산업을 말한다. 제조업과 같이 획일적, 대량생산의 체제가 아닌 소품종, 고품격의 소비자 지향적인 산업을 의미한다. 문화의 산업화에 대한 엇갈린 견해들에도 불구하고 세계 각국은 이미 국가 경쟁력의 키워드 중 하나로 문화산업을 선택하고 있다. 앞으로 문화적으로 강한 나라가 문화의 가치창출을 통해 경제대국이 될 수 있다고 보는 것이다.

세계 각국은 자국의 문화발전과 문화산업 육성에 노력을 집중시키고 있다. 문화산업은 경제적 부의 창출에 그치지 않고 생산국은 문화와 이미지를 전파하고, 정체성을 높이며, 소비를 재창출하는 비가시적 부가가치를 지니고 있다. 외국문화의 수신국(受信國)이었던 우리나라가 문화예술의 발신국(發信國)으로 전환되었고, 한류열풍을 일으키고 있다. 대중가요, 영화, 드라마 등과 같은 대중문화에 국한하지 않고 클래식 분야 등 각계각층에서 우리 문화를 외국으로 확산시키고 있다.

문화는 실로 다양하고 시대에 따라 변한다. 최근에 아이들 사이에 가장 인기 있는 캐릭터는 '피카츄'를 비롯해 154가지로 변신되는 일본만화 캐릭터인 '포겟몬스터' 이다. 재작년 연말 미국 영화관에서 '포겟몬스터 페스트 무비'는 개봉 첫날에만 천만 달러의 수입을 올렸고, 이외에도 이 캐릭터가 찍힌 각종 상품들이 전 세계적으로 팔리고 있다. 취미문화인 업싸이클 컨프런스, 게임산업, 키덜트, 취미로 하는 정원가꾸기 등도 산업으로 된 것이

3장 난문화와 예술 • 247

제6회 국제동양란명품대회 개막식

많다. 난(蘭) 취미문화는 오랜 역사를 통하여 충분한 인프라가 구축되어 있고, 취미문화로써 크게 자리 잡고 있으므로 이를 문화산업으로 승화시켜야 할 것이다. 이는 우리 난인들의 몫이다.

  1980년 이전에는 국내 아주 일부 계층에서만 난(蘭)을 하였고, 그 품종도 중국춘란이나 일본춘란이었다. 80년대 중반을 넘어서면서 한국춘란 인구가 급격히 늘어났고, 그 수가 꾸준히 증가하였다. 90년대에 이르러 난단체가 체계적으로 구성되고, 전시문화가 활성화되는 등 난문화가 본격적으로 자리를 잡아가게 되었다.

  2006년 '국제동양란교류협회'가 주최한 「국제동양란명품대회(일명 G4대회)」를 계기로 중국, 일본, 대만과 교류의 길을 열었다. 이때까지는 난문화가 취미 수준이었는데도 한국춘란 문화는 우수품종이 대거 발굴되면서 빠르게 발전하였다. 2010년을 넘어서면서 난 배양에 급속한 발전이 이루어지면서 취미인도 급격히 늘어나고, 난을 순수 취미가 아닌 직업적으로 하는 사람과 난 유통에 종사하는 상인이 폭발적으로 늘어났다. 2015년부터 3~4년 동안 거래가 활발히 이루어지고, 가격이 급등하였다. 한국춘란의 산업화를 외치고, 산업화 기반도 착실히 만들어갔다. 그러던 것이 2019년부터는 공급과잉과 더불어 경기침체로 거래가 급격히 줄어들고, 급기야 난계의 침체로 이어져 지금까지도 점점 악화되어가는 실정이다.

그렇다면 한국춘란 문화의 산업화는 무엇이 잘못되었는가? 돌이켜보면 잘못된 것이 많이 보이고, 지금 바로 잡아야 할 때이다.

난초는 그 수요측면에서 보면 취미원예를 넘어설 수 없다. 그래서 끊임없이 수요를 늘려야 하고, 그러기 위해서는 난문화 기반을 넓히고, 난 취미인을 늘려나가는 것이 요체이다. 그동안 난계는 수요확장에는 소홀히 하고 공급을 늘이는 데 치중하는 우를 범하였다.

난(蘭) 전시문화의 활성화, 한국춘란 우수품종의 개발, 애란인 교육, 동호인 행사, 외국시장 개척 등 난인들의 꾸준한 노력으로 난인구가 늘어나고 난계가 활성화되었다. 그러나 공급자가 늘어나는 것을 수요자가 늘어나는 것으로 착각하였다. 이러한 분위기에 편성하여 난문화 산업화의 슬로건이 내걸리고, 실제로 산업화의 길로 접어드는 모양새를 갖추는 듯하였다. aT 등 전국에서 난경매 실시, 난 자조금 설치, 난배양 자재의 고급화, 합동배양장 등 배양시설의 현대화 등 급속히 산업화의 기반을 구축하였다.

이와 함께 난인구가 급격히 불어났는데, 대부분이 공급자였다. 더욱이 난을 오래한 자칭 원로란 사람들마저도 난문화는 내팽개치고 돈벌이에 매달리는 형국이 벌어졌다. 심지어 애란인 교육마저 초보자들에게 난을 팔아먹기 위한 형태로 변질되었다. 이러고 보니 난의 수요를 늘리는 취미문화의 확장은 오 간데 없고, 온 난계가 돈치기 장이 되고 말았다. 거기에 모자라 난(蘭)을 속성 배양하려고 난 인공배양기(인큐베이터)를 사용하여 혼탁한 난계를 만들기까지 하였다. 인공배양기에서 가온한 난은 생장리듬이 깨져 성장이 원활치 못하거나 죽게 된다. 이를 구입한 자는 손해를 보게 되니, 난계가 상상을 초월할 정도로 갈등이 생기고 혼탁해지기에 이르렀다.

그동안 한국난계가 취미문화구축에 고전적인 방식으로 힘써왔다면, 지금부터는 난문화의 외연을 넓히고 질을 높이는 데 새로운 방법을 모색해야 할 것이다. 다소 때늦은 감은 있지만 지금부터라도 난계가 바른길을 찾아 꾸준히 나아간다면 머지않아 아름답고 즐거우

3장 난문화와 예술 • 249

며, 행복이 녹아나는 난계가 될 수 있을 것으로 믿는다.

　일본은 우리보다 약 70년 먼저 일본춘란을 육성하였고 한때 취미문화가 대단하였지만 대중화와 산업화에 실패함으로써 지리멸렬해졌고, 그나마 조금 번식되어 있던 난(蘭)마저 중국에서 거의 다 가져간 상태이다. 일본도 오늘의 한국과 같은 시기가 있었다. 일본은 그 시기를 극복하지 못하고 방치하는 바람에 오늘의 일본 난계가 되고 만 것이다. 타산지석(他山之石)으로 삼아야 한다.

　난문화 산업은 돈벌이를 우선시하는 산업이 아니라 즐겁고 커뮤니티가 이루어지는, 행복함을 추구하는 산업으로 나아가야 한다. 무릇 문화에는 전통이 있고 계승과 발전이 필요하겠지만, 너무 옛 것만을 고집해서는 안 된다. 어느 시대건 그 시대의 문화는 그 시대의 생활이 담겨 있다. 한국춘란 산업화는 양란 재배 농가와 같이 많은 수요를 구축할 수 있는 문화는 아직 아니다. 취미수준에서 수요를 창출해나가야 할 것이다. 우리는 지금 시점에 맞는 일을 찾아 차근차근 해나가야 할 것이다.

난(蘭)의 정신세계를 바로 세우고, 올바른 난문화를 만들자.
　난 산업화는 그 근본이 문화이다. 근자에 잘못된 난산업화의 분위기에 눌려 난문화 본연의 정신세계를 잠시 놓고 지냈다. 그러는 사이 난문화는 온데간데 없어지고 온통 난 장사만 설쳐대는, 참으로 추한 모습을 보였다. 난(蘭)이 아무리 아름답다 해도 난이 가진 정신세계를 빼어버린다면 단순한 풀에 불과한 것이다. 하루 빨리 난문화의 정신세계를 바로 세우고, 이를 기반으로 한 문화를 만들어가야 할 것이다.

한국난문화의 대중화를 위한 콘텐츠를 만들어야 한다.
　우리가 그렇게 자랑하던 트롯음악이 몇년 전부터 침체기에 접어들었고, 그 원인을 '시대에 맞지 않는다' '젊은 층과 거리가 멀다' 등으로 이야기했다. 그러나 최근 미스터트롯이라는 프로가 생겨 그 열기가 대단하다. 시청률이 30%를 훌쩍 넘어서고, 전국적인 열기가 남녀노소를 불문하고 일어나면서 몇 달째 이어가고 있다.

그렇다면 시들어가던 트롯이 어떻게 살아났는가? 내 생각으로는 참신한 신인 발굴과 훌륭한 기획으로 새로운 콘텐츠를 만든 것이다. 난계에도 새로운 사람에 의한 새로운 난문화를 만들어갈 때 그 역동성이 살아날 것이다. 30년 동안 큰 변화 없이 해오던 난전시회, 난회 행사 등에서 탈피하여 시대에 맞는 새로운 콘

한국춘란 자두화

텐츠를 개발해야 한다. 많은 사람이 동참하고 즐기는 문화콘텐츠가 필요하다.

국가기관 및 지자체 등과 유기적으로 해나가야 할 것이다.

문화산업도 궁극적으로 경쟁력을 갖추어야 된다고 보면 그 경영이 적극 활성화되어야 한다. 정부나 기업이 적극 나서 한국의 문화예술 붐을 이루도록 해야 한다는 것을 의미한다. 그래서 난문화도 '물에 기름 떠돌 듯' 호사스러운 사치가 아닌 우리 생활의 일부가 되고, 대중화되도록 해야 한다. 명실상부한 산업이 되도록 국가기관 등과 유기적으로 사업 인프라를 구축하고, 실질적인 소득으로 연결될 수 있는 산업화를 추진해나가야 할 것이다.

난 산업기반 구축을 위해서 농축산식품부에 등록된 난 관련 유일한 사단법인인 '(사)한국난재배자협회'는 2017년 자조금 단체로 등록되었다. 이 단체는 한국춘란 분야(자생랑경영회)가 주도적이며 대부분을 차지하고 있다. 하루빨리 분리해서 '(사)자생란재배자협회'를 독립적인 자조금 단체로 만들어야 할 것이다. 그리고는 전국에 난 산업에 종사하는

난영농법인 100개, 개인영농인 300명 정도로 하는 전국단위 난 영농조합을 결성하고, 난 영농조합중앙회를 만드는 것이 올바른 길이라고 생각한다. 오늘날 우리가 손쉽게 가질 수 있고 베란다나 사무실에 두고 기르는 아름답고 다양한 양란들도 그 역사를 더듬어보면 많은 노력과 정열을 쏟은 결과의 산물임을 알 수 있다. 양란들이 산업화가 되고 문화상품으로 세계시장에서 각광 받게 된 것은 빅토리아 여왕의 열정적인 난초사랑으로 정부기관이 관여하면서 급속도로 만들어지게 되었다고 볼 수 있다.

다시 난(蘭) 시장의 활성화를 모색해야 한다.

네덜란드 튤립시장도 그러했고, 일본 춘란시장도 오늘의 우리와 같은 시기가 있었다. 이 모두가 인간의 욕심이 신랄하게 표출된 극심한 투기장이다. 상인들뿐만 아니라 애란인들까지 합세해서 오로지 한방에 돈을 벌어보겠다는 욕심에 담합하고 작전을 펼쳤으니 그 시장이 오래갈 리가 없다. 더 이상 인위적으로 가격을 붙잡고 있어서도 안 되고, 터무니없는 망상을 가져서도 안 된다. 다시 기초시장부터 활성화하자. 각 지역별로 조그마한 판매전이나 경매를 해보자. 애란인들이 경매장에서 몇만 원, 몇십만 원 하는 난을 사서 기르면서 즐기고, 촉수가 불어나면 다시 경매장에 내어 시세에 따라 팔 수 있는 구조를 만들어야 한다. 앞으로의 난 시장은 소액·다수에 의하여 움직이고 철저한 시장논리이며 수요자 입장이어야 한다.

산업기반 구축과 함께 중국시장을 뚫어야 할 것이다.

그동안 한국난계가 취미문화 구축에 힘써왔다면, 지금 시점에서 난계의 소명은 산업기반 조성과 함께 우리 춘란이 중국시장으로 나아가는 것이다. 지금도 우리 춘란이 조금씩 중국시장에 들어가고 있지만, 아직은 아주 미미하다. 그동안 올바른 공략이 되지 못한 것도 부인할 수 없는 사실이다. 이제는 본격적으로 나아갈 때이다. 힘들고 어렵더라도 우리 모두가 지혜와 힘을 모은다면 충분히 가능하리라 본다. 국내에 국한된 한국춘란을 중국 등 넓은 지역에서 각광받도록 하면 한국춘란 산업의 파이가 커지고 오래토록 유지되는 문화산업이 될 것이다.

난 합동배양장을 커뮤니티 공간으로 만들자.

한때 주말농장의 열풍이 불다가 요즘 다소 시들해졌다. 비용이 많이 들어서가 아니라 같이 어울리는 사람이 없어 혼자서 텃밭에 나가 일하기는 재미가 없다는 이유이다. 형제 없이 자란 사람이 많고, 1인가구가 늘어나면서 대화가 단절되는 사회가 되고 있다. 공동체의 단절은 사람의 사회성이 낮아지고 우울증 등을 유발한다. 사람들의 정서적 안정을 위해 공동체 회복의 공간이 필요하다. 이러한 현실에서 부각되는 것이 '커뮤니티 정원'이다. 각 지자체에서는 도시시민들의 삶의 질을 높이고 힐링을 목적으로 커뮤니티 정원 가꾸기에 열을 올리고 있다. 그렇다면 난 합동배양장은 그 자체가 커뮤니티 공간이고, 정원이나 텃밭을 곁들이면 금상첨화이다. 또한, 이 공간은 동호인 양성을 위한 좋은 장소가 될 수 있을 것이다.

요즘 정원 가꾸기 열풍에 지자체 등에서 강좌를 개설하는 등 많은 관심을 보이고 있다.

성남시는 신구대학교 산학협력단과 위탁 협약을 맺어 2015년 8월부터 각 기별로 50명씩 하여 2020년 2월 말까지 6기 286명의 '성남 가드너'를 배출하였다. 울산농업기술센터(소장 윤주용)는 2019년 11월 식물에 대한 이해와 친근감 형성에 도움을 주기 위해 '가족과 함께하는 반려식물 가꾸기 프로그램'을 운영해서 성과를 얻었다. 경상대학교 교육연구원은 2019년 12월 '취미로 하는 정원 가꾸기'라는 주제로 특강(정계준 교수)을 개최했다.

그 외에도 '전원주택 가꾸기' 등 식물분야에 대한 문화강좌 등이 많이 이루어지고 있다.

한국춘란 산업화의 길, 난(蘭)을 도시농업의 주력 상품으로 만들려는 난인들의 다각적인 노력에도 불구하고 경기침체 등과 맞물려 어려움을 겪고 있는 현실이다. 수요에 비해 공급과잉으로 인해 가격의 하락과 함께 거래의 침체로 이어지고 있다. 난문화의 산업화는 무엇보다도 난문화의 외연을 넓히고 수요를 늘리는 방향으로 나아가야 할 것이다. 우리들의 생활공간인 아파트에서는 실내정원의 으뜸 식물이 난(蘭)이다. 우리가 하기에 따라서는 수요를 얼마든지 창출할 수 있다. 한국춘란산업은 문화를 기반으로 한 산업이고, 문화가 융성할 때 산업의 자리가 넓게 생길 것이다. 모두가 합심하여 문화의 깊이를 더하고 폭을 넓히는 데 에너지를 모아야 할 것이다. 다시 한 번 신들메를 고쳐 맬 때이다. 오랜기간 잘 지켜온 한국 난문화를 우리 세대에서 망가트려서는 안 된다. 각 단체에서는 각 단체의 칼라에 맞는 역할을 찾아 꾸준히 노력해야 할 것이다.

한국춘란이 각광받는 날을 그리면서 우리 모두 지혜를 짜내고 슬기를 모아 부단히 노력해나가야 할 것이다. 담쟁이넝쿨을 보면 담 밑에서 아주 작은 싹이 돋아 언제 저 담장을 넘겠나 하고 생각하지만, 어느 순간에 그 높은 담장을 뒤덮고 만다. 한국춘란이 세계문화상품으로 거듭나는 그날까지 다 함께 갈등을 줄이면서 힘을 모아 차근차근 나아가야 할 것이다. 무한불성(無汗不成)이다.

국제동양란 명품대회(G4대회)

　1980년도 초에 태동한 한국춘란은 초창기에는 큰 각광을 받지 못했다. 그 당시 이미 중국난은 천년, 일본난은 70년의 역사를 가지고 동양란계의 확고한 자리를 잡고 있을 때이다. 그러나 우리나라 산에서 우수한 한국춘란이 발견되고 일본 난인들이 그 우수성을 알고 이를 선호하게 되자, 한국춘란이 동양란계의 관심의 대상으로 부각되기 시작했다. 1980년도 후반부터는 국내에도 한국춘란을 하는 난인구가 급속히 늘어났다. 1990년도 이후에는 이러한 분위기가 국내는 물론 중국과 일본으로 이어지고, 특히 한국춘란 엽예품의 인기가 날로 치솟아 동양 4국에서 최고로 각광받는 품종이 되기에 이르렀다.

　동양란을 하는 나라는 한국, 중국, 일본, 대만 4개국인데, 한국을 제외한 3개국 사이에서는 한국춘란이 개발되기 훨씬 전부터 중국난, 대만난, 일본난으로 활발히 교류하고 있었다. 한국에서도 소수의 난인들이 동양란을 암암리에 소유하고 유통하고 있었는데, 1981년 난 수입자유화 조치를 시행함에 따라 동양란의 유통이 양성화되어 난계가 보다 활성화되었다. 이 시기에 태동하여 개발되기 시작한 한국춘란이지만 엽예품에서 탁월한 우수성이 돋보임에 따라 얼마가지 않아 자연스럽게 이들에 가세하게 되었다. 이후 한국춘란 엽예품은 동양 4국에서 인기품종으로 각광받으며 국제동양란 문화상품으로 부각된다. 이에 따라 한국춘란 난인들 사이에서도 난문화 산업 육성과 국제 난 전시·교류를 담당할 국제기구의 필요성에 대한 인식을 갖게 되었다.

이미 이에 대하여 일본 난인들은 일본춘란이 붐을 타던 1930년대에 일본 난을 중심으로 한 동양란 국제기구와 국제전시회를 다각적으로 모색하였으나 차일피일 미루다가 뜻을 이루지 못하였다. 2006년 봄, 나는 한국춘란을 중심으로 한 동양란 국제기구의 필요성을 인식하였고, 곧바로 행동으로 옮겼다. 난 국제기구를 설립하여 본부를 한국에 두고 한국 춘란을 국제 난문화 상품으로 부각시킬 방안이었다.

기존의 국내 난 단체는 국내 난문화의 창달과 발전, 대중화에 치중할 뿐 국제적인 역할은 전혀 하지 못하였다. 이에 따라 한국 · 중국 · 일본 · 대만의 동양란의 국제전시 · 컨벤션 및 국제교류를 담당하는 국제기구가 필요한 것은 당연하였다. 난 국제기구의 설립목적은 난문화의 대중화 · 세계화를 통하여 아름다운 세상을 추구함은 물론, 난문화의 산업화와 국제교류의 새로운 장을 여는 데 두었다. 2006년 9월 3일, 마침내 동양란 국제기구인 '국제동양란교류협회(國際東洋蘭交流協會)'를 발족시켰다. 처음 발기에 참가한 단체는 (사)부산난연합회, (사)경남난연합회, 울산난연합회, 대구난연합회, (사)경북난연합회, 부산난문화협회, 경남난문화협회, 울산한국춘란회 등 8개 광역단체이다.

'국제동양란교류협회'는 기구 설립에 이어 한국, 중국, 일본, 대만의 4개국 난인이 참가

G4 동양란명품대전 조직위원회 모임(2006. 9. 3)

한국춘란 단엽복륜 '신라(新羅)'

한국춘란 중투호 '진주수(珍珠壽)'

한국춘란 호피반 '색동'

일본춘란 중투호 '금각보(金閣寶)'

한국춘란 중투호 '명심보(明心寶)'

중국춘란 중투호 '천산(天山)'

하고 4개국 난을 전시하는 명실상부한 동양란 국제대회인 '국제동양란명품대회(일명 G4 대회)'를 열기로 하였다. '국제동양란명품대회'는 한국, 중국, 일본, 대만의 동양란을 하는 난인과 난단체 등이 총 망라하여 실질적인 참여가 이루어지도록 방안을 강구하고, 기존 난단체와 유기적 협조 및 한국춘란 국제문화상품화를 최우선 과제로 선정하였다.

지난 1990년 이후 한·중·일간의 난 교류 중심에 한국춘란이 있었지만 국제 난문화 상품으로서의 확고한 자리매김과 교류활성화에는 매우 미진한 상태였다. '국제동양란교류협회'는 매년 '국제동양란명품대회(일명 G4대회)'를 개최하여 국제동양란교류협회가 지향하는 난문화의 대중화 및 세계화, 국제교류에 새로운 장을 열고자 하였다. 당분간 한국에서 대회를 개최하여 국제교류에 적합한 한국춘란을 발굴하고, 한국춘란문화의 원대한 꿈이 세계로 미래로 찬란히 나아가는 데 초점을 맞추었다.

동양란 국제대회는 일본 난인들이 1930년대부터 꿈꾸었지만 개최치 못하였는데, 마침내 2006년 11월 한국 부산(강서체육공원)에서 열리게 된 것이다. 각국의 국기와 휘호가 내걸리고, 만국기가 쳐진 전시장의 모습은 난인들이 꿈에 그리던 대회장이었다.

'제1회 국제동양란명품대회(일명 G4대회)'는 한·중·일·대 4개국의 난단체와 난인이 참가하고 동양란의 우수품종을 망라하여 전시하는 명실상부한 동양란의 국제대회였다. 동양란의 국제대회로서는 처음 갖는 행사였다.

제1회 G4동양란명품대회 대상 중투호 '금강산(金剛山)'

이 대회에는 한국의 중앙 5개 난단체, 중국난화협회, 전국일본춘난연합회, 대만국난연합총회 차원에서 참가하였다. 일본의 히라미상, 히라노 교수를 비롯한 원로난인 등이 대거 참여하였고 중국의 난취급 최고법인 대표인 진소민, 대만에서도 난관련 유명인사들이 참여하였으며, 한국에서는 박홍수농림부장관을 비롯한 난 관련인사가 대거 참여하였다. 개회식은 중국·일본어로 통역이 이루어지면서 국제대회로서의 모습과 함께 성황리에

제1회 G4동양란명품대회

개최되었다.

이 대회의 특성은

첫째, 동양란의 국제교류 및 전시컨벤션의 원활한 발전과 국내·외 난인이 동참하는 명실상부한 최고의 동양란국제박람회이다.

둘째, 글로벌시대에 있어 난문화의 세계화 흐름에 맞는 모습과 품격으로 난문화의 창달과 난문화산업의 비젼을 제시하는 국제적 난문화행사이다.

셋째, 범국제적인 동양란 문화산업 행사로, 국내·외 난단체 및 난인 누구나 폭넓게 참여하는 열린 난문화축제이다.

2006년부터 2016년까지 총 7번의 '국제동양란명품대회(일명 G4대회)'가 개최되었는데, 대회별 특성은 다음과 같다.

제1회 대회(김송재, 김유철 공동대회장)는 2006년 11월 12일 부산강서체육공원에서 개

최하였다. 한·중·일·대 4개국 난인이 참여하였고 동양란 500여 화분이 전시되었는데, 그 중 450분 정도는 한국춘란이었다. 한·중·일·대 난계 중요인사가 대거 참여하고 박홍수 한국농림식품부장관도 개회식에 참여하였다. 이 대회를 기화로 동양란 국제교류 및 전시·컨벤션 담당 국제기구를 한국의 부산에 두게 되었다. 이 대회에 외국인 출품 난은 입국 시 간편 식물검역과 박람회 출품물건으로 관세를 면제받는 절차를 취했다.

제1회 대회를 성공적으로 개최함에 따라 동양란의 유일한 국제문화행사로서의 위상과 품격을 갖춘 대회로서 자리매김되었고, 한국난계가 동양란계의 중심으로 부상되었으며, 한국춘란의 우수성을 널리 알리고 국제문화상품으로 부상하는 계기가 되었다.

제2회 대회(대회장 김송재)는 2007년 11월 15일 부산강서체육공원에서 개최하였다. 제1회 대회와 대동소이하였는데, 출품수준이나 대회품격은 더 높아졌고, 총 출품분수는 600분이 넘었다. 대회 기간 중 난문화산업의 육성방안을 위한 히라노상(平野綏, 前 쓰꾸바대 교수)의 「춘란시장의 전망과 시장을 주도할 인기품종」이란 주제로 세미나(seminar)를 열어 호응이 좋았다.

지역순회 개최 차원에서 제3회 대회는 2008년 11월 경북 안동에서, 제4회 대회는 2009년 11월 울산광역시에서 개최되었다. 목적과 특성은 제2회 대회와 같으나 대회규모나 참

제2회 국제동양란명품대회

제2회 국제동양란명품대회

가난인 관람객 등에서 다소 축소된 대회였다.

　제5회 대회(대회장 김송재)는 2011년 11월 부산 강서체육공원에서 개최되었다. 2010년에 쉬고 심기일전하여 새롭게 개최하는 대회인지라 본 대회의 위상과 품격에 맞는 대회로 환원되었다. 대회 기간 중 진소민(陳少敏, 중국난화협회 부회장)의 「중국 난계를 중심으로 한 동양란 산업의 실태 및 육성방안」을 주제로 세미나(seminar)를 열어 좋은 호응을 얻었다. 이 대회에서는 일경구화가 100분 정도 출품되었다.

　제6회 대회는 2015년 11월 경북 구미 구미코에서 '국제동양란교류협회'와 '(사)한국난재배자협회 자생란경영회' 공동으로 개최(대회장 정계조, 두 단체 모두 회장을 맡고 있었음)하였다. 대회규모는 제5회 대회보다 조금 작았으나 난산업적인 형태가 가미되었고, 중국 난인들의 관심이 높았으며 대회 기간 중 판매가 많이 이루어졌다.

3장 난문화와 예술 · 261

제7회 국제동양란명품대회

　제7회 대회는 2016년 11월 부산 강서체육공원에서 개최되었다. 이 대회도 제6회 대회와 같이 '국제동양란교류협회'와 '(사)한국난재배자협회 자생란경영회' 두 단체가 공동으로 개최(대회장 정계조)하였다. 제5회 대회 수준의 위상과 품격을 보였으며, 우수한 신품종이 많이 선보이고 난산업적인 형태가 접목되어 거래가 많이 되고 흥행에 성공한 대회였다.

　'국제동양란명품대회'를 여러 번 개최하면서 아쉬워웠던 점은 협회의 법인화가 이루어지지 않고 상설기구가 없어 대회 조직 관리와 비용조달에 한계가 있었으며, 대회 준비기간이 짧아 국내 난단체 및 외국 난인의 많은 동참을 끌어내는 데 어려움이 있었다. 특히 4개국의 난인들이 공감하고 당위성은 인정하고 있으나, 기존의 국내·외 단체 간의 세부적인 조율에 큰 어려움이 있었다. 또한 대회가 정례화되어 있지 않고, 대회요강이 대회 2~3개월 전에 확정됨에 따라 외국인의 초청에 큰 어려움이 있었다. 특히 중국의 경우 비자발급을 위해서 2개월 이상이 소요되는 점을 감안해보면 대회가 전담조직에 의해 정례화되어 있어야 할 것이다.

　한국 내에 법인기구를 두고자 농림수산식품부에 사단법인 등록을 추진하였으나 국내에 있는 기존 난(蘭) 중앙단체 간의 합의 도출에 실패하였다. 농식부에서는 난단체의 난립이 아닌 모두가 동참하는 단체 설립을 요구하지만, 기존 단체의 기득권 주장과 이해관계로 조율이 되지 않았다. 두고두고 참으로 아쉬운 일이다.

본 대회는 2017년 11월, 7회 대회 이후 개최를 못하고 있다. 대회당 비용이 1억 원이 넘게 소요되는데 정부지원이 없는 상황에서 대회비용 조달이 가장 큰 걸림돌이 된다. 이러한 문제를 해결하고 원활한 개최를 위해서는 기구의 법인화 및 정부지원, 동양4국의 국별 순회 개최, 외국인의 원활한 참여를 위하여 통관 문제 및 식물검역 간소화 등을 보다 확실하게 해결해야 할 것으로 보인다.

국가·지자체 등의 지원으로 민간협회 차원의 행사가 갖는 한계를 극복하고 '국제동양란교류협회'를 하루속히 농식부 산하 법인으로 인가받아 난산업 지원에 대한 창구 역할이 되도록 해야 할 것이다. 다시 말해서 국가로부터 자금, 홍보, 행정 등의 지원을 받아 보다 나은 모양과 격조를 갖춘 문화·산업행사로 발전시켜야 할 것이다.

동양란 문화를 국제적으로 체계화하고 전시·교류·보존 등을 원활히 하기 위해서는 하루빨리 '국제동양란협회'를 만들어야 한다고 본다. 그 산하에 전시·컨벤션을 담당하는 '국제동양란교류협회', 난 유통을 담당하는 '국제동양란유통협회', 동양란의 종자를 보존·관리하는 '국제동양란종예협회'를 각각 설립하여 명실상부한 동양란 국제기구로서의 인프라를 구축해야 할 것이다. 이러한 기구를 조직해서 그 본부를 한국의 부산에 둠으로써 한국의 난문화 발전은 물론 한국춘란이 국제 난문화 상품으로 나아가는 데 크게 기여할 것이다.

아직도 한국춘란이 국제 난문화 상품으로서 활발히 유통되는 길은 험난하고 많은 노력을 요구한다고 본다. 그렇다고 그리 멀리 있는 것은 아니다. 그동안 구축된 기반을 토대로 지혜를 모으고 꾸준히 노력한다면 머지않아 현실화될 것이다. 중국 난인, 일본 난인과 접촉해보면 이 일은 한국 난인이 나서서 해야 할 일로 인식하면서 기다리고 있는 모습이다. 이치가 훤히 보이는 데도 현실화되는 것과는 거리가 멀다. 그러나 한 사람 한 사람의 뜻과 힘이 보태지면 이루어지는 것은 자명하다.

시민을 위한 난 무료 강좌

공직자이면서 오랫동안 난(蘭)을 해온 나는 그 활동에 늘 큰 부담이 되었다. (사)부산난연합회 이사장을 맡을 때에도 부산지방국세청 조사관리과장을 하고 있을 때인데, 혹시나 진로에 걸림돌이 될까봐 여러 번 사양하다가 할 수 없이 맡게 되었다. 그러나 이왕 이사장으로 취임했으니 바쁜 시간을 쪼개서라도 난계를 위해 필요한 뭔가를 해야겠다고 결심했다. 난계를 위하여 가장 시급한 문제가 무엇인가 고심한 끝에, 난문화의 대중화를 해야 할 때라고 생각했다. 지금까지는 소수의 난인들만이 애란생활을 해왔지만, 앞으로는 저변확대를 통한 난문화의 외연을 넓혀야 할 때라고 생각한 것이다.

많은 사람들이 난(蘭)에 대하여 동경과 호기심을 가지고 있으며, 건전한 인격과 여가선용을 위하여 난취미가 좋다는 것도 대부분 알고 있는 사실이다. 그런데도 난인이 쉽게 늘어나지 않는 것은 애란인이 되는 계기가 마련되지 않아서이다. 보다 많은 사람들이 난문화의 혜택을 누리고 애란생활을 즐기도록 하기 위해서는 기성 난인들이 사명감을 갖고 노력해야 하고, 그 첫 번째가 애란인이 되기 위한 기본소양을 가르쳐주는 교육일 것이라고 생각했다.

난인이 되고자 하는 사람들의 길잡이가 되고, 난문화의 대중화를 위해서 (사)부산난연합회가 할 수 있는 사업을 찾았다. 그리하여 (사)부산난연합회에서는 시민을 위한 사회교육 차원에서 시민들의 건전한 취미생활과 난문화의 저변확대를 위하여 「시민을 위한 애

한국춘란 품종과 배양 출판기념회

란인 무료 교육」 과정을 핵심사업으로 운영하기로 하였다. 이 사업의 주된 취지는 애란인의 저변확대와 대중화이다. 우선 난인이 되고자 하는 사람들을 대상으로 난(蘭)에 대한 기본소양, 배양에 대한 기본지식 등을 갖추도록 함으로써 난인이 되는 바람직한 길잡이를 제공하는 것이다. 또한 그동안 난계의 일부 혼탁한 부분이 매스컴이나 사람들의 입을 통하여 일반시민에게 과하게 알려짐으로써 난계에 대한 좋지 않은 시각도 다소 있었는데, 이를 바르게 인식시켜 난인들을 보는 시각을 바로 잡고자 하는 의도도 있었다. 애란인에 대한 체계적인 기본교육은 전국에서 (사)부산난연합회가 처음으로 시도하였다.

「시민을 위한 애란인 무료교육」은 2008년 11월 20일 당시 이사장이던 내가 발의하여 제시하였고, 연합회 회원들이 전폭적으로 동의하였다. (사)부산난연합회 차원의 핵심사업으로 정하고, 이사장인 나의 주도하에 연합회차원의 봉사활동으로 하기로 했다. 수강료는 무료로 하고, 대상자는 남녀노소 구분 없이 난인이 되고자 하는 자는 모두가 참여 가능하고, 장소는 동래원예고등학교 강의실을 빌려서 사용키로 했다. 강의 날짜는 매주 토, 일 오

한국춘란 품종과 배양

후 2~5·6시(3·4시간)로 하고, 이론과 실습, 자생지 탐사 및 난실 탐방 등 다양하게 설계하였다. 약 5개월 동안의 교재 등 준비과정을 거쳐 2009년 4월 18일 제1기생 입교식을 가졌다.

「시민을 위한 애란인 무료교육」은 처음에는 강의내용을 프린트를 해서 교재로 사용하였으나, 2010년 10월 《한국춘란 품종과 배양(정계조 저)》이 출판됨으로써 준비도 수월해지고 학습의 질도 높아지게 되었다. 수강자 모집은 제1, 2기생 모집 때에는 전단지를 만들어 난 전시 행사장이나 난가게에서 배포하고 아파트 게시판에 붙이는 방법이었으나, 제3기생부터는 모집공고를 일간신문(부산일보)에 내는 등 더 공개적으로 모집하였다. 제1기생은 인원이 적었으나 제2기부터는 수강생이 100명에 이르렀고 성공적으로 진행되었다.

교육생은 남녀노소, 직업 등이 아주 다양했다. 연세가 70세가 넘는 분도 제법 있고, 부부 커플 수강생도 있고, 부산이 아닌 울산·경남지방에서 온 수강생도 있었다. 부산지역의 경우 난교육을 시작할 때만 해도 여성난인이 그렇게 많지 않았는데 교육을 통하여 여성난인이 많이 늘어났다.

제2기부터는 수강신청을 매년 1월부터 3월 전시회가 끝나는 3월 20일까지 신청 받아 3월 26일경 토요일에 입교식을 가졌다. 교육과정은 3월부터 10월까지 난인의 기본소양, 품종과 배양에 대한 이론, 난심기 및 분갈이 실습, 자생지 탐사, 난실견학 등 난인이 되기 위한 제반사항에 대해 약 60시간으로 짜여졌다. 교육과정을 잘 이수하고 난인으로서 소양을 갖춘 사람에 대하여 (사)부산난연합회 명의로 수료증을 수여했다.

난 교육과정을 8개월 과정으로 한 것은 봄에서부터 가을까지 난의 생장 사이클인 이 기간 동안 실제로 난을 키워가면서 교육받아야 옳은 교육이 될 것으로 판단했기 때문이다. 실제로 해본 결과 그렇게 한 것이 옳았고, 효과도 있었다.

「시민을 위한 애란인 무료교육」은 사전에 세부적인 계획을 철저히 수립한 것도 있지만 한 치의 흐트러짐 없이 일정대로 추진됨으로써 신뢰가 구축되고 날로 주변에 알려지면서 선순환의 효과를 가져왔다.

또한 수료생들로 하여금 기수별로 난회를 창립하게 하여 (사)부산난연합회에 입회시킴으로써 계속해서 재미있고 건전한 애란생활을 할 수 있도록 길을 열어 주었다. 기존 난회들은 교육생을 자기들 난회에 입회시키고자 하였으나, 이를 차단하여 교육생 각 기수별로 난회를 만들도록 하였다. 이는 교육생들이 기성난인들에 부대끼어 힘들어지는 것을 막고, 자기들끼리 재미있게 애란생활을 해나갈 수 있도록 하는 방안이었다.

이들의 결속을 위하여 단합대회도 가지고, (사)부산난연합회 회원들과 '부산난상인회'에서 난을 모아서 이들에게 선물하는 등 각별한 애정을 베풀고 격려하였다. 교육생들은 화기애애한 분위기에서 즐겁게 교육 받으면서 하나하나 익혀가는 재미를 만끽하였다. 그들은 애란인 교육생으로서의 자부심을 가졌고, 동기생 간에 친목을 다지며 나날이 난인으로 다가서게 되었다.

전체적인 운영과 이론교육은 연합회 이사장인 내가 담당하고, 실습·탐사·탐방 등은 연합회 간부들이 나누어 맡았다. 나는 당시 공직생활로 바빴지만 한 치의 흐트러짐 없이 교육일정을 잘 진행하였고, 연합회 간부들도 맡은 바 역할을 잘 해냈다. 해를 거듭할수록 수료생이나 주변사람들로부터 확고한 신뢰를 구축함으로써 성공적인 사업이 되었다. 부산지역 애란인이면 누구나 「시민을 위한 애란인 무료교육」을 자랑스럽게 생각했고, 전국의 난인들의 모범 사례가 되었다.

(사)부산난연합회 제1기생 난실 견학 　　　　　(사)부산난연합회 제2기생 난실 견학

「시민을 위한 애란인 무료교육」은 2015년 제7기생 수료까지는 내가 맡아 하였고, 제8기부터는 (사)부산난연합회 집행부에서 이어갔다.

　　2009년 제1기 61명 입교, 47명 수료, '일심난회' 창립

　　2010년 제2기 95명 입교, 72명 수료, '금강난회' 창립

　　2011년 제3기 104명 입교, 75명 수료, '부광난회' 창립, 이후 '자연난회' 로 변경

　　2012년 제4기 103명 입교, 84명 수료, '사군자난회' 창립

　　2013년 제5기 112명 입교, 95명 수료, '오성난회' 창립

　　2014년 제6기 90명 입교, 75명 수료, '육난회' 창립

　　2015년 제7기 97명 입교, 86명 수료, '칠성난회' 창립

처음 시작할 때부터 어려움을 예상하였지만 공직자로서 휴일(토,일)을 이용해서 하루에 3~4시간 강의를 한다는 것이 쉽지는 않았다. 그러나 시간이 지나면서 교육생들의 반응이 너무 좋고, 난인들의 칭찬과 격려가 있어 힘든 것을 무릅쓰고 자신감을 갖고 열심히 하게 되었다.

시민을 위한 사회교육의 차원으로 볼 때 부산시 주관으로 할 일을 무료로 봉사하는데 대

(사)부산난연합회 제4기생 애란인 교육과정 입교식

(사)부산난연합회의 시민을 위한 애란인 무료교육

한 무한한 자긍심과 함께 책임감을 느꼈다. 타 지역에서도 한없이 부럽게 생각하고 벤치마킹해 보려고 많은 문의를 해왔다. 이를 본받아 (사)경남난연합회에서도 단기간 과정(2개월)으로 애란인 난교육을 실시한 바 있다.

애란인 무료교육에 대한 집행부의 봉사정신은 늘 한결같았고, 한 치의 흐트러짐이 없이 꾸준히 해나가는 추진력에 수강생과 난인들은 감동하고 찬사를 보내왔다. 아울러 수강생들의 입을 통하여 실상 그대로 잘 홍보됨으로써 시민들이 기성 난인들을 보는 시각이 많이 좋아졌다. 수강생들도 휴일 날 빠짐없이 시간을 내기가 쉽지 않았을 것이고 하루에 3~4시간 강의를 듣는다는 것이 힘들 텐데, 출석률도 높고 수강도 진지하게 임하였다. 사실 처음 1기생 교육 초기에는 난(蘭)을 팔기 위한 수작이 아닌가 하고 의구심을 가지는 사람도 있었다. 그러나 얼마 지나지 않아 진정성을 알게 되었고, 우리들의 재능봉사에 감사하며 진지하게 교육에 임하였다. 많은 사람들의 노력과 희생이 있었다. 그중에서도 7년 동안 차와 먹거리들을 헌신적으로 준비해준 이정숙님(우리 집사람)과 이은희님(백일호 난인 부인)께 지면을 빌어 한량없는 감사를 드린다.

부산시에서도 처음에는 별 관심이 없었으나, 입소문이 전달되고 성과가 있게 되자 시민

을 위한 사회교육차원에서 관심을 가지게 되었다. 부산시로부터 사회단체보조금 연 6,000,000원을 지원받아 그 중 3,000,000원은 연합회 운영비로 넘겨주고, 3,000,000원은 자생지 탐사, 실습용 난 자재구입, 강의실 임차료 등으로 사용했다. 알찬 교육을 위해서는 더 많은 비용이 필요했으나 대부분 봉사로 이루어짐으로써 그 금액으로도 운영이 되었다. 부산시로부터 사회단체보조금 사용 우수사례로 선정되기도 하였다.

난 교육을 해오면서 내 나름대로 생각한 바를 적어본다. 타 단체 등에서 이후에 이와 같은 교육을 할 때는 참고가 되었으면 한다.

첫째로, 난취미에 올바르게 다가서기 위해서는 유의할 점이 많으므로 이를 자주 일러주어야 한다.

난과 생활은 취미이고 그 본질은 더불어 즐기는 것이라는 것, 서두르지 않고 천천히 자기 분수(分數)에 맞게 해 나가야 한다는 것, 난(蘭)배양 등을 단계별로 천천히 잘 밟아가야 한다는 것, 늘 평정된 마음으로 절제하고 또 절제해야 한다는 것 등을 잘 인식시켜야 한다. 나는 난취미에서 무너지기 쉬운 절제와 조심을 틈 날 때마다 여러 번 강조하였다. 나는 교

육생들이 얼치기 난인이 되어 금전적으로나 시간적인 손해를 볼까 하는 것, 즐겁지 못하고 마음고생을 하지 않을까 하는 것이 늘 걱정이었다. 난계의 실상으로 볼 때 자칫하면 기존 난인이나 유통 상인들에게 휘둘리게 되어 낭패를 당하기 일쑤이기 때문이다.

둘째로, 난취미는 생물인 난을 기르면서 하는 취미이므로 완전한 배양방법을 터득해야 한다. 따라서 난(蘭)이라는 생명체와 함께하는 취미이므로 난을 건성으로 배워서는 안 되고 반드시 당위성을 가지고 배워야 한다. 그냥 다른 학습하듯이 대충 배운 것은 지나고 나면 아무것도 남지 않으며, 설사 남는다고 해도 실제 난 배양에는 접목이 될 수 없거나 실패로 이어지게 된다. 난 취미는 난 배양이 잘될 때 즐겁고 재미있다. 난 교육은 반드시 난을 키우면서 교육받아야 하고, 이론적 학습은 실습을 통하여 적용해봐야 할 것이다.

셋째로, 난 교육은 1년 단위(동면기간을 제외해도 10개월)로 장기간 실시해야 한다.

난을 키우면서 그때그때 관리를 알아가는 것이 필요하고, 그 과정에서 난에 대한 기본 소양도 생기고 난취미의 속성도 어느 정도 알게 된다. 또한 자기에게 맞는 취미인지를 알아보는 데도 1년 정도 기간이 필요하다고 본다.

넷째로, 난 교육을 마친 후 지속적으로 관리해주는 멘토 기능을 간과해서는 안 된다.

난은 생각보다 어렵고 알아야 할 사항이 너무 많다. 1년이란 교육기간은 입문에 지나지 않는다. 옳은 난인이 되는 데는 적어도 3~5년은 필요할 것이다. 애란인 선배로서 자연스러운 커뮤니케이션과 정확한 멘토가 이루어져야 할 것이다.

마지막으로, 난 교육을 추진하는 측에서는 적어도 2~3년 동안은 교육생에게 난(蘭)을 팔아서는 안 된다.

나는 7년 동안 난교육을 시키면서 교육생에게 난을 팔거나 소개해준 적이 한 건도 없다. 여러 번 권유나 제의가 있었으나 철저히 차단하여 한 번도 물의를 일으킨 적이 없었다. 난(蘭)이란 것이 초창기에 구입한 것은 죽거나 세월이 지나면 별 의미가 없어지는 학습용이며, 이를 흔히 수업료라고 한다. 난(蘭)은 자기 수준에 맞는 것을 구입하게 되고, 세월이 지나 수준이 높아지면 생각이 바뀐다. 특히 난계는 말이 많은 곳이다. 교육을 시키는 쪽에서 본인 의도와 관계없이 이런데 휘말리거나 좋지 못한 소문이 나게 되면 봉사의 뜻도 퇴색되고 신뢰도 무너진다. 이 부분은 조심하고 또 조심해야 할 사항이다.

4장 난 마니아의 세계

34. 진정한 난초 마니아
35. 난초벽이 있는 사람
36. 한국춘란의 매력에 빠진 나의 애란일기
37. 우리 조상들의 애란생활
38. 난이란 생명체와의 교감
39. 난계의 원로

34 진정한 난초 마니아

일전에 《난초 도둑》이란 책을 읽은 적이 있다. 미국의 주요 문예지 '뉴튼지' 객원기자 출신의 작가 수잔올린이 쓴 책으로, 난초마니아 존라로슈의 이야기를 담은 논픽션이다. 작가 올린은 취재차 라로슈를 따라다니면서 '기묘하고 아름다운 난초의 세계와, 자신의 파국을 무릅쓰고라도 난초를 찾아 헤매는 수집가의 삶'을 목격하고 책을 쓰게 된다. 수많은 난초 수집가들의 기이하고 모험적인 삶과, 목숨을 건 도박 같은 난초 채취의 드라마틱한 이야기가 전개되는 이 책은 인간의 '아름다움에 대한 매혹', '소유에 대한 간절한 열망', '불같은 열정과 탐욕'이 잘 표현되어 있는 책이다.

난초는 지구상의 꽃식물 중에서 가장 진화된 식물이다. 현재 발견된 종류만도 3만여 종이고 아직 발견되지 않은 것이 수천 종에 이를 것으로 추산되며, 교잡종을 합하면 10만여 종이 넘는다고 한다. 형태도 특이하고, 색깔도 유난히 화려하며, 대부분 향기가 짙고 기관들이 잘 발달되어 있어 다른 식물과 확연히 차별화된다. 난초는 동양란, 서양란을 떠나 난인들을 매혹하고 사로잡는 뭔가가 있다. 그러기에 난초는 마니아도 많고 특이한 세계를 만들고 있다.

1877년 다윈은 《난초들이 곤충을 통한 꽃가루받이에 사용하는 장치들》이라는 책에서 딴꽃가루받이를 하는 난초의 생존능력과 우수성을 연구한 바 있다. 그는 난초 형태의 다양함과 어떤 난초가 현재 우리가 보는 형태를 지니도록 만들어진 이유를 보면 정말 기가 막힌다고 했다. 난초들이 구사하는 생존전략, 원활한 꽃가루받이를 위해서 자신의 꽃모양을 곤충의 적의 모습과 같이 보이도록 하여 공격을 유인하기도 하고, 배우자의 모습을 하여 유혹의 향기를 풍기어 유인하는 등 능란한 속임수와 인간을 유혹해온 천재성을 보면 영리하다는 표현이 오히려 부족하다고 했다. 그 때문인지 애란인들은 그 신비로움과 아름다움에 매료되어 마음을 빼앗기고 만다. 아무튼 난은 무의미한 인생에서 색다른 뭔가를 찾아보겠다는 사람들의 마음을 강력하게 호리게 하기에 충분하다.

주인공 라로슈도 플로리다에서만 자라는 '폴리리자린데니' 라는 이름을 가진 유령난초를 찾아 복제·보급하겠다는 꿈을 갖고 플로리다 세미놀 인디언들에게 고용되어 식물원까지 만들지만, 끝내 유령난초를 손에 넣지 못했다. 찾기도 힘들고, 아주 잠깐 동안만 나타나고, 마음을 억제할 수 없을 정도로 사람을 매료시키는 유령난초는 단지 전설에 불과할 뿐 결코 실재하는 꽃이 아닐지 모른다. 유령난초는, 설령 그것이 환영에 불과하더라도 사람으로 하여금 그것을 찾아 끝없이 이곳저곳을 끊임없이 헤매고 다니게 할 수 있는 강력한 힘을 가지고 있었던 것이다.

대부분의 난초광들이 그러하듯이 라로슈도 보기에 따라서는 난초를 통한 한탕주의에 함몰된 비도덕적인 사람으로 비치나, 그는 아무 의식 없는 단순한 탐욕가나 탈법자가 아니라 나름대로 자존심과 대의명분을 가지고 있었다. 그는 유령난초라는 귀하고 신비로운 희귀종을 만인이 소유하고 바라보면서 기쁨을 느낄 수 있게 해주고 싶다는 작은 창조자의 모습을 꿈꾼 사람이다.

오늘날 우리가 손쉽게 가질 수 있고 베란다나 사무실에 두고 기르는 아름답고 다양한 양란들도 그 역사를 더듬어보면 많은 노력과 정열을 쏟은 결과의 산물임을 알 수 있다. 290

년 전 난초 수집가들의 그 동기야 어떠했던지 간에, 영국에서 최초로 꽃을 피운 열대 난초는 1731년에 피터 콜린슨이라는 퀘이커교도 의류상이 바하마 제도에서 발견한 블레티아 베레쿤다이다. 그로부터 100년 정도 후인 1833년 왕립원예학회장을 지낸 바 있는 윌리엄 스펜서 캐번디시 공작이 런던에서 열린 소규모 난초 전시회에서 온시디움을 보고 자기도 난초 수집을 하기로 결심하였는데, 이때부터 본격적인 난초 수집의 바람이 불었다.

1856년에는 처음 의도적으로 다른 종간과 교배를 통해 만들어진 교잡종이 꽃을 피웠고, 영국 빅토리아 여왕의 열정적인 난초사랑으로 영국과 전 세계의 난초들이 더욱 조명 받게 되고, 열광적인 난초 애호가가 기하급수적으로 증가하게 되었다. 1895년에는 공식적인 등록제도가 확립되었고, 현재 등록업무는 '영국왕립원예학회'가 관장하고 있으며 국제난초등록부에는 잡종을 포함하여 10만 종 이상이 등재되어 있다고 한다.

이와 같이 양란이 개발되어 원예화되기까지 그들의 노력을 우리는 한번쯤 되새겨볼 필요가 있다. 내로라하는 백인들이 직접 열대지방으로 난을 채취하러 가기도 하고, 전문 채취꾼을 고용해서 전 세계를 돌아다니며 난초 수집에 열을 올린 것을 보면 참으로 대단했다. 그들에게는 맹수나 질병 등 도처에 도사리는 위험 따위는 안중에도 없었다. 또한 그 당시 운반의 어려움, 배양기술의 부족, 시설의 미비 등 열악한 환경 때문에 참으로 많은 난초를 죽였지만 결코 좌절하지 않았고, 그럴수록 더욱 열광적인 애정을 보였다. 그들을 단순히 난초 마니아니, 난초광이니 하는 말로만 설명하기에는 부족한 느낌마저 든다.

그렇다면 한국춘란은 어떠한가? 불과 40년 전만 해도 거의 불모지였던 한국춘란이 지금 이만큼 원예화되고 문화의 한 분야로 승화될 수 있었던 것은 우리 난인들의 열정과 노력이 있었기 때문에 가능한 것이었다. 난을 채취하고 기르면서 겪은 모험적인 일이며 노심초사 하던 일, 쾌재를 부르기도 하고 절망하기도 하던 난인 각자의 사연, 난초 하나하나에 흐르는 드라마틱한 내력들이 한국춘란의 역사를 만든 것이다.

혹자는 난을 하는 것이 너무 어렵다고 호소하기도 하고, 이렇게까지 힘들여가며 개발할 가치가 있는가 하면서 회의적으로 보는 사람도 더러 있고, 일부 몰지각한 사람들은 난초 하는 사람들을 무슨 투기나 자기과시 집단으로까지 매도하기도 한다.

어느 분야든 초창기에는 다소 무질서하고, 더욱이 돈이 개입되고 보니 혼탁하기가 이해 정도를 넘어섰던 것도 사실이다. 그러한 과정에서 한국춘란을 하는 난인들은 시간과 돈을 소진하기도 하고, 마음을 애태웠던 말 못할 사연들이 있었다. 그들의 희생과 노력을 바탕으로 해서 오늘의 한국춘란이 이정도로 보존되고 발전되었으며, 한국춘란 문화가 뿌리내려 전해지고 있는 것이다.

양란개발의 역사를 알고 나면 한국춘란을 하는 우리는 참으로 복 받았다는 생각과 함께 일종의 소명의식을 갖게 될 것이다. 우리는 우수함과 다양함에서 타의 추종을 불허하는 한국춘란을 가까운 우리 산에서 짧은 기간 동안 아주 많이 채취할 수 있었다. 또한 배양에 있어서도 손쉽게 자연환경과 유사한 배양시설을 갖출 수 있으며, 배양방법 또한 이미 상당히 연구되어 있다. 이러한 좋은 여건 하에서 난을 하는 우리는 난초의 소중함과 귀함을

한국춘란 주금소심 '태홍소(太紅素)'

한국춘란 황화소심 '황금소(黃金素)'

한국춘란 황화소심   한국춘란 중투소심

잘 모를 수도 있고, 품종개발이나 번식에 게으름을 피울 수도 있다. 그러나 한국춘란을 개발하고 번식하여 문화상품화하는 것은 우리 난인들의 몫이다. 한국 춘란을 개발하고 번식하는 데 결코 게을리 해서는 안될 것이며, 부단히 노력해야 할 것이다.

　난초의 품종개발은 그 끝이 있는 것이 아니고, 인간의 난초에 대한 욕망은 결코 완전히 충족될 수 없으며, 끊임없이 새로운 것을 요구하게 될 것이다. 이러한 욕구에 따른 노력이 새로운 품종을 하나하나 개발하게 되고, 이미 개발된 품종도 새로운 형태로 선보이게 한다고 생각된다. 80년대에는 화색(花色)만 갖추면 되었던 것이 90년대에는 화형(花形)을 겸비해야 했고, 지금은 2예품, 3예품이 무수히 쏟아지고 있다. 요즈음 난인(蘭人)들 사이에 한창 회자(膾炙)되는 홍두소(홍두화소심)도 조만간 선보이리라 믿는다.

　난을 하는 사람은 여러 가지 목적에서 난을 할 것이다. 대부분의 난인들은 그냥 난초가 좋아서 단순 취미로 난을 하겠지만, 개중에는 돈을 떠나 난초에 미치거나 홀린 사람들도 있다. 이들이야말로 난초마니아이며 진정한 애란인이다. 이들의 열정이나 집착이 때로는 맹목적으로 비칠 수도 있고, 때로는 이성적 기준으로 판단하기 어려울 때도 있었을 것이다. 그 과정이 다소 무질서하고 비논리적이고 혼란스럽더라도 난초 마니아들은 그 곳에서 끊임없이 새로운 것을 찾고, 삶의 색다른 의미를 추구해가는 사람들이다. 인류의 역사는 이러한 과정에서 이루어지고 발전하는 것을 우리는 익히 알고 있다. 한국춘란의 역사 또한 그러하다는 것을 양란(洋蘭)의 역사를 들먹이지 않더라도 알 수 있다. 나는 한국춘란이야말로 충분히 그럴만한 문화적 가치가 있다고 생각한다. 나는 주변 난인들로부터 "난에 미친 사람이다. 정계조는 난이 종교다"라는 말을 여러 번 들었다. 나는 난(蘭)이 까닭 없이 좋고, 한없이 좋고, 우리 난인에게 주어진 시대적 소명에 따라 한국춘란을 세계 난문화 상품으로 만들어야겠다는 일념으로 난(蘭)을 해왔는데, 주변 난인들 눈에는 그렇게 보였던 모양이다.

혼불의 작가 최명희의 일생을 보면 '진정한 작가란 무엇인가'의 해답을 찾을 수 있다. 그는 17년 동안 한 작품에 매달리며 자신의 생명력마저 소진시켜 마침내 요절에 이르면서까지 작가정신을 실천한 본보기다. 과연 그렇게까지 하는 것이 옳은가? 그럴 만한 가치가 있는가? 하는 것은 각자의 가치기준에 따라 다르겠지만 그의 작가정신은 난(蘭)을 하는 우리에게 뭔가를 느끼게 한다.

난초 마니아들은 난(蘭)이 주는 형용할 수 없는 매력에 홀려 커다란 욕망을 가지게 되고 그 일에 열중하면서 살아가는 사람일 것이다. 그 모든 것이 한낱 신기루로 끝날 수도 있을 것이다. 그러나 우리가 무엇인가에 열광적으로 헌신할 수 있다는 것은 결과와 상관없이 분명 인간적인 아름다움 그 자체일 것이다.

그래, 나도 난(蘭) 하나하나에 내 혼(魂)을 담아가며 살아가는 진정한 난초 마니아가 되고 싶다.

난초벽(蘭草癖)이 있는 사람

어떤 분야든지 그 발전 과정을 보면 꼭 벽(癖)을 가진 사람이 있었음을 알 수 있다. 그들의 삶은 보통사람과 달리 평생을 그것에 미친 사람이다. 자기만의 영역을 개척하는 정신을 갖추고 전문의 기예(技藝)를 익히는 것은 벽이 있는 사람만이 능히 할 수가 있다. 때때로 미쳐 몰입하는 경우는 흔할지 몰라도 평생을 한 분야에 미치기 위해서는 철학과 소신이 있는 사람만이 가능할 것이다.

조선시대 김덕형(金德亨)은 꽃에 미쳐 온갖 계절 따라 피고 지는 꽃과 잎새의 모습을 하나하나 사생하여 꽃의 계보를 기록한 꽃 그림책,《백화보(百花譜)》를 남겼다. 실학자 박제가는 이 책 서문에 이렇게 썼다.

『김덕형 군은 꽃을 주시한 채 하루 종일 눈 한번 꿈쩍하지 않는다. 꽃 아래에 자리를 마련하여 누운 채 꼼짝도 않고, 손님이 와도 말 한 마디 건네지 않는다. 그런 그를 보고 미친 놈 아니면 멍청이라고 생각하여 손가락질하고 비웃는 자가 한둘이 아니다. 그러나 그를 비웃는 웃음소리가 미처 끝나기도 전에 그 웃음소리는 공허한 메아리만 남기고 생기가 싹 가시게 되리라. 김덕형 군은 만물을 마음의 스승으로 삼고 있다. 김덕형 군의 기예는 천고(千古)의 누구와 비교해도 훌륭하다.《백화보》를 그린 그는 '꽃의 역사'에 공헌한 공신의 하나로 기록될 것이며, '향기의 나라'에서 제사를 올리는 위인의 하나가 될 것이다. 벽의 공훈이 참으로 거짓이 아니다. 아아! 벌벌 떨고 게으름이나 피우면서 천하의 대사를 그르치는 위인들은 편벽된 병이 없음을 뻐기고 있다. 그런 자들이 이 그림을 본다면 깜짝 놀랄 것이다.』

조선시대 사람들도 가히 놀라올 정도로 고급스러운 원예 취미를 즐겼고, 그곳에는 벽을 가진 사람들이 있었음을 알 수 있다. 농촌진흥청 원예연구소 전희 박사가 발표한 논문 〈조선초(朝鮮初) 영농온실의 우수성〉에 의하면 조선시대 임금들은 한겨울에도 풋 채소를 먹었고, 아름다운 꽃들을 즐겼다는 것이다. 조선시대 온실은 단순히 자연광을 이용한 고대 로마의 온실과는 달리 온돌을 통한 지중가온시설과 함께 가마솥에 물을 끓여 발생한 증기를 온실 내부에 전달하는 보다 적극적인 온실이었다. 지붕에는 기름을 먹인 한지를 씌워 환기는 물론 실내 온도와 습도까지 조절했다고 한다. 조선 세종 때 의관인 전순의(全循義)가 지은 《산가요록》에 온실에 관한 내용이 나오는데, 전 박사는 "조선시대 온실은 궁중이나 일부 특권층에서만 사용, 후대에 제대로 전달되지 못했으나 국제원예학회에서 인정받고 있는 1619년 독일의 온실에 비해 170년이나 앞선 것으로 캐나다 토론토에서 열린 '국제원예학회 학술회의'에서 발표돼 세계를 놀라게 했다"고 밝혔다.

정민 교수(한양대 국문과)의 글에 의하면 18세기 들어서는 화훼 재배와 정원 경영이 웰빙 붐을 타고 크게 성행했다고 한다. 오창렬(吳昌烈)은 〈간화편(看花篇)〉이란 시에서 "나는 어린 꽃 기르길 어린 자식 기르듯 했고, 이름난 꽃 아끼기를 명사를 아끼듯 했다(我養稺花如稺子, 我愛名花如名士)"라고 했다. 그 당시 꽃에 미친 사람이 꽤 있었던 것 같다. 승지 박사해(朴師海)는 매화에 벽(癖)이 있었다. 안채에서 자는데, 눈보라가 크게 몰아쳤다. 매화가 얼까 봐 걱정이 된 그는 덮고 있던 하나뿐인 이불로 매화를 칭칭 둘렀다. 벌벌 떨며 아내에게 이렇게 말했다. "이젠 안 춥겠지?" 당시 문인들의 화훼벽(花卉癖)을 잘 말해주는 유명한 일화다.

조수삼(趙秀三, 1762~1849)의 문집《추재집(秋齋集)》에는 분송(盆松)만 전문적으로 취급하는 조팔룡(趙八龍)이란 사람의 이야기가 나온다. 그는 도화동 어귀에 살며 분에 담긴 온갖 기이한 형상의 소나무를 팔았다. 그의 소나무 분재는 장안의 부잣집에서 값을 아끼지 않고 사갔으며 사람들은 그를 애송노인(愛松老人)으로 불렀다고 한다. 심석구(沈錫龜) 같은 사람은 혼자서 무려 48종의 국화를 재배했던 것으로 유명했다. 신위(申緯, 1769~1845)의 시에 보면, 국화꽃 파는 소리가 온 거리에 가득한데, 해마다 다른 품종이 나와 품형(品形)을 다툰다고 했다.

강이천(姜彝天, 1769~1801)의 기록에는 국화재배 전문가인 김 노인의 이야기가 나온다. 그는 국화꽃을 손톱만한 것부터 한자 남짓 큰 것까지 자유자재로 피워냈고, 심지어 검은 빛깔의 국화까지 피웠다. 꽃 피는 시기도 마음대로 조절했고, 한 가지에서 서로 다른 색깔의 꽃을 피워내기까지 했다. 그는 그 방법을 비밀에 부쳐 이것으로 먹고 살았다고 한다. 또한 유박(柳璞, 1730~1787)은 황해도 배천에서 '백화암(百花庵-백 가지 꽃으로 둘러싸인 집)'을 경영하였는데, 당대 내로라하는 문인들이 모두 기문(記文)과 시를 써주었을 만큼 유명했다고 한다. 그는 자신의 화훼 재배 경험과 철학을 담아《화암수록(花庵隨錄)》이란 화훼 전문서를 남겼다. 어느 집에 기이한 화훼가 있다는 말을 들으면 천금을 주고라도 반드시 구해왔고, 중국을 왕래하는 배편에 부탁하여 외국의 화훼를 구해오기까지 했다고 한다.

당시만 해도 대장부가 꽃에 관심을 두는 것은 완물상지(玩物喪志-하찮은 사물에 탐닉하면 뜻이 손상된다)라고 하여 비판 받았다지만, 아름다움과 즐거움을 추구하는 인간의 본성을 어쩔 수 없었다. 어떤 분야든 벽을 가진 사람이 있게 마련이다. 지금도 난 화분 하나에 수백·수천만 원에 거래된다고 하면 세상살이에 고달픈 대다수의 사람들은 어지간히 미친 짓이 아니고는 할 수 없는 짓이라고 쑥덕거리겠지만, 한편으로 이러한 사람들이 있기에 난문화가 발전해가는 것이라고 한다면 지나친 억측일까?

벽((癖)을 가진 사람이란 무언가에 대해 비정상적일 정도로 집착하고 열중해 있는 사람이다. 박제가는 벽이 없는 사람은 기인(棄人), 즉 버린 사람이라고까지 했다. 아무 짝에도 쓸모없는 사람이란 의미이다. 벽을 가진 사람이란 무엇인가를 지나치게 좋아해 거기에만 매달리는 사람이다. 세상에서는 이런 사람에 대해 편벽(偏僻)된 사람, 뭔가에 빠진 사람 홀린 사람이라고 비웃는다. 그러나 오로지 한 가지에 매달리다 보니 결국에는 저절로 자신만의 세계를 개척하게 되고, 그 분야에서는 누구도 따

동양란 재배와 감상

라올 수 없는 전문적인 능력을 갖게 된다. 이런 사람은 자신이 좋아하는 것을 위해서라면 인간적인 즐거움을 포기할 줄 안다. 세상은 적당히 즐기며 살라고 가르치지만 벽을 가진 사람은 자신이 좋아하는 것을 위해 출세도 명예도 과감히 포기할 줄 안다.

우리나라 난계에도 난(蘭)에 남다른 벽을 가진 사람이 더러 있었다. 그중에 대표적인 한 분이 향파(香坡) 김기용(金琪容.1915~1988) 선생이다. 향파 선생은 1915년 거제군 하청면 사환마을에서 출생, 17세에 난에 입문하여 1988년(향년 74세) 작고할 때까지 56년 동안 평생을 애란생활에 몰두해 한국 난(蘭) 개발과 재배역사에 뚜렷한 족적을 남기신 분이다. 향파 선생은 '애란은 애국(愛國)과 통한다'는 일념으로 한국난의 가치를 일궈내고 난 재배이론을 정립,《동양란 재배와 감상》이란 저서를 남기고 난분과 식재를 개발하는 등 한결같은 애란생활을 통해 난인의 길을 보여준 한국난계의 사표(師表)로 추앙받는 인물이다. 당시 경제사정, 불편한 교통 등 여러 가지 어려움을 딛고 제주한란의 우수성을 널리 알리는 한편, 한국춘란을 개발, 몇몇 품종(한국춘란 '앵의'·'해금소', 제주한란 '백록모영' 등)을 명명(銘名)하기 까지 하였다. 지금과 달리 그 당시에 명품을 개발하기란 여간 어려울 때가 아니었을 것이다. 1998년 선생의 위업을 기리고자 애란인 271명과 32개의 난단체

향파 김기용 선생 애란비

가 참여하여 '향파 김기용선생 애란비'를 향리인 거제도에 세웠다. 우리 땅에 세운 최초의 애란비이다. 또 거제의 애란인을 중심으로 향파기념사업회(이사장 이성보)도 발족하였다.

지금 우리가 애배(愛培)하며 즐기고 있는 한국춘란의 경우를 보면, 40년도 채 안 되는 짧은 역사이지만 정도의 차이는 있을지 몰라도 수많은 난초 벽을 가진 사람들의 족적이 쌓여있다. 그들의 동기야 어찌 되었건 난초 채집, 수집, 배양에 쏟은 집념과 열정은 무어라 형언할 수 없을 정도이고, 초창기 희생 또한 클 수 밖에 없었다. 난초를 하는 사람이라면 누구나 한 두 번씩은 난에 미친 경험이 있을 것이다. 난 취미도 3번 정도의 미치는 과정이 있어야 전문가 수준의 난인에 이른다고 일반적으로 말한다.

한국춘란은 배양이 어려운 생물이고 고가의 자연예술품으로, 이에 벽(癖)을 가진 사람들은 이에 다가서고 극복하기 위해서 몰입해야 하고 미치지 않으면 안 된다. 자신을 초긴장 상태로 만들기도 하고, 오로지 난초에만 집중하여 잠재능력마저 끌어내게 된다. 사람은 자신이 좋아하는 것에 몰입할 때 능력도 발휘되고 행복해진다고 한다. 그러나 몰입하거나 미치면 그에 따른 시간적으로나 금전적으로 손실과 희생이 따르기 마련이다. 난문화가 오늘에 이르기까지에는 구도(求道)의 길처럼 난인들 앞에 수많은 어려움과 희생이 있었고, 이러한 과정에서 가계의 어려움을 가져오는 등 대가가 생각보다 훨씬 컸을 것이다. 난의 아름다움 뒤에 숨어있는 그 놀랍고도 복잡한 속성들을 이해하지도 못한 상태에서 난에 대한 사랑과 집착만 깊었기 때문에 더욱더 그러했을 것으로 여겨진다.

그러나 이러한 많은 사람들의 크고 작은 노력과 희생이 모아져 발전을 거듭하게 되었고, 한국춘란의 확고한 영역을 구축하기에 이르렀다. 80년대만 해도 거의 일본인들에 의존했던 한국춘란이 품종개발은 물론 배양기술에서도 일본을 앞지르기 시작한 지 이미 오래 된 것을 보면 괄목의 발전이라 할 수 있다.

위대한 창조물은 대부분 벽을 갖고 있는 자들로부터 나왔다. 이들은 한쪽으로 깊이 치우친 성격 때문에 시대와 어울리지 못하거나 미친 사람으로 불리기도 한다. 그러나 병이 될 정도로 무언가에 깊이 빠져 끈질기게 끝까지 매달리는 자를 통해 새로운 창조물이 나오고 세상은 변화된다. 독창적인 정신을 갖추고 전문의 기예를 익히는 것은 벽이 있는 사람만 가능하다. 요즘 말하는 문화융성이니 창조경제니 하는 것도 각 분야에 이같이 벽을 가진 사람이 있어야 가능하다.

'미치지 않으면 미치지 못한다(不狂不及, 불광불급)'는 말이 있다. 무슨 일이든지 미친 듯이 열정을 갖지 않으면 성취에 이를 수 없다는 뜻이다. 실제로 어느 분야에서 경지에 이른 사람들의 생애를 살펴보면 피나는 노력과 엄청난 집중력을 보였다는 것을 알 수 있다. 요즘 우리 난계에도 그저 순수 취미인은 수없이 많은데 소명의식을 갖고 평생을 통해 혼신의 열정을 쏟는 벽을 가진 사람은 보기 힘들다. 이루어야 하는 그 무엇이 사라진 것이 아니라 더 깊숙한 곳에 있는데도 찾지 못하는 것이라 생각된다.

다산 정약용 선생도 광기라는 막판 뒤집기의 힘이 없으면 '저 높은 단계'로 진입할 수 없다고 했다. '광기'를 다시 끌어내보자. 그곳에 새로운 단계로 들어서게 하는 추동력이 존재하고 있을 것이다. 역사의 흐름에서 광기는 주어진 국면의 마지막 틀을 깨고 다음 국면으로 나가게 하는 '뒤집기의 힘'이라고 할 수 있다.

한국 난계에 벽을 가진 사람이 많이 나왔으면 하는 바램을 가져본다.

나 또한 벽(癖)을 가진 진정한 난인으로 살고 싶다면 지나친 욕심일까?

한국춘란의 매력에 빠진 나의 애란일기

논어에 '종오소호(從吾所好)' 라는 말이 나온다. "나는 내가 좋아하는 것을 좇아간다"는 의미다. 내가 좋아하는 것을 좇아가는 것에 의지를 끊임없이 부추기고 북돋워 열정이 생기면 발분망식(發憤忘食, 어떤 환경에서도 무너지지 않고 먹는 것조차 자신의 의식세계에 들어오지 못하도록 까맣게 잊고 열심히 노력한다는 의미)의 지경에 다다른다고 했다.

나는 어릴 때부터 자연을 좋아하고 자연미에 빠짐이 예사롭지 않았다. 산야에 돋아난 이름 없는 풀에도 정신이 팔려 한참을 살펴보기도 하고, 냇가에 작은 조약돌 하나도 요리조리 돌려보며 가지고 놀기를 좋아했다. 이러한 나의 자연에 대한 애정과 탐미가 자연예술 취미로 연결된 것 같다. 나는 《자연의 예술적 형상》의 저자 에른스트 헤켈의 이론을 따르는 자연주의자다. 헤겔은 자연과 인간을 하나로 보았고, 생명이 깃들어 있든 아니든 모든 것에는 영(靈)이 스며들어 있다고 했다. 그는 자연 생명체의 아름다운 형상을 발견하고 그림으로 표현함으로써 인간의 미적 감각을 일깨워준 사람이다.

나는 대학시절부터 짬을 내어 탐석을 다녔다. 충주에서 단양에 이르는 한수·청풍·지곡 등의 남한강을 여러 번 다녀왔다. 한번은 여름휴가를 받아 집사람과 젖먹이 딸을 데리고 차도 없이 남한강으로 탐석을 갔다. 텐트를 쳐 아기를 재워놓고 한참동안 탐석을 하고 와보니, 텐트 밑에서 독사가 나와 기겁을 한 적도 있었다. 그 외에도 점촌·영양·일광·주전·태종대 등 바닷가, 지리산 덕천강·경호강, 밀양, 좌광천, 봉계 등 웬만한 수석산지는 서너 번씩은 다 다녀왔다. 즐겁게 다니던 탐석 생활이 충주댐으로 남한강 산지가 수몰되고, 여타 산지도 고갈되어 더 이상 탐석다닐 곳이 마땅치 않았다.

그러던 차에 지인과 함께 부산 근교 철마에 채란을 떠난 것이 한국춘란을 하게 된 시발이다. 이때가 1985년 1월이니 지금부터 36년 전의 일이다. 산에서 보춘화를 보는 순간 그동안 내가 가지고 있던 난에 대한 이미지가 그대로 다가왔다. 추운 엄동설한, 모든 자연이 잠자고 있는 산에서 홀로 파랗게 기개를 보이는 모습에 온몸에 전율을 느꼈다. 그 후로 주말이면 여지없이 채란을 떠났다. 토요일 오전 근무하던 때라 토요일은 가까운 곳으로, 일요일은 먼 곳으로 다여 왔다. 처음에는 대중교통을 이용했으나, 1987년부터는 승용차를 가진 동호인이 생겨 편하게 같이 다닐 수가 있었다.

이 당시 부산난인회 회원인 박영진 난인과 같이 산채를 많이 다녔는데, 내가 산에 들어가면 워낙 빠르게 이산 저산을 헤집고 다니다 보니 나를 '남부군'이라고 까지 불렀다. 당시에는 휴대폰 통화가 안 되던 때라, 해가 저물어가는데 길을 잃어 혼이 난적도 몇 번 있었다. 전남 화순에서는 산채 중에 앞이 잘 보이지 않을 만큼의 폭설이 오는데도 채란에 정신이 팔려 있다가 동료들에게 걱정을 끼친 경우도 있었다.

이때는 난이 내 생활의 많은 부분을 차지하고 있었다. 난을 하나하나 알아가는 재미는 물론이고, 난 동호인들과 함께하는 생활에서 활력을 얻으면서 매사에 적극적이었다. 난계의 원로들을 만나 조언도 듣고, 난점(蘭店)은 멀고 가까움, 크고 작음을 가리지 않고 수시로 찾아다녔다. 가까운 동호인을 초청해 우리집 마당에서 품평회도 하면서 그야말로 즐기는 애란생활이었다.

나는 32년 동안 부산지방국세청 및 산하 세무서에 근무하였다. 그 누구에게도 뒤지지 않는 열정과 노력으로 매사에 적극적인 자세로 직장생활을 했다. 과중한 업무에서 오는 중압감과 스트레스를 난취미로 해소하였다. 난으로 인하여 업무를 소홀히 할까봐 늘 스스로를 가다듬고 다잡아, 누구보다도 적극적인 자세로 바르게 하려고 노력하였다. 부산지방국세청 관내에 '청목회(淸牧會)'라는 직장 내 난 동호회를 만들어 회장을 맡아서 운영하였고, 납세자의 날(3월 3일) 행사 때 청사 내에서 난 전시회를 열어 직원들의 좋은 호응을 받기도 하였다.

내가 난을 시작한 지는 오래되었지만 큰 금액을 주고 난을 구입한 것은 1993년에 '관음'을 구입한 것이 처음이다. 그 후로 매년 2~3개의 품종을 구입하였다. 공직자로서 재산등록 시 수입과 지출을 맞추기가 어려워 애를 먹었다. 부동산을 처분한 자금원은 있는데 사용처를 나타낼 수가 없어 고민하다가, 구입한 난초를 증빙과 함께 정상적으로 재산 등록하였다. 처음에는 윤리계(재산등록을 담당하는 부서)에서 "난초가 무슨 재산적 가치가 있느냐? 하면서 따졌지만 적극적인 소명으로 납득시킬 수 있었다. 이때는 내가 취미수준을 넘어 난을 한다고 이미 국세청 내에 소문이 나 있을 때이다.

2001년 행정사무관 때 일이다. 일본 동경에서 개최되는 '전일본춘란연합

한국춘란 중투호 '대동보(大東寶)'

전시회'에 참가하기 위해 B상인과 함께 일본을 가면서 내가 잘 키운 '진주수' (한국춘란 중투) 4축을 가지고 갔다. 이 때 진주수가 축당 2,000만 원 할 때이다. 진주수를 일본난인 '이도 쓰네오' 상에게 팔고, '도야' 상으로부터 '대동보' (내가 명명한 한국춘란중투)를 구입해왔다. 이를 부산의 모 상인이 "정계조가 난 상인과 함께 일본에 가서 비싼 난을 사왔다"라고 부산지방국세청 감사관에게 알렸으나, 감사관은 정계조 과장은 반드시 무슨 사연이 있을 것이라고 하면서 자초지종을 알아보고는 해프닝으로 넘어갔다.

나는 난을 한 이후로 아파트에 살아본 적이 없다. 1987년 부산 사직동에 단독주택을 구입하고 집 앞마당에 3평 정도의 간이난실을 지어 난을 길렀다. 삼복더위 때는 복사열로 37~38℃까지 예사로 오르내리고, 겨울에는 보온이 잘 안되어 영하로 내려가는 경우도 더러 있었다. 이때는 난초 캐는데 정신이 팔려있었지, 기르는 데는 소홀했던 것 같다.

1999년에는 앞마당에 6평 정도 규모로 어느 정도 시설을 갖춘 난실을 짓고, 스텐봉으로 보안시설까지 했다. 내집 마련했을 때보다 더 기뻤고, 앞으로 난 배양에 대한 포부에 행복해 했다. 이제는 배양에 문제가 없을 것이라고 생각했는데, 이듬해 여름을 날 때 또 피해가 있었다. 내 스스로에 대한 한계를 인식하고, 2000년 가을 난전문배양장으로 난을 전부 옮겼다. 이때가 부산에 합동배양장이 처음으로 생긴 때이다. 유리온실에 최신시설을 갖추었으니 난인이면 누구나 동경하던 배양장이다. 퇴근 후 난실을 들러서 집에 오면 밤 11시다. 바쁘고 고된 일과인데도 난 배양을 잘 하기 위해서라고 생각하면서 즐거운 마음으로 행복한 나날을 보냈다. 그해 가을에는 좋은 일조량에 난이 생기를 보이며 잘 자랐고, 합동배양장이 커뮤니티 공간이 되어 더 없이 좋았다. 그러나 여기서도 이듬해 봄이 지나자 연부병 등이 생기고, 난이 여름을 나는데 힘들어 하는 모습이 보기에 안쓰러울 정도였다. 그 당시에는 원인을 알 수 없었으나 나중에 지하수에 함유된 염분 때문이라는 것을 알았다.

이때 나는 난에 자신감을 잃고 난을 그만둘까 하는 생각을 심각하게 했다. 만사가 손에 잡히지를 않고, 우울한 나날을 한동안 보냈다. 그러나 난을 떨칠 수는 없었다. 며칠을 고민한 끝에 내 난실을 지어 내방식대로 난을 관리해 보자는 오기가 생겼다. 마침 울산에 집사람 앞으로 있던 부동산이 처분되어 난실을 곁들인 집을 짓기로 했다. 2003년에 내가 직접 구상해서 주택과 함께 16평 규모의 유리온실을 지은 것이 지금의 난실이다.

2층은 주택으로 하고, 3층은 서재와 난실이다. 유리온실에다 집안에 난실이 있으니 더없이 편하고 좋았다. 난인인 나로서는 그 어떤 저택보다도 이 집이 좋다. 주변의 난인들도 부러워하고 난인들의 로망이라고 말한다. 그러나 새집 증후군도 있고, 굉장히 추웠던 2004년 1월 추위에 보온시설 부족과 창문개폐의 잘못으로 또 한 차례 난이 데미지를 입었다.

그러나 차츰 관리방법을 터득해서 보완해가니 난 배양 상태가 점차 좋아졌다. 나는 이 집과 난실을 참으로 좋아하고 소중히 여긴다. 그로부터 13년이 지나자 화분 수가 늘어나 난실이 비좁아졌다. 난실 공간이 부족한 것도 있지만 옥상난실에서는 꽃관리에 한계가 있음을 보완하기 위해 2016년 가을부터 일부를 합동배양장으로 옮겨서 관리하고 있다. 현재는 소장하고 있는 난초가 약 1,600화분 정도인데, 그중 약 700화분 정도는 집 가까이에 있는 합동배양장에 두고 관리하면서 동호인들과 커뮤니티가 잘 이뤄지니 즐겁고 만족스럽다.

직장에 다니면서 난초를 키우는 것이라 여러 가지 어려움이 많다. 저녁시간은 기약할 수 없으므로 아침에 1~2시간 일을 하고 출근한다. 봄가을 분갈이 시에는 무척 바쁘다. 이때 한 달가량은 밤늦게까지 난에만 몰입해서 시간 가는 줄도 모르고 일을 한다. 아침 6시부터 다음날 새벽 2시까지 20시간을 분갈이 한 적도 있었다. 아내는 일을 도와주면서 이야기도 들려주고 간식도 잘 챙겨준다. 아들이 설 추석 때마다 집에 와 보면, 이때가 분갈이 철이라 아버지가 밤낮으로 분갈이를 하고 있는 모습을 보게 된다. 아들은 아버지의 이런 모습에 진심으로 존경하는 마음을 가지게 되었다고 말한다.

난 취미를 오래 하다 보니 육체적, 정신적 건강에 도움이 많았던 것 같다. 공직근무에 따른 운동량 부족을 난관리로 많이 메우는 셈이다. 물주기, 분갈이, 난인 만나기, 난점 나들이 등 움직임도 있지만 난인은 난실에서 난대 사이로 왔다갔다 하는 시간이 많다. 생활에 많은 부분을 차지하고, 모두가 움직임이다. 저녁에 아무리 늦게 귀가해도 난실에 들러 난들과 인사를 나눈다. 난인이 난실에 들면 시간 가는 줄을 모른다. 집사람이 데리러 오는 때가 많다. 돌이켜 생각해보면 나의 애란생활은 그 누구보다도 심취했고 열정이 식을 줄 몰랐으며, 지치거나 권태로 망설인 적이 없었던 것 같다.

집사람에게 늘 미안하고, 한량없는 감사를 드린다. 집사람은 나만큼 난을 좋아하는 사람은 아니다. 많이 힘들었을 것인데 난배양, 전시회, 손님접대 등 난에 관한 일은 아무런 투정 없이 잘 도와준다. 난계에는 많은 사람이 있고 행사도 많은데, 단체장을 맡는 등 역할이 많고 보니 도울 일이 많을 수밖에 없고 여러 가지로 어려움이 있었을 것이다. 더구나 부부가 같이 장기간 여행을 할 수 없는 것도 어려움 중의 하나다. 겨울에는 4박 5일 정도야 가능하겠지만, 여름에는 이틀도 힘들다.

내가 난과 함께한 36년의 긴 세월 동안 숱한 사연과 함께 쌓인 애환들이 주마등처럼 스쳐 지나간다. 난(蘭)은 나에게 수많은 시련과 열정을, 삶의 향기와 여유를, 자존과 보람을 더해주는 존재이다. 어느 순간 갑자기 사랑이 시작된다고 하는데, 내게는 난이 그런 존재다. 나는 늘 난과 같이 있으면 즐겁고 재미있어 쉽게 몰입되고 다른 잡념이 사라진다. 나는 난인으로서 끝없는 애정과 자부심을 갖고 내 생활 중심에 난(蘭)을 담고 살아간다.

내 삶의 한복판에 난이 차지하고 있기에, 공직자로서는 장애가 되기도 하고 어려운 짐으로 다가오기도 여러 번 있었다. 공직자로서의 걸림돌과 배양의 어려움 때문에 난을 내 인생에서 내려놓을까 하는 생각을 한 적도 몇 번 있었다. 하지만 난에 대한 나의 사랑은 그 무엇으로도 막을 수가 없었다. 오히려 그러한 짐 때문에 공직생활을 더 열심히 더 반듯하게 더 모범적으로 하려고 노력했다. 공직자로서 틀에 박힌 생활의 무료함을 탈피할 수 있었고, 늘 활기찬 생활을 할 수 있는 촉매제가 되었다. 또한 난(蘭)은 나에게 늘 정신적 위안이 되었고, 새로운 분야에 대한 도전과 성취감을 주었으며, 오히려 아무런 탈 없이 공직생활을 성공적으로 마무리할 수 있도록 하는 제어축이 되었다고 할 수 있다.

내 삶에 있어 가장 화려한 사치요, 행운은 난(蘭)이다. 그것이 얼마나 황홀한 경험인지 설명하기 어렵지만 그로 인해 나의 삶이 한결 풍요로워진 것만은 분명하다. 난을 조금할 때는 사치 같지만 오래토록 계속하다 보니 뭔가가 쌓이고 난인으로서의 덕성이 몸에 배여, 내 자신은 물론 남들도 그것을 깊이 있게 받아들이게 되었다. 시간이 흐르면서 난에 대한 철학도 생기고 내가 해야 할 일도 생겨나 많은 일을 신명나게 성취감을 가지면서 해나갔다. 사람에 따라서는 처음부터 목표를 정해놓고 도전하는 사람도 있겠지만, 내가 난을 하면서 걸어온 길은 그렇지 않다. 앞에 보이는 작은 산을 오르고 나니 더 높은 또 하나의 산이 나타나고, 이를 오르고 나니 또다시 내가 오를 산이 보이는 형국이었다.

내가 난(蘭)을 시작한 것은 1985년이지만 '난심회' '난목회' 등 친목단체에서만 활동하다가 제도권 난단체에서 역할을 한 것은 1998년부터이다. 1998년 '한풀난회' 창립과 함께 회장을 맡고, 부산난연합회 창립 감사로 출발했다. '부산난연합회' 는 출발 후 많은 내홍을 겪다가 2년을 넘기지 못하고 좌초의 위기를 맞게 되었다. 이 시기 부산지역에서는 부산난연합회와 부산난문화협회 사이에 단체 간의 세력 확장과 뿌리 깊은 알력이 노출되어 심한 내홍을 겪고 있었다. 각 난회는 어느 쪽으로 가야 할지를 고민하고 우왕좌왕하였다.

이 시기에 난계의 원로이신 (사)한국난문화협회 초대회장 박상길 님께서 부산에 내려와 부산난문화협회에 고문으로 있을 때이다. 부산난문화협회 간부들은 평소 친분관계 등을 내세우며 나에게 부산난연합회에서 부산난문화협회로 옮길 것을 줄기차게 제의해왔다. 나는 한풀난회 회원들과 함께 어떠한 어려움이 있어도 부산난연합회를 지키기로 하였고, 앞장서서 부산난연합회를 재건하였다. 아울러 2001년 내가 나서서 부산난연합회를 사단법인으로 부산시 인가 받으니, 그 후로는 부산 난계가 (사)부산난연합회를 중심으로 안정되었고 순탄하게 나아가게 되었다.

(사)부산난연합회 6, 7대 이사장을 역임하였다. 회원들의 한량없는 신뢰와 성원 속에서

부산지역 난인들이 애란생활을 즐길 수 있는 여건을 마련하고 전시회의 모양과 작품 수준을 전국대회 수준으로 격상시켰다. 단합대회 등으로 회원들의 우의를 돈독히 하고, 동호인들끼리 늘 반갑고 재미있는 부산 난계를 만들었다. 나아가 생활난문화와 난문화 대중화에 앞장섰다. 재임 당시 '시민

제12회 부산난연합명품대전

을 위한 난 무료강좌'를 개설하여 7년 동안 직접 운영·강의하였고, 부산시로부터 보조금을 받아내고, '부산난연합회 엽예품대회'도 창설하여 매년 개최하였다. 이사장을 역임하는 동안 부산난인들의 에너지가 결집되었고, (사)부산난연합회의 세를 크게 확장하여 소속 단위난회가 14개에 이르렀다. 강의를 위한 교재로도 사용하고 난인들을 위한 기본 지침서가 필요하여 2010년도에 《한국춘란 품종과 배양》이란 한국춘란 기본서를 출판하였다. 당시에 급하게 쓴 관계로 부족한 점이 다소 있어, 조만간 보완하여 증보판을 낼 계획이다. 더 나아가 한국춘란이 태동한 지 40년이 된 시점에서 한국춘란 문화의 역사, 한국춘란 문화의 관념과 정신세계, 난인들이 추구하고 걸어온 길의 모습, 앞으로 나아갈 방향 등을 정리한 《한국춘란 문화를 꽃 피운, 난인의 세계》를 심혈을 기울여 집필하게 되었다.

2006년 9월 국제동양란교류협회를 창립하고, 그해 11월 제1회 '국제동양란명품대회'를 부산에서 개최하였다. 이 대회는 그 후에도 6번 더 개최되었는데 대회준비위원장, 대회조직위원장, 대회장 등을 맡아 동양란 국제대회로서 위상에 걸맞은 대회가 되도록 중추적인 역할을 하였고, 현재 국제동양란교류협회 회장을 맡고 있다. 나는 동양란을 하는 4개국(한국, 중국, 일본, 대만) 간의 교류를 위해서, 동양란 교류 중심에 서 있는 한국춘란이 국제 난 문화상품으로 되기 위해서는

제7회 국제동양란명품박람회

동양란의 국제기구가 필요하고 이를 한국의 부산에 두고자 하였다. 일본이 1930년대에 설립하고자 하였으나 이루지 못한 단체이다. 단체설립과 함께 대회를 연속적으로 개최함으로써 내·외국 난인으로부터는 명실상부한 국제기구로 인정받고 있다. 그러나 국내 타 단체의 견제로 법인설립이 미루어지고 있는 실정이다. 국제동양란교류협회는 한국춘란의 문화창달과 국제교류의 새로운 방향을 모색하여, 한국춘란의 시대를 열고 한국춘란문화가 세계로 미래로 찬란히 나아가는 데 부단히 노력하는 단체이다.

2015년 (사)한국난재배자협회 자생란경영회장에 취임하였다. 나는 취임하면서 그동안 선배 난인들이 구축한 한국춘란 문화를 폭과 깊이를 더하고 산업화 기반을 구축해서 한국춘란을 국제 난문화상품으로 만드는 것을 목표로 삼았다. 이를 위해 난문화 단체와는 별도의 산업단체를 결성, 정부의 지원하에 난 영농기반 조성과 함께 난문화의 산업화를 위한 인프라 구축이 새로운 과제였다. 정부의 지원을 받기 위해, 2015년 11월 농림수산식품부로부터 '난(蘭) 자조금' 승인을 어렵게 받아냈다. 난 자조금 단체를 바탕으로 정부의 협조 아래 애란인들의 난문화 활동을 지원하고, 전국적인 난 영농조합을 구축하여 난 영농에 실질적인 도움을 주고자 하였다. 그러나 난계의 에너지가 넘치던 때라 난 단체 간에 이기심이 팽배해 있었고, 특히 유통인 단체가 자기들의 영역을 훼손할까 하는 우려 때문에 서로간의 협조와 공동선의 윈윈(win win) 전선을 구축하지 못하였다. 더구나 난 자조금이 첫해에 2억8천만 원으로 책정하여 차기 집행부에 넘겼는데 그 후 이를 발전시키지 못하고 퇴보시키는 것을 지켜보면서 몹시 안타까웠다.

난인들의 대부분이 그렇겠지만 나는 남달리 새로운 난 품종 개발에 욕심과 애착이 많았다. 난을 보는 안목은 여타 난인들보다 앞섰는데, 이 부분은 난인들 사이에는 오래 전부터 정평이 나있었다. 그래서 상인들이나 애란인들은 신품종이 발견되면 나에게 감정 받는 경우가 많았다. 마음에 드는 난을 보고 와서는 구입할 궁리에 잠 못 이룬 날이 한두 번이 아니다. 구입을 못한 경우는 한두 달 동안 좌절감에 빠진다. 좋은 품종이 나타났다고 연락이

한국춘란 주금화 '아사달(阿斯達)'   한국춘란 복륜 '신단수(神檀樹)'   한국춘란 원판소심 '소금강(素金剛)'

오면 어디든지 달려갔다. 스마트폰이 없던 시기, 좋은 주금화가 있다는 전화를 받고 밤 9시에 부산에서 함평까지 달려가 실물을 보고 실망하고 다시 돌아와 바로 출근하기도 했다. 절제하고 또 절제했지만 퇴직할 때 대출이 한도를 차 있었고, 퇴직 후에 난 경기가 좋아 갚을 수 있었다.

그렇게 해서 난 품종 등록을 많이 했다. '관음' '아사달' '소금강' '신단수' '대동보' 등 28개 품종을 등록했고, 앞으로 등록할 난이 '천송', '고려대보' 등 20개 정도 더 준비되어 있다.

난인들은 대부분이 난 배양 때문에 어려움을 겪는데, 나도 배양에 몇 번의 실패가 있었다.

첫 번째는 단독주택 마당에다 나름대로 6평 규모의 난실에서 배양할 때, 동해를 입었다. 당시만 해도 난인들이 겨울동면을 2~4℃ 정도로 맞추었는데, 용량이 적은 난로에 갑자기 한파가 몰아치는 날에는 난실 내 온도가 영하로 내려가 화장토가 어는 날이 생긴 것이다. 당시만 해도 난초가 어는 것이 얼마나 위험한 일인지를 잘 모를 때이다.

두 번째의 실패는 염분이 높은 물 때문이다. 2001년 우리 집 배양장의 한계를 느낀 나머지 난전문배양장으로 난을 옮겼을 때다. 그곳에서는 물을 지하수로 이용하였는데 해안가다 보니 염분이 높았던 것이다. 2년 동안에 걸쳐 난이 상당히 퇴보하였다. 이에 겹쳐 2003년 9월 태풍 '매미'로 인한 단전으로 일주일 동안 창문개폐가 안 되는 바람에 난의 피해가 엄청나게 컸다.

세 번째는 유리온실 자동개폐 창문의 문제점 때문이다. 2004년과 2005년 한파가 심하였을 때다. 새롭게 지은 유리온실이라 완벽하다고 생각했는데, 창쪽에 놓인 난들이 이듬해 봄이 되면 탄저가 생기고 정상 성장이 안 되었다. 처음 한두 해에는 그 원인을 몰랐던 것이다. 나중에서야 창문으로 들어온 찬바람 때문이라는 것을 알았다. 추운 겨울에 실내온도 상승으로 창문이 자동으로 열릴 때 일시에 찬바람이 들어와 난잎에 치명상을 준 것이다.

크고 작은 전시회의 전시준비위원장과 대회장을 맡은 횟수도 20번쯤 된다. 시간적으로나 재정적으로 여유가 있어서가 아니었다. 국세청 업무에서도 난계행사에서도 기획하고 추진하는 일은 나름대로 소질을 가지고 있었다. 힘들지 않은 대회가 없었고 사연도 많지만, 보람도 있었다. 난인에 있어 전시회는 예술이요, 문화다. 전시회 등 행사 하나하나가 모여 난문화가 되고 난인들의 세계가 되는 것이다. 관람객이 출품작을 보고 황홀해하고 행복감에 젖어드는 모습을 보면 난인은 문화와 아름다움을 만드는 사람으로 자부심을 갖게 된다.

내가 난을 제도권 전시회에 처음 출품한 것이 1998년 제1회 부산난연합명품대회였다. 그때 '한풀난회' 소속으로 참가했는데, 단체우승과 함께 '관음'이 최우수상을 받았다. 꽃 3대를 올린 '관음'이 작품성도 있고 황화소심의 꽃색이 하도 신비로워 관람객의 마음을 사로잡아 그 앞에서 발을 떼지 못하는 광경이 연출되었다. 이 '관음'은 꽃대 2대로 그 해 (사)한국난문화협회가 과천에서 개최한 '한국난명품전국대회'에서도 최우수상을 수상했다.

난만큼 내 인생에 영향을 많이 준 것은 없다. 내가 난을 하게 된 동기는 내 인생을 위해 무언가를 얻기 위해서 시작한 것은 아니다. 명예나 물질적인 이득을 얻기 위함은 더더욱 아니다. 어릴 때부터 자연을 좋아했고, 자연에 쉽게 다가설 수 있었으며, 자연을 취미로 하는 생활에 쉽게 몰입하고 즐기는 본성 때문일 것이다. 자연예술을 이해하고 탐미하는 안목도 남보다 조금 앞섰던 것 같다. 난과 생활을 하면서 몰랐던 것을 하나하나 알아나가고,

새로운 분야에 도전하여 성취해가고, 어느 순간 전문가가 되고, 자존감을 갖게 하는 것이 내가 경험한 난과 생활이다.

난은 나에게 무엇인가? 가람 이병기 선생이나 난파 김기용 선생같이 선각자는 못되어도 이 시대를 살아가는 난인으로서, 무엇보다도 껍데기 난인은 되지 않기 위해서 철학과 기준을 가지고 내 인생에 난(蘭)을 담아갔다. 36년이란 긴 세월을 같이 하면서 내 가슴에 이렇게 불을 지피는 이치는 과연 어디에 있는 것일까? 참으로 마음이란 물건이 무엇인지, 어떻게 동하고 내키는지 알 도리가 없다. 옷깃만 스쳐도 인연이라고 하는데 나에게 있어 난(蘭)은 지독한 인연임에 틀림없다.

주변 난인으로부터 "정계조 회장은 그냥 애란인이 아니고 난초가 종교이다"라는 말을 많이 들었다. 무슨 일에서든 열정을 쏟는 성격인데 난을 하는 모습이 더 그렇게 보였던 모양이다. 내가 하도 난에 빠져 있고, 난 배양이나 난초구입으로 고민을 하고 있으니 집사람이 용하다는 점쟁이에게 물어본 적도 있었다. "이 사람 영혼에는 예쁜 난꽃이 많이 피어 있고, 앞으로는 잘될 것이니 걱정하지 마라"라는 답을 듣고 와서는 운명적으로 타고 났으니 어쩌겠느냐고 했다.

2014년 6월 공무원을 퇴직하고 세무사업을 하니 난 취미생활이 한층 탄력을 받고, 즐거움과 보람이 쌓이는 것을 느낄 수가 있었다. 매사에 여유로움이 생기니 난취미도 그 완숙미를 더해가는 모습을 내 스스로가 느낄 수 있었다. 아침 출근이 늦어도 되고 언제라도 내 시간을 낼 수가 있으니, 애란생활을 하는 나로서는 안성맞춤이다. 더구나 난으로부터 수익이 창출되니 아쉬울 것이 없다. 친구들이 대부분 직장에서 퇴직한 후인지라 무료해하고 답답해하면서 방황하기도 하지만, 나는 세무사업무와 애란생활로 잘 짜여져 있으니 인생의 황금기를 맞은 것 같다. 별다른 취미가 없는 친구들과 나이든 선배님들은 나의 애란생활을 매우 부러워한다. 난(蘭)은 나에게 건강으로, 자존감으로, 생활의 윤택함으로, 보람으로 다가온다. 백세시대에서 오랫동안 난과 함께할 수 있기를 기원해본다.

우리 조상들의 애란생활

　우리 조상들은 난(蘭)을 매화·국화·대나무와 함께 사군자의 하나로 하여 특별히 가까이 하였다. 그들은 사신으로 중국에 왕래하는 과정에서 난을 접하게 되었고, 난에 대한 관념과 정신세계 또한 중국의 영향을 많이 받았을 것이다.
　우리 조상들의 애란생활과 난에 대한 관념, 정신세계 등은 시문 등에 잘 나타나 있다. 고려 때부터 난인이 제법 많이 있었다는 것도 시문 등에 난(蘭)이 자주 등장하는 것으로 보아 알 수 있다. 우리 조상들이 어떻게 애란생활을 즐겼는지 난을 한 모습과 정신세계가 어떠했을지는 각종 기록을 통하여 더듬어볼 수 있다.

　중국인은 송나라 때부터 많은 난인들이 난(蘭)을 즐겼음을 기록을 보면 알 수 있다. 송대의 도곡(陶穀, 903~971)이 지은 《청이록(淸異錄)》에 "난은 비록 꽃 한송이가 피기는 하나 그 향기는 실내에 가득차서 사람을 감싸고 열흘이 되어도 그치지 않는다. 그러므로 강남 사람들은 난을 향조(香祖)로 삼는다"라는 구절이 보인다. 이것은 분명히 한 줄기에 꽃 한송이가 피는 춘란류를 말한 것이다. 이는 중국에서 10C경부터 춘란을 기르고 즐기는 난인이 있었음을 말해준다.

　우리 조상들의 난에 대한 기록은 오래전부터 나온다. 《삼국유사》 가락국기에 수로왕이 아유타국의 공주 허황옥(許黃玉)과 그 일행을 맞이할 때 난초로 만든 마실 것과 혜초로 만

든 술을 대접하였다는 기록이 있다. 그러나 이때의 난(蘭)은 오늘날의 난이 아닌 국화과의 난인 '향등골나물' 또는 '향수란(香水蘭, Fupatorium fortunei Trucz)'으로 추정된다.

오늘날 말하는 난과(蘭科)의 난에 대한 기록은 고려 중기 김부식(金富軾)의 〈임진유감(臨津有感)〉, 김극기(金克己)의 〈유감(有感)〉을 비롯하여 이규보(李奎報)의 난에 관한 많은 시구(詩句)들에 나온다. 이제현의 《역옹패설(1342년)》에 "일찍이 여항(餘杭)에 객으로 머물러 있을 적에 어떤 사람이 난을 분에 심어서 선물로 주었다. 이것을 서안 위에 놓아두었는데, 한참 손님을 접대하고 일을 처리하는 동안에는 그 난이 향기로운 줄을 몰랐다가 밤이 깊어 고요히 앉았노라니 달은 창 앞에 휘영청 밝고 그 향기가 코를 찌르는 듯하여 맑고 그윽한 향기를 사랑할 만하고 말로써 표현할 수 없음을 느꼈다"라는 구절이 있다. 고려 인종 때 시인 임춘의 《서화집》에도 난에 대한 기록이 두 번 나온다. 그러나 이들은 난에 대한 기록을 남겼지만 난을 기르면서 즐기는 난인이었다고 볼 만한 기록은 없다.

그렇다면 실제로 난을 기르면서 즐긴 난인이 생긴 때는 언제부터일까. 고려 말 우리나라의 사신이 원나라를 빈번히 다녀오고 원나라에 가서 벼슬도 한 사실 등으로 미루어볼 때 이 시대에 우리나라에서 난을 재배하면서 즐겼을 것으로 보이고, 기록에도 나온다.

우리나라에서 난초를 기르면서 즐긴 난인이 생긴 시기는 고려 말 1300년대부터로 볼 수 있고, 대표적인 난인은 척산군(陟山君) 이원계(李元桂, 1330~1388)와 난파(蘭坡) 이거인(李居仁, 1346 ~ 1402년)이 있었다는 것을 다음의 기록으로 알 수 있다.

척산군 이원계에 대한 애란기록을 보자. 목은 이색의 난시(蘭詩)가 있는데, 이 난시는 목은이 난을 기르면서 자신이 기른 난을 소재로 쓴 시가 아니라 척산군이 목은에게 가지고 온 난초를 보는 순간, 그리고 난향을 맡는 순간 자신의 두 눈이 맑아짐을 느끼고 그 향기 속에서 자신의 심성이 아직도 사람 되기에 못 미침을 개탄한 내용의 시이다. 동시대의 학자인 도은 이숭인(李崇仁)의 《도은문집》에도 난시가 나오는데, 이 또한 도은이 척산군의 난초를 보고 지은 시이다. 이 두 시의 내용으로 볼 때 척산군은 당시 화원을 조성하고 분란(盆蘭)을 기르는 등 굉장히 수준 높은 원예인이었음을 알 수 있다.

다음은 난파 이거인에 대한 애란기록을 보자. 고려 말 권근(1352~1409) 선생이 지은 문집 《양촌집》에 난파 이거인(蘭坡 李居仁) 선생에 대한 기록이 나온다. "공은 어려서부터 즐기고 숭상하는 것이 세속사람들과 달라서 집을 다스리는 데 있고 없는 것은 묻지 않았다. 간직하는 것은 글씨와 그림이고, 거문고와 바둑판이었다. 심는 것은 매화·난초·소나무·대나무요, 기르는 것은 사슴이나 학이었다. 한 가지라도 갖추지 못하면 불만스러워 반드시 구한 뒤에야 즐거워하였다."

이거인은 1346년 출생하여 1402년 57세 일기로 사망한 여말선초의 난인이요, 동시에 한국 최초의 난인 중의 한사람이라 말할 수 있겠다. 심산유곡의 난과 같이 세상에 알려지지 않은 난파 이거인의 애란생활 일부가 이렇게 전해지는 것은 참으로 다행한 일이다.

삼봉 정도전의 문집 《삼봉집》에 보면 「題蘭坡四詠軸末」(제난파사영축말, 난파의 사영

축 끝에 씀)이란 글이 있다. 이에 이런 글이 나온다. "내가 송경(송도를 가리킴)에 있을 적에 날마다 선생(이거인을 말함)의 집에 갔는데 좌우에 다른 물건은 없었고 오직 거문고와 책상만 있었으며, 옆에는 작은 화분이 있어 송(松)·죽(竹)·매(梅)·난(蘭)을 그 속에 심고 그를 완상하며 즐겼다."

《양촌집》 제1권에 보면 이거인이 경상도 순찰사 시절, 난인의 멋을 묘사한 〈난죽장(蘭竹章)〉이란 제목의 시가 있다.

무성하다 저 난초,
높은 벌 낮은 뚝에
꽃다운 그 향기라면
기름진 그 잎이로세.
군자만이 이를 캐서
향기 가득 스몄도다.
명광전(明光殿) 접근해라
손에 쥐고 들어가니,
아름답고 훈훈한 그 덕
왕의 마음 사로잡네.
나라 열고 집 만들어
길이 공업을 세우도다.

무성하다 저 난초,
잎마저 기나기네.
향기롭다 저 난초,

꽃조차 아름답구나.

가까이 함직해라.

군자의 옆에

패물로 삼고지고.

군자의 옷에

군자가 좋아하는 것은

오직 덕의 빛이로다.

덕이 저렇듯 무성하니

길이길이 못잊을래.

(후략)

《동문선》제4권에 수록되어 있는 이인복(李仁復, 고려 말 대학자 1308~1374)의 시에도 이거인의 난에 대한 이야기가 나온다.

題蘭坡李御史壽父卷居仁

猗蘭生有香	아름다운 난초는 나서부터 향기 있으니,
故與君子配	그러므로 군자에 비한다.
操入宣父琴	곡조는 선보의 거문고에 들어오고,
紉爲楚臣佩	엮어서는 초신의 패물 되었네.
高風縱云遠	높은 풍도는 비록 멀어졌으나,
賸馥今猶在	남은 향기는 지금도 남아 있다.
夫君亦有美	우리 벗 또한 아름다워라,
藝此勤灌漑	이것을 심고 부지런히 배양한다.

芳根幾許深　꽃다운 뿌리는 얼마나 깊은가,
　　(후략)

난과 이거인에 관한 정몽주의 시도 있다.

蘭坡四詠次陶隱陽村(盆種松竹蘭梅)

蘭
手種幽澗畹　[수종유간원]　그윽한 시냇가에 손수 심었네.
猗猗遠有香　[의의원유향]　먼곳까지 꽃향기 퍼져있구나.
伯漁曾夢與　[백어증몽여]　백어가 일찌기 꿈에서 주니
尼父爲心傷　[니부위심상]　공자가 그 때문에 상심하였네.
握去身方潔　[악거신방결]　손에 쥐면 이몸이 곧 맑아지고
紉來佩自長　[인래패자장]　이으면 찬 장식이 길어지는데,
欲知淸意味　[욕지청의미]　맑은 뜻을 알고자 하여 봤더니
露葉轉風光　[로엽전풍광]　이슬 맺힌 잎새에 풍광이 나네.

정동호 박사의《한국의 정원》에 보면, 동국이상국집 조경식물표에 의하면 한국문헌상 난에 관한 기록은 1163년으로 표시되어 있었으며, 이에 이규보의《동국이상국집》11권에 수록된 시를 읽으면서 한 가지 떠오른 것은 이규보 당시까지도 고려인들은 난초를 분에 심어 기르지 않고 그냥 정원 모퉁이에 심어 길렀다는 주장을 하고 있다.

조선 초, 청천 강희안(姜希顔, 1417~1464)은 다른 원예식물과 난(蘭)에 대한 높은 관심과 함께 본격적인 연구를 하였다. 그의 저서《양화소록(養花小錄, 세종31년, 1449)》에는 1400

년대 조선조 초 화훼문화의 실상을 소상히 밝히고 있다. 강희안은 안사형(安士亨)과 더불어 화목에 대한 안목이 탁월하였던 사람으로 저서 《양화소록(養花小錄)》에서 난을 심자(深紫)·담자(淡紫)·진홍·담홍·황란·백란·벽란·녹란·어타(魚鮀)·금전(金錢) 등으로 분류하고, 중국의 옛 기록을 소개하면서 재배법을 논하였다. 난꽃의 색소를 중심으로 난을 분류한 기록, 난 배양토에 관한 기록, 난잎을 술로 닦은 기록이 나온다. 더불어 우리나라 자생란의 종류와 분포상황, 자생란의 특성을 밝히고 있다.

"우리나라는 난초와 혜초의 종류가 그리 많지 않다. 분에 옮긴 뒤에 점점 짧아지고 향기도 좋지 않아 국향(國香)의 뜻을 잃고 있다. 그러므로 꽃을 보는 사람들이 심히 탐탁하게 여기지 않는다. 그러나 호남 연해의 모든 산에서 난 것은 품종이 아름답다."

자생란을 분에 옮겨 심으면 잎이 점점 짧아지고 향기도 없어진다는 특징을 알아내는 등 그 내용을 볼 때, 자생란 채집과 배양에 오랜 기간 열정을 쏟은 것을 알 수 있다. 난인도 제법 있었을 것으로 추정된다. 아울러 강희안은 난을 재배함에 있어 가장 중요하다고 생각되는 가을철 분갈이에 대한 요점을 밝혀주었고, 심지어 방 벽에 비친 난초의 그림자를 보고 즐기는 감상법도 제시할 정도이니 참으로 대단한 애란인이었다고 짐작된다.

조선 초기의 한국춘란에 대한 개발과 배양 노력은 1930년대에 이병기, 이태준, 정지용, 노천명 등의 애란생활과 매우 흡사한 점이 있고, 나아가 한국춘란이 본격적으로 개발되던 1980년대 난인들의 애란 생활과도 매우 닮은 점이 있다. 조선 세종 때 의관인 전순의(全循義)가 지은 《산가요록》에 온실에 관한 내용이 나오고, 온실은 궁중이나 일부 특권층에서 사용하였다고 하니 그렇다면 난인들이 온실을 이용한 난 배양이 이루어졌을 것으로 추측된다.

이 시기 문학의 특징 중 하나가 화훼문학(花卉文學)이라고 할 수 있는데, 그 화훼문학의 대표작이라고 할 수 있는 안평대군 이용의 《비해당 48영》에는 〈오설란〉(傲雪蘭, 눈 속의 고고한 난초)이란 제목의 시가 나오고, 그 외에도 오설란이란 제목의 난시가 8편(성삼문,

김수온, 신숙주, 서거정, 김일손, 성종, 유호인, 채수)이 더 있다.

한편 1530년에 증보된《신동국여지승람》의 권31 함양군 조에는 '화장산재군남 15리 산중 난혜' 라고 기록되어 있다. 이는 식물 분포, 지리학적으로 미루어 볼 때 한란이나 구화와 같은 혜가 경남 함양지방의 산에서 자랄 리는 없고 우리나라의 남부지방에서 흔히 자라는 춘란이라고 생각된다.

이후 선조시대 한국의 역사, 지리, 풍속, 인물, 초목 등을 한자의 음으로 분류하여 편찬한

정선의 '독서여가(讀書餘暇)'

권문해(1534~1591)의《대동운부군옥》이라는 책에서는《양화소록》과《동국여지승람》의 내용을 그대로 인용하고 있었다. 숙종 때 실학자 유암 홍만선(洪萬選, 1664~1715)이 간행한《산림경제》2권 6편 양화(養花)부분을 보면 난초분류와 난초기르기에 대하여《양화소록》의 내용 등을 인용하고 있다. 일경일화성인 것을 난(蘭)으로 취급하였고 일경다화성인 것을 혜(蕙)로 구분하였는데, 이는 황산곡의 죽기와 본초강목, 기문 등 중국책을 인용하였고 '본국란혜 --- 생' 이라고 기록한 것은 양화소록을 그대로 인용하였음을 알 수 있으며, 1798년에 간행된《재물보》에서도 유사하게 기록되어 있었다.

이행(1478~1534)의《용제집》에는 '석곡(Dendrobium moniliforme)' 을 '석란' 이라고 쓰면서 석곡은 바위 위에서 자라는 생태특징에 관해서 언급된 바 있고,《신증동국여지승람》에는 제주도 토산품으로 기록되어 있었다. 석곡은 예로부터 오늘날에 이르기까지 우리나라에서는 한약재로 널리 이용되고 있는 난과식물로서 이미 성종(1469~1494)시대 때부터 기록되어진 식물이다.

조선시대 정선(1676~1759)의 그림 〈독서여가〉, 장승업(1843~1897)의 그림 〈기명절지〉에 보면 난분에 난을 심어 기르면서 즐기는 모습이 그림 속에 나온다. 이것을 보면 이 시대 호사가들은 난을 기르며 애란생활을 했고, 난문화가 이어져 내려왔음을 알 수 있다. 당시만 해도 대장부가 꽃에 관심을 두는 것은 완물상지(玩物喪志-하찮은 사물에 탐닉하면 뜻이 손상된다)라고 하여 비판 받았다지만, 아름다움과 즐거움을 추구하는 인간의 본성을 어쩔 수 없었다고 보아진다.

조선시대 때 난초동호회인 난계(蘭契)가 있었다는 기록도 있다. 실학자 서유구(徐有榘 : 1764~1845)가 저술한 농서《임원경제지》에서는 난(蘭)의 종류를 비교적 상세하게 기록하고 있다. 난을 자, 백, 잡류로 구분하고 오란·금릉변·하란 등 17종류, 그리고 백류를 시란·어침난·주란·건란·벽란 등 24종류, 잡종류는 세란·묵란·항란·백란·춘란·혜란·은란·풍란 등 14종류 등 모두 55종으로 분류하고 있는데, 이들 이름은 중국서적《금장난보》와《왕씨난본》등에서 인용한 것으로 고찰되고,《양화소록》이나《대동운부군옥》(권문해 편찬, 조선 선조),《산림경제》등의 내용과 같다. 1798년에 이만영이 지은《재물보》에도 유사하게 기록되어 있었다.

또한 이 시대에는 중국산 또는 일본산의 난초가 대마도를 거쳐서 우리나라에 들어온 흔

김정희 묵란

적이 나타나 있고, 특히 나도풍란(대엽풍란)과 풍란에 대한 기록도 처음 등장한다. 이 무렵에는 이미 중국춘란의 품종들이 명명되어서 '왕자', '송매', '소타매' 등이 알려져 있던 시기이다.

조선 후기 난초와 인연이 많은 사람은 추사 김정희(1786~1856)이다. 추사 김정희는 금석학, 추사체 등으로 유명하지만 묵란도에도 아주 뛰어난 사람이다. 추사 김정희는 당파싸움, 윤상도 옥사에 연루되어 55세에 제주도에 귀양을 가서 9년이란 세월을 그곳에서 보냈다. 추사는 제주도 유배생활을 하면서 난과 인연을 깊이 가졌다는 기록이 있다. '초의 장의순'의 《동다송(東茶頌)》에 '추사의 방에서 난향이 풍긴다'라는 말은 추사가 직접 난을 재배하는 애란인이었다는 것을 말해준다. 그 외에도 김석준, 허소치, 심희순, 아들 상우에게 보낸 편지에 난에 대한 내용이 나온다. 또한 추사는 제주한란, 야생 보춘화를 채집한 기록, 기르면서 감상하고 난시를 여러 편 남기는 등 높은 경지의 난인이었다는 점은 누구도 부인할 수 없다. 그는 묵란도를 많이 그렸는데, 그중에서도 야생춘란을 보고 사실적으로 잘 묘사한 〈불기심란도〉를 볼 때 추사는 자생지의 난을 관찰하고 채집하여 키웠을 것으로 보인다.

우리 조상들은 중국의 영향을 받아 고려시대 때부터 일부 사대부들이 난을 접할 수 있었다. 특히 선비정신에 높은 가치를 둔 사대부들은 난을 사군자의 으뜸으로 삼고 늘 가까이 두고 길렀으며, 난을 소재로 시문을 짓고, 묵란도를 그렸다. 맑고 품격 높은 향기, 지조와 고고함의 아름다운 덕성을 본받고자 하였던 것으로 보인다. 한국춘란에 대해서는 조선 초 강희안을 비롯한 난인들이 채집하여 분류하고 배양에 대한 연구, 야생상태의 분포, 감상법 등을 전반적으로 깊이 있게 연구하였다. 그러나 난향이 없다는 이유로 등한시하였고, 그 후 1930년대 이병기 난인이 등장하기까지 별다른 기록이 없는 것으로 볼 때 난인들이 한국춘란을 가까이 하지 않았던 것으로 보인다.

난(蘭)이란 생명체와의 교감(交感)

식물은 현대과학으로도 밝힐 수 없는 엄청난 신비로움을 간직하고 있다. 과학자인 인간이 자신의 생명의 신비도 아직 해결하지 못하고 있으니 이러한 식물의 신비세계를 완전히 밝힌다는 것은 어려울지 모른다. 지금까지 밝혀진 식물이 가진 감각의 세계는 인간의 눈과 감각으로는 피상적으로 이해할 수 있을 뿐이지, 식물의 그 엄청난 세계를 다 상상할 수 없다. '식물의 사고', '식물의 감각과 정서', '식물의 초감각적 지각의 세계' 등은 고대 및 아리스토텔레스 시대부터의 논의와 실험적 결과들을 기초로 하여 끊임없이 연구 계승되어오고 있는 분야이다. 수많은 연구와 실험결과 오늘날 식물의 감각세계가 많이 밝혀지고 있다.

피터 톰킨스와 크리스토퍼 버드가 쓴 《식물의 정신세계》란 책을 보면 식물도 인간처럼 생각하고, 느끼고, 기뻐하고, 슬퍼한다고 한다. 또 예쁘다는 말을 들은 난초는 더욱 아름답게 자라고, 볼품없다는 말을 들은 장미는 자학 끝에 시들어 버린다고 한다. 떡갈나무는 나무꾼이 다가가면 부들부들 떨고, 홍당무는 토끼가 나타나면 사색이 된다고 한다. 여하튼 식물은 자신을 보살펴주는 인간에게 관심과 애정을 보일 뿐 아니라 우리의 마음을 읽어내고 민감하게 반응한다고 하니, 난인들은 자기가 애배하는 난(蘭)에게 아침에 일어나 늘 활기차게 인사만 하여도 난(蘭)이 건강해질 것이다. 아울러 난인들도 하루를 즐겁고 행복하게 보낼 수 있을 것이라 여겨진다.

난인들 중에는 난실에 클래식 음악을 틀어 난(蘭)에게 들려주는 사람이 있다. 또 귀여운 어린애를 대하듯 난잎을 쓰다듬으며 칭찬을 늘어놓는가 하면, 물을 줄 때는 기도하는 마음으로 잘 자라라고 말한다. 난을 더 건강하고 아름답게 잘 자라게 하기 위함이다. 살아 숨쉬는 모든 생물은 감각을 가지고 있다. 그렇다면 난(蘭)도 감각을 가지고 있다는 말인가? 난(蘭)도 외부세계의 자극에 대하여 민감하게 반응하는가?

이에 대한 답을 피터 톰킨스와 크리스토퍼 버드가 쓴《식물의 정신세계》에서 찾을 수 있다. 저자는 '식물도 생각한다'라는 인간적인 명제를 부제로 던지면서 식물의 감각세계, 더 나아가서 식물의 정신세계를 열어 보이고 있다. 식물의 초감각적 지각에 대한 최근의 연구 결과를 소개하면서 식물도 생각하고 인간의 마음을 읽으며 우주와 교신까지 하는 초감각적인 지각을 소유하고 주변의 환경과 의사소통을 하고 있음을 설명하고 있다.

인도의 대 과학자 찬드라 보스는 80여년 전 식물의 생장과 움직임을 1억배로 확대하여 관찰할 수 있는 기계를 만드는 등 식물의 감각에 대해 실로 놀라운 결과들을 연구하여 당대의 물리학, 생리학, 식물학 분야의 세계적 과학자들을 놀라게 하였다. 식물에도 맥박이 있으며 이런 모습은 인간이 식물과 교감할 수 있는 방법을 발견해낼 수 있을 때 드러날 수 있다고 결론 맺었다. 식물도 인간처럼 청각을 가지고 있어서 소리를 들을 수 있고 또 특별한 음악을 선호하는 특성도 지녔음을 밝히고 있다.

식물이 가진 소리에 대한 반응은 사람에 비하면 아주 초보적인 수준일지도 모른다. 이는 곧 사람의 가장 기본적인 감성일 수도 있다는 이야기가 된다.

식물에게도 인간의 의식과 같지는 않지만 분명 의식이라는 것이 있다고 밝혀졌다. 이 분야의 획기적인 업적을 남긴 크레브 백스터(Cleve Backster)의 발견을 살펴보자. 그의 발견 중 일부는 백스터 현상이라고 불리어진다.

1966년 백스터는 자신의 학교에서 연구에 몰두하던 중 자신의 방에 놓여 있던 열대식물인 드러시너에 거짓말 탐지기로 실험을 하고 싶어졌다. 거짓말 측정기로 사람의 반응을 가장 잘 알 수 있는 것은 그 사람을 위협하는 것이라고 한다. 백스터는 식물의 반응을 측정하기 위해 식물을 위협하기로 결정했다. 방법은 전극을 연결시킨 잎사귀를 불로 태우는 것으로 정했다. 그가 불을 떠올리면서 성냥불을 가져오려 움직이기도 전에 측정기에는 강렬한 반응이 나타났다. 마치 식물이 백스터의 마음을 읽는 것처럼. 그가 성냥을 가져와 거짓으로 태우는 시늉을 하자 측정기에는 반응이 일어나지 않았다.

또한 자신들에게 호의적이지 않은 사람들이 접근해온다거나 갑자기 개가 나타나는 등의 갑작스런 위협에도 반응을 보였다. 그에 의하면 식물은 다른 식물들의 출현에 주의를 기울이지 않지만 동물이나 인간이 나타나면 바짝 주의를 기울인다고 한다. 그는 장미를 향해 말과 감정으로 사랑을 표현하며 외부로부터의 위협을 두려워할 필요가 없다는 것을 계속 주지시켰다고 한다. 그렇게 하여 장미가 3세대를 지나자 장미에서는 가시가 돋치지 않았다고 한다. 식물들도 살기에 감응하여 스스로 무장하기 때문이다. 자연에서는 인간도 자연의 일부일 뿐이다.

식물에 음악을 들려주어 생육을 촉진하려는 시도는 1860년대 『종의 기원』을 주창한 찰스 다윈 이후 계속되었고, 1950년 인도의 싱 교수에 이르러 인도의 전통음악 '라가'를 들려주면 벼, 땅콩, 담배의 수확이 25~50% 늘어난다는 결과를 얻었다. 난초에 음악을 들려주면 잎이 44%나 커지고 벼도 수확이 50%까지 늘어난다는 실험결과도 나와 있다.

기르기 까다로운 난초의 첫째 성장 조건을 전문가들은 '칭찬과 관심'이라고 조언한다. 식물들도 좋아하는 음악이 있고, 음악에 따라 반응이 다르다는 것도 연구로 밝혀졌다. 1968년 미국의 여성과학자 도로시 레털랙은 호박에 고전음악을 들려주자 덩굴이 스피커를 감싸안은 반면, 록음악을 틀어주자 덩굴이 벽을 넘어 달아나려 한 사실을 발견했다. 60~70년대 옥수수 수확을 높이기 위한 음악 실험을 통해서도 옥수수가 록음악보다는 클래식, 그 가운데서도 바흐의 오르간 연주와 인도의 전통 음악을 가장 좋아하는 것으로 나타났다.

언뜻 보기에 꽃이나 나무는 움직이지 않고 울부짖지 않으며 늘 그 자리에 있는 듯하지만, 여느 생명체 못지않게 희로애락과 생존투쟁이 격렬함을 알 수 있다. 영국 글래스고 대학의 맬컴 윌킨스 교수에 따르면 나무도 목이 마르면 비명을 지르고 몸이 잘릴 때는 피 대신 수액을 흘린다고 한다. 그 비명이 우리 귀에 들리지 않고, 수액이 피로 보이지 않을 뿐이라는 것이다.

게다가 식물들이 잘 아는 사람과는 멀리 떨어져 있어도 감정을 공유한다는 사실도 확인됐다. 일본의 한 소녀는 식물들이 감정을 갖가지 파동으로 전한다며 식물들과의 감정교류를 오선지에 그려내기도 했다. 또 나무나 꽃을 예찬한 옛 시인들 중에서도 실제 그들과 교감을 하고 시를 썼을 가능성도 배제할 수 없을 것 같다. 나무와 사람이 교감한다는 사실은 아메리카인디언의 잠언집에서도 찾아볼 수 있다. 중국 윈난성에서만 자라는 '무초(舞草)'라는 식물은 클래식 음악만 들려주면 리듬에 맞춰 춤을 추듯 잎사귀가 위아래로 움직인다. '고양 국제꽃박람회'에서도 춤추는 모습을 보였다. 어린이와 여성의 노랫소리에도 민감하며, 2000년 일본 효고(兵庫)현 꽃박람회 때는 여가수의 트로트 곡에 잘 반응해 인기를 끌기도 했다.

생물학자 라울 프랑세는 식물도 자신의 몸을 고도로 진화된 동물이나 인간처럼 자유롭고도 쉽게, 그리고 우아하게 움직인다고 한다. 우리가 그것을 인식하지 못하는 것은 그 움직임이 우리 인간에 비해 너무 느리기 때문이라는 것이다.

난인들은 난과 생활하면서 난과의 대화 시간이 많다. 난을 키우면서, 자람을 보면서, 바라보고 감상하면서, 향기를 느끼면서, 스스로 사색하고 교감하면서 대화를 나눈다. 난을 통해 자신을 살피고 난을 사랑하면서 감정을 전달하는 것이 난과의 대화이다. 난과 생활하면서 접화(接化)로서 교감하고, 난의 아름다움과 그 속에 감추어진 의미를 생각하면서 난을 닮아 가려는 마음을 갖는 것이다. 난인들은 난(蘭)에 의하여 길들여진다고 하는데, 난과의 대화를 통하여 수양이 이루어지는 것으로 보면 된다.

최영재 作

향파 김기용 선생은 저서 《동양란 재배와 감상》에서 "아름다움을 느끼는 사람이라면 난의 재배와 감상은 그로 하여금 자연과 인간관계를 한데 뭉쳐서 부지불식간에 고매한 인격을 도야하는 것이라 할 것이다"라고 했다.

대행 스님의 구도기 〈식물과의 대화〉를 보면 스님은 일상에서 식물과의 대화를 나누고 그 대화를 통하여 수행을 찾았다고 한다. 난인은 혼자 있을 때 난과 대화를 많이 한다. 난과의 대화는 난이 탈 없이 잘 커 주기를 바라는 주문도 있겠지만 마음 속 깊은 이야기도 자연스럽게 한다. 난과의 대화는 그냥은 보이지 않는 우리의 내면을 보게 하는 마음의 거울인 셈이다. 마음속 깊은 내면의 모습을 난과의 대화를 통해서 보는 것이다.

난인들은 잘 자라던 난(蘭)이 상인이나 구매자가 집요하게 팔라고 할 때, 안 판다고 실랑이를 벌이고 나면 그 난이 잘 안 되거나 죽는 경우를 많이 경험한다. 그래서 난인들은 난을 앞에 두고 실랑이를 벌이는 것은 금기시하고 있다.

난인들은 난을 요물이라고도 하고 인연초라고도 한다. 그래서 난인들은 난과의 인연을 중요시하며, 인연이 없는 난은 자기에게 잘 오지도 않을 뿐만 아니라 와도 잘 되지를 않는다. 그래서 난인은 난을 대함에 늘 경건하게 대한다. 오래된 난인들은 자기와 심성이 맞고 어쩐지 마음이 닿는 난이 있다. 아직까지 없다면 한두 품종 찾아서 늘 곁에 두고 사랑의 정을 쏟아보기 바란다.

난(蘭) 중에 기(氣)가 센 난이 있다. 내가 명명한 '신불(神佛)'이란 한국춘란 소심이 있는

데, 참으로 기가 센 난이다. 이 난은 거래될 때마다 분쟁이 일어나고, 심지어 폭력에 소송까지 이어졌다. 이 와중에 원래 소장자로부터 두어 사람이 분양해갔는데, 갑자기 통째로 다 죽고 말았다. 정 회장 정도의 난인이 키워야 할 난이라고 하면서 나보고 키워보라는 권유가 있어 분양받아 키웠다. 꽃을 피웠는데 처음에는 겁이 덜컥 났다. 이름을 아주 센 이름인 '신불'로 지은 후로 번식도 잘되고 여러 사람에게 분양하였는데도 탈 없이 잘 배양되고 있다.

한국춘란 소심 '신불(神佛)'

귀한 자식이 병치레를 많이 하듯이 귀한 난이 잘 자라지 않는 경우를 많이 본다. 이것은 귀한 희귀품종의 난은 돌연변이로 원천적으로 생명력이 약한 것도 있겠으나, 과잉보호에 따라 난이 스트레스를 받기 때문으로도 여겨진다. 난인은 귀하고 사랑스러워 계속해서 건드리지만 난의 입장에서는 말 못할 스트레스일 것이다. 사랑의 표현도 적당히 대상이 받아들이는 수준으로 해야 할 것이다.

자연을 동반자로 하여 살아가는 난인들은 자연을 잘 이해하고, 아끼며, 자연 속의 온갖 동식물과 공존의 질서를 자각하여야 할 것이다. 난인들은 난(蘭)을 재산적 가치로만 볼 것이 아니라 고귀한 생명체로서, 희로애락을 같이 하는 반려식물로서 대하고 사랑해야 할 것이다. 난(蘭)은 자신을 돌봐주는 주인의 발자국 소리를 멀리서도 알아차리고 심리상태도 잘 안다고 한다.

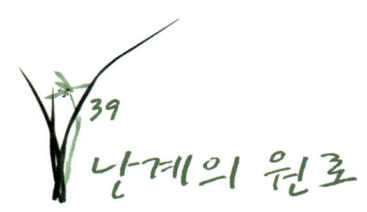

39 난계의 원로

우리나라는 예로부터 원로의 역할이 컸던 나라다. 1880년대 조선을 다녀간 미국인 조지 길모어는 "조선 사회에서 백발은 영광의 표시이며 대머리는 지혜의 상징이다. 할아버지는 존경의 대상이 된다. 노인에 대한 젊은이의 예의는 서양인들도 배워야 한다"는 기록을 남겼다. 서양인도 부러워했던 원로의 권위는 오늘날 어느 분야에서나 찾아보기 어려워진 안타까운 현실이 되었다. 난계 또한 마찬가지다.

2006년 국제동양란교류협회가 발족되고 이후 국제동양란명품대회(일명 G4) 준비위원장, 조직위원장을 3번 맡아 대회조직을 구성할 때의 일이 생각난다. G4대회는 자체조직이 없고 중앙 5개 단체의 협조를 받아 치르다 보니 대회 때마다 고문, 자문위원, 운영위원 등 새로 조직도를 만들어야 했고, 이게 여간 어려운 문제가 아니었다. 사람마다 어느 위치나 자리에 놓는 것이 합당한가를 두고 이견이 분분했고 다툼도 있었다.

이때 나온 말이 '난계의 원로'이다. 원로에 대한 국어사전의 뜻을 보면 '어떤 분야에 오래 종사하여 나이와 공로가 많고 덕망이 높은 사람'이라고 되어 있다. 그렇다면 '난계의 원로'란 난력(蘭歷)과 더불어 난계에 공적이 많고 인품을 갖춘 사람이라고 보면 될 것인데, 참가단체의 입김을 고려하다보니 난 관련 단체장을 역임한 사람을 대회 고문이나 자문위원으로 정하는 모양새가 되고 말았다. 진정한 원로를 찾아 예우하지 못한 점이 지금 생각해보면 못내 아쉬움으로 남는다.

제2회 국제동양란명품대회

어느 분야든 원로를 거론하지만 진정한 원로는 그리 흔하지 않다. 우리 난계도 마찬가지다. 40년이 넘는 한국춘란의 역사로 보나 난인들의 면면을 볼 때 우리 난계에 존경받는 원로가 많이 있음직한데, 실은 그렇지 못하다. 한국춘란문화가 만들어지던 1980, 1990년대는 원로도 많고 질서도 있었다. 그런데 언제부턴가 난계에 진정한 원로는 찾아보기 힘들어지고 원로 모양만 갖춰 자칭 원로입네 하는 사람들만 득실거리고 있는 형국이다. 난인들의 정신세계는 없어지고 난(蘭)이 농작물로 전락되어 농사꾼들의 난계가 된 것이다. 고가의 난을 많이 가진 사람과 상인들의 요란한 소리만 들릴 뿐 원로들의 진정한 참소리는 사라지고 말았다.

하루속히 난문화의 질서를 회복해야 할 것이다. 난문화도 돈이 결부되는 하나의 산업이고 보니 그런 것이라고 말할 수 있겠으나, 문화적 기반을 공고히 해갈 때 속이 깊고 융성한 난문화 산업이 만들어진다는 것은 자명한 이치다.

한 예로 진돗개로 유명한 진도에는 자칭 진돗개 원로가 많다고 한다. 그러나 자세한 내

막을 들여다보면 우수한 진돗개의 혈통보존이나 육종, 진돗개의 원산지답게 자존심을 지켜가는 진정한 원로는 온데간데없고 원로 생색을 내는 무늬만 원로인 사람들이 수두룩하다고 한다. 안타깝게도 진도에는 우수한 진돗개가 없어지고 육지로 건너간 진돗개도 그 혈통관리가 되지 않는 데 대해 걱정하는 목소리가 많다고 한다. 늦게나마 젊은 육종가들이 많은 노력을 하고 있지만, 원로의 바른 방향 제시와 모범이 축적돼 있었다면 하는 아쉬움을 토로하고 있다. 진돗개 관련 사람들의 거듭된 분열, 앞이 안 보이는 진돗개의 현실과 미래, 지금이야말로 원로의 역할이 그 어느 때보다 필요한 시점이지만 진정한 원로는 나타나지 않는다고 한다.

존경할 만한 진정한 원로의 존재감과 역할이 아쉬운 것은 우리 난계 또한 진돗개 상황 못지않다.

한 분야에서 원로로서의 존재를 인정받는다는 것은 쉬운 일이 아니다. 특히 재산적 가치가 결부된 분야에서는 더욱 더 그렇다. 원로라면 상업적인 냄새를 풍기지 않고 난에 대한 올바른 철학을 가지고 흔들림 없는 애란생활의 귀감을 보이면서 난계의 정립과 발전에 공헌도가 높은 사람을 말하는 것이다. 말처럼 쉽지 않은 일임에 분명하다.

우리 난계는 원로를 자칭하는 사람, 원로 대접을 받고 싶어 하는 사람, 내심 원로입네 하며 권위를 내세우려는 사람이 의외로 많다. 권위는 스스로 세우는 것이 아니라 남들이 인정해줄 때 저절로 세워지는 것이다. 단순히 난력(蘭歷)이 오래되었다는 것으로, 각종 대회에서 큰 상을 받은 것으로, 고가의 난을 소장하고 있다는 것으로, 난을 보는 심미안이 뛰어나다는 것 등으로 난계 원로의 스팩이 될 수는 없다. 더구나 난 단체의 높은 직책을 역임했다는 이유만으로 원로행세를 하고 이들을 원로 대우해주는 난계이고 보니, 진정한 원로는 보이지 않고 무늬만 원로인 사람이 우리 주변에 널려 있는 현실이다.

우리 난계에 원로가 사라져 가고 있음을 심각히 우려해야 한다. 우리보다 70여 년 빠르

게 난문화 정립에 힘쓴 일본에서도 차문화와 달리 난문화가 정립되지 못하고 흐지부지해 있는 것을 보면, 하나의 문화를 이루고 발전해가는 것이 얼마나 어렵고 힘든 일인지를 알 수 있다.

근본적인 원인은 난계에 난(蘭)만 있고 난인(蘭人)이 없어진 데 원인이 있다고 본다. 문화적인 기반도 없이 어설픈 산업으로 전락하고 만 것이다. 우리는 이를 반면교사(反面教師)로 삼아 하루속히 난문화를 정립에 심혈을 기울여야 할 것이다. 난 명품 몇 품종 더 소유하고 있는 것이 대수일 수 없다. 난과 더불어 난인 중심의 난계로 거듭나야 한다. 지금이라도 난계의 원로를 찾아 옹립하고 그들의 역할을 난계 발전의 기반으로 삼아야 할 것이다.

난계에 우리가 바라는 원로는 분명히 있다. 다만 그들의 자리와 역할을 빼앗아버렸기 때문에 보이지 않을 뿐이다. 애란인들이 원로를 제대로 알아보고 그들의 본받을 만한 행동에 찬사를 보내고 힘을 실어줄 때 원로가 생기고 난문화가 제대로 자리 잡아갈 것이다. 난

(蘭)과 함께 난인(蘭人) 중심의 난계, 도덕적 기반과 공헌의식을 쌓아가는 난계를 만들어 가는 것도 그리 어렵지 않다고 본다. 난계는 그러한 역량을 가진 사람이 많고, 그 기반에 흐르는 정서가 아직 맑기 때문이다.

지금 우리 난계에는 상인단체를 포함해서 10여 개에 달하는 중앙단체가 있다. 어느 단체든 필요에 의해서 만들어졌을 것이고, 나름대로 역할을 잘 해온 부분도 많다. 그러나 지금 시점에서 보면 너무 고착화되어 한 치 앞도 나아가지 못하고 다람쥐 쳇바퀴 도는 형국이라 하루 속히 변화가 있어야 한다는 목소리가 많다.

주변여건과 난계의 상황, 애란인들의 욕망은 지속적으로 변해가는데 난단체는 20년 전이나 지금이나 변하는 게 없고 틀 속에 갇혀 겨우 명맥만 유지하고 있으니 답답하고, 그 속에서 운신의 폭이 좁아진 난인은 창의와 개성을 잃어버린 지 오래다.

스님이 특정 사찰의 주지라는 그릇에 갇혀 안타깝다는 말이 있다. 스님에게 수행이 최우선이듯 난인에게는 애란이 최우선이다. 애란에 바탕을 둔 마음가짐으로 난계를 바라보고 꾸준히 실천해나가는 것이 난계를 바로 세우는 길이다. 난계 각 중앙단체에 얽매여서 애란생활의 본래 모습은 온데간데없고 허우적거리는 사람이 진정한 난인일 수 없고, 난계의

제7회 국제동양란명품박람회

원로가 될 수 없음은 자명한 사실이다.

우리 난계가 난인을 도외시한 채로 난(蘭)만 가지고 설쳐대다 보니 고가의 난이 없는 난인들은 자꾸 뒤로 숨는다. 훌륭한 난인들은 온데간데없고 희귀난 몇 점 가지고 있는 몇몇 난인과 상인에 의해 난계가 휘둘리는 느낌이다.

"돈 쓰는 법을 알 때까지는 아무리 부자라도 재산을 자랑해서는 안된다." 소크라테스가 2,500년 전에 한 말이다. 고가의 난을 소장한 난인들도 본인의 행동이 난문화 발전이나 난계에 이로운 일인지를 생각해가면서 소장하는 난을 자랑해야 한다고 본다. 난계도 가진 자가 베푸는 문화를 뿌리내려야 한다. 난 한 촉 팔아서 돈 벌을 생각만 하지, 베푸는 데 인색한 사람이 난계에서 대접을 받으려 하면 안된다. 미국의 최대 금융그룹 시티은행 회장 샌디웨일은 "내가 진정 미국 상류층의 일원이 된 건 시티은행 CEO가 아니라 카네기홀 이사회 멤버가 되었을 때이다"라고 했다. 그는 창립자 앤드루 카네기 다음으로 카네기홀에 기부를 많이 한 사람이다.

현재 우리 난계는 에너지가 부족하다. 어떻게든 힘을 모아야 할 때다. 작은 흠을 가지고 취모구자(吹毛求疵 ; 짐승의 몸에 난 사소한 흠을 입으로 털을 불어가며 찾아내듯이 남의 잘 보이지 않는 허물까지 각박하게 캐내 비난하는 것)해서는 안된다. 누구든 흠이 없는 사람이 없고, 어느 분야든 한 사람이 모든 것에 표상이 될 수 없듯이 너무 많은 것을 기대하는 것 또한 무리라고 본다. 한사람의 값진 노력이 있으면 이를 높이 사고, 가급적이면 흠을 들추어내는 것은 삼가야 할 것이다.

그렇다고 해서 무작정 치켜세우는 것은 올바른 난문화 발전에 오히려 걸림돌이 된다. 우리는 겸손과 겸양을 미덕으로 여기며 이를 높이 평가하는 도덕적인 문화권에서 살아왔다. 그런데 언제부터인지 지나칠 정도로 상대방을 높여 치켜주는 문화가 생겨났다. 예전에는 소쿠리 비행기를 태운다고 말하며 손사래를 치면서 부끄러워하곤 했는데, 요즘은 자신을 스스로 높이지 못해 안달을 부리는 사람들도 많다. 사적인 관계는 몰라도, 크고 작은 문제들을 바로잡아 올바른 난문화를 정립해가기 위해서는 옳고 그름의 분별력이 있어야 할 것이다.

개인만이 원로의 역할이 있는 것이 아니다. 원로 단체의 역할도 중요하고 꼭 필요하다. 우리 난계에는 많은 단체가 있지만 원로 단체가 없다. 지금이라도 중앙 단체들을 발판으로 원로단체를 하루속히 구성해야 한다고 본다. 난문화의 방향 제시, 정부기관 등과의 협조 창구, 난품종 관리 및 명명등록, 그 외에도 난인의 날 행사, 난문화대상 등 원로단체가 맡아서 해야 할 역할이 참으로 많다.

아프리카에서는 "노인이 죽으면 도서관 하나가 없어지는 것과 같다"는 속담이 있다. 또 중국에는 노마지지(老馬之智)라는 고사성어가 있다. 늙은 말이 길을 잘 찾아간다는 뜻이다. 오랜 인생역정을 통해 터득한 경험과 지혜가 그만큼 소중하다는 비유일 것이다.

한 사람의 진정한 원로가 수많은 사람으로 하여금 본받게 만드는 위대한 힘이 있다. 존경받는 삶은 그 자체만으로 모두에게 품격과 향기를 선사한다. 오랫동안 난과 생활하면서 난문화 발전을 위하여 노력하고 나름대로의 결과물을 소중히 하여 주변이나 후배들에게 값지게 넘겨주는 진정한 애란인인 원로가 필요한 때다. 그런 원로의 한 말씀이야말로 참으로 값진 말씀이기에 후배 난인들이 귀 기울이고 진지하게 경청할 것이다.

한 가정이나 한 단체를 지키는 데도 살신성인의 자세가 필요한데 하물며 난(蘭)이라는 한 문화를 올바르게 정립하는 데는 참으로 쉽지 않은 일임은 누구나 다 아는 일이다. 지금 난계가 어지럽고 어렵다고 탄식만 하고 있을 때가 아니다. 원로든 초보자든 상인이든 모두가 처한 위치에서 난문화의 올바른 정립과 융성을 위해 임제 선사의 말씀인 수처작주(隨處作主)정신으로 노력하는 사람이 많이 생겼으면 하는 바람을 진심으로 가져본다.

5장 난 관련 이야기

40. 기자에몬이도와 한국춘란
41. 난초그림(묵란도)
42. 가짜난초
43. 한국춘란 산업과 세금
44. 외국 난전시회 참관기

기자에몬이도와 한국춘란

2006년 가을, 「국제동양란교류협회」 주최·주관으로 '제1회 국제동양란명품대회(일명 G4대회)'가 부산 강서체육관에서 열렸다. 이 대회는 동양란의 국제대회로서는 처음이고, 한국·중국·일본·대만 난인들의 큰 관심과 성원 속에 성대하게 개최되었다. 그 당시 한국·중국·일본·대만의 난 시장에서 단연 인기품은 한국춘란 엽예품이었다. 이 대회 또한 가을 엽예품 대회이고 더구나 한국에서 개최되다보니 단연 한국춘란 위주의 대회가 되었다.

처음으로 개최되는 동양란국제대회이므로 대회준비위원회 측에서는 명실상부한 국제 대회의 위상을 갖추기 위해 여러 가지로 준비에 만전을 기하였다. 대회준비위원장을 맡은 나는 대회 홍보책자를 구상하면서 떠올린 것이 '기자에몬이도' 였다.

'기자에몬이도' 사진을 대회 홍보책자 표2(표지 안쪽 면)에 싣고 설명을 달았다. 많은 난인들이 왜 난(蘭)행사에 찻사발을 올렸느냐고 고개를 갸우뚱했지만, 몇몇 난인은 그 의도를 알고 대단한 발상이라고 고개를 끄떡였다.

'기자에몬이도' 는 이름도 모르는 조선의 사기장이 만든 조질백자(분청사기) 정호다

16C경 일본으로 건너가 일본의 국보(제26호)가 된 '기자에몬이도(喜左衛門井戶)'

완(井戶茶碗, 이도다완, 찻사발)이다. 분청사기는 고려청자에서 조선백자로 넘어가는 중간시기(14~16C)에 만들어진 것으로 청자에 분칠을 한 것 같은 형태의 그릇이다. 분청사기는 기교가 배제되고 자연미와 소박미가 돋보인다.

분청사기에도 찻사발이 몇 종류 있는데, 그중에서도 으뜸은 정호다완이다. 정호다완은 현재 60개 정도가 현존하고 있으며, 모두 일본에서 소장하고 있고 한국에는 하나도 없는 것으로 알려져 있다. 정호다완 중에서 천하제일의 명품 찻사발이 '기자에몬이도'로, 16C경 일본으로 건너가 일본의 국보(제26호)가 된 다완이다. 정호다완은 조선의 차인들이 그 진가를 잘 모르고 있는 사이 일본에서 그 아름다움과 예술적 가치를 알고 다 가져간 것이다. 특히 도요토미 히데요시와 그의 차 선생인 센노리큐는 조선의 찻사발에 꽂혀 광적으로 수집하기에 이른다.

일제 강점기 한국의 민예품에 빠진 야나기 무네요시는 이를 두고 "조선의 잡기에서 미를 발견하여 천하의 명물로 승화시킨 일본인들의 심미안이 위대하다"라고 했다. 참으로 비참하고 슬프기 짝이 없는 일이다.

'기자에몬이도'는 그릇의 높이가 9.1㎝, 지름 15.3~15.5㎝, 무게 370g인 조그마한 찻사발이다. 예술적 눈높이가 지고한 사기장이 가슴에 자유혼을 가지고 본능적 창조정신을 발휘하여 세상에서 가장 아름다운 도자기를 만든 것이다. 사기장 신한균은 "무위(無爲)처럼 보이나 무위가 아닌 인위를 통해 무위적 아름다움, 즉 자연미를 그대로 표현한 창조적 장인 정신의 결과"라고 했다. '기자에몬이도'는 현재 일본의 대덕사 고호암에 보관되어 있는데, 그 가치는 수천억 원이 된다고 한다. 한국인이 이를 한번 보고자 신청하면 볼 수 있는 자격이 있는지를 체크하고, 보는 댓가로 50만 엔을 내야 한다.

내가 '제1회 국제동양란명품대회' 홍보책자에 '기자에몬이도'를 실은 것은 동양 4국의 난인들에게 한국춘란에 대해 몇 가지를 인식시키고자 하는 나름대로 의도가 있었다. 우선 한국춘란이 조선다완 못지않게 국제적으로 우수한 자연 문화상품이라는 점과, 한국춘란

한국춘란 중투호 '신문(神門)'과 '사천왕(四天王)'

은 조선다완의 전철을 밟아서는 안 되겠다는 의지의 표명이었다. 이때 이미 한국춘란 명품이 일본으로 많이 건너갔고, 계속해서 가져가려고 호시탐탐 노리고 있던 시기였다. 난 명품을 국가 간에 서로 교류하여 키우는 것은 바람직한 일이나 양국의 난인들이 그 진가를 알고 거래해야 하고, 그 근본과 가치를 알고 키워야한다는 뜻이었다. 한국춘란은 그것이 어디에 있든 누가 소장하든 한국춘란이며, 그 진가는 한국의 난인들이 지켜야 한다는 뜻이다. 특히 한국춘란 명품을 원종채로 일본에 더 이상 넘게 주는 일이 있어서는 안될 것이고, 이미 원종채로 넘어간 한국춘란도 반드시 찾아와야 한다는 뜻을 담았다. 이러한 뜻이 반영되었는지 몰라도 그 후 지금까지 한국의 난인들은 한국춘란 명품을 대부분 찾아와 잘 보존하고 있다. 도자기와 달리 참으로 다행한 일이다.

중국 난의 역사는 천년이고 일본춘란의 역사는 백년으로 본다. 반면에 한국춘란이 채집되어 재배하기 시작한 시기는 1980년대 초반이다. 그전에도 일부 극소수의 난인들이 난을 배양하고 있었으나 그들은 주로 중국·일본 난을 소장하고 배양하였다. 1980년대 중반 이후 한국춘란의 채집에 열을 올리게 된 것도 한국춘란 산채품(주로 엽예품)이 일본으로 수출되면서 급속히 확산되었다. 그 당시 몇몇 상인을 통하여 해마다 상당히 많은 난(蘭)이 일본으로 건너갔다. 그러나 이런 상황에서도 부산의 송길현, 서울의 박상길 등 한국춘란을 본격적으로 수집하는 애란인이 나타났고, 얼마 지나지 않아 한국 내에서도 한국춘란을 하는 난인의 증가와 함께 한국춘란 엽예품의 진가를 알아주는 사람이 많아지게 되었다.

초창기에는 한국춘란이 일본으로 건너가 일본춘란으로 둔갑하였다. 이때만 해도 일본춘란이 인기가 있고 한국춘란을 알아주지 않을 때이다. 그러다가 한국춘란의 우수성이 알려지고, 국내외에서 한국춘란을 수집하는 애란인이 늘어남에 따라 한국춘란의 값이 오르게 되었다. 마침내 일본인들은 자기들이 소장하던 한국춘란을 일본춘란과 차별화하였고, 높은 값에 한국에 도로 팔기에 이르렀다.

수년 동안 무수히 일본으로 건너간 난(蘭)이 1993년과 1994년의 살인적인 더위에 많이 죽었다. 일본에서도 한국춘란의 배양성에 대해서 한때 회의를 느껴 한국춘란을 가져가는 것을 주춤하였다. 그러나 한국에서 한국춘란에 대한 인기는 식을 줄 모르고 여전히 좋았으며, 그 여파로 일본에서도 다시 붐이 일기 시작했다. 더구나 1997년 IMF 외환위기가 터지자 엔화의 환율이 올라 한국춘란 고급품 위주로 상당량이 일본으로 넘어갔다. 이러한 과정에서 일본사람들이 의아하게 여긴 것은 명품 수준의 난을 다 가져갔다고 생각했는데 한국에서 끊임없이 명품이 출현했다는 것이다.

1990년대에 이르러서는 국내에 산채인 위주의 취미인들이 급속하게 늘어났는데, 이들은 돈을 많이 준다고 해도 명품은 잘 팔지 않는 습성을 가지고 있었다. 2000년대 접어들면서 한국에서도 명품에 대한 많은 수요가 있었고, 일본과 대등한 가격을 유지할 수 있었다. 이후 지속적인 국내 난인들의 춘란에 대한 애착과 선호로 산채품의 공급이 모자라 중국춘란 무향종이 수입되었고, 일본으로 건너갔던 한국춘란이 다시 돌아오기에 이른다. 이 과정에서 한국춘란은 모두가 자기 국적을 되찾게 되었고, 오히려 일본춘란이 한국춘란 가품으로 둔갑하기까지 하였다.

품종에 따라서는 일본에서 번식이 많이 되어 수십 배에 이르는 가격으로 사오기도 하였으나, 원예화에 실패한 난(蘭)과 죽어 없어진 난을 감안해보면 일본도 별로 이득을 보지는 못했을 것이다. 아무튼 국내의 난인들이 한국춘란 문화를 잘 가꾸고 발전시킴에 따라 한국춘란을 꾸준히 찾아왔으며, 2015년에 이르러서는 한국춘란을 거의 다 찾아올 수 있었다. 그리고 더욱 다행인 것은 한국춘란 가격이 일본춘란보다 훨씬 비싸게 형성됨으로써 일본춘란으로 둔갑되지 않고 일본에서도 한국춘란으로 명명되어 보존되어왔다는 점이다. 그 대표적인 것이 한국춘란 중투 '신문' '사천왕' '고려보' '금강보' '진주성', 한국춘란 단엽복륜 '신라' 등이다.

무엇보다도 이렇게 되기까지는 국내의 난인들이 한국춘란에 대한 사랑과 한국춘란 문화의 창달과 융성에 대한 사명감이 남달랐기 때문이다. 한국의 난인들은 한국춘란을 여타 다른 난(蘭)과 차별화하고 한국춘란을 끝까지 고집하였다. 이러한 현상은 다른 나라에서는 볼 수 없는 특이한 점이다. 이것 또한 일본에서 한국춘란을 일본춘란으로 둔갑시키지 못하게 되었던 요인이라 할 수 있다.

조선의 찻사발은 우리의 우수한 문화임에도 이를 알지 못하고 지키지 못하는 사이 일본이 가로채간 것이다. '도요토미 히데요시'가 일으킨 임진왜란을 일본에서는 '도자기전쟁'이라고도 한다. 전쟁을 일으킨 데는 도자기를 수탈해 가려는 속셈이 있었고, 실제로 그들은 조선의 도자기와 함께 조선의 사기장들을 데리고 갔다. 일본에서는 이렇게 혈안이 되어 있었는데도 조선에서는 이름조차 붙이지 못하고 그냥 막사발이라고 하면서 그 진가를 몰랐던 것이다. 우리의 땅에서 우리의 조상이 만든 것임에도 그 진가를 몰랐기에 우리는 한 점도 갖지 못하고 있다. 아쉬워한들 돌이킬 수 없다. 우리 조상의 다완 만드는 솜씨에 절로 고개 숙이게 되고, 이를 지키지 못한 후손들이기에 한심하고 참으로 애통한 일이다.

그뿐만 아니다. 문화를 빼앗기면 어떤 결과가 오는지를 알게 하는 또 한 실례를 보면, 불행하게도 우리는 중국, 베트남, 조선만이 가지고 있던 최첨단 백자기술을 임진왜란 때 일본에 넘겨주었고, 우리는 그것을 산업화하지 못했다. 이후에 우리는 한국·중국·일본 중

도자기와 차문화에 가장 무관심한 국민이 되었고, 한동안 차문화의 맥이 끊기기에 이른다. 일본은 임진왜란 때 끌고 간 사기장을 통해 백자 기술을 확보할 수 있었고, 백자기술이 없던 유럽에 도자기를 수출하여 선진국 진입의 초석을 마련하였다. 그리고 조선에서 가져간 사발을 명품 찻사발로 대접하며 그 사발로 차문화를 발전시켜왔다. 이런 것을 보면 문화 하나가 그 나라를 부강하게 할 수 있다는 것을 말해준다.

현재 일본 전역에 심겨 있고 우리나라에도 해마다 벚꽃축제를 열고 있는 진해 벚나무는 그 원조가 제주도 한라산이거나 아니면 해남의 두륜산과 대둔산에서 자생하던 벚나무들이다. 벚나무의 한 종류인 왕벚나무는 순수 한국 토종이다. 이 왕벚나무들을 일찍이 일본인들이 몰래 가져가서 후지산의 산벚나무와 교잡을 시켜 만들어낸 것이 '후지사꾸라' 란 품종이다. 이 '후지사꾸라'는 꽃잎이 흰빛을 띠어서 사람들의 마음을 유달리 화사함으로 현혹시키지만 원래의 모종(母種)인 왕벚나무의 꽃색은 연분홍이다. 멀리서 바라보면 확연히 알 수 있는 연분홍빛이 나타난다. 연분홍빛은 흰빛보다 은근함을 주어서 오래도록 꽃색에 취하게 하여 싫증이 나지 않는다.

1943년 4월 28일 우리나라 임시정부 수립 24주년 기념식을 아메리카대학교에서 가졌는

데, 이때 이승만 박사가 포토맥 강가에서 기념식수한 나무가 우리나라의 토종 왕벚나무이다. 많은 사람들이 벚꽃을 일본의 국화로 알고 있지만, 일본인이 좋아하고 일본 전역에 많이 심겨져 있을 뿐 일본국화는 아니다. 일본에서는 국화(國花)를 법으로 정하진 않았으나 엄밀하게 따진다면 왕실에서 정하고 있는 국화(菊花)를 국화로 보는 것이 옳다.

종전에는 진해에서만 벚꽃축제를 하던 것이 지금은 우리나라 각지에서 나름대로 벚꽃축제를 벌이고 있다. 늦은 감은 있지만 그나마 다행이다. 보다 더 왕벚나무의 특성을 잘 살리고 잘 가꾸어서 자연문화상품을 만들어 세계 사람들이 벚나무 하면 한국을 떠올리게 했으면 한다.

튤립의 원산지는 중앙아시아 카스피해 주변이다. 야생 튤립이 많은 터키는 튤립을 국화로 정하고 있다. 그러나 정작 튤립을 산업화한 나라는 네덜란드이다. 한때 네덜란드에서는 튤립투기로 온 나라가 혼란스럽기까지 했지만 이를 멋지게 산업화함으로써 국가산업에 큰 도움을 주게 되었다.

우리는 우수한 우리의 한국춘란을 하루속히 원예화하고 난문화를 대중화하고 산업화해야 할 것이다. 국제적인 난문화 행사와 한국춘란의 국제교류를 통하여 한국춘란을 국제난문화 상품으로 만들어 국내외 수요를 늘려야 할 것이다. 또한 빠른 번식을 통하여 가격을 낮춤으로써 손쉽게 선물할 수 있는 여건을 만들어, 현재 외국난으로 축하 선물하는 것을 하루속히 한국춘란으로 바꿔야할 것이다.

집집마다 아파트 베란다에 한국춘란 몇 분씩 키우면서 가족사랑과 이웃사랑으로 자연스레 이어지도록 하여 대중화하고, 산업화의 기반을 조성하여 농가소득과도 직결되도록 해야 할 것이다. 우수한 한국춘란도 있고, 길도 있는데 난인들의 지혜와 열의만 있으면 되겠다. 깨달음에 그치고 행동하지 않으면 세상을 바꿀 수 없는 이치를 알아야 할 것이다.

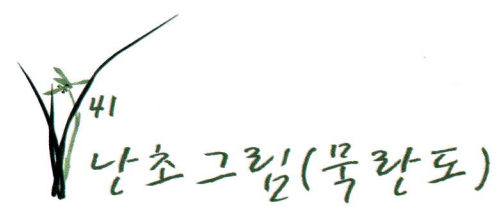
41 난초그림(묵란도)

사계절 푸른 잎과 맑고 은은한 향기를 가진 난(蘭)은 군자에 비유되기도 하고, 고고하고 청정하며 흐트러짐 없는 당당함 등 난(蘭)이 가진 덕성 때문에 오랜 세월 동안 문인들의 사랑을 받았다. 문인들은 난 그림을 즐겨 그렸는데, 이를 '묵란도(墨蘭圖)'라고 한다. 묵란도는 산수나 인물 등과 달리 서예의 기법을 적용시켜 큰 부담 없이 그릴 수 있고, 나아가 선비들이 자신의 심경과 처지를 표현하는 사의화(寫意畵)로 많이 그려졌다. 보통 난초를 그리는 이유가 단순한 감상을 위한 경우보다 난의 생태에서 비롯한 수양(修養)의 덕목(德目)을 본받거나 교화나 맹세의 수단으로 그린 경우가 많았다.

중국의 난초그림은 혜란과 일경구화가 대부분이지만 한국의 난초그림에는 춘란도 제법 있다. 묵란도는 난초의 실물을 보고 그린 것도 있고, 난초라는 실상에 얽매이지 않고 작가가 표현하려는 생각을 난초를 통해 환유적으로 표현하는 경우도 많다.

묵란도에서 핵심은 난잎의 선(線)이다. 난을 친다고 할 때 치는 것은 난잎의 선을 치는 것이다. 난잎의 아름다움과 멋, 힘이 넘치는 기개 등을 잘 나타내야 제대로 된 묵란도가 된다. 묵란도는 특별한 무늬도 없고 녹색도 아닌 검은색인데도 좋은 예술품이 되고 작가가 표현하고자 하는 의미를 잘 나타낸다.

지난날 뛰어난 문인들이 묵란도를 즐겨 그렸던 까닭은 난초에 깃들어 있는 상징의 아름다움, 즉 고결한 인격이며 충성된 마음과 연관 지어 볼 수 있다. 정도전은 말하기를 "난초는 그 됨됨이가 양기를 많이 타고 났으므로 향기로운 덕이 군자에 비견된다"고 하였다. 선비들은 난초가 가진 이미지와 상징성인 고고함, 어떠한 환경에서도 굴하지 않는 당당함, 청정하고 깨끗한 선비정신 등을 묵란도로 표현하면서 자신의 어려운 역경을 극복하고자 몸부림쳤다. 서자 출신 이인상(李麟祥, 1710~1760), 귀양가 유배지 생활에서 묵란도 걸작을 남긴 조희룡(趙熙龍, 1797~1859), 제주도 유배지에서 〈부작란도〉를 그린 추사 김정희, 정변에 휘말려 은폐나 유폐되어 있을 때 난 그림을 그린 흥선대원군 이하응, 국토를 잃은 민영익 등이 묵란도를 그렸다.

우리나라에서 묵란도가 처음으로 그려진 시기는 고려 때로 추정된다. 《고려사》를 비롯한 당시의 문집 기록을 보면 묵란도가 고려의 왕공 사대부 사이에 널리 유행했다는 사실을 확인 할 수 있다. 조선 초에도 묵란도에 대한 기록은 많이 전해지지만 작품이 전해지지는 않는다. 현존하는 묵란도 중 가장 오래된 작품은 국립중앙박물관에 소장된 사군자 화가 이징(李澄, 1581~　)의 〈난죽도(1635년 작)〉이다. 〈난죽도〉는 대나무와 난초를 그린 다음 도학정치를 실현하려다가 순교한 조광조(趙光祖)의 시를 써 넣은 저항정신의 묵란도로, 조광조의 자손들이 이징에게 부탁하여 그린 것이다.

조선 후기의 선비화가인 강세황은 난초와 대나무를 채색으로 그리거나 매난국죽(梅蘭菊竹)을 한 벌로 그리기도 했다. 그의 묵란도(부산 개인 소장)는 사군자 8폭 병풍 중의 하나로서 농묵과 담묵을 오묘하게 배합해 그린 문기(文氣) 짙은 그림이다. 이 시대 발간된 《어제첩(御製帖, 1759)》에는 선조임금의 난초 목판화가 전해지는데, 가늘고 날렵한 느낌을 주는 여러 개의 난초 잎과 3송이의 꽃을 그린 것이다.

조선 후기에 난초를 가까이하고 묵란도를 많이 그린 사람은 추사 김정희(金正喜, 1786~1856)이다. 추사는 독특한 서법으로 천하에 알려졌고, 또 예법(隸法)으로 문자의 향기가 나고 책의 기운(文字香書卷氣)이 넘치는 그림을 그린 것으로 유명하다. 그는 난초 그림을 많이 그렸는데, 대표작품은 〈부작란도(不作蘭圖, 불이선란도(不二禪蘭圖)라고도 함)〉 〈추란도(秋蘭圖)〉 〈불기심란도(不欺心蘭圖)〉 등이 있다. 〈부작란도〉는 추사가 그린

장승업 '기명절지도(器皿折枝圖)'

〈세한도〉와 함께 심오한 정신미와 그의 독보적인 화법의 경지를 보여준다.

〈부작란도〉는 한 포기의 난을 소재로 했는데, 엷은 묵색의 갈필(渴筆, 수묵화에서 물기가 거의 없는 붓에 먹을 조금만 묻혀 사용하는 방법)로 친 난잎의 필선은 그림의 선(線)이라기보다는 오히려 글씨의 획에 가깝다. 난잎의 묘사를 보면 뿌리에서부터 뻗어나가던 꽃대와 잎이 돌연 몇 번 꺾이는데, 이것이 소위 절엽난화법(折葉蘭畵法, 난잎을 구부러지게 그리는 방법)이라는 것이다. 유연한 곡선과 절묘한 반전으로 난의 품격을 표현하려는 데 뜻을 두고 있는 종래의 그림들과 달리 먹의 농담과 윤갈(潤渴, 먹의 농담, 속도에 의해 나타나는 필획이 윤택하거나 마른 느낌), 구부러짐과 꺾임을 주저 없이 구사하고 있다. 여백에는 추사 특유의 강건 활달한 필체로 쓴 화제가 있다. 추사는 서법과 화법을 구별하지 않고 예서 쓰는 법으로 난초를 그렸다.

그렇기 때문에 〈부작란도〉는 서(書)의 연장선상에서 해석돼야 할 그림이라 해도 과언이 아니다. 호방하고 가식 없는 묘법으로 표현된 난초와 강건 활달한 필체의 화제를 통해 추사가 표현하려고 했던 것은 '불이'나 '유마의 침묵'과 같은 난(蘭)의 정신적 순수성과 도덕적 성실성이었다. 〈부작란도〉는 추사의 예술의지와 회사후소(繪事後素, 내적인 아름다움을 먼저 갖춘 다음에 외적인 아름다움을 가꿀 수 있음을 이르는 말)와 서화일체의 경지

를 극명하게 보여주는 작품이다. 아들 상우에게 보낸 편지에 예서 쓰는 법으로 난초를 그렸다는 말이 나온다.

추사는 《난맹첩(蘭盟帖)》에 들어있는 난 그림 하나에 화제를 이렇게 부쳤다. "쌓인 눈은 산에 가득, 얼어붙은 강이 난간을 이루지만 손가락 끝에 봄바람 부니, 이로써 하늘의 뜻을 본다." 추사는 난을 좋아했고, 자생지에서 난을 사실적으로 관찰한 것으로 보인다. 추사는 주로 제주한란을 접하고 시를 남겼으며, 〈불기심란도〉는 야생춘란을 보고 사실적으로 잘 묘사한 묵란도로 예술성이 높이 평가된다. 추사가 난초를 좀 더 사실적으로 그리기 위하여 삼전법(난을 치는데 붓을 세 번 궁글리는 묘법)도 실제로 야생란을 많이 보고, 그 난잎과 난꽃의 미적 감각을 절묘하게 표현하고자 하는 방안이었을 것이다.

2009년도 '진풍명품'에서 최고가로 선정된 작품은 추사 김정희의 난액(蘭額)이었다. 이 난액은 추사가 제주도 유배지에서 아들 상우에게 그려준 그림이다. 추사는 글씨의 정신과 그림의 정신을 구별하지 않는다. "비록 그림을 잘 그리는 사람이라도 반드시 난초를 모두 잘 치지는 못한다. 화도(畵道)에 있어서 난초는 따로 한 격식을 갖추는 것이니, 가슴속에 서권기(書卷氣)가 있어야만 가히 붓을 댈 수 있느니라"라고 화제(畵題)에서 말했다. 이는 심의(心意)를 존중하고 품격을 높이 보는 문인화의 묘미를 설파한 것이라 할 수 있다. 오랜 세월 동안 연마하지 않으면 어찌 고매한 선비의 학문과 사상과 정신이 깃든 난(蘭)의 경지를 화폭에 옮길 수 있었으랴.

민영익 묵란

난초그림은 19세기에 들어 더욱 성행했으며 그중에서도 흥선대원군 석파 이하응(李昰應, 1820~1898)과 민영익(1860~1914)이 쌍벽을 이뤘고, 이들의 묵란도는 회화사에 길이 남을 명작이다. 이들의 화풍은 사뭇 대조적이며, 그곳에는 각자의 판이한 인생을 담고 있기에 더욱 흥미롭다.

이하응의 난은 섬세하고 동적이며 칼날처럼 예리하다. 특히 줄기는 가늘고 날카롭다. 뿌리는 굵고 힘차게 시작하지만 갑자기 가늘어지고 끝부분에 이르면 길고 예리하게 쭉 뻗어 나간다. 반면 민영익의 난초는 여백이 없다. 줄기는 가늘고 고르며 일정하고 끝부분이 뭉툭하다. 이하응의 묵란화는 철저한 성리학적 예술론에 입각하고 있음을 확인하게 해주는 것인 동시에 꼿꼿한 선비의 개결한 정신세계를 강조했던 추사의 예술관을 본받은 것으로 보아진다.

석파의 난초는 힘차고 화풍은 그의 파란만장한 인생 역정과 비슷하다. 처절한 권력 투쟁의 소용돌이에서 그의 야망과 숱한 좌절이 날카로움으로 표출된 것으로 보인다. 해동거사(海東居士)란 낙관이 있는 난초는 실각한 후에 운현궁에 눌러 앉았던 1881년, 줄기 하나에 울분이 꿈틀거린다. 한편 민영익은 다르다. 그는 왕실 외척으로 태어나 20대 초반에 미국 유럽을 돌며 서양 문물에 눈을 뜨고 요직을 두루 거치지만 야심보다는 보수적인 성향을 보였던 인물이다.

이하응 묵란

민영익 노근묵란도

추사로부터 난 그림을 배운 석파는 자신의 정치적 역경에 따라 심상을 반영하는 필법을 구사하며 개성적인 작품 세계를 가꿨다. 석파는 전반부에는 춘란과 혜란을 함께 그렸으나, 후반부에는 혜란을 주된 소재로 했다. 석파는 난초 두세 포기를 화폭의 아래위에 배치하되 이들이 절벽이나 바위에 붙어 자라는 모습을 많이 그렸다. 특히 난초의 잎이 아래쪽으로 반전하는 모습을 절묘하게 표현했다. 많은 난초 잎을 단숨에 끊어 치는 필선과 농묵과 담묵의 강한 대비에서 그의 강직하고 날카로운 성품을 읽을 수 있다.

조선 말 민영익이 1913년 죽기 1년 전에 그린 〈노근묵란도〉는 한일합방의 소식을 듣고 쓰라린 통한과 오갈데 없는 절망감 속에서 뿌리 뽑힌 난초를 그린 것이다. 가슴 저미는 망국의 아픔을 난(蘭) 이파리마다 아로새길 적에 난 꽃이 눈물에 흠뻑 젖은 눈처럼 그려진 것은 당연한 일이었다. 그림에는 빼앗긴 국토의 흙 한 줌도 그리지 않고 연약한 뿌리는 마치 쑥대머리인 양 처참하게 드러내었다.

일제 강점기 때 묵란화로 유명한 소호 김응원(金應元, 1855~1921)의 작품은 그의 호를 따라 〈소호란(小湖蘭)〉이라 불렸다. 그의 작품은 많이 남아 있는 것으로도 유명한데, 그중에서도 1920년 황실의 요청으로 그린 〈석란도(石蘭圖)〉 10폭 병풍은 웅장하면서도 환상적인 구도를 가진 대표작으로 꼽힌다. 또한 그는 난초 그림뿐만 아니라 글씨도 잘 썼는데, 행서와 예서를 잘 썼다. 특히 예서는 구성에 회화적인 맛이 있어 서예가들뿐만 아니라 많은 이들이 높이 평가한다.

조선시대의 묵란도는 중기 이후부터 많은 화가가 배출돼 양식적 전통이 수립됐다. 그리고 후기·말기가 되면서 한편으로는 중국 사군자화의 영향을 수용하였고, 다른 한편으로는 이를 극복하며 독자적인 양식을 창조해냈다. 중국 난화의 특징은 대체적으로 좌우대칭 구도를 선호하고 있다. 또한 여백이 비교적 적은 편이며, 화제나 여백을 배치함에 있어서도 어떤 정해진 형식이 있고, 세부적인 표현도 일정한 서법에 따라 그린다.

이에 반하여 한국 묵란도의 특징은 화가의 개성에 따라서 다소 차이가 있으나 전체적으로 볼 때 화법에 얽매이지 않는 대담하고 자유로운 화면구성과 추상미를 느끼게 하는 필치를 구사하고 있다는 점일 것이다. 특히 자유롭고 풍요로운 여백을 배경으로 하면서 획과 공간 사이에 변화무쌍함을 보인다.

묵란도가 산수화나 화조, 인물화에 비하여 간단하면서도 어려운 것은 간단한 모양에 그 뜻을 잘 담아내야 하기 때문이다. 조선 후기 묵란도의 대가인 추사 김정희는 화법 중에서 가장 어렵다고 하였다. 난(蘭)의 형상이 단순해서 쉬운 것이 아니라 단순하기 때문에 오히려 어렵고, 대충 그리기는 쉬워도 진정 잘 그리기는 노력만으로 되는 것이 아니라고 했다. 훌륭한 묵란도가 나오기 위해서는 그리는 방법을 넘어서 그 인물이 쌓은 학문, 닦은 수양, 이 세상에서 행한 처신과 관계됨을 말한 것이다. 그리하여 추사는 난 그림을 보고 화법을 논하는 일 또한 저속하다 하여 낮추어 보았다.

석파 이하응의 9장으로 된 그림이 함께 장첩(粧帖)된 《석파묵란첩》의 마지막에 난초를 그리는 일에 대해 그가 쓴 짧은 글이 있다. 이것은 이하응에게 그림을 가르친 추사 김정희가 아들 상우(商佑)에게 그려 보낸 〈불기심란도(不欺心蘭圖)〉의 화제(畵題)를 그대로 인용한 것인데, 묵란을 그리는 목적과 마음가짐 등에 대해 이야기하고 있다.

"난을 그리는 것은 마땅히 스스로 마음을 속이지 않는 데서 시작해야 한다. 삐치는 잎 하나와 꽃 속의 점 하나도 마음을 살펴 거리낌이 없어야만 남에게 보일 수 있다. 수많은 눈이 보는 바이고 수많은 손이 가리키는 바이니, 그만큼 엄격한 것이다. 그렇지 않으면 자신도 속이고 남도 속이게 된다. 비록 이것이 작은 기예(技藝)이지만 반드시 성의정심(誠意正心)에 합당해야만 비로소 그 종지(宗旨)에 손댈 수 있다."

이는 묵란도의 정신세계와 그 경지의 깊고 높음이 마음에 와닿는 말이다.

묵란도만큼 작가를 잘 나타내는 그림은 없다고 한다. 작가의 인품과 서화의 품격이 서로 내밀하게 이어지는 것이다. 간송미술관 연구위원이었던 오주석 교수는 언젠가 간송미술관에서 채택된 난 그림을 보고 "무슨 난이 저렇게 기름지단 말인가" 하고 의아해 했는데, 화가의 이력에서 친일 행적을 확인하고는 고개를 끄덕였던 적이 있다고 했다.

난초그림은 사실적으로만 봐서는 안 된다. 묵란도는 난초를 통하여 작가의 마음(性情)을 그린 것이니 그 마음을 찾아내야 한다. 묵란도는 난초를 보는 것이 아니라 난초그림에서 표현된 작가의 마음을 읽어야 하는 것이다. 민영익이 그린 〈노엽풍지도〉와 〈노근묵란도〉 2개의 묵란도를 비교해보면, 한 사람이 그린 같은 소재의 난초그림임에도 작가의 그때 심경이나 표현하고자 하는 의도에 따라 완전히 다른 느낌을 받게 된다.

원래 난초의 실물은 맑은 향기, 푸른 잎, 꽃의 아름다움인데 묵란도를 잘 감상하고 쓴 시를 한 수 보자.

금성여사의 난초 그림을 보면서(題錦城女史芸香畵蘭)

신위(申緯, 1769~1845)

畵人難畵恨(화인난화한)하고 : 사람은 그려도 한을 그리긴 어렵고
畵蘭難畵香(화란난화향)하네 : 난초를 그려도 향기를 그리긴 어렵네.
畵香兼畵恨(화향겸화한)하니 : 향기를 그린데다 한마저 그렸으니
應斷畵時腸(응단화시장)이라 : 이 그림 그릴 때 그대 애가 끊겼을 테지.

42 가짜난초

    몇 년 전의 일이다. 청명한 하늘과 소슬하게 불어오는 가을바람에 끌려 금정산을 찾았다. 범어사 주차장에는 많은 사람들이 울긋불긋 등산복을 차려입고 산행 출발에 앞서 무리무리 모여서 이야기꽃을 피우고 있었다. 옆에 60대 중반 쯤으로 보이는 사람들이 '혼외자식이 맞다, 안 맞다' 하면서 서로 핏대를 올리면서 다투고 있었다. 다름 아닌 온 나라를 시끄럽게 한 채동욱 검찰총장 이야기다. DNA검사로 사실을 밝히면 간단한 문제겠지만 당사자가 정곡을 피해가다 보니 정황만을 가지고 TV 공중파방송, 종편방송은 말할 것도 없고 정치권까지도 가세하여 의혹에 따른 이야기로 한동안 소모전을 펼친 사건이다. 진위를 가리는 것이 간단할 것 같지만 현실에서는 참으로 어려울 때가 많고, 갈등 조장과 함께 마음고생으로 이어지는 경우도 비일비재하다.

    대원군 이하응(1820~1898년)의 난초그림(墨蘭圖)은 가짜가 많기로 유명하다. 대원군의 그림 절반 이상이 가짜라는 것이 정설로 되어 있고, 가짜시비는 그의 생전에도 많았으며 지금까지 이어지고 있다. 당시 그의 난초 그림을 원하는 사람이 많아 대원군은 그의 사랑방에서 문하생으로 하여금 대신 그리게 한 다음 자신은 거기에 이름을 쓰고 도장을 찍었다고 한다. 어디든 유명세를 타고 거기다가 돈이 결부되면 가짜가 난무하고 혼탁해지는 것은 예나 지금이나, 자연이나 예술이나 할 것 없이 어쩔 수 없는 모양이다.

십수 년 전 중국에서는 약물을 이용한 산채품 홍두화와 중투복색화가 물의를 일으키기도 했다.

　수년 전, (사)부산난연합회가 개최한 제13회 '부산난연합명품대회(대회장 정계조)'에 홍두화(紅豆花)가 출품되어 대회 측에서 곤욕을 치른 적이 있었다. 총 4촉(산채촉 2촉, 배양촉 2촉)에 앙증맞고 색이 선명한 홍두화 3대가 피어 환상적인 작품이었다. 심사에 앞서 전시장 안은 온통 이 홍두화에 대한 이야기였다. 혹시 인위적으로 만든 꽃이 아닌가 하고 의심하는 사람도 있었지만, 심사를 하나마나 대상이라는 쪽이 우세했다. 더구나 출품자 소속 난회에서는 출품자의 말만 듣고 산지가 어디며, 언제 채집을 하여 어떻게 키웠으며, 꽃을 피우는 과정도 보름 정도 지켜보았다고 주장하니 의심을 하는 사람이 오히려 이상한 사람이 되는 상황이었다.

　심사위원들도 곤욕스러움을 토로하고 있었다. 대회장인 나는 심사에 앞서 심사위원들과 구수회의를 하였으나 결론이 나지 않았다. 아무리 봐도 마지막 포의가 말라 있는 점(자연발색의 경우에 마지막 포의는 대체로 깨끗하다), 꽃 3대가 모두 주·부판, 봉심이 고르게 깨끗하게 물들여져 있는 점(실제로 발색을 해보면 3대가 모두 봉심까지 고르게 발색되기가 어렵다), 이 정도의 꽃이라면 산채 때나 발색과정에서 주변에 알려졌을 것인데 그렇지 않은 점 등 의심스러운 부분이 많았다. 결국 산채 촉을 제외한 배양 촉이 3촉 이상이어야 시상 자격이 있다는 대회 심사규정을 들어 심사에서 제외하였다.

대회기간 중 계속해서 이 꽃 때문에 잡음도 많았고, 부산난연합회 회원은 물론 여러 난인들 사이에 엄청난 갈등이 끊이지를 않았다. 전국의 내로라는 상인들도 그 꽃을 보기 위해서 모여들었고, 연신 사진을 찍어댔고, 스마트폰으로 전국의 난인들에게 사진을 날려 보내기에 바빴다. 대회 규정을 들어 심사를 제외하였으니 더 이상 말은 못했으나, 그 꽃을 진품으로 믿고 있는 사람들은 대회장인 나에게 오해와 함께 원망하는 눈치였다. 다음에 꽃을 피워 발표하면 되니까 너무 가슴 아파하지 말라고 타일렀으나 쉽사리 가라앉지 않았다. 나중에 알고 보니 그 홍두화가 대상을 받으면 고가(그 당시 이야기로는 촉당 1억 원 이상)에 사가겠다는 사람이 많았는데 상(賞)에서 제외됨으로써 거래가 무산되었다는 것이다. 이 난초 1화분이 모두가 즐거워야 할 난 축제를 참으로 어려운 상황으로 만든 것이다.

전시회를 마친 후에도 그 홍두화의 진위여부를 두고 끊임없이 말이 많았다. 결국 그 홍두화의 진위여부는 다음해에 그 꽃을 피워서 증명하고, 진품으로 확인되면 그에 합당한 예우를 하기로 약속했다.

그 후 몇 해 동안 그 꽃을 기다렸으나 끝내 나타나지 않았다. 해마다 발색이 되고 있다는 등 소문만 무성하였고, 몇 년을 기다려도 그 홍두화의 꽃은 보이지 않았다. 들리는 소문에 의하면 여러 번 시도해 보았으나 색화 근처에도 못 갔으니 가짜로 만든 난초임이 확연해졌다는 것이다. 여러 난인들을 힘들게 한 사건이지만, 그나마 슬기롭게 해결하여 난 축제에 오점을 남기지 않은 것은 다행한 일이다.

난 전시회 때마다 이런 일은 종종 있었다. 가짜를 진짜로 알고 큰상을 주었다가 취소한 경우도 있고, 가짜난초로 인해 두고두고 뒷말이 무성한 대회도 더러 있었다. 한국춘란의 난문화가 태동한 '80년대 초중반에는 가짜 시비가 별로 없었으나, '80년대 후반부터 한국춘란이 고가에 거래되면서 가짜난초의 등장과 함께 그 시비가 지금까지 끊임없이 생기고 있다.

난초 거래 때와는 달리 전시회에서는 짧은 심사 시간 동안에 난초의 진위여부를 가리기

교잡종 두화 '옥령롱(玉玲瓏)'은 간혹 자연산 두화로 둔갑하여 유통되기도 한다.

간혹 한국춘란으로 둔갑하여 전시장에 출품되는 일본춘란 '살마(薩摩)'

란 여간 어려운 문제가 아닐 수 없다. 특히 큰 상(賞)을 받을 정도의 작품이 갑자기 출품되었을 때 더욱 그렇다. 가짜난초를 출품한 자는 대부분 유통 상인의 말만 믿고 구입하였으므로 그 난의 출처를 잘 모르거나 잘못 알고 있다. 출품자의 위신과 상인의 돈이 결부되고 보니 쉽사리 물러서지 않고 우겨댄다. 문제가 발생하면 쉽사리 잘 풀리지 않고 서로 간에 주장만 오가며 갈등을 조장한다.

가짜난초 시비는 몇 가지 유형으로 구분된다. 하나는 인위적으로 가짜 꽃을 만드는 경우이다. 꽃에 인공물감으로 물들여 색화로 만드는 것, 인위적으로 온도와 빛을 조절해서 엽록소를 억제시켜 색화로 만드는 것, 왜화제(矮化劑) 등을 쳐서 입모양을 짧고 예쁜 모양으로 만드는 경우 등이다. 꽃에 물을 들이는 것은 꽃봉오리 때 식물 물감을 투입해서 만든다. 이는 원래 식물의 원예적 가치를 높이기 위한 원예기술인데 난초시장에서 사기 기술로 활용된 것이다. 국내에도 가짜 난꽃을 만든 곳이 있었지만 대부분 중국에서 만들어 오는 것으로 알려져 있다. 몇 년 전 중국 호북성 시주전시회에 갔을 때 길거리에서 물들인 꽃을 진짜라고 우기면서 팔고 있는 광경을 많이 목격할 수 있었다.

또 하나는 일본춘란이 한국춘란으로, 조직배양종이나 인공교배종(인공교잡종)이 한국춘란으로 둔갑하는 경우이다. 다시 말하면 값이 싼 일본춘란이나 인공교배종 등을 값이 비싼 한국춘란으로 속이는 것이다. 일본춘란에 대한 정보가 어두운 시기에 많이 발생하였으나 근자에는 별로 발생하지 않는다.

오래전 한 지역 전시장에 일본춘란 '살마'가 꽃 3대를 약간 덜 핀 상태로 복색화부문에 출품되었다. 심사위원들이 이를 알아보고 상(賞)을 주지 않았다. 그 당시만 해도 '살마'를 아는 애란인이 별로 없던 터라 출품자와 소속 난회에서는 정식으로 이의를 제기했다. 뒤에 알고 보니 상인으로부터 거액에 구입한 난이었으며, 반품하는 데 애를 먹었다는 이야기를 들었다. 출품자 입장에서 보면 그나마 다행한 일이었다.

인공교배종에 대해서는 보는 시각에 따라 판단이 달라진다. 조직배양종과 달리 인공교배종(인공교잡종)은 자연교잡종과 같이 엄연히 새로운 품종이다. 현재 양란의 경우 대부분이 인공교배종이다. 또한 현재 한국춘란 명품으로 알려진 것 중에도 몇몇 품종은 인공교배종이라는 주장이 끊임없이 제기되고 있다.

동양란은 원래 원종으로 보존되어야 한다는 주장이 아직까지 난계에 강하게 지배하고 있다. 그러나 이미 대만, 일본, 중국에서는 50년 전부터 인공교배종이 다수 만들어졌으며, 한국에서도 춘란교배종을 만들기 시작한 지가 30년은 넘어 섰다. 그 결과 수많은 품종이 만들어졌으며, 그중에는 원예적 우수성을 인정받는 품종도 많으므로 더 이상 무시할 수 없는 현실이 되었다.

인공교배종에 대해서 일본에서는 새로운 품종으로 인정하되 일본춘란과 구별하여 관리하고 있다. 그러나 요즘에 와서는 그 구별이 명확히 되지 않고, 심지어 2019년 「전일본춘란연합회 전시회」에서는 인공교배종인 두화백화에 대상을 시상했다. 그렇다면 일본에서는 자연원종과 인공교배종에 차별을 두지 않는다고 볼 수 있겠고, 다만 개체수의 많고 적음, 원예적 가치에 주안점을 두고 있는 것으로 보인다.

우리나라도 인공교배종을 무조건 배척할 것이 아니라 새로운 품종으로 인정하고, 한국춘란과 구별하여 관리하면서 육성·발전시킬 필요가 있다. 이미 개발되어 있는 인공교배종에도 원예적으로 매우 우수한 품종이 많으며, 이들은 국제적으로도 원예적 경쟁력을 갖추고 있다.

또 하나의 사례는 같은 한국춘란이지만 값어치가 없는 다른 난(蘭)을 고가의 명명품으로 속이고 파는 경우이다. 고가의 한국춘란은 꽃이 없는 상태에서 2~3촉 떼어서 거래하는 경우가 많다. 이를 악용하여 잎의 생김새가 비슷한 난을 가져와 명품난이라고 속여서 거래하는 경우다. 앞에서 말한 가짜난초의 경우는 난에 꽃이 달려있으므로 전문가의 판독이나 정보들에 의하여 얼마 되지 않아 탄로가 나게 되므로 여파가 적다. 그러나 이 경우는 분양받은 자가 그 난(蘭)의 꽃을 피워야 진위여부가 밝혀지는데, 여러 해 세월이 지난 후에야 가능할 것이다. 그 과정에 난이 죽어 없어지기도 하고 촉수가 많이 늘어나기도 한다. 또한 확인되기 전에 그 난을 또 다시 다른 사람에게 분양했을 때는 그 여파가 확산된다. 이 문제를 해결하기 위해 유전자(DNA) 검사를 하기에 이르렀다. 그동안 진품인 줄만 알고 키우고 있던 난이 유전자(DNA) 검사로 가품으로 판명 나는 경우가 여기저기서 발생하니, 한국춘란계가 한때 온통 난리법석이 되었다.

어느 분야든 돈이 결부되면 다소 혼탁할 수 있다고 보겠으나 난초의 가품 사례는 일일이 거론하기초차 민망할 정도이다. 매 건마다 돈이 수백, 수천이 걸려있고 그동안 누적된 발생건수가 헤아릴 수 없을 정도로 많기 때문이다. 가품으로 확인되면 거래 선을 거슬러 올라가면서 해결을 시도하지만, 간단한 문제가 아니다. 원만히 해결되는 경우는 드물고, 해결된 경우라 할지라도 가짜 난을 구입한 사람이 배양해서 촉수를 늘린 것을 다 감안할 수 없으니 손해를 많이 감수할 수밖에 없다.

이러한 홍역을 치르면서 애초부터 불확실한 요소를 없애자는 여론이 팽배해, 고가의 난초 거래 시에는 유전자(DNA) 검사를 해서 진품을 확인하고 거래하는 풍조가 생겨났다. 현재 한국춘란 유전자(DNA) 표본을 비치하고 진품여부를 검사해주는 곳으로 (재)국제난문화재단과 공주대학교가 있다. 수수료는 건당 10만~15만 원 정도라고 한다. 그러나 거래 시마다 검사과정을 거치는 것은 너무나 번거롭고, 난계 전체입장에서 보면 이 수수료도 이만저만이 아니다.

가짜난초와 관련하여 또 하나 걱정되는 것은 시중에서 거래방식으로 많이 이용하는 인터넷 판매이다. 인터넷으로 판매하는 난은 저가의 무명품이 대부분이지만 개중에는 명명품도 더러 있다. 서로 간에 보증하는 수단이 갖추어지지 않은 거래이고 보면, 앞으로 많은 문제를 일으킬 소지가 있음이 훤히 보인다.

한국춘란의 경우 아직까지 개발단계에 있고 꽃이 피어 있는 상태가 아닌 2~3촉을 잘라서 거래하다보니 조심을 해도 가짜시비에 말려들기가 쉬운 환경이다. 그렇다고 난초 거래 시마다 유전자검사를 의뢰하는 것도 예삿일이 아니다.

그렇게 하지 않고 가짜난초에 휘말리지 않는 방법은 구입하는 난초에 대한 정보를 세밀히 알아보는 것이다. 원래 소장자가 누구인지, 어떤 경로를 거쳐서 여기까지 왔는지, 난초마다 특성은 어떠한지 등을 알아봐야 한다. 유통 상인도 대부분은 신뢰할 수 있겠지만, 그렇다고 상인의 말만 믿고 거래해서는 안 된다. 상인 역시 그 난을 자기에게 판매한 소장자나 상인의 말만 믿고 그대로 전하는 경우가 태반이기 때문이다.

"시비는 말려들지 않는 것이 상책이다"라고 하면서 뒷짐 지고 있을 것이 아니라, 난인들의 노력으로 난 거래가 보다 더 투명해지고 정직하게 이루어지도록 하는 방안을 찾아야 할 것이다. 맑고 향기로운 난계는 투명한 난 거래를 바탕으로 이루어진다.

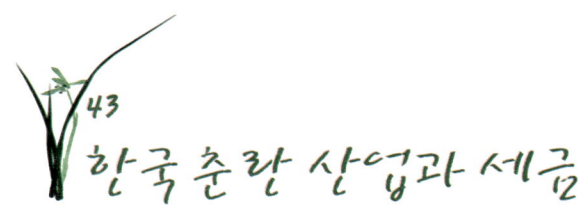
43 한국춘란 산업과 세금

인간에게는 피할 수 없는 두 가지가 있다. '죽음과 세금'이다. 이 말은 인간이 삶을 영위하는 데 있어 세금은 늘 따라다니고 누구도 피할 수 없다는 의미일 것이다. 각자가 하고 있는 경제활동과 재산보유·운용 등에는 항상 세금이 뒤따르기 마련이다. 소득이 있는 곳에는 반드시 세금이 있다는 원칙은 난인(蘭人) 및 난 산업에도 예외일 수 없다. 난(蘭)도 금전적 가치로 환가되고 경제 가치를 염두에 두고 유통되는 만큼 세금과 관련이 있는 것은 당연하다. 다행히 난(蘭)은 농산물(최초 채집된 것은 임산물)로 분류되어 다른 업종에 비해 세금 부담이 낮지만, 그렇다고 세금으로부터 완전히 자유로운 대상은 아니다.

aT화훼공판장 한국춘란 경매

내가 국세청에 근무할 당시, 난초에 관련된 세금 문의가 종종 있긴 하였으나 요즘 들어 부쩍 많아졌다. 한국춘란이 2015년 6월 11일 aT화훼공판장에서 처음으로 제도권 내 경매가 이루어지고부터다. 그동안 세금 문제에 대해서 염두에 두지 않았던 난인들로서는 과세 자료가 노출되는 것과 관련하여 궁금증이 많은 모양이다. 그도 그럴 것이 그동안은 애란인이나 유통인이나 할 것 없이 음성적으로 조금 거래되는 정도였으나 aT화훼공판장 경매가 시작되면서 거래 자료가 양성화되고 금액도 만만찮다는 것을 알기 때문으로 보인다. 꼭 그런 이유가 아니더라도 난인이라면 난(蘭)과 관련된 세금을 알아서 잘 대처할 필요가 있다고 생각된다.

한국춘란이 거래되기 시작한 지 30여년이 지났지만, 그동안 세금문제로 어려움을 겪은 사례는 그리 많지 않다. 난과 관련된 세금 이야기를 몇 가지 소개해 보고자 한다.

부산의 S난점에 대한 세무조사 당시 있었던 일이다. 이 난점은 주로 외국 난(蘭)을 수입하여 판매하는 상인이다. 우리나라 세법에 의하면 우리나라에서 생산된 난을 팔면 부가가치세가 없고 수입한 외국난을 판매하면 부가가치세를 납부하여야 한다. 당시 조사 직원은 수입난(輸入蘭)을 판매했기 때문에 부가가치세를 물리겠다는 입장이었다. 그러나 나는 "이 난점에서 취급하는 난은 외국난인 것은 맞다. 그러나 수입한 상태 그대로 팔 경우 당연히 부가가치세를 내야겠지만, 화분에 심어서 촉을 배양하여 팔았으므로 부가가치세를 물릴 수 없다"는 해석을 내놓았다. 비록 종자는 외국종이지만 수입하여 일정 동안 국내에서 배양하였다면 국내에서 생산한 농산물로 분류하여야 한다는 논리다. 이후 국세청에서도 그렇게 해석하고 지금까지 통용되고 있다.

그리고 2000년도 초반 활황을 누리던 S난유통점의 조사 사례이다. 몇 개월 간의 매상 수기장부를 세무서 직원에게 뺏겼는데, 세무서 직원도 놀라는 큰 금액이 나왔다. 일부는 매상이 아니라 돈을 빌린 것이라고 주장을 하고, 매입 자료를 이리저리 맞추느라 진땀을 뺀 모습이 지금도 기억이 생생하다. 결국에는 매입원가를 밝혀 소득이 별로 없다는 것을 소명해줌으로써 간신히 마무리되었다.

또 하나, 부산에서 오래토록 애란생활을 하다가 돌아가신 원로 애란인의 상속세 조사와 관련된 사례이다. 조사 공무원이 그 집에 난(蘭)이 많이 있는데 가치평가를 할 수 없다며 나에게 감정을 해달라는 요청을 했다. 직접 가볼 수는 없고 사진을 찍어오라고 해서 살펴보니, 200여 화분 대부분이 혜란 종류의 외국난이었다. 재산적 가치를 무시해도 되겠다고 하여 결국 상속재산에 포함하지는 않았으나, 난(蘭)을 상속재산으로 거론한 최초의 사례로 기억된다.

또 하나, 90년도 중반쯤, 그 당시 엄청난 금액(약 15억 원 정도였다는 이야기가 있었음)의 난을 구입한 사람이 있었다. 부친이 부동산을 팔아 수십억 원을 난인(蘭人)인 아들에게 주었는데, 아들은 상속재산을 사전에 줄일 목적으로 난을 구입한다는 이야기가 나돌았다. 그런데 공교롭게도 부친이 1년도 안되어 사망함으로써 조사 공무원이 땅을 매입해간 상대방으로부터 총금액을 알아내어 거액의 상속세를 다 물린 사례도 있었다.

난 산업과 관련된 세금

일반적인 사업자의 경우 대부분 2가지 세금을 물게 된다. 하나는 거래금액에 부과되는 부가가치세이고, 또 하나는 소득금액에 부과되는 소득세(법인일 경우는 법인세)이다. 그리고 이와는 별도로 남으로부터 재산을 증여 받으면 증여세를 물고, 상속을 받으면 상속세를 물게 된다. 난 산업은 농업이란 점에서 다소 예외는 있을 수 있으나 큰 맥락은 같다.

● 부가가치세

우리나라에서 생산된 농·축·수·임산물의 경우 부가가치세가 면제되므로, 우리나라에서 채집되거나 생산된 난(蘭)에 대해서는 부가가치세가 부과되지 않는다. 반면에 외국으로부터 수입된 난을 그대로 팔면 부가가치세를 납부하여야 한다. 그러나 수입한 난이라도 분에 심어서 1년 이상 배양했다면 우리나라에서 생산된 난으로 분류되어 부가가치세를 부담하지 않는다. 이는 외국산 소를 수입하여 국내에서 6개월 이상 키우면 한우(韓牛)로 분류하는 것과 같은 맥락이다.

● 종합소득세

난(蘭)거래로 인하여 발생하는 소득에 대해서는 원칙적으로 종합소득세를 내야 한다. 소득세를 부과하는 방식에 있어 난 배양자와 난 유통사업자 사이에 많은 차이점이 있다.

▶ 난 배양자(애란인, 전문배양자를 모두 포함)

난(蘭)을 배양 증식하는 것은 농업인 화훼작물재배업으로 분류된다. 그중에서도 일종의 시설농업에 해당한다. 농업소득에 대해서는 그동안 소득세를 과세하지 않다가 2015년부터 연간 매출(출하)금액이 10억 원을 초과하는 부분(연간 총 매출에서 10억 원을 공제)에 대해서만 소득세를 과세하도록 개정되었다. 따라서 난 배양에서 발생하는 소득에 대해서는 세금이 거의 없다고 보면 된다. 그러나 기업자금으로 난을 구매한다든지 난으로 현금자금을 은폐하는 등의 변칙행위는 무거운 세금이 부과될 수 있음을 유의해야 한다. 반면에 난 유통사업자도 자기가 배양한 난을 판매하는 경우 재배소득 부분에서는 10억 원까지 과세되지 않지만, 다른 사람의 난을 매입하여 거래한 부분에는 판매업에 해당되어 금액에 상관없이 과세대상이 된다.

▶ 난 유통사업자

난 유통사업자는 유통 형태에 따라 소매, 도매, 도·소매업으로 구분되며, 규모에 관계없이 전부가 과세대상이다. 다만 영세하여 소득금액이 인적공제(가족공제)에 미달할 경우는 과세미달자가 된다.

세금계산은 매출금액에 이에 대응원가를 차감하여 소득금액을 계산하는데, 원가를 제시하지 못하면 정부가 정하는 경비율(단순경비율, 기준경비율)로 추계과세(인정과세)한다. 그리고 연간매출이 3억 원 이상인 경우는 복식부기에 의한 장부를 해야 하고, 사업용 계좌를 개설해서 이 계좌를 통하여 사업자금을 입·출금해야 한다. 또 연간매출이 15억 원 이상인 경우는 세무사의 성실검증을 받아야 한다. 이와 같이 사업규모에 따라서 차등적으로 여러 가지 의무가 따른다. 이를 위반했을 경우 가산세를 물게 된다.

● 증여세(상속세)

난(蘭)도 재산적 가치가 있으므로 남에게 무상으로 증여하거나 상속하는 경우 증여세(상속세)를 물게 된다. 난의 가치평가는 시가로 하고, 시가가 없는 경우는 감정가액으로 한다. 다만 난은 등기·등록된 재산이 아니고 배양으로 인한 증식 등 가치가 변하는 재산이므로 세금포착이 어렵고, 포착하더라도 금액산정에 어려움이 있다. 한편, 고가의 난 거래는 현금거래가 많으므로 자금흐름에 대한 추적이 따를 수 있음을 유념해야 한다. 또한 과세당국에서도 난 관련하여 변칙증여나 변칙상속에 악용되는지에 대해 예의 주시하고 있다는 것을 알아야 한다.

≪난 농업법인의 세금≫

농업법인에는 2가지 유형이 있다. 하나는 '영농조합법인'이고 하나는 '농업회사법인'이다. 법정한 농업법인에 대해서는 일반법인에 비하여 세제상 많은 혜택을 주고 있으므로, 난을 취급하는 법인을 만들고자 하면 '난 농업법인'을 만드는 것이 좋다. '영농조합법인'은 농업인 5인 이상으로 설립하는 조합이고, '영농회사법인'은 농업인 1인 이상이 설립한 상법상 회사이다. 이들 농업법인에 대해서는 식량작물재배업소득 전액과 그 외 작물재배업소득의 일정부분(영농조합법인은 매출 30억 원, 농업회사법인은 매출 50억 원)까지 법인세가 면제된다.

또한 이러한 소득을 구성원에게 배당했을 때 영농조합법인은 소득세가 면제되고, 영농회사법인은 분리과세한다. 또한 지방세인 취득세 면제와 재산세 경감도 있다.

따라서 난(蘭)으로 본격적인 농업을 하고자 하는 자에게는 농업법인을 권한다.

≪한국춘란 경매와 세금문제≫

한국춘란이 문화산업으로 승화되어 원예농업의 한 분야로 당당히 자리 잡기 위해서는 한국춘란을 즐기는 사람이 늘어나 수요가 날로 확대되어가야 할 것이다. 국내 난문화의 대중화를 이루고 하루속히 수출의 길을 열어야 한다는 것은 다들 잘 알고 있는 사실이다. 따라서 난문화산업의 중흥을 기대하는 모든 난인들이 이에 뜻을 모으고 에너지를 집중시켜야 할 것이다.

2014년 6월부터 양재동 aT화훼공판장에서 한국춘란 경매를 시작하였다. 주로 월1회 경매를 실시하고 있으며, 매 경매시 마다 한국춘란 50개 정도를 경매하여 총 경매대금은 3~4억원 정도 된다. 지금 시점에서 제도권에서 한국춘란 경매를 하는 것이 시기적으로 빠른지 적기인지 하는 것을 두고 말들이 많다. 한국춘란 산업육성을 위해서 꼭 필요한 사업이란 점에는 이견이 없으나, 물량이나 수요 등 여건이 아직은 시기상조라는 의견도 있는 듯하다. 아직 이르다고 하는 사람들의 의견은 한국춘란 거래가 아직까지 고가소량(高價少量)이고 매입자가 오픈되는 것을 싫어한다는 점, 수요자와 공급자가 한정된 상황에서 굳이 공판장 경매의 필요성이 있는가 하는 점, 경매를 지속시키기 위해서는 상품조달과 가격유지, 경매수수료 등 현실적으로 많은 어려움이 따른다는 점, 그리고 제도권 경매가 이루어진다고 해서 근본적으로 수요가 당장 확대되는 것이 아니라는 의견인데 일리 있는 말이다. 여기서 무엇보다도 경계해야 할 점은 경매가격의 인위적인 조작이다. 가격유지를 위해서 한두 번은 가격을 떠받치는 것이 용인되겠지만, 자주 그렇게 하게 되면 경매와 난초가격에 대한 신뢰를 잃고 급기야 난 유통 전체의 불신으로 거래의 실종을 초래하게 된다는 것이다.

혹자는 세금문제를 걱정한다. 그러나 세금문제는 차원이 다르다고 본다. 한국춘란산업에도 원하든 원하지 않든 세금이 따르게 되고, 세금이 난문화산업에 걸림돌이 된다고 해서 피할 수 있는 것이 아니다. aT화훼공판장 경매와 관계없이 지금쯤은 국세청에서도 한국춘란계에 대한 어느 정도는 정보나 자료를 수집하고 있다고 봐야 한다. 거래를 숨기려고 편법을 쓴다고 해도 계좌추적이나 FIU(금융정보분석원에서 고액현금 거래를 집계하여 국세청에 통보함)자료에 의하여 대부분 드러난다고 보면 된다.

그동안 세금문제를 다소 소홀히 하였다면 지금부터라도 양성화에 대비해야 할 것이다. 다행인 것은 앞에서 언급했듯이 농업의 육성차원에서 다른 업종에 비해 세금부담이 아주 가볍다. 생산자(재배자)의 경우는 상당한 수준까지는 세금이 없으며, 유통자의 경우도 매입 자료나 거래 증빙을 잘 받아 장부를 해두면 큰 어려움은 없을 것이다. 중국에는 난 유통업을 하는 상장법인도 있다. 우리나라도 난(蘭)산업에서 돈도 많이 벌고 세금도 많이 내는 사람이 많이 나왔으면 한다. 세금은 그 국가를 이루는 초석이고 성실납세는 곧 애국이다.

44 외국 난전시회 참관기

중국 절강성화분협회난화분화(浙江省花卉協會蘭花分會)와 중국한란연구회(中國寒蘭研究會)가 주최하는 「절강성난박람회(浙江省蘭博覽會)」가 2015년 11월 20일에서 22일, 3일 간 절강성 임해시에서 열렸다. 중국은 물론 한국과 일본, 대만 등의 애란인들이 대거 참석한 가운데 성황리에 개최되었다. 나는 국제동양란교류협회 회장 및 (사)한국난재배자협회 자생란경영회 회장 직책을 갖고 이 대회에 참여하였다. 개회식 때 한국의 대표로 단상에 올라서 동양란의 실질적인 국제교류 방안 및 '국제동양란고류협회'의 역할을 말하는 등 동양란의 국제교류에 대한 한국난인들의 생각과 그 역할을 인식시켰다.

절강성난박람회

'절강성난박람회(浙江省蘭博覽會)' 맨 오른쪽이 저자

　대만에서는 해마다 12월에 구화엽예전시회(九華葉藝展示會)가 열리고 있지만 중국에서 구화엽예전시회가 열리는 것은 이번이 처음이다. 「절강성난박람회」의 정식명칭은 「절강성 해협양안엽예란·제5회 중국한란 박람회(浙江省 海峽兩岸葉藝蘭·第五回中國寒蘭博覽會)」로 한란(寒蘭)과 구화(九華) 엽예품이 동시에 개최되었지만, 주최 측이나 관람인들의 관심을 끄는 것은 단연 구화였다. 중국 어느 전시회에서나 쉽게 볼 수 있는 것처럼 길거리에서는 구화 상인들이 늘어서 장을 펼치고 있었고, 전시 주최 측이나 전시장을 찾는 관람객들 또한 구화 엽예품에 관심을 두고 있는 듯 보였다.

　이러한 분위기를 반영하듯 중국 각지에서 구화에 관심을 갖는 많은 애란인들이 박람회에 참여하였고, 특히 구화 엽예의 바람을 일으키면서 현재 구화 엽예품 시장을 장악하고 있다고 할 수 있는 대만의 애란인들이 대거 참여한 것이 눈에 띄었다.

　전시회가 개최된 임해시는 춘란(春蘭)의 산지임에도 현재는 구화의 열풍에 춘란은 밀려난 느낌이었다. 「중국난화협회」 부회장을 겸하고 있는 노수복(盧秀福) 「절강성난화협회」 회장은 이 지역에서 난계를 이끌고 있는 사람들이 구화 엽예품으로 재미를 보고 있으며, 앞으로도 이러한 시장이 이어지길 바라고 있는 분위기라 당분간은 구화 엽예품 시장이 주

중국난화협회 임원들과 함께

절강성난화협회 임원들과의 좌담회

도할 것이라고 조심스럽게 전망을 하였다. 그 외에도 중국의 난화협회 관계자들이 온통 구화 엽예품에 대한 이야기를 하고 있는 것만 보아도 중국의 난계분위기는 구화 엽예품에 있음을 충분히 짐작할 수 있었다.

　한국에서 출발한 난인들이 전시장에 도착하자 「중국난화협회」 진소민(陣少敏) 부회장, 「절강성난화협회」 임용(麻勇) 부회장을 비롯한 중국과 대만의 애란인들이 반갑게 맞아주었다. 그동안 '국제동양란명품대회(일명 G4대회)'를 통하여 한국에서 여러 번 교류가 있었고, 각종 중국 전시회 등에서 교류가 있었던 터라 마치 시골장터에서 이웃마을 사람들끼리 반갑게 만나 인사하는 풍경이 연출되었다. 국가 간의 애란인들이 자연스럽게 자주 왕래하고 거래를 할 수 있는 분위기가 이루어져가는 분위기였다.

　전시장에 마련된 한국관에 한국춘란 엽예품을 진열해놓고 있으니 중국의 난인들이 관심을 갖고 관상하며 가격을 꼬치꼬치 물어오곤 하였다. 그들에게는 한국춘란이 낯설고 궁금한 것이 많은 눈치였다. 한국춘란 엽예품이 아름답고 우수하다는 것은 인정하듯이 고개

절강성난박람회 한국관

를 끄덕이면서도 선뜻 구입하지 않고 한국춘란 시장의 상황 등을 세세하게 물었다. 중국 난인들의 입장에서는 고가의 난을 구입할 때는 다시 팔 수 있는 시장을 생각하기 때문에 관람을 하면서 자기들끼리 많은 의견을 나누는 듯했다.

한국춘란 엽예품은 원예적인 품격을 갖추고 우수한 장점을 많이 갖고 있는 것이 사실이지만, 중국 난인들의 입장에서는 아직 생소하여 우선 관망의 자세를 보이고 있는 것으로 보였다. 그렇지만 한국춘란 엽예품과 구화의 엽예품을 한 장소에 놓고 비교해볼 때 한국춘란의 우수함을 바로 느낄 수 있기에 지속적으로 선을 보이면 차츰 관심을 가질 것이라는 것은 충분히 예측이 가능했다.

「중국난화협회」 진소민(陣少敏) 부회장 또한 한국춘란이 원예적으로는 우수하고 애란인들의 마음을 끄는 매력을 갖고 있지만 중국사람들의 마음을 움직이는 데는 다소 시간이 걸릴 것이라며, 지속적인 홍보를 하고 교류를 시도하면 좋은 결과가 있을 것이라고 자신있게 말하였다. 또한 중국사람들은 고가 난(蘭)의 경우 투자개념으로 난을 하기 때문에 한국에서도 이러한 점을 염두에 두고 중국시장에 접근해야 할 것이라고 조언하기도 했다. 진소민 부회장은 중국 광동성에서 난 유통 상장법인의 대표로서 한국에서 개최한 국제동양란명품대회(일명 G4대회)에 여러 번 참여하였고, 한국춘란 엽예품에 대해 지속적으로 관심을 보여와 한국춘란 엽예품에 대하여 누구보다도 잘 아는 중국난인이다.

「절강성난박람회」는 난꽃 일변도로 나아가던 중국에서 처음 열리는 엽예품 대회이고, 중국에서 엽예품 바람이 일어나는 시점에 한국춘란을 같은 장소에서 선을 보였다는 점에서 큰 의미가 있다고 생각된다. 엽예품은 시각적인 예(藝)가 우선하므로 직접 보여주는 것이 무엇보다도 중요한 만큼, 이번의 경우 한국춘란의 우수한 엽예품을 구화의 엽예품과 비교해볼 수 있도록 한 것은 그 효과가 매우 클 것으로 기대된다.

그렇지만 아직까지 한국춘란이 제대로 알려지지 않은 지금의 시점에서 한국춘란을 중국시장에 진출시키려고 노력하는 과정에 상당한 어려움이 있다는 것을 알게 되었다.

첫째, 현재 중국시장을 주도하는 품목이 구화라는 점이다. 그러나 너무 비관적으로 생각할 필요는 없다고 본다. 항상 난의 유행은 돌고 돈다. 지금 구화 꽃에서 엽예로 바뀌었으므로 조만간 춘란의 시대가 오리라 전망해볼 수 있다. 엽예의 경우 동양 4국의 난(蘭) 중에서 한국춘란이 탁월하므로 꾸준히 노력하면 머지않아 한국춘란의 시대가 열릴 것으로 조심스럽게 예측해볼 수 있다.

둘째, 한국춘란이 중국시장에 진출한 것은 2005년도부터이다. 초창기 무질서한 진출 과정에서 중국 난인들로부터 신뢰를 잃은 것도 지금시점에서 상당한 어려움으로 다가선다. 이 부분에 대해서는 지금부터라도 (사)한국난재배자협회 차원에서 체계적으로 접근해서 서로가 윈윈하는 전략을 짜야할 것으로 생각된다. 중국에서는 우리나라와 달리 고가의 난을 거래하는 사람 중에는 순수 난 취미인은 없다고 보면 된다. 그들은 장래에 소득이 예측되어야 난을 구입하고 난에 투자한다. 한국춘란에 대해서도 마찬가지이다. 한국춘란을 구입해 간 몇 년 후에 일부나마 되사주는 방법, 한국춘란과 중국춘란을 교환하여 양국에서 붐을 일으키는 방법 등으로 중국인들로 하여금 소득이 발생할 수 있는 방안을 마련하여 접근해야 할 것이다.

셋째. 근래 몇 년 동안 값싼 일본춘란이 중국으로 대거 들어가면서 중국인들은 한국춘란이나 일본춘란을 선물용 정도로 생각하는 분위기가 팽배해 있다. 한국춘란 엽예품과 두화·원판화 개체의 원예적 우수성, 개체수의 적음 등을 적극 알려서 일본춘란과 차별화해야 할 것이다. 한국춘란에 투자할 방안을 제시함과 아울러 실제로 투자해서 돈을 번 중국인 투자자를 만들어서 그들을 유인해야 할 것이다.

(사)한국난재배자협회 자생란경영회의 가장 큰 목표가 한국춘란 산업기반 구축과 중국시장 개척이다. 지금까지의 교류과정을 면밀히 분석해서 중국 애란인들과의 지속적인 교류를 차근차근 다각적으로 시도해나가야 할 것이다.

현재의 접근방식에서 유연성을 갖고 상황을 잘 살피면서 꾸준히 대응하고 방안을 선제적으로 모색해야 할 것으로 생각된다. 중국에서도 절강성 밑으로는 구화에 대한 분위기가 워낙 강해서 천천히 교류하면서 춘란시장이 형성되기를 시간을 두고 기다려야 할 것 같다. 교류라는 것이 쌍방이 주고받는 것인데 서두르다 보면 한국춘란이 구화에 잠식될 수도 있는 시점이라 조심스럽게 접근해야 할 것으로 보아진다. 반면에 우선 상해 등 2~3곳에 한국춘란 거점을 마련해두고 호북성을 중심으로 하남성, 사천성 등에서 한국춘란에 관심을 갖고 한국춘란을 취급하고자 하는 사람을 발굴해서 실질적으로 접근해보는 것이 현실적인 방안이라고 생각된다.

이미 한국춘란 엽예품 중투 저가품(촉당 몇 만원)이 상당량 중국으로 들어갔다. 오히려 국내에 있는 물량보다 더 많을 수도 있다. 지금쯤은 '진주수', '송정', '신문', '사천왕', '영광' 등의 급에 해당하는 난을 중국으로 보내야 한다. 우리나라에서는 이러한 난들이 그렇게 고가가 아니지만 동양란을 하는 중국, 일본, 대만의 난과 비교해 볼 때 참으로 귀하고 우수한 난이다. 품격에 맞는 대접을 받도록 전략을 잘 세워 교류해야 할 것이다. 이러한 과정에서 한국인들의 가장 취약한 부분은 우리끼리 무의미한 경쟁을 하는 것과 장기적인 전략이 없다는 것이다.

　지금 당장은 어렵겠지만 꾸준히 나아가다보면 중국시장에서 춘란의 엽예품이 뜨는 시점에 한국춘란 엽예품이 각광을 받을 것으로 기대해도 될 것이다. 전략을 잘 세워 노력해 나가면 좋은 결과가 있을 것이라는 것은 자명하다.

　3박4일 간 「절강성난박람회」를 참관하며 박람회 관람은 물론 중국과 대만의 많은 난인들을 만났다. 난이라는 공통의 주제를 갖고 있기에 처음 만나는 사람들과도 쉽게 친해질 수 있었지만, 진작에 안면이 있었던 사람들과는 마치 오랜 친구처럼 친해져 속마음도 주고받을 수 있었다.

　너무도 당연한 얘기이겠지만, 어느 문화계이든 잦은 만남이야말로 국경의 벽을 허무는 가장 큰 힘이라는 생각도 새삼 해보았다. 우리는 서로 간에 난이라는 우수한 자연 문화자원이 뒷받쳐주고 있어 국경을 떠나 동호인이다. 그런 바탕 속에 하루빨리 한국춘란을 국제 난문화 상품으로 만들고, 활발한 교류가 이루어지도록 하는 것은 우리나라 난인들의 몫이다.

　이번 중국의 「절강성난박람회」 참가는 국제동양란교류협회 회장 등으로 공식적인 참가이지만 단체의 회장으로서가 아닌 한 명의 대한민국 난인으로서도 참 많은 것을 보았고, 많은 것을 알게 하였으며, 많은 것을 느끼고 생각하게 했던 외국의 난전시회 참관이었다.

참고문헌

정태현, 《한국동식물도감》, 1965.
강희안, 《양화소록》, 1470년대 - 국역본
전순의(全循義), 《산가요록》, 1450년경 - 한복려 옮김, 2017.
최병로(崔秉魯), 《숨어있는 한국의 蘭 역사를 찾아서》, 2015.
문일평(文一平), 《화하만필(花下漫筆)》, 1939.
김기용, 《동양란 재배와 감상》, 1985.
이작, 《한국란 종류와 재배》, 1982.
이어령 책임편찬, 《난초》, 2006.
이상희, 《꽃으로 본 한국문화》, 1998.
정계조, 《한국춘란 품종과 배양》, 2010.
최광진, 《한국의 미학》, 2015.
오주석, 《옛 그림 읽기의 즐거움》, 2006.
오주석, 《한국의 미 특강》, 2003.
최문형, 《식물처럼 살기》, 2017.
도요타 마사히로, 《원예치료의 기초》, 손기철·소인섭·송창길 옮김, 2007.
린뤄시, 《중국화 선의예술, 붓의미학》, 황보경 옮김, 2012.
신한균, 《우리 사발 이야기》, 2005.
윤용이, 《우리 도자기의 아름다움》, 2007.
오타베 다네히사, 《예술의 조건》, 신나경 옮김, 2012.
권영필 외 9인, 《한국의 미를 다시 읽는다》, 2005.
안휘준 정양모외, 《한국의 미, 초고의 예술품을 찾아서 1·2권》, 2007
유박, 《화암수록》, 18C경, - 정민 옮김, 2019.
서유구, 《임원경제지》, 조선 헌종 때 - 정명현 옮김, 2019.
정동호, 《한국의 정원》, 1986.
피터 톰킨스와 크리스토퍼 버드, 《식물의 정신세계》, 1993.
도정 권상호(權相浩), 난과 시의 만남, 난에 대한 문헌
피터 톰킨스 외, 《식물의 정신세계》, 1993.
이창복, 《대한식물도감》, 1982.
최광진, 《한국의 미학》, 2015.
권영필 외 9인, 《한국의 미를 다시 읽는다》, 2005.
예른 비움달, 《식물예찬》, 정훈직·서호령 옮김, 2019.
방식·송광섭, 《꽃은 시들지 않는다》, 2007.
최문형, 《식물처럼 살기》, 2017.
오주석, 《한국의 미》, 2003.
린뤄시, 《중국화, 선의 예술 붓의 미학》, 황보경 옮김, 2012.
윌리엄 C. 버거, 《꽃은 어떻게 세상을 바꾸었을까?》, 채수문 옮김, 2010.
이종석, 《한국원예지》 22권 1호, 보춘화에 대한 연구, 1980.
민태웅, 〈'소심회'의 역사〉,
월간 「난과 생활」, 1983.12. 창간
월간 「난세계」, 1994.3. 창간
월간 「자연미」, 1973. 창간

국제동양란교류협회 정계조 회장은 참으로 난을 좋아하는 난인입니다. 오랜 세월을 옆에서 보아왔는데, 언제나 한결같은 정 회장의 난사랑은 진정한 난인의 행보가 어떠해야 하는지를 잘 보여준다고 하겠습니다. 또한 정 회장은 자신의 생각을 글로 풀어쓰는 능력도 뛰어난데, 이런 난사랑과 능력으로 사소한 것도 가벼이 지나치지 않는 세심한 성격과 어우러져 그동안 난 단체에서의 활동이나 난계에 필요한 여러 사안들을 펼쳐나감에 숱한 공헌을 이루어냈습니다.

먼저 발간했던 「한국춘란_품종과 배양」의 완성도에 많은 독자들이 보여주었던 높은 호응이 이번에 발간되는 「한국춘란 문화를 꽃피운 난인의 세계」에서도 그대로 재현될 것을 믿어 의심치 않습니다.

(사)한국난문화협회 고문 **박상길**

한 사람의 개인적 삶의 양상은 특정한 환경에 의하여 모양 지어진다. 그 모양이란 모든 사람이 공통적으로 가지고 있는 것일 수도 있고, 그 사람만이 지닌 특유의 개성이 되기도 한다. 정계조 형은 특유의 개성을 지닌 분이다. 난을 대함에 있어 '樂亦在其中'의 의미를 제대로 터득하셨기에 더욱 그러하다.

그 정계조 형이 이번에 360여 쪽에 이르는 「蘭人의 世界」라 題한 난산문집을 상재함은 한국 난계의 크단한 경사이기에 축하해 마지않는다. 文如其人이라 하지 않던가. 그 사람의 글을 보면 그 사람의 됨됨이를 안다고 하였으니 올곧은 그 심성이 배인 글을 읽는다는 것은 커다란 즐거움이기에 흔연함을 금치 못한다.

(사)향파기념사업회 이사장 **이성보**

「한국춘란_품종과 배양」으로 난인들은 물론 일반인들에게도 한국춘란 문화로의 안내를 멋지게 이뤄냈던 국제동양란교류협회 정계조 회장이 이번에는 「한국춘란 문화를 꽃피운 난인의 세계」를 발간했습니다. 어렵지 않으면서도 필요한 내용들은 빠짐없이 소개되었던 전작에 이은 이번 책에는 난인들은 물론 일반인들에게도 한국춘란 문화에 대한 이해로의 친근한 안내서가 될 것입니다. 애란생활 40여년 동안 국제동양란교류협회를 설립하고 (사)한국난재배자협회 자생란경영회, (사)부산난연합회 등 많은 단체의 수장을 역임하면서 난교육아카데미에도 애정을 쏟았습니다. 언제나 난계의 선봉에 서서 뜨거운 열정으로 매진해온 정계조 회장의 난사랑이 고스란히 녹아있는 「한국춘란 문화를 꽃피운 난인의 세계」는 난과 그 주변 문화를 제대로 짚어 낸 양서라 하겠습니다. 제위 독자들의 일독을 권합니다.

월간 난과생활 발행인 **장범석**

韓國春蘭 文化를 꽃피운
蘭人의 世界

초판 1쇄 발행 2021년 8월 20일

지은이 | 정계조
펴낸곳 | 도서출판 난과생활
주　소 | 서울특별시 종로구 삼일대로 453 EJ빌딩 4층
　　　　전화 · 02)723-2222

값 27,000원

ISBN 978-89-88651-32-2　03190